东亚梵钟文化研究

全锦云　著

文物出版社

图书在版编目（CIP）数据

东亚梵钟文化研究／全锦云著. —北京：文物出
版社，2018.11

ISBN 978－7－5010－5778－8

Ⅰ.①东…　Ⅱ.①全…　Ⅲ.①钟—梵语—金文—研究
—东亚　Ⅳ.①K883.157.3

中国版本图书馆 CIP 数据核字（2018）第 234524 号

东亚梵钟文化研究

著　　者：全锦云

责任编辑：谷　雨
封面设计：程星涛
责任校对：孙　蕾
责任印制：梁秋卉

出版发行：文物出版社
地　　址：北京市东直门内北小街 2 号楼
邮　　编：100007
网　　址：http://www.wenwu.com
邮　　箱：web@wenwu.com
经　　销：新华书店
印　　刷：北京京都六环印刷厂
开　　本：710mm×1000mm　1/16
印　　张：23
版　　次：2018 年 11 月第 1 版
印　　次：2018 年 11 月第 1 次印刷
书　　号：ISBN 978－7－5010－5778－8
定　　价：98.00 元

目录

插图目录

东亚梵钟文化研究

东亚梵钟文化研究

绪　论

中国古钟文化历史悠久，是中华文明的灿烂结晶。它像天际的一道彩虹，贯穿于华夏文明的整个过程，折射出华夏文明发展的轨迹。早在原始社会，中国特有的古钟文化便在神州大地上孕育生成；到了商周时期，古钟在"钟鸣鼎食"的礼乐文化中，成为与"鼎"相对应的中国礼乐制度的标志性载体，成为中国传统礼教的核心；两汉以后，随着先秦礼制的"礼崩乐坏"，先秦乐钟逐渐退出了历史舞台，但中国古钟却开拓了更为广阔的空间，演变为象征皇权威仪的朝钟及制约百姓起居生活的更钟；到了南北朝时期，随着佛教的兴盛和道教的崛起，中国古钟逐渐融入了宗教文化，开始在"晨钟暮鼓"的历史回响中扮演它前所未有的历史角色；再以后，在漫漫历史长河中，随着中国特有的"儒、释、道"三大文化的并行发展，中国古钟文化融入了社会生活的方方面面，渗透到华夏文明的不同领域。

从传递信息的响器，到演奏音乐的乐器，再到标志统治阶级权力和地位的礼器，进而到佛道信众装点佛门净土和道教仙界的神圣法器，直到时下每逢佳节必定奏响的报时器和祈福祷祝的祥瑞器，悠扬的钟声从远古时代一直回响到了今天。它们除了真切再现了中华文明的发展轨迹，还蕴含着其他许多丰富的历史内涵，例如在冶炼、铸造、雕刻等方面，它体现了中国古代高超的工艺水平；在音律的分布和校准方面，它展示了中国古代非凡的音乐造诣；在造型艺术及装饰艺术方面，它彰显了庄重典雅的东方神韵；在铭文的记载上，它又反映了各不同侧面的历史内涵。总之，作为坚固耐用且宜于保存的金属制品，历代古钟留下了不

朽的文明遗产，成为历史演进、文化变迁、宗教民俗、音乐发展、科学技术以及冶铸工艺等等的见证，成为古代劳动人民聪明智慧的绚丽结晶。而在这亘古不息的古钟文化长河中，"梵钟"是一个至今仍余韵绵长的华彩乐章。

所谓"梵钟"，特指佛寺专用的钟。"梵"者，原为婆罗门教、印度教的名词，特指不生不灭、无所不在的最高境界或天神，后被佛教沿用，用来称呼与佛教有关的事物，例如"梵皇"指佛祖，"梵宇"指佛寺，"梵本"指佛经，"梵呗"指诵经，"梵轮"指法轮，如此等等。而梵钟的"钟"，则特指一种可以悬挂的大钟，其体形中空，由外部发力撞击发出声响，是古代乐器的一种，也是响器的一种。

佛门使用的乐器是佛教法器的重要组成部分，种类有钟、鼓、磬、铙、钹、铃、梆、木鱼、铛子、铪子、香板等，不下十余种。其中体量最大、声音最宏者，莫过于梵钟。梵钟的形体平稳厚重、庄严肃穆，一般都高悬在佛寺钟楼或钟亭的梁柱上。撞击时，高悬的梵钟发出一阵阵浑厚绵长、深沉清远的声音，回荡在去留无迹的天际，以致古人有"钟声有如天神鼓乐，嘹亮于浩渺虚空①"之说。

自古以来，名刹古寺里高悬的梵钟都是佛门一景。它们既是各寺院不可或缺的法器，也是寺院的镇寺之宝。尤其是那雄浑激越、远播四方的钟声，不知引发过多少诗人的雅兴，成为他们咏叹的永恒主题。这种歌咏盛见于唐诗，其中最脍炙人口的诗句莫过于唐代诗人张继的《枫桥夜泊》："月落乌啼霜满天，江枫渔火对愁眠，姑苏城外寒山寺，夜半钟声到客船。"这诗里说，在月落乌啼的霜天寒夜，万籁俱寂中唯有寒山寺的悠悠钟声在江面缭绕，给孤独的客船夜泊者带来了些许慰藉，又平添了几分愁绪。于此之外，唐诗中有关佛寺钟声的佳句在在皆是，随便撷取几句就有：

唐太宗李世民《谒并州大兴国寺》诗云："梵钟交二响，法日转双轮②"；

---

① 梵钟铭文，详见第二章第二节。
② 林德保、李俊等注：《详注全唐诗》，大连出版社，1997年，第384页。

杜甫《游龙门奉先寺》诗云："欲觉闻晨钟，令人发深省①"；

常建《题破山寺后禅院》诗云："万籁此都寂，但余钟磬音②"；

孟浩然《夜归鹿门山歌》诗云："山寺钟鸣昼已昏，渔梁渡头争渡喧③"；

韩愈《华山女》诗云："街东街西讲佛经，撞钟吹螺闹宫庭④"；

张籍《野寺后池寄友》诗云："伴僧钟磬罢，月来池上明⑤"；

卢景亮《寒夜闻霜钟》诗云："洪钟发长夜，清响出层岑。暗入繁霜切，遥传古寺深⑥"；

李绅《忆登栖霞寺峰》诗云："香印烟火息，法堂钟磬馀⑦"。

同此之例尚多，不胜枚举，这些诗句不仅成为唐诗一景，更成了唐代佛教文化一景。它们以确凿无疑的事实告诉我们，唐代的佛寺已处处有钟，甚至其钟声已成佛寺文化的显著标志。这之后，宋、辽、金、元、明、清等各个朝代的梵钟更是遍及大江南北，俨然成了寺院禅林的代表性法器。

"梵钟"之称自古有之，并非今人的发明。上引唐太宗诗文已有"梵钟"之谓，此外如清吴翔《金陵》诗云："回首景阳遗簏失，但余百八梵钟声"。清纳兰性德《浣溪沙·小兀喇》词曰："犹记当年军垒迹，不知何处梵钟声"。凡此都是古人道来的"梵钟"。

从质地说，古代梵钟有铜、铁、石、玉数种，一般以铜质、铁质为多，其他质地的较为罕见。在铜、铁两大类中，由于铜钟取材和铸造不易，造价远在铁钟之上，故而一般情况下铁钟往往多见于乡野小寺，其他则但凡有条件的寺庙都用铜钟。铜钟一般是用黄铜加锡铸成，合称青铜，这样的制成品比黄铜钟和铁制钟的声音更加清脆悦耳，也更加坚固耐用。一些皇家寺院的梵钟还会特别添加一

---

① 林德保、李俊等注：《详注全唐诗》，第 210 页。

② 林德保、李俊等注：《详注全唐诗》，第 474 页。

③ 林德保、李俊等注：《详注全唐诗》，第 492 页。

④ 林德保、李俊等注：《详注全唐诗》，第 1306 页。

⑤ 林德保、李俊等注：《详注全唐诗》，第 1473 页。

⑥ 林德保、李俊等注：《详注全唐诗》，第 1815 页。

⑦ 林德保、李俊等注：《详注全唐诗》，第 1848 页。

些金、银之类的贵金属，以使其钟声更加柔润绵长。

从种类说，凡佛寺里的钟皆可称梵钟，但其不但有大小之分，也有功能之别。一个寺庙往往有一口体量最大的钟，即主座钟，这才是最具严格意义的梵钟。它们往往悬挂在钟楼里，其钟声是寺庙一切活动的主号令。由于体量大，故而此类梵钟又称大钟，其具体尺寸则随寺庙而定，一般寺大则钟大，寺小则钟小。据唐京兆释道宣所撰《广弘明集》卷二十八记载，唐高宗敕建的长安西明寺主座钟用铜之巨竟达一万斤，这就是大寺里的大钟。然而这还不是最大最重的梵钟，目前所知最重的唐代铜梵钟见于河北正定开元寺，钟体通高 290 厘米，口径 156 厘米，重 11000 公斤。更突出之例见于大钟寺明永乐大钟，钟体通高 560 厘米，口径 330 厘米，重达 46000 公斤，是历朝历代最大的梵钟①。梵钟中体量最小的也有通高才 20 多厘米的，但总体上说，一般高在 1 米左右。

梵钟除了叫大钟，还有洪钟、钓钟（吊钟）、撞钟、金钟、蒲牢等别名。别名"洪钟"是因为它的声音洪亮致远，别名"钓钟、吊钟"是因为它是吊在钟架上的，别名"撞钟"是因为它靠外力撞击发声，别名"金钟"是因为它是金属质地的，凡此都不言而喻。而在它所有别名中，最饶有兴味的是"蒲牢"。

上古时期有龙生九子的传说，其第四子是蒲牢。蒲牢是个神秘的龙形怪兽，平时居住在海边，它虽然贵为龙子，却害怕庞然大物巨鲸，当鲸鱼一发起攻击，它就吓得大声吼叫，叫声直冲云霄。古人遂根据蒲牢"性好鸣"的习性，把铜钟最上端的钟钮雕铸成有头有身的龙形，此即蒲牢。东汉班固《两都赋》称："于是发鲸鱼，铿华钟②。"李善注引三国名臣薛综《西京赋注》云："海中有大鱼曰鲸，海边又有兽名蒲牢，蒲牢素畏鲸，鲸鱼击蒲牢，辄大鸣。凡钟欲令声大者，故作蒲牢于上，所以撞之者，为鲸鱼③。"根据这些典故，

---

① 中国体量最大的"古钟之王"是明朝永乐年间铸造的北京钟鼓楼大钟，通高 550 厘米，重 63 吨，但它并非真正意义的"梵钟"。

② ［南朝梁］萧统编，李善注：《文选》，上海古籍出版社，1986 年，第 33 页。

③ ［南朝梁］萧统编，李善注：《文选》。

不仅要把钟顶的钟钮铸成蒲牢状以使其钟声更加洪大，还要把敲击大钟的木杵制成鲸鱼状，让鲸鱼一下又一下撞击蒲牢，使之"响入云霄"且"专声独远"。值得注意的是，所谓蒲牢，严格意义应当指雕铸在钟顶上的钟钮，事如明代文人陈仁锡在《潜确类书》中所说："龙生九子，（皆）不成龙，各有所好。一曰蒲牢，平生好鸣，今钟上兽钮是其遗像①。"这里便明言蒲牢即钟上的兽钮。可到了梵钟的时代，往往将"蒲牢"直接当作了梵钟的代名词。唐代文人皮日休《寺钟暝》诗云："重击蒲牢唅山日，冥冥烟树睹栖禽②。"这里的蒲牢就特指梵钟。

佛寺里另一类梵钟称唤钟，一般体形较小，通高只有 30 厘米上下，往往不及同寺大钟的一半，所以又称"半钟"或小钟。此类小钟通常挂在禅堂的进门处，用来击鸣通告法会等佛事的开始，或知会僧徒聚集殿堂诵经做功课。唤钟也有悬挂在方丈寮外的，由侍者击鸣，传唤学人单独入内参学。依照上述用途，唤钟也称殿钟、僧堂钟、报钟等。

从造型说，钟有两大类。一类是圆口钟，即钟口的横截面是圆形的，梵钟即属此类。其他如朝钟、更钟的横截面也是圆形的，所以也有人把朝钟和更钟统称为梵钟。另一类是合瓦形钟，即钟口的横截面似由两片瓦对接而成，先秦乐钟即属此类。两相比较，唯有圆口钟才有益于钟声向远处传播，因此梵钟之属必为圆口。

梵钟钟声的深沉洪亮除了和它的圆口有关外，还和它的金属质地、体形大小以及钟壁的厚薄等因素有关。形大体重的梵钟基频低，储能大，故而钟声深沉绵长。钟的下部如果向外张开并钟唇加厚，也可扩大声音向外的辐射力，使钟声更加洪亮深远。而采用加锡的青铜制钟，则钟的声音更加清脆。所以，举凡禅林重寺的梵钟，必属形大体重、钟唇厚而外张的青铜质地钟，因为唯其如此，才能满足借钟声将"梵音""梵声"传向远方的需要。

不管什么材料的钟，一般从上到下都是由钟顶、钟肩、钟身（钟体）、钟裙

---

① ［明］陈仁锡：《潜确类书》明刻本，清同治七年（1868 年）学识斋复制本。
② 林德保、李俊等注：《详注全唐诗》，第 2401 页。

和钟口几部分组成的。此外还有两个细部构件，一个较为简单，就是用来外击发声的撞座。这是木杵撞击钟体的部位，往往在钟身上有相互对称的两个或四个，多为莲花形，早期一般位在钟体的中部，而后逐渐下移到钟体的下部。另一个构件较为复杂，就是前面提到的"蒲牢"，亦即钟钮。它们一般雕铸成两龙头相背、两龙身缠绕的双龙形，可分龙头、龙身（龙背）、龙爪几大部分。其整体造型为躬背联体，拱起的龙背即提梁，是梵钟的悬挂部分；其龙爪紧抓大钟，是钟体的连接部分；其龙头瞪眼龇牙，形态夸张，是梵钟的装饰部分。当然，这是就精雕细琢的龙形钮而言，实际上有不少钟钮只具有龙形的写意，往往只看得出龙头，分不清哪里是龙身、龙背和龙爪。特别是双龙体的钟钮，看得清的一般只是相背的两个龙头，两个龙身早已凝结成一道拱起的提梁，以致很多古钟研究者直接把龙形钟钮称为"龙头"，单龙体的称单龙头，双龙体的称双龙头（图0.1）①。

从最早的梵钟开始，就上承中国先秦文化的传统，出现了雕铸或镌刻在钟体上的铭文。《礼记·祭统》云："夫鼎有铭，铭者，自名也。自名以称扬其先祖之美，而明著之后世者也。"这里说的是青铜礼器上的铭文，它们早在商代就已出现，到西周和春秋战国时期更为多见，内容往往一是记事，二是褒扬先祖，三是教化后人。青铜礼器外，铭文也见于先秦乐钟，事如《旧唐书·长孙无忌传》所云："自古帝王褒崇勋德，既勒铭于钟鼎，又图形于丹青。"这里就强调自古以来既勒铭于钟，也勒铭于鼎。流风所及，当最早的梵钟出现时，就出现了雕刻在钟体上的铭文。

早期梵钟的铭文详略不一，较简单的只用来记事，内容多为年款、铸钟人姓名及重量等，例如著名的陈太建七年钟②。从唐代开始，梵钟铭文渐渐出现了祈祷和祝愿的字句，用以寄托人们对祈福禳灾的期望。再往后，铭文的内容越来越丰富，尤以敬佛礼佛、弘扬佛法、警示宣教为多。特别是在后期的大型梵钟上，

---

① 中日韩古代梵钟的结构虽然基本相同，但各国学者对于它们各部位的称呼却不尽相同，现并列于此，以资比较。

② 坪井良平：《历史考古学の研究》文前图版，（株）ビジネス教育出版社，昭和五十九年（1984年）。

其至用镌刻佛经来加持法力，典型之例如明成祖永乐大钟，钟体内外刻有百余种经文，合计近 23 万字。总之，记事、宣教、训诫、祈福、敬佛、经咒等，即梵钟铭文的几大主题。

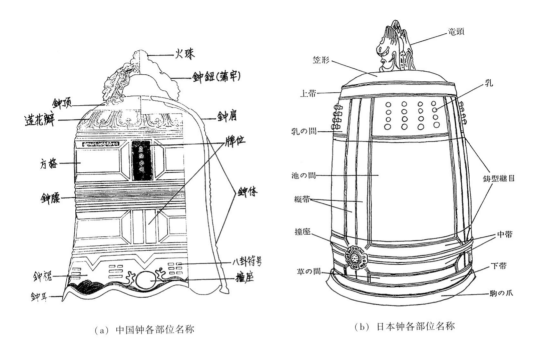

（a）中国钟各部位名称　　　　　　　　　　（b）日本钟各部位名称

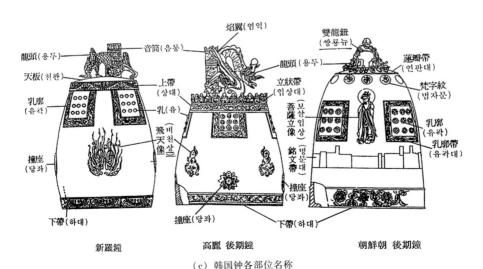

（c）韩国钟各部位名称

图 0.1　梵钟各部名称

日本平安时代著名诗人、曾任掌渤海客使的"中国通"都良香（834～879年）在其所著《都氏文集》里说："凡寺糜不有钟，钟糜不有铭，无钟何以惊众，无铭何以示人。"此文对寺院—梵钟—铭文三者的关系做了高度概括，强调了一寺之中梵钟及梵钟铭文的特殊作用。其"无钟何以惊众，无铭何以示人"之语，把铭文弘扬佛法、惊醒世人的作用表述得淋漓尽致，不仅适用于日本梵钟，也适用于中国乃至整个东亚梵钟。特别是他说的"钟糜不有铭"，也涵盖了中国梵钟，因为据笔者统计，中国古代梵钟中镌有铭文的占绝大多数，可高达90％以上。

梵钟铭文的字体大多为当时流行的规范字，以楷书和宋以后的宋体字多见，但也间有梵文。梵文是古印度文，是随佛教的东传进入中土的。早在汉魏时期，大批西域人到洛阳宣扬佛教，便带来了大量梵文经书。另据《出三藏记集》卷七《放光经记》记载："惟昔大魏颍川朱士行，以甘露五年出家学道的沙门，出塞西至于阗国，写得正品梵书胡本九十章六十余万言，以太康三年（282年），遣弟子弗如檀，晋字法饶送经胡本至洛阳。"此文提到的朱士行（203～282年）是三国时期的高僧，法号"八戒"。印度律学沙门昙河迦罗于曹魏嘉平二年（250年）到洛阳译经，在白马寺设戒坛，首先登坛受戒的就是朱士行，他因此成了中国历史上第一位汉族僧人。同时他也是第一位西行取经求法的僧人，文献记载这位汉僧"送经胡本至洛阳"，从西域带回了不少梵书胡本的重要史料。

目前所知中国最早的梵文是刻在石头上的，发现于湖南洞庭湖君山岛摩崖。专家鉴定摩崖上刻的是悉昙体字母梵文，内容为婆罗门教和佛教共用的祈祷语和咒语，时代属7～8世纪①。至于梵钟上最早出现的梵文，见于南诏国大理崇圣寺钟，其上梵文不多，仅是几个天王的名字，年代属871年②。这之后，梵文在石刻佛塔、壁画以及梵钟上层叠见，越来越多，典型之例如大钟寺古钟博物馆的永乐大钟及北京法海寺明钟等，上面的梵文已不再是个别字句，而是整段经

---

① 巫白惠：《岳阳君山摩崖石刻梵字考释》，《岳阳职工高等专科学校学报》2001年第1期。
② 坪井良平：《历史考古学の研究》文前图版。

文、咒语，最多可达数百字之多。

在一口梵钟的身上，或多或少，或繁或简，图案纹饰是不能少的。看起来它们只起到了装饰点缀的作用，但实际上里面不仅蕴含着与生俱来的宗教色彩，还反映了一个民族的审美情趣，颇具历史的韵味。

综上所论，所谓"梵钟"，即佛教寺院专用的、钟钮向上悬挂在钟楼或禅堂之上的、以锤外击发声的、口部为圆形且钟壁相对较直的、镌有铭文和纹饰的铜质或铁质钟。一口梵钟不仅有它外在的几何尺寸、造型设计、色泽质地、花纹图案、铭文字句，还有它内在的合金比例、铸造工艺、美学内涵、声学原理等。只有内外兼顾，做到外形雄浑美观而声音悠扬悦耳，形体与音韵相得益彰，才能成为钟之上品。

纵观全球，钟是各个宗教都不可或缺的法器，几乎遍及世界的每一个角落。总体而言，由于发声方法和形态的不同，全球的古钟可以区分为东西两大系统。西方钟的外形呈口沿外撇的大喇叭状，钟内悬舌，是通过钟体的摇摆达到钟舌内击发声。而东方钟则一是钟壁相对较直，有些钟的外壁虽然也较外敞，但与西方钟的整体造型仍有明显区别；二是东方古钟悬挂不动，钟内无舌，是靠木杵撞击钟体而外击发声的（图0.2）。

（a）莫斯科沙皇钟

（b）波兰古钟

（c）法国古钟

（d）中国河北明铜钟

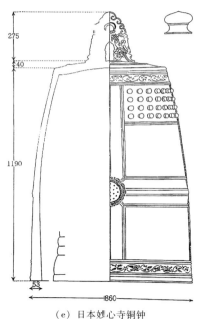

（e）日本妙心寺铜钟

（f）韩国上院寺钟

图0.2　东西方两大类古钟比较

同属东方系统，但其古钟仍可粗分为两大谱系。例如见于东南亚、南亚地区的缅甸、印度、斯里兰卡等国，他们一来秉承古印度的传统，寺院里的报时、报讯之器多采用犍槌，也就是叩之有声的木棒或金属棒；二来这些古钟或者有相当部分属于内击式发声，或者其口部明显外侈而近似西方古钟以外击发声的大喇叭形，或者其钟钮的造型十分夸张，往往大到占钟体通高的三分之一乃至更多，凡此皆与中日韩梵钟形成了明显差别（图 0.3）。而与上述情况截然不同的是，自古以来由于同属汉字文化圈，也由于佛教是经由中国传播到朝鲜半岛和日本诸岛的，统属以大乘佛教为主的汉传佛教，故而位处东亚的中、日、朝、韩地区的梵钟却颇具共同性，形成了一个形态独特的东亚古钟文化圈。在这个古钟文化圈内，各国古钟虽然相对独立且各具特色，但又水乳交融、彼此联系，在不乏各自民族特性的同时彰显了东亚文化的共性。

（a）缅甸仰光大金寺钟

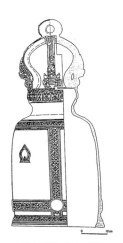

（b）斯里兰卡古钟

（c）越南古钟

（d）泰国古钟

图 0.3　东南亚古钟

本书所论，即东亚古钟文化圈。囿于资料的匮乏，东亚五国中的朝鲜和蒙古暂未列入，讨论的重点集中在中国、日本、韩国三国。日本梵钟研究学家坪井良平先生说："现有的日本梵钟的种类是除去了西洋铃铛来说的，制作国可以分为日本、朝鲜、中国三个国家①。"这里便道出了一个事实，即无论出自何种原因，我们现在能够讨论的东亚梵钟，只能局限于中、日、韩三国②。至于论证的时间范围，则始于梵钟在这几个国家的出现，止于古代梵钟的结束，不包括近现代佛寺新铸的梵钟。具体而言，中国古梵钟的截止年代为 1911 年清朝结束③，日本古梵钟的截止年代为 1867 年江户时代的终结，韩国古梵钟的截止年代为 1910 年李氏朝鲜灭亡。

东南亚及南亚中有些国家因受汉文化影响较深，其梵钟的形态也和中日韩的梵钟类型较为接近，突出之例即如越南。但因越南的地理位置已超出了东亚的范围，故而不在本书讨论之列。

谈到东亚古代梵钟文化的研究，不能不提到日人伊东忠博士。他是此研究的创始人，早在一百多年前的 1899 年就发表了《本邦梵钟说》一文。此文不乏开创之功，一是设定了梵钟的各部分名称；二是确定了一组奈良时代制作的梵钟；三是指出了梵钟撞座是随着年代的推移而逐渐下降的④。这三大立论都对日本的梵钟文化研究产生了重大影响，包括对梵钟各部位名称的确定，由此成了日本学者约定俗成的称谓。当然，此文的最大成就还在于它的开题之功，自此而后"梵钟文化"便进入了人们的视野，成了一个备受关注的话题。

但要说到东亚梵钟文化研究的鼻祖，还应首推坪井良平先生。这位日本学者跳出了"本邦"的局限，放眼整个东亚中日韩三国的梵钟文化，在学术研究上做出了卓越的贡献。关于他与梵钟文化结下的不解之缘，坪井先生有过一段极美

---

①　坪井良平：《梵钟》，《考古学讲座第二卷》，雄山阁，昭和三年（1928 年）。

②　一般梵钟研究者往往将韩国出土及发现的梵钟称为朝鲜钟，这虽然从历史上看并无不可，但出于尊重现在朝鲜与韩国是两个不同国家的客观事实，本书称韩国出土及发现的梵钟为韩国钟。

③　中华民国年间的梵钟大多延续了清代风格，本书在论述中也撷取了个别民国梵钟实例。

④　坪井良平：《梵钟》。

的文字描述，其云："我和梵钟的缘分始于奈良市药师寺的钟声。四月的春天，透过霞光远远可以看见嫩草山的时候，药师寺会举行赏花仪式。平时凡夫俗子不可以敲的钟，也仅在此时可供参拜的男女老少终日不绝于耳地'咚咚咚'敲击着。祖母牵着我的手，走在被油菜花染黄了的山野小道上，渐进西京的森林处，那越来越大的钟声，即使是现在似乎仍萦绕在耳边①。"这份与梵钟的缘分，其实并非坪井良平先生所独有，而应该属于每一个在东方生活过的人。因为每个在中、日及朝鲜半岛长大的人，都曾亲耳聆听过梵钟这直击人心的浑厚钟声，并留下了终生难忘的印象。

坪井良平先生的代表作之一是《梵钟》②，出版于昭和三年（1928 年）；之二是《历史考古学の研究》③，出版于昭和五十九年（1984 年）；之三是《梵钟の研究》④，出版于平成三年（1991 年）。在这百余万字的三部巨著中，坪井良平先生一则汇集了中、日、韩三国的大量梵钟资料，二则对中日韩三国的梵钟文化源流做了卓有新意的探讨。其突出贡献之一，即论定中国的陈太建七年钟是日本梵钟的祖型，指出日本梵钟是由中国传入的。这一结论的影响甚大，自问世以来即为学者所共奉。此外坪井良平先生还按照形态的不同，将东亚古代梵钟划分为和钟（日本钟）、中国钟和朝鲜钟三大类，进而把中国钟区分为和钟的"祖型钟"一类，和作为典型中国钟的"荷叶钟"一类，这也颇具开创之功。

尤为难得的是，在《历史考古学の研究》一书中，坪井先生花费巨大时间和精力，查阅了大量中国各地的古代方志和文献，编辑出了《中国梵钟年表稿》⑤。此表收集了有明确纪年的中国梵钟近五百口，另有年代不明的梵钟约百口，可谓网罗无遗。这样一来，在他辑录的大量梵钟实物资料的基础上，又为梵

①　坪井良平：《梵钟》。

②　坪井良平：《梵钟》。

③　坪井良平：《历史考古学の研究》。

④　坪井良平：《梵钟の研究》，（株）ジネス教育出版社，平成三年（1991 年）。

⑤　此表原称《支那梵钟年表稿》。因"支那"是甲午战争之后日本人对中国的蔑称，故此改称《中国梵钟年表稿》。本书以下各章凡涉及到日文书名或引文有"支那"二字的，一概改称"中国"，不另注。

钟文化的研究提供了难得的文献资料，汇成了丰厚的梵钟文化档案。

除坪井良平先生外，梵钟文化研究的又一巨匠，即日本学者真锅孝志先生。真锅先生经营着一家教育出版社，日常事务冗杂，但他同时也是一位德高望重的学者，专心致力于梵钟文化的研究。早在日本平成六年（1994年），他就发起成立了日本古钟研究会，并亲任会长。研究会成立伊始，他就创办了会刊《梵钟》，不断推出国内外学者的梵钟研究成果，汇集了一批梵钟文化研究力量。真锅先生自己也著述颇多，《梵钟遍历》便是其中之一①。该书从"古钟遍历""梵音余唱""霊场の梵钟"三个方面入手，按地区介绍了日本各大寺院现存的梵钟，并辑录了重要的钟铭，为梵钟文化研究提供了珍贵史料。

日本的梵钟文化研究是比较兴盛的，除了上面两位宗师，还有不少日本学者取得了丰硕成果。例如山衫洋先生1995年出版的《梵钟》一书，对东亚梵钟文化研究做了较为系统的整理和归纳，很富启迪意义②。又如石田肇先生于1997年发表的《日本现存中国钟钟铭集成稿》一文，收集了现存日本的数十口中国梵钟，文中除了对钟的尺寸、年代详加介绍外，还将所有钟铭一一辑录，为中、日梵钟文化的交流提供了新的资料和认识③。更如神崎胜先生，他用几十年时间研究中国梵钟及梵钟的铸造，在《关于中国钟的分类》一文中按年代先后对中国梵钟进行了形态分析，还对中日间的梵钟交流进行了有益的探讨④。最集大成的日本梵钟文化研究成果，还属日本奈良国立文化财研究所编著的《梵钟实测图集成》⑤。此书大16开本，上下两册，共1277页，以朝代为次第全面而详细地辑录了留存至今的日本古梵钟，为日本古梵钟文化的研究奠定了坚实的基础。此书由真锅孝志出版发行，也是真锅先生为东亚梵钟文化研究做出的一大贡献。

---

① 真锅孝志：《梵钟遍历》，（株）ビジネス教育出版社，平成十四年（2002年）。
② 山衫洋：《梵钟》，至文堂出版，平成七年（1995年）。
③ 石田肇：《日本现存中国钟钟铭集成稿》（上中下），群马大学教育学部纪要人文·社会科学编第44~46卷，1995~1997年。
④ ［日］神崎胜著，高凯军译：《关于中国钟的分类》，《北京文博》2001年第2期。
⑤ 奈良国立文化财研究所编《梵钟实测图集成》，（株）ビジネス教育出版社，平成五年（1993年）。

在韩国方面，梵钟文化研究的代表作之一是廉永夏先生的《韓国의鐘》一书，出版于 1991 年①。此书以几十万字的浩繁卷帙，既分析了中国梵钟的出现和基本造型，也阐述了韩国钟的源起、发展与流变。书中每一部分都是按时代的先后及有铭钟、无铭钟的顺序介绍的，内容翔实而丰富。只要此书在手，韩国梵钟的造型及各个时期的特点尽收眼底，堪称韩国梵钟文化研究的奠基之作。

比较之下，中国学者对梵钟文化的研究起步较晚，大约从 20 世纪 80 年代起才渐成气候。当时研究的范围主要集中在自然科学方面，侧重于古钟铸造技术及声学原理的探讨。例如吴坤仪发表在《自然科学史研究》上的《明清梵钟的技术分析》一文②，依据大钟寺古钟博物馆收藏的 40 余件梵钟，探讨了梵钟的制作技术。声学方面的研究见于陈通、郑大瑞发表在《声学学报（中文版）》上的《永乐大钟的声学特性》③，此文重点开展了对永乐大钟振动模态和钟声特性的分析。另有郑敏华、蔡秀兰、陈通的《永乐大钟振动的有限元分析》一文④，通过旋转壳体的有限元方法，计算了永乐大钟的主要固有频率和振型，此文还通过对永乐大钟钟腰和钟唇厚度的变化，分别测试出音高不同的两个分音，从而论定这两个分音起到了增加钟声和谐性的作用。

以上从自然科学角度开展的梵钟文化研究无疑是极富启迪意义的，它们不仅拓展了梵钟文化研究的视野，给人们带来了全新的认识，而且为现代大钟的铸造提供了宝贵依据。但这显然不能取代古代梵钟的历史学、考古学研究，因为只有此类研究才是梵钟的基础性研究，才能解决有关古代梵钟起源、发展、断代、分布、传播及类型演变、文化交流等问题。

由于工作在中国唯一一家古钟类专题博物馆——大钟寺古钟博物馆，笔者很早就开始接触并关注梵钟文化的研究。在广泛搜集各地梵钟资料的基础上，拙作《中国古代佛钟的分区与探讨》一文发表在《北京文博》1998 年第 1 期上。此文

① 廉永夏：《韓国의鐘》，서울大学校出版部，1991 年。
② 吴坤仪：《明清梵钟的技术分析》，《自然科学史研究》1988 年第 3 期。
③ 陈通、郑大瑞：《永乐大钟的声学特性》，《声学学报》1987 年第 3 期。
④ 郑敏华、蔡秀兰、陈通：《永乐大钟振动的有限元分析》，《声学学报》1988 年第 1 期。

采用考古类型学的研究方法，对中国大江南北的梵钟进行了横向的分区研究和纵向的分式研究。分区研究的结果表明，中国梵钟以长江为界划分为南北两大类型，每个大区内还有一些小的地域类型。而分式研究的结果表明，梵钟的早晚变化是有规律可循的，呈现出较为清晰的逻辑过程。此文是用考古类型学方法剖析中国梵钟文化的一个初步尝试，也是这方面的草创之作。由于提供了一种较独特的观察视角和研究方法，此文引起了海外学者的关注，被全文转发在日本古钟研究会创办的会刊《梵钟》上①。

拙文发表后不久，考古学家孙机先生的《中国梵钟》发表在《考古与文物》1998 年第 5 期上。此文的重点一是探讨了中国梵钟的起源，强调了它与古印度佛教的渊源关系，另一重点是对中国梵钟进行了较为细致的分型，但其中有些类型既包括了地域的差异，也包括了时代的差异。

令人欣喜的是，进入 21 世纪以来，国内有关梵钟研究的成果如雨后春笋般涌现出来。最值得一提的是大钟寺古钟博物馆，这个全国独家集收藏、展陈、研究古钟文化为一体的专题性博物馆，理所当然地走在了梵钟文化研究的前列。短短十余年中，大钟寺古钟博物馆组织撰写、编辑了近十种古钟文化研究专集，其中较重要的有北京大学张保胜教授所著的《永乐大钟梵字铭文考》②、笔者主编的《北京文物精粹大系·古钟卷》③、庚华撰写的《钟铃象征文化论》④、大钟寺古钟博物馆编著的《北京古钟》⑤、于戕撰写的《中国古钟史话》⑥ 等。

更令人欣慰的是，'东亚梵钟文化"这个极具地域性的课题，近年来还跨越了中、日、韩三国的范畴，引起了其他国家学者的关注，逐渐成为一个世界性话题。成果之一来自法国国家科学研究中心的苏尔梦女士，她以越南、泰国、印

① 全锦云著，［日］神崎胜译：《中国钟の变迁とその历史的背景》，日本古钟研究会机关誌《梵钟》第 13 号，2001 年 11 月。
② 张保胜：《永乐大钟梵字铭文考》，北京大学出版社，2006 年。
③ 全锦云主编《北京文物精粹大系·古钟卷》，北京出版社，2000 年。
④ 庚华：《钟铃象征文化论》，沈阳：辽宁民族出版社，2004 年。
⑤ 大钟寺古钟博物馆编《北京古钟》（上、下册），北京燕山出版社，2006 年。
⑥ 于戕：《中国古钟史话》，北京：中国旅游出版社，1999 年。

尼、马来西亚等国发现的中国梵钟及其铭文为考察对象，撰写了《从梵钟铭文看中国与东南亚的贸易往来》一文，系统归纳了中国梵钟输往东南亚的年代、铸造地点及铸造商号，由此揭示了中国梵钟在东南亚的传播①。该文资料翔实，论证有据，是了解中国与东南亚梵钟交流的典范之作。

另有一篇论文是由两位美国人合作完成的，题目是《青铜时代后的东亚铜钟比较与思考》②。这是目前仅见的来自北美的有关东亚铜钟研究文章，作者之一是美国洛杉矶加州大学艺术史系的罗泰，另一是美国北伊利诺斯大学物理系的托马斯·罗行。正是这种文、理兼具的综合研究，使此文得以从器物形态学和声学特性的双重角度出发，探讨了中国梵钟文化与其他区域文化的交流模式。此文的总体观点是，中国梵钟与古印度的手摇铃有着种种形态学上的渊源，可证中国梵钟是从古印度传来的。另外此文通过对中国、朝鲜半岛和日本古代梵钟声学特性的测试，证明这些地区古代庙钟的振动模式与西方教堂钟的振动模式基本相同。

以上不同角度的研究，都大大扩展了人们的观察思路，也大大增进了人们对梵钟文化的了解，极有助于梵钟文化研究的深入。

本书对东亚梵钟文化的研究，就是在充分借鉴上述研究成果的基础上展开的。此外我们遵循的一个原则是，尽可能采用考古类型学的研究方法，来努力复原整个东亚地区古代梵钟的发展谱系，以此为东亚梵钟文化研究奠定一个基础性架构。

考古类型学是对古代实物资料进行科学归纳和比较研究的方法，通过对遗物或遗迹的形态排比，来探求其内在的逻辑变化、发展序列和相互关系。此方法适用于一切延续了一定时间的考古遗存，古代梵钟自不例外。但与史前考古遗存截然不同的是，梵钟是文明时代的产物，其中相当部分镌有铭文，而铭文中的大多数载有绝对纪年，又十有六七标明了原始产地，所以本论著排比的古代梵钟谱

---

① ［法］苏尔梦著，郑力人译：《从梵钟铭文看中国与东南亚的贸易往来》，《海洋史研究》（第三辑），2012年。

② ［美］罗泰、托马斯·罗行：《青铜时代后的东亚铜钟比较与思考》，北京大学考古学系编《"迎接二十一世纪的中国考古学"国际学术讨论会论文集》，北京：科学出版社，1998年。

系，可以说是考古类型学与铭文资料双重印证的结果。当然，单纯由铭文资料出发，也可以确定古代梵钟的一个大体框架，此前的梵钟文化研究就是这样做的。但由于缺乏缜密的类型学分析，很容易导致的一大问题就是，往往把梵钟横向的型的关系，和纵向的式的关系混淆起来，也就是把空间关系和时间关系混淆起来，由此排列出一个似是而非的梵钟文化谱系。更重要的是，倘若缺失了缜密的类型分析，就无法准确把握梵钟的形态变化序列，无法了解其内在的变化规律，也就无法框定无铭文梵钟的时间和空间属性，更无法通过综合比较来判明各梵钟谱系的相互影响和相互作用。所以，缜密而精确的考古类型学研究，可以说是梵钟文化研究必须借鉴的一大方法，也是本论著要努力践行的一大方法。

按照考古类型学的基本原则，应该先用比较的方法区分出古代梵钟在不同地域平行发展的几大类型，以此来揭示它们横向发展的共存关系，此即考古类型学的"分区"。在此基础上再对每一类型的梵钟进行纵向排比，寻找其时代早晚的逻辑发展关系及演变规律，此即考古类型学的"分期"。以中国之大、东亚之广，每个大的区域势必还存在若干不同的地域类型，这些类型很可能出现的时间早晚有别，但总体上它们也是一种横向关系，亦即并行的关系，而非纵向的承续关系。将上述三层关系综合起来，就是考古类型学的"区、系、类型"理论。

具体而言，我们对东亚三国梵钟文化的类型学研究是按以下步骤逐次展开的：

1. 首先对一国的梵钟文化资料加以梳理，主要是归并同类项，把同一时代的形态相同的梵钟予以归并①。

2. 将归并后的一国梵钟资料全面铺开，寻找它们之间横向的并行发展关系，由此归纳出几大类型。

3. 有了横向发展的几大类型后，再条理出每个类型从早到晚的发展序列，归纳出此类型早晚相承的几大式。

4. 综合型式划分的结果，梳理出一国梵钟文化纵贯一千数百年的逻辑发展关系及整体演变规律。

---

① 归并同类项后，在数千件中日韩梵钟资料中筛选出样钟约400件，详细情况见书后总表。

5. 结合每一类梵钟的原始产地，分析其总体分布规律及由此体现的文化属性。

6. 在型式划分的基础上，综合考察一国梵钟客观存在的等级差异，即它们从高到低的等级划分，以及由此对应的社会阶层。需要注意的是，这种等级差异既有可能存在于同一型式的不同个体之间，也有可能存在于并行发展的不同类型之间。

7. 当我们通过以上步骤，将一口梵钟复原到它在三维历史时空中赖以存在的特定空间（分区）、特定时间（分期）和特定类别（分类）范畴中后，就如同把它放回到它发生、发展的特定环境中，使之变成了一个极富历史内涵的活化石，变成了可以开口说话的活史料。这时，再结合一国的佛教发展史，就可以揭示梵钟文化与佛教文化的对应关系，揭示它们两者的命运与共和相得益彰。

8. 当成为活的史料后，特别是在和各国的佛教发展史相互印证后，就可以跳出一国的局限，从跨民族的高度，从跨学科的宽度，纵览整个东亚梵钟文化圈的形成状况、发展源流、相互影响和彼此联系，探讨融汇于其中的文化共性与个性，认知不同民族间文化的相互接纳、相互交流和相互融合，进而观察东亚文化的起源、演变、传播、结构、功能与本质。

以上八大步，实际上包括了三大阶段：前三步属第一阶段，是类型学分析的基础阶段；中间三步属第二阶段，是类型学的综合研究阶段；最后两步属第三阶段，是类型学研究的高级阶段，即上升到和历史学、文化学研究相结合的阶段，而这才是类型学研究的终极目的。

以上三大阶段是依次推进的，但也是互为因果的。第一阶段的工作为第二阶段的研究奠定了不可或缺的基础，但反过来说，第二阶段也是对第一阶段研究成果的验证。换言之，只有当第一阶段的类型分析严格遵循了客观规律，而不是凭主观臆断随意拼凑出一个谱系，才有可能展现出此类梵钟在空间分布上的横向发展特点，以及在时代早晚上的纵向演变规律。事同此理，第二阶段的分析为第三阶段的综合研究确立了必要的前提，但只有第二阶段的分析真正站得住脚，真正具有科学性和客观性，才有可能和一国的佛教发展史相呼应，乃至于相印证。

笔者在大钟寺古钟博物馆从事业务工作长达十八年，期间承担的一项主要任

务，就是偕同一批业务骨干对全国古钟保存情况做了详细的实地调查，足迹遍及北京、福建、广东、广西、海南、云南、四川、重庆、贵州、安徽、浙江、江苏、山西、宁夏、甘肃、青海、新疆、河北、河南、陕西、辽宁等二十余个省、市、自治区。调查中我们认真搜集了各类古钟资料，包括实物资料、文献记载和口头寻访资料，建立了数百份古钟档案。毋庸讳言，这种实地考察的付出是巨大的，但收获也是巨大的，它使我们取得了许多前所未有的梵钟资料，大大丰富了我们对梵钟文化的认识。在此基础上，再加上大钟寺古钟博物馆的馆藏文物，更加上前人辑录的大量梵钟实物资料和文献资料，就构成了本论著展开研究的资料基础。然而今日想来仍令人惋惜的是，当我们千里迢迢寻访到这些古钟时，却因为种种原因无法对其进行精确的测量和绘图，而只能在现场勾勒一个简单的草图。出于基本的专业素养，我们所能做的无非是尽最大努力忠实于钟体的原始造型而已，其他就顾不上了。

众所周知，古代钱币是由青铜铸造的，而铜质梵钟是铸钱的现成原料，只要把铜钟回炉重铸，出来就是货币。是故便如《旧唐书·食货志》所言："寺观钟及铜像，多坏为钱。奸人豪族犯禁者不绝。京兆尹郑叔清擒捕之，少不容纵，数月间榜死者八百余人。"这种将"寺观钟及铜像多坏为钱"的现象在古代屡禁不止，而且不仅有奸佞小人的违法乱纪行为，还有官府的堂而皇之行为，其所造成的后果也更为惨烈。《旧唐书·韩滉列传》载："（韩滉）以佛寺铜钟铸弩牙兵器。"此文的韩滉是唐朝大宰相，他的毁佛寺铜钟以铸兵器的行为显然是政府行为，这对铜钟造成的破坏更是有过之无不及。于是学者很无奈地说："在中国中世以后，历代各地的君主诸侯都频繁地将梵钟熔化而铸成铜钱，所以应该能够想得出来，为什么青铜古钟的遗存非常寥寥①。"这是一个不幸的事实，也是一个不争的事实，即在历尽浩劫后，能够侥幸留存下来的古钟只是整个古钟文化的一小部分。

然而，中国终归是一个梵钟大国，仅就我们调查和搜集所得，各地保存下来的古代梵钟仍然不下两千件。本书即以大钟寺古钟博物馆收藏及调查的古钟资料

---

① 坪井良平：《梵钟》。

为基础，从近千件古钟实物中甄选了部分器物做分析的标本①。至于选择的标准，一是其造型要有时代的典型性，二是其具有较浓郁的地域性，三是它能够代表梵钟的特有属性。以上第一二条是较易理解的，第三条的情况则较为复杂，需做具体的说明。

其复杂性在于，虽然我们论述的是梵钟，是供佛寺专用的钟，但由于古代的道钟、朝钟、更钟乃至孔庙、祖庙等庙钟也都是圆形口的铜质、铁质较大型钟，在造型及用法上几与梵钟没有区别，所以很容易混淆。这种混淆不单是由主观判断上的失误造成的，而且往往在客观上就难以判分。例如关公，这是中国古代崇祀的一个重要神祇，据乾隆十五年（1750 年）《京师乾隆地图》的标注，当时仅北京城内主祀关帝的庙宇就多达 116 座②，位居京城各类庙宇之冠。而在这百余座关帝庙中，既有皇家敕建的，也有政府衙门和百姓建造的，还有儒家、道家、佛家创立的，社会各界几乎无所不包。事既如此，那就很难说某个关公庙里的古钟究竟应该归为梵钟、道钟还是儒家的庙钟了。还有一种情况，像福建、广东等东南沿海地区的妈祖庙，庙里往往悬挂的也有大钟，可这既非梵钟亦非道钟，而是一种很特殊的庙钟，但其整体造型却与梵钟别无二致。

以上情况还不是最复杂的，最复杂的是，一口钟的命运往往随波流转，既当过道钟，又当过寺钟，甚至还当过庙钟。例如重庆合川庆林观，是一座始建于唐代的道观，其观主在武则天时为取悦女皇，特意铸造了一口道钟送往长安。运输途中传来女皇逊位、中宗继位的消息，这个观主遂将此钟抛弃，后来该钟辗转流徙到四川阆中。到阆中后，此钟先是安置在阆中府署衙内，后迁移到署衙前的清远楼，再后又迁徙到署衙后的凤凰楼，继而置于阆中古城东门铁塔寺，最后移至张飞庙。总之这口钟在历史上既是道钟、府钟、庙钟，还是寺庙的梵钟，几乎把古钟的各种角色都扮演了一遍。

以上阆中古钟的情况是我们在调查全国古钟时从县志上查阅到的，此类情况

---

① 本书引述的中国古代梵钟资料有相当部分出自大钟寺古钟博物馆调查资料及馆藏资料，不再一一注出。

② 马书田：《中国道教诸神》，北京：团结出版社，1996 年，第 307 页。

在各地的方志中皆不乏记载，都客观再现了古钟命运随历史衍变的事实。正因为如此，故而在此前的很多梵钟文化研究中，都不加甄别地把一些道钟、朝钟、更钟、庙钟和梵钟混为一谈。这其实也难怪，因为这些钟不仅在用途上可以混同，而且在造型上也区别不大。那么是不是索性可以把它们归为一类呢？当然不是。且不说它们的区别还是很明显的，这不仅表现在钟体细部的造型及纹饰上，也表现在各自的铭文内容上。更重要的是，即便是同一口钟，悬挂的位置不同，承载的使命也就不同，文化内涵便大不相同。例如它悬挂在佛寺内，宣示的就是"梵音""佛音"，但如果悬挂在道观内，发出的就是道教的"清音"。至于朝钟、更钟或庙钟等，其作用更和梵钟风马牛不相及。我们现在论证的，不仅仅是形态学意义的圆口铜钟或铁钟，更是承载着佛教文化的梵钟。它们是佛教文化的重要载体，其之演变代表了佛教文化的演变，其之传播体现了佛教文化的传播，其之盛衰对应着佛教文化的盛衰。而这一切既与道钟反映的道教兴衰无关，也与朝钟标志的朝代兴替无关，更与更钟传递的日月轮回无关。

好在在浩瀚的古钟文化长河中，佛寺的梵钟是居主流地位的，是其中的荦荦大者。有学者对中国古代保留至今的大钟做了详尽而精确的统计，其结果表明，中国是世界上拥有古代大钟最多的国家，共有千斤以上的铜钟 155 口[1]。其中佛钟有 108 口，道钟有 25 口，更钟有 14 口，朝钟有 8 口。这个统计数据准确无误地告诉我们，佛钟在古代大钟中占到了总量的 70%，而其他各类钟加到一起也只占总量的 30%，佛钟的主流地位一目了然。当然，这是仅就千斤以上的大钟而言，而且是仅就保存下来的大钟而言。但是尽人皆知的是，在各地保存下来的中小型古钟中，绝大多数都是寺院的佛钟，其比例更远远大于朝钟、更钟、道钟的总和。

即使其他功能的古钟所占比例不大，但本论著依然把握的原则是，既论梵钟，就一定要尽可能以佛寺的梵钟为本。哪怕某些类型的梵钟资料不够充分，需要其他类型古钟做补充，而且这从形态学上也是完全说得过去的，那也应当把它们严格控制在很小的范围内。

---

[1] 王福谆：《古代大铜钟》，《锻造设备与工艺》2012 年第 3、4 期。

总体上说，东亚古代梵钟的资料还是相当丰富的，标本的甄选并非难事。但是，如何用考古类型学的方法系统整理这些资料却并非易事。而在此基础上进而探索东亚地区中、日、韩三国梵钟的孕育生成和发展演变，以及它们的区系特点、流布过程、文化联系等，则更非易事。平心而论，本论著只是此方面的一个初步尝试，错误、疏失、遗漏在所难免，敬待各国同好不吝赐正。笔者的最大意愿是，以此刍荛之作抛砖引玉，为有志者提供一个粗浅的借鉴，使他们能在东亚梵钟文化的沃土上培植出更加绚烂的硕果来。作为一个有幸从事过古钟文化研究的人，倘能了此心愿，则窃意足矣！

第一章　梵钟在中国的源起

若论梵钟在中国的源起，涉及的范畴无非是两个，一个是"佛"（梵），一个是"钟"。而其前提，自然是佛教的传入，因为有了佛教才可能有"佛钟"。

第一节　佛教的东传中国

佛教是世界三大宗教之一，起源于古印度，为迦毗罗卫国王子乔达摩·悉达多所创，时间大约在公元前 6 ~ 前 5 世纪。乔达摩·悉达多出身于古印度的名门望族释迦族，其生卒年代说法不一，有人认为他出生于公元前 560 年左右[1]，有人说他出生于公元前 557 年，有人说他出生于公元前 688 年，也有人说他出生于公元前 1025 年[2]。但一般学术界较统一的意见是说他出生于公元前 557 年，卒于公元前 477 年[3]。29 岁时，正当盛年的他深感社会的不平等，又对人类的生、老、病、死四大苦难困惑不已，于是抛弃王室尊位，别妻离子入山修道。35 岁时他在菩提树下大彻大悟，遂开启佛教，随即在恒河流域一带传教，宣传人人平等的慈悲教义。他成佛后被信徒称为"释迦牟尼"，尊为佛陀，梵语的译意即道

---

[1] ［俄］约·阿·克雷维列夫著，乐峰等译：《宗教史》（下），北京：中国社会科学出版社，1984 年，第 292 页。

[2] 周谷城：《中国通史》，上海人民出版社，1958 年，第 427 页。

[3] 周谷城：《中国通史》，第 427 页。

德完备，能惠济万物。公元前 3 世纪，印度孔雀王朝的阿育王（在位于公元前
273～前 232 年）统一了除南亚次大陆之外的整个印度，晚年的阿育王放下屠刀，
笃信佛教，被称为"无忧王"。阿育王皈依佛教后在各地大兴佛教建筑，据说共
建造了八万四千座奉祀佛骨的佛舍利塔，还派教徒四处传教，展开了佛教的传播
之旅①。

亚洲国家中最早接受佛教的是锡兰（今斯里兰卡）。相传早在公元前 3 世纪，
阿育王便派王子摩哂陀及比丘、居士等人到锡兰传播上座部佛教，这里从此成了
南传佛教的主要基地。当时在锡兰首都的近郊建起了大寺，此即锡兰最古老的寺
院②。5 世纪初，中国僧人法显曾到此寺寻访，据《佛国记》记载，当时寺院里
住着僧众 3000 余人，俨然已是佛国重寺③。

同是东南亚国家或南亚国家，接受佛教的时间却相当不一致，前后间隔可以
长达好几个世纪。例如越南，一般认为佛教的传入已经晚到了 2 世纪末。俄罗斯
学者约·阿·克雷维列夫在其所著《宗教史》中说："在北越境内，佛教的早期
史料出现于 194 年至 195 年间。禅宗的出现标志着佛教已在那里完全确立，时间
是从 520 年到 525 年④。"法国学者伯希和亦作如是观，他指出："2 世纪时，交
州（即越南）南海之通道，亦得为佛法输入之所经。……3 世纪初译经建业之康
僧会，其先康居人，其父因商贾移于交趾（亦即越南），226 年大秦人秦论所抵
之地亦为交趾，255 或 256 年所出《法华三昧经》亦在交趾翻译⑤。"至于缅甸
和泰国，到了 4 世纪或者更晚，佛教才有了较明显的迹象可寻⑥。佛教传入柬埔
寨的时间更晚，并且不是从毗邻的泰国或越南传入，而很可能是从中国辗转传入
的。史载 5 世纪中叶有印度僧人在中国广州搭海船进入扶南（柬埔寨的古称），向

---

① 任继愈总主编，杜继文主编《佛教史》，北京：中国社会科学出版社，1991 年，第 46 页。

② 任继愈总主编，杜继文主编《佛教史》，第 50 页。

③ ［晋］法显著，郭鹏注译：《佛国记注译》，长春出版社，1995 年，第 133 页。

④ ［俄］约·阿·克雷维列夫著，乐峰等译：《宗教史》（下），第 338 页。

⑤ 转引自朱云影：《中国文化对日韩越的影响》，桂林：广西师范大学出版社，2007 年，第
456 页。

⑥ 任继愈总主编，杜继文主编《佛教史》，第 51 页。

扶南王讲述中国佛教的兴盛情况，于是扶南王托他通好于南齐。不久后扶南的佛子僧伽婆罗抵达齐都建康，入住正观寺，这便成了佛教传入柬埔寨的标志性事件①。

以上事例说明，佛教在亚洲的传播不是渐进式的，也不是以发源地为中心向外同步辐射的，而表现出了很不规则的跳跃性。那么，它是何时传入中国的呢？

关于佛教传入中国的时间，前辈学者做了大量的研究考证，获得了很多宝贵的历史资料和学术观点，但至今仍歧见纷披。截至目前，史学界对此有以下种种看法，并且各有所依：

1. 先秦说

这是有关佛教传入中国的最早说法，习称"周世佛法已来说"，屡见于《汉法本内传》《周书异记》等文献的记载。其依据之一，即先秦典籍《山海经·海内经》所云："东海之内，北海之隅，有国名朝鲜、天毒，其人水居，偎人爱之。"晋郭璞注云："天毒即天竺国，贵道德，有文书、金银、钱货，浮屠出此国中也②。"晋宗炳在《明佛论》中引用了此语，认为这表明先秦时期已有佛教传入。另据晋人王嘉《拾遗记》的记载，一位已经130岁的印度僧人在燕昭王七年（公元前306年）时持瓶荷锡来到燕都，广行异术，以此清代学者俞樾在其所撰《茶香室丛钞》中说，此"乃佛法入中国之始③"。据南北朝时期南齐僧人伽跋陀罗所译《善见律毗婆沙》的记载，印度阿育王曾派大德摩诃勒弃多至臾那世界（原注：汉地）传教④，这也是佛教传入中国"先秦说"的一个依据。

2. 孔子时代说

佛教于孔子时传入中国的说法也属先秦说的一种，无非将此事特别系之于孔子。此说的根据是《列子·仲尼》载："孔子曰：'丘闻西方有圣者焉，不治而不乱，不言而自信，不化而自行，荡荡乎人无能名焉。'"该文说孔子知道西方有佛为大圣，具有"不治而不乱"的法力，说明佛教当时已在中原大地传扬。

① 冯君豪：《中外文明交流史话》，北京：中国华侨出版社，1994年，第230页。

② 袁珂校注：《山海经校注》，上海古籍出版社，1980年。

③ ［清］俞樾：《茶香室丛钞》卷十三，北京：中华书局，1995年。

④ ［日］《大正藏》第二十四册（影印本），上海佛学书局，1998年。

这一说法最为佛界所倚重，是佛门的流行观点。而孔子卒于公元前 479 年，时在春秋末年，此说便以佛教在这之前已经传入中国。

3. 秦朝说

隋人费朝房《历代三宝记》卷一载，秦始皇四年（公元前 243 年），沙门释利防等十八贤者携经来化始皇，被始皇查禁。学者马元材在 1943 年所撰的《秦时佛教已流行中国考》[①] 中以此为据，认为佛教是在秦朝传入的。

4. 西汉初期武帝说

《汉书·霍去病传》载，汉武帝（在位于公元前 140 年～前 87 年）之臣霍去病与匈奴作战大获全胜后，"捷首虏八千九百六十级，收休屠祭天金人"。对于文中的"金人"，三国时代张晏注曰："佛徒祠金人也。"唐人颜师古解释说："今之佛像是也。"可见早在汉武帝时已有佛像传入。此外，晋宋炳《明佛论》中有东方朔答汉武帝的劫烧说，也是武帝时佛教传入的一个佐证。另据《魏书·释老志》记载："及开西域遣张骞使大夏，还传其旁有身毒国，一名天竺，始闻浮屠之教。"这也显示汉武帝时中土之人已接触时称浮屠道的佛教。

对汉武帝时佛教传入中土的最明显记载，又见唐道宣所撰《广弘明集》，其《归正篇第一之二》载："释氏之学闻于前汉武帝。元狩中霍去病获昆邪王及金人率长丈余。帝以为大神。列于甘泉宫。烧香礼拜。此则佛道流通之渐也。及开西域。遣张骞使大夏。还云。身毒天竺国有浮屠之教。"众所周知，汉武帝刘彻曾经派使臣张骞数次出使西域，由此打开了中西文化交流的大门。自此而始，中国的陶瓷、丝绸、蜀布、邛竹杖等远赴罗马、阿富汗及小亚细亚，西方的文明也被介绍到中国，寂静的河西走廊喧腾起来。在这个背景下，佛教的东来可谓水到渠成，于是史籍中便有了相关记载。而综合此类记载，著名佛学家蒋维乔在其所著《中国佛教史》中断言："我国知有佛教，应在武帝通西域后[②]。"

5. 西汉末期说

此说主要见载于《洛阳伽蓝记》《魏书·西域传》《大唐西域记》等史籍。

---

① 马元材：《秦时佛教已流行中国考》，刊《苏鲁豫皖边区政治学院》内部资料，1943 年。
② 蒋维乔：《中国佛教史》，北京：商务印书馆，1931 年。

根据之一是，晋宗炳的《明佛论》中有"刘向《列仙叙》，七十四人在佛经"的记述，以此南朝律学大师僧祐称："昔刘向校书，已见佛经，故知成帝之前，法典久至矣①！"成帝属西汉末年，而此文强调当时"法典久至"，即佛教的传入不会晚于西汉晚期。另见僧祐《弘明集》和唐道宣《广弘明集》的记载，西汉哀帝元寿元年（公元前2年），大月支派使者伊存到长安，口授佛经给博士弟子景卢，这也是西汉末年佛教传入中国的一个依据。

6. 西汉末至东汉初说

学界以佛教于西汉末至东汉初传入中国的为多，周谷城、任继愈等大家皆持此论，使之成为最具影响的主流派说法。

周谷城指出，若论佛教的传入，首先要确立标准。他说："佛教之东来，究竟何时开始，很不易确切指出。……佛教是一个统称。其代表之物的较粗者当为众人膜拜之佛像；较精者当为学人研究之经典②。"这里周先生强调，佛教是否传入中国，关键要看中国何时出现了佛像和引进了佛经。据此他说："佛像之东来，其传说之时代很早。东汉孝明帝夜梦金人，顶有白光，飞行殿庭，傅毅谓这就是佛。至于佛经之东来，为时也很早：汉哀帝元寿元年（公元前2年），博士弟子秦景宪③接见大月氏王使伊存，曾亲受其口授的浮屠经；东汉明帝时，郎中蔡愔，博士弟子秦景等出使天竺（印度）抄写浮屠遗范；愔与沙门摄摩腾及竺法兰东还洛阳，除将拜跪之法传入以外，又得佛经四十二章。经皆藏于兰台石室④。"综合上述考证，周先生认为，佛教进入中国的时间应在西汉末至东汉初，即西汉哀帝（在位于公元前6年～前1年）至东汉明帝（在位于公元58年～75年）的七八十年间。

宗教史学家任继愈先生亦主此说，他在《中国佛教史》中对佛教传入中国的时间做了更为详尽的讨论，并得出结论说："佛教在西汉末年已经西域传入中

---

① ［南朝梁］释僧祐：《出三藏记集》，北京：中华书局，1995年，第22页。
② 周谷城：《中国通史》，第428页。
③ "秦景宪"与上文"景卢"为同一人，因出于不同版本故姓名不同。
④ 周谷城：《中国通史》，第428页。

国内地，到东汉以后逐渐在社会上流行。因此，如果不断定具体年月而笼统地说佛教在两汉之际输入中国内地，也许更符合实际①。"在此基础上他进一步推定说："学术界一般认为，汉哀帝元寿元年（公元前 2 年），大月氏王使臣伊存口授浮屠经，当为佛教传入汉地之始②。"

7. 东汉说

此说的最大特点是认为佛教传入中国的确切时间是在东汉，而不应上溯至西汉末年。其重要依据之一，即历史上长期流传的"汉明感梦，初传其道"故事。此事最早见载于东汉成书的《四十二章经序》和《牟子理惑论》。《牟子理惑论》云："昔汉明皇帝，梦见神人，身有日光，飞在殿前，欣然悦之。明日，博问群臣，'此为何神'？有通人傅毅曰：臣闻天竺有得道者，号之曰'佛'，飞行虚空，身有日光，殆将其神也。于是上悟，遣使者张骞、羽林郎中秦景、博士弟子王遵等十三人，于大月支写佛经四十二章，藏在兰台石室第十四间。时于洛阳城西雍门外起佛寺，于其壁画，千乘万骑，绕塔三匝。又于南宫清凉台及开阳城门上作佛像。明帝存时，预修造寿陵，陵曰显节，亦于其上作佛图像。时国丰民宁，远夷慕义，学者由此而兹③。"《后汉书·西域传》亦云："世传明帝梦见金人，长大，顶有光明，以问群臣。或曰：'西方有神，名曰佛，其形长丈六尺而黄金色。'帝于是遣使天竺，问佛道法，遂于中国图画形象焉。"综合此类文献，不仅记载了汉明帝夜梦金人之神兆，阐述了臣子称此乃天竺之佛的释义，还讲述了汉明帝派人前往西域求法的决定，更叙述了在洛阳城郊起佛寺、作佛像等事迹，佛教的传入可谓确凿无疑。

此外《后汉书·西域传》载："楚王英始信其术，中国因此颇有奉其道者。后桓帝好神，数祀浮图、老子，百姓稍有奉者，后遂转盛。"《后汉书·楚王英传》亦有相同记载，并称汉明帝于永平八年（65 年）褒奖楚王英说："楚王诵黄老之微言，尚浮屠之仁祠，絜斋三月，与神为誓。"由此一例亦可看出，佛教至

---

① 任继愈主编《中国佛教史》，北京：中国社会科学出版社，1981 年，第 45 页。
② 任继愈总主编，杜继文主编《佛教史》，第 95 页。
③ 转引自任继愈总主编，杜继文主编《佛教史》，第 96 页。

少已于汉明帝时在东汉皇族中传播开来，并由此流向社会。

至于东汉以后，佛教在中国的传播已是不争的事实，佛寺也在各地大量涌现，对此已无人质疑。

以上有关佛教传入中国的讨论，大多是集中在文献记载的整理和分析上的。但毋庸讳言，在这个问题的讨论上，考古学的观察似乎更有意义，尤其在文献记载莫衷一是的情况下就更是如此。下面仅就个人的一孔之见，略选几个最具典型意义的考古实例稍做梳理，以聊补文献之缺。

2000 年在湖北江陵出土了一座天星观二号墓，随葬品中有两件文物引起了人们的特别关注，其一是半人半鸟的妙音鸟造像，其二是髹漆的木雕莲花豆。著名文化史学家张正明先生和湖北省博物馆院文清研究员指出，妙音鸟是印度神话和佛教传说中半人半鸟的神鸟，被当作佛前的乐舞供养，而此墓出土的妙音鸟造像便是确凿无疑的佛教遗物。值得注意的是，这只妙音鸟的手掌是合在一起的，而双手合十是佛教的特有仪式，印证了张、院之说。至于墓中出土的髹漆木雕莲花豆，特异之处在于其口沿外有一圈莲瓣装饰，这也恰与佛陀的莲座相仿。证之以中国的传统装饰风格，这种莲花座是不可能从先秦的中国造型艺术中蜕变而来的，因此只能解释为是佛教文化传入了南楚。天星观二号墓属战国中期，故而张、院二先生推断，早在战国中期之际，佛教已经进入中国①。

长期以来，学术界一直把在湖北鄂城发现的佛像图案视为中国最早的佛像，它们出土于东吴和西晋时期的墓葬。这些佛陀图像或是呈现在铜镜的阴面，或是描画在青瓷器上，年代大约为 3 世纪中后期至 4 世纪初②。鄂城是东吴的都城，时称武昌，当时这里不仅是整个东吴地区文化的中心，也应当是东吴佛教传播的中心。此外在湖北武昌莲溪寺东吴墓中也出土了佛陀图像，是镂刻在一件鎏金铜片上的，而且有明确的纪年，属东吴景帝永安五年（262 年）③。此佛像与鄂城发现的佛像一道，长期以夹被指为中国最早的佛像。

---

① 张正明、院文清：《战国中期普有佛教造像传入南楚》，《江汉论坛》2001 年第 8 期。

② 贺中香、喻少英：《鄂城六朝文物的佛像装饰与南方佛教》，《文物》1998 年第 6 期。

③ 程欣人：《武昌东吴墓中出土的佛像散记》，《江汉考古》1989 年第 1 期。

可是，当 2002 年发现了重庆丰都东汉墓后，上述记录被一举改写。重庆丰都东汉墓有明确纪年，属东汉安帝延光四年（125 年）。墓中出土了一个铜制的摇钱树，树上发现了铜佛像的构件。考古发掘者描述说："佛像略残，头后有火焰状发式，头顶有高肉髻，蒙古人种面形，无口髭，着圆领衣，袒右臂，右手施无畏印，左手提袈裟，下部残，残高 5 厘米①。"从文中描述的情况看，该物应属佛像无疑，而其年代则比武昌莲溪寺的佛像早了 137 年。据《中国佛教史》记载，古印度在公元 1 世纪以后才有了最早的佛造像②，而中国内地却早在 2 世纪初便发现了佛像，其传播速度之快着实令人惊叹！

重庆丰都东汉墓出土的佛像还有一个特殊意义，即把汉明帝"夜梦金人（佛陀）"的传说更加真实化了。其故在于，东汉明帝于公元 58 年到 75 年在位，比丰都东汉墓出土的佛造像只早了半个多世纪。而丰都东汉墓的佛造像已相当完美，制作也十分精巧，由此推断汉明帝时显然已有佛像流传于世，其之"夜梦金人"并非向壁虚构。

石窟寺的壁画也是毋庸置疑的佛教遗物，而其中时代最早的一例首见于新疆拜城的克孜尔石窟。

新疆是中国最早接受佛教文化的地区之一，大约从公元 1 世纪左右就已开始传播佛教，而且留下了不少佛教遗迹，拜城的克孜尔千佛洞就是其中一大瑰宝。克孜尔千佛洞最突出的艺术成就即绚丽多彩的壁画，其内容丰富多彩，包括佛、菩萨、弟子、佛陀故事、佛教故事以及伎乐（佛教乐舞）、飞天（飞行的天神）、供养人（出资建造圣像或开凿石窟的虔诚信徒）等。至于其石窟的年代，"学术界尚未取得一致意见，但说它的开窟至迟不晚于 3 世纪，停止兴建在初唐以后，却是各家均无异议的③"。阎文儒先生在仔细考察了石窟的造型、壁画的内容以及壁画着色、技法等方面后指出，克孜尔石窟的开凿时间应在东汉（公元

---

① 《重庆丰都槽房沟发现有明确纪年的东汉墓》，《中国文物报》2002 年 7 月 5 日。

② 任继愈主编《中国佛教史》，第 79 页。

③ 杨芊：《克孜尔千佛洞》，新疆社会科学院考古研究所编《新疆考古三十年》，乌鲁木齐：新疆人民出版社，1983 年，第 158 页。

25～220年）的后一阶段①，也和上述推测相合。由此说明，佛教至迟在东汉后期已经进入新疆，并能用娴熟的壁画艺术来阐释宣传教义了。

在新疆塔克拉玛干大沙漠南缘的尼雅遗址，还发现过一座东汉初期的贵族夫妇合葬墓，墓中出土了大批丝织品，其色泽之鲜艳、图案之秀丽世所罕见。更重要的是，其中包含了我国最早的佛教丝织艺术品，为过去新疆考古发现之仅见。其具体例证是："两件蜡缬棉布单中的一件残幅88厘米×47厘米，内容为佛教绘画，上端残破存一只佛脚、兽蹄和一条兽尾，下端有长龙和飞鸟，左侧有半身供养人像一躯。供养人裸体露胸，颈和臂间满佩璎珞，头后有背光，双手捧着一件尖长状容器，内盛葡萄供品，侧身向右②。"在东汉初期的墓葬中竟能发现如此形象生动、繁缛细密、内容丰富的佛教图像，其意义显然不言而喻。

在新疆还发现了时代较早的佛寺遗址，也说明了佛教在此地的传播。实例之一即位于吐鲁番市以西13公里的交河故城"大庙"。此庙平面规划十分严整，呈长方形，年代属高昌（5世纪中叶至7世纪中叶）至初唐时期（7世纪初至8世纪初）③。年代更早的还有位于库尔勒与焉耆之间的七格星明屋，根据考古调查与测量，七格星明屋实际包含了两座寺院的遗址，一座为南大寺，一座为北大寺。通过考古工作者对遗址上采集的残佛、菩萨等造像的分析，可以确认七格星明屋的始建年代在两晋时期，约当4世纪初至5世纪初④。

综合上面的考古学观察，再参考前面列举的文献资料，展现在我们眼前的一个基本事实是，佛教的传入中国并非一个简单的时间断限问题，而是一个漫长的过程。

外来宗教的传播是一个相当复杂的社会现象，可以表现出迥然不同的形式。就中国而言，伊斯兰教的大规模传入中国，是在蒙元初年的成吉思汗时期，其背

---

① 阎文儒：《新疆天山以南的石窟》，新疆社会科学院考古研究所编《新疆考古三十年》，第566页。

② 李遇春：《尼雅遗址的重要发现》，新疆文物考古研究所编《新疆文物考古新收获：1979～1989》，乌鲁木齐：新疆人民出版社，1995年，第420页。

③ 观民：《交河城调查记》，《考古》1959年第5期。

④ 阎文儒：《新疆天山以南的石窟》，新疆社会科学院考古研究所编《新疆考古三十年》，第576～577页。

景是成吉思汗三次率蒙古铁骑横扫欧亚大陆，打通了中国与中亚、波斯、阿拉伯等地的联系，大批葱岭以西穆斯林由此如潮水般涌入中国。按照元帝国的政策，这些"东来顺"的穆斯林在元朝享有仅次于蒙古人的特权地位，这就使他们堂而皇之地成了元朝及元大都的新主人，其信奉的伊斯兰教也在一夜之间风行起来。至于基督教，其传入中国虽然早在唐太宗时期就初现端倪，典型事例即西方大秦国主教阿罗本于贞观年间"占青云而载真经，望风律以驰艰险①"，不远万里来长安传教，但其真正在社会上流传开来，却晚到了鸦片战争爆发以后。那是因为在鸦片战争失败后，西方列强迫使清政府签订了一系列开放教禁的条款，使西方传教士获得了来华传教的特权，这才使之渐成气象。

世界性的三大宗教就是佛教、伊斯兰教和基督教，既然伊斯兰教是随着大量信徒的涌入而兴起的，基督教是随着西方传教士的布道而传开的，足见他们的传播都借助了强大的外力。而佛教则不然，正如前面所述，虽然不排除有善男信女把这种宗教带入了中土，也不排除有信徒主动来华传教，但从主流上看，这个宗教完全是在渐次濡染的情况下，在几乎没有任何外力驱动的前提下，一点一点在中华大地上流传开来的。当然，这是一个漫长的过程，从最初知道它、认识它，到逐渐接受它、推崇它，以至一步一步弘扬它，正如涓涓细流汇成江河，需要一个很长的过程。我们相信，战国初期有印度僧人来华的记载不会是空穴来风，汉武帝时霍去病得到休屠王的祭天金人也不是胡编乱造。而综合这些历史现象，我们似乎可以得出这样一个结论，即佛教进入中国经历了所闻（孔子闻知西方有佛为大圣）、所见（战国时期天星观二号墓的佛教遗物、西汉霍去病所得休屠金人）、所学（汉哀帝博士弟子亲受大月氏使臣口授的浮屠经、东汉明帝遣官出使天竺学习佛经）、所兴（"南朝四百八十寺，多少楼台烟雨中"）这四大阶段。

那么，在这漫漫历史长河中，梵钟的出现应当处在哪个节点呢？梵钟又称寺钟，显然它不可能出现在仅对佛教有所闻、有所见、有所学的阶段，甚至不可能出现在仅有佛像和佛经流传的阶段，而只能诞生在有了寺庙以后的阶段。在梵钟文化研究中，人们最爱说的一句话是"有寺必有钟"，即只要有寺庙，就一定有

---

① 贺忠辉：《"大秦景教流行中国碑"的历史价值》，《文史杂志》1987 年第 6 期。

梵钟。其实这是发展到后来才有的事，而从梵钟出现的源头看，应该是"有钟必有寺"，或曰"有寺才有钟"。也就是说，要想有梵钟，必先有寺庙。

据文献记载，中国最早的寺庙出现在东汉初年明帝之时。《洛阳伽蓝记》卷四云："白马寺，汉明帝所立也。佛教入中国之始。寺在西阳门外三里御道南。帝梦金神，长丈六项背日月光明。胡神号曰佛，遣使向西域求之，乃得经像焉。时以白马负经而来，因以为名。明帝崩，起祇洹于陵上。"此文明确指出，白马寺是中国的"始寺"，乃汉明帝刘庄所建，位于古洛阳城西阳门外御道的南侧。如前所述，相传汉明帝永平七年（公元 64 年）夜梦金人，号曰神佛，遂遣使西行求经。三年后取经的使者会同迦叶摩腾与竺法兰两位印度高僧回到洛阳，用白马驮回了不少经书和佛像。为了安置德高望重的印度名僧和他们带来的宝贵经像，明帝下令将二僧所住的鸿胪寺改造成寺院，命名为"白马寺"，这就是白马寺的由来。此寺如今犹在，位于河南省洛阳市老城以东 12 公里的白马寺镇。它不仅是中国第一古刹，也是佛教传入中国后兴建的第一座官方寺院，被奉为中国佛教的"祖庭"。而其建成的年代，就在汉明帝永平十一年（公元 68 年），距今已有 1900 多年历史。

据《四川通志》记载，四川大邑雾中山寺为天竺人摄摩腾、竺法兰于汉明帝永平十六年创建①，时在公元 73 年，比白马寺仅仅晚了 5 年。当然，这只是地方上的一种传说，未必确凿可考。但有迹象表明，东汉时期确实还建有别的寺庙，事见《后汉书·陶谦列传》："同郡人笮融，聚众数百，往依于谦，谦使督广陵、下邳、彭城运粮。遂断三郡委输，大起浮屠寺。上累金盘，下为重楼，又堂阁周回，可容三千许人，作黄金涂像，衣以锦彩。"以上也是有关中国造寺的一段较早记述，说的是下邳（今江苏省邳州市古邳镇）人笮融（？～197 年）在东汉末年建造了一座规模宏大的佛教寺院，其中塑有身披锦彩衣物、铜质涂金的佛像，可容纳三千余人。这段文献告诉我们，继东汉初年"始寺"白马寺后，佛寺在东汉一代仍有所兴建，并且扩展到了淮河流域。

但在东汉以后，佛寺却并未很快发展起来。据《梁高僧传》卷一《康僧会

---

① 阮荣春：《早期佛教造像的南传系统》，《东南文化》1990 年第 Z1 期。

传》记载，三国时期东吴孙权因名僧康僧会的游说，在吴地建造了一座佛寺，"以始有佛寺，故号建初寺"。到东吴孙权时"始有佛寺"，可见广袤的江东之地直到这时才刚刚建寺奉佛。到了西晋，佛寺有了较明显增长，但数量仍寥寥无几。《魏书·释老志》载："晋世，洛中佛图有四十二所矣。"这里的"佛图"特指佛事活动场所，亦即佛寺，此文说当时在以洛阳为中心的洛中一带已有佛寺四十余所。此数量虽已渐成气候，但鉴于那时的佛寺也仅仅集中在洛阳等中心城市，并未深入其他地区，所以仍不过屈指可数。

综观史实，佛寺在全国各地如雨后春笋般破土而出，是在南北朝时期。在中国佛教史上，5 至 8 世纪"被认为是中国佛教的'黄金时代'[①]"，指的就是南北朝至唐代，而其中的一个重要标志，就是寺庙的兴起。据《魏书·释老志》记载，魏孝文帝太和元年（477 年）有寺 6478 所，僧尼 77258 人；魏宣武帝延昌年间（512～515 年）有寺 13727 所，增加了一倍多，僧尼也有成倍增加。到东魏末年（550 年），魏境内"僧尼大众二百万矣，其寺三万有余"，这时的寺庙已经动辄以数万计，而且遍布大江南北。另据北魏杨衒之《洛阳伽蓝记》记载，仅洛阳城一地的庙宇在北魏时就多达"一千三百六十七所[②]"，后来到东魏孝静帝天平元年（534 年）时迁都邺城，洛阳城残破凋零，即便如此也还"余寺四百二十一所[③]"。

正是佛寺的大量出现，使佛教的传播有了固定的场所，使佛陀有了被供奉的殿堂，使僧人有了净心向佛的居处，使信徒有了集会、诵经、拜忏的福地，也使特定的佛钟——梵钟的问世具备了必要的条件。

第二节　梵钟的源起

截至目前，世界上可以确认的第一口梵钟，恰好出现在中国的南北朝时期，

---

① ［俄］约·阿·克雷维列夫著，乐峰等译：《宗教史》（下册），第 342 页。
② ［北魏］杨衒之著，周祖谟校释：《洛阳伽蓝记校释》，上海书店出版社，2000 年，第 255 页。
③ ［北魏］杨衒之著，周祖谟校释：《洛阳伽蓝记校释》，第 228 页。

属于南朝的陈。陈朝史称南陈，是中国南北朝时期南朝的最后一个朝代，也是历史上唯一一个以皇帝姓氏为国号的朝代。它由出身寒门的陈霸先创建于永定元年（557 年），建都于建康（今江苏省南京市），辖地包括江陵以东、长江以南的地区，领有今福建、广东、江西、浙江、湖南的全部以及江苏、安徽、湖北的南部，还有贵州的东南部、广西的东部等。陈朝国祚短暂，从永定元年创建到祯明三年（589 年）灭于隋，整个历史只有短短的三十余年。

该钟是铜铸的小型梵钟，造型古朴典雅，质地淳厚；整体呈长筒形，通高 39.1 厘米，钟口直径 21 厘米；钟钮为双龙头，模制，背有火珠，龙头及龙爪与龙身无明显分界；钟体由凸弦纹划分为上下两大部分，上部分为八格，下部分为四格；两个八叶莲花纹撞座位于钟体的中部，莲心部分稍稍凸起；钟体有阴刻的铭文，镌有"陈太建七年十二月九日""弟子沈文殊造"等文字，标明其由佛门弟子沈文殊铸造于陈太建七年（575 年）。此钟习称"陈太建七年钟"，是学界公认的中国存世最早梵钟，也是世界存世最早梵钟，现收藏于日本，先为东京井上原太氏所藏，后存入奈良国立博物馆（图 1.1）。

图 1.1　陈太建七年钟

陈朝既是南朝宋、齐、梁、陈中年代最晚的一个，也是南朝四个朝代中经济最富庶的一个，而陈太建七年适逢陈朝的鼎盛时期，也是陈朝版图最大的时期。当时在位的是陈朝的第四任皇帝陈宣帝，他以建康为中心统御着整个江南地区。该钟保存完整，且有明确纪年，存世已达 1450 余年之久，是南朝陈留给后人的一个宝贵遗产。

南朝的佛教十分盛行，宋、齐、梁、陈各代帝王大多崇信佛教，而其最兴盛的时期，恰好就在陈朝前不久的梁武帝之时。梁武帝萧衍在位于 502 ~ 549 年，下距陈朝的建立只有短短 7 年。梁武帝笃信佛教，人称"皇帝菩萨"，曾先后四次舍身佛寺。他一生研习佛教教理，自授《涅槃》《般若》《三慧》等经籍，并著有佛教讲义数百卷。梁武帝在位时首都建康建有大寺七百余所，其中同泰寺为皇家重寺，寺内楼阁台殿，九级浮屠耸入云表，还铸有十方佛之金铜像，十分辉煌。流风所及，梁武帝的长子昭明太子及后来的梁简文帝、梁元帝等也都以研习佛理著称。陈朝紧步梁朝后尘，大兴佛法，继续推行舍身、忏法和戒律，尤重《大品》《三论》等新的教理，佛教兴盛如昔。

目前所知世上最早的梵钟，就是在这样的背景下出炉的。

"陈太建七年钟"虽然有国属和年代，但其使用地点却已无从查考。当然它超不出陈朝的范围，而且最大可能就在陈朝政治中心及佛教中心的建康附近。它跨越一千四百余年保存至今无疑是个很偶然的事，甚至居然没有被回炉炼铜也是个极侥幸的事。但当年它在南朝陈的问世，除了佛教兴盛的大背景外，却定有其必然的原因。

这当然首先源于寺庙在南北朝时期的层出叠见，除此之外，还有一个直接对应梵钟的佛门建筑也在南北朝时期出现了，这就是寺庙里的钟楼。

考诸文献，中国很早就有了靠声响来传递信息或时辰的古钟，也就是与梵钟原始功能基本相同的大钟。其中最常见的一类是"更钟"，其功用是"天明击鼓催人起，入夜鸣钟催人息"。史书中有关更钟的最早记载始见于汉代，一见蔡质的《汉官仪》："凡中宫漏夜尽，鼓鸣则起，钟鸣则息[①]"；二见崔寔的《政论》："钟鸣漏尽洛阳城中不得有夜行者[②]"；三见蔡邕的《独断》："鼓以动众，钟以止众。夜漏尽，鼓鸣则起；昼漏尽，钟鸣则息也[③]"。以上所说都是东汉时期的事，由此可见更钟在当时已很流行，而且除了报时之外，它们还身负着宣布宵禁的功能，起着节制人们行止的作用。

而更钟也罢，梵钟也罢，它们最大的特点一是不能手持，二是不能平放在地上，必须悬挂在专为它设置的梁柱上。可是，仅就汉代而言，当时还没有形成置放这种钟的固定模式，尤其是尚未出现特制的钟楼。如《后汉书·孝顺帝纪》云："迎济阴王于德阳殿西钟下，即皇帝位。"德阳殿是东汉洛阳城内一座很重要的宫殿，高大雄伟，此文特别提到在德阳殿的西边有一口钟。而按照古汉语的

① ［宋］范晔撰：《后汉书·百官志》注引，北京：中华书局，1965 年。
② ［宋］范晔撰：《后汉书·崔骃列传》引。
③ ［东汉］蔡邕：《独断》，《四库全书》影印本，上海古籍出版社，1990 年。

语义，"德阳殿西"一般应指德阳殿外的西侧，很可能指的就是殿西庑廊下。此外，《后汉书·张让传》云："又铸四钟，皆受二千斛，县（悬）于玉堂及云台殿前。"这个记载也说当时的钟只是悬挂在殿堂外面，亦即"殿前"。然而，汉代虽无钟楼，却有了专门的钟室。《汉书·韩信传》载，刘邦称帝后，封韩信为淮阴侯，因遭吕后忌恨，韩信被斩杀于长乐宫悬钟之室。由于这个典故，后人往往以"钟室之祸"来比喻功臣遭忌被杀，而它带给我们的直接启示却是，汉代已有悬钟之室。这个钟室很可能只是一个普通的宫室，因为有钟悬挂在其内而成了悬钟之室，但它的出现，却预示着迟早会有一种专门置放大钟的建筑问世。

仅就现有资料而言，史上最早的钟楼，恰恰也出现在南北朝时期。《南齐书·郁林王纪》云："帝在寿昌殿，闻外有变，使闭内殿诸房阁，令阉人登兴光楼望，还报云：'见一人戎服，从数百人，急装，在西钟楼下。'"这里明确提到了"钟楼"，是文献中有关钟楼的较早记述。此文的"帝"是指南齐郁林王萧昭业，在位于494年，属南北朝早中期。当然，这个钟楼悬挂的很可能不是梵钟，而是朝钟或更钟，因为皇宫里同样会有更钟。《南齐书·武穆裴皇后传》云："宫内深隐，不闻端门鼓漏声，置钟于景阳楼上，宫人闻钟声，早起装饰，至今此钟唯应五鼓及三鼓也。"这里说的就是皇宫的更钟。虽然这座钟楼陈放的未必是梵钟，但鉴于南北朝时已经出现了安置大钟的建筑，而南北朝是佛教的黄金时代，完全可以相信南北朝的寺庙里也有了钟楼。

梁僧祐《出三藏记集》是中国现存最早的佛教文献目录集，其中卷四有"《钟磬贫乏经》一卷，抄《出曜经》"的记载。《出曜经》是姚秦时凉州竺佛念翻译的经文，时在5世纪初叶，学术界往往以此为据，认为这是文献中有关佛钟出现的最早记述。然而实际上，这里只留下了一个简单的经卷名称，而中国古代的钟磬流传甚广，用途也甚广，这里所说的钟磬是否特指佛家的法器并不明确，所以仅以此来判定我国佛寺用钟磬不迟于5世纪初叶，还是一个值得商榷的事。而于此之外，文献中有关引钟入寺的最早也最确切记载，恰好与上述钟楼的出现大致同时。

此例出自唐欧阳询的《艺文类聚》，其中讲述了一个南朝梁昭明太子赠钟慈觉寺的故事。其文曰："窃以白亭旧室，绝显祯祥之气，阙里故堂，暂闻钟石之响，犹复存诸良史①。"从整个故事的梗概看，是说昭明太子在皇城东宫内为母亲建造慈觉寺，施工时挖掘出了一口钟，于是将钟转赠给了慈觉寺。这口钟的来历颇为独特，但这至少说明了两点：一是当时在皇宫内亦开始建造佛寺，二是由昭明太子的转赠，证明寺庙内已经有钟。南朝梁昭明太子萧统（501～531 年）是著名的文学家，他编纂的文学总集《昭明文选》在史上备受推崇，以至有"《文选》烂，秀才半"的说法。他英年早逝，只活了 30 岁，时在南北朝中期。他为母后建造慈觉寺的事情显然发生在他的生年，即 531 年以前，而这恰与上述最早钟楼的出现相距不远。

有了寺庙，有了钟楼，此后关于梵钟的记载便多了起来。最明确也最早的一则记载见于北魏杨衒之所著的《洛阳伽蓝记》，其云："龙华寺，宿卫羽林虎贲等所立也。……上作二精舍。……上有二层楼，悬鼓击之以罢市。有钟一口，撞之，闻五十里。太后以钟声远闻，遂移在宫内。置凝闲堂前，与内讲沙门打为时节。孝昌初，萧衍子豫章王综来降，闻此钟声，以为奇异，遂造听钟歌三首，行传于世②。"这段记述很有意思，它给我们带来了如下启示：

1. "龙华寺……有钟一口"，说明寺院内已有钟，这当然是确凿无疑的佛钟，亦即梵钟。

2. "上有二层楼"以置钟鼓，印证了当时的寺院已有钟楼，楼为二层。

3. "有钟一口，撞之，闻五十里"，说明这是一口大钟，击之可以声闻五十里。

4. "太后以钟声远闻，遂移在宫内，置凝闲堂前"，即当这口钟被移进皇宫后，仅置放在凝闲堂前，说明当时的钟楼尚不普遍，未成定制。

5. 按常理说，太后从佛寺移钟，亦当用于佛事活动，可见当时皇宫内确实有了佛事活动场所。

6. "萧衍子豫章王综来降，闻此钟声，以为奇异，遂造听钟歌三首，行传于

---

① ［唐］欧阳询：《艺文类聚·内典·寺碑·东宫上掘得慈觉寺钟启》，上海古籍出版社，1965 年，第 1323 页。

② ［北魏］杨衒之著，周祖谟校释：《洛阳伽蓝记校释》，第 71 页。

世"，说明这时的大钟还很稀罕，并不多见，以致贵为豫章王的萧衍之子听到钟声后也甚感惊奇。

《洛阳伽蓝记》已注明上面这段故事发生在"孝昌初"，孝昌是北魏孝明帝年号，从525年沿用到528年，亦与上述昭明太子赠钟慈觉寺的故事大致同时。中国历史上的南北朝始于420年南朝刘宋的创建，终于589年隋灭南朝陈，前后可分为早中晚三期，而上述诸事都集中在南北朝的中期。

《洛阳伽蓝记》系北魏末年至东魏时人杨衒之所撰，成书于东魏武定五年，即547年。这是杨衒之在北魏迁都邺城十余年后重游洛阳时写的一部笔记，追记劫前洛阳城郊的佛寺之盛，是一部相当重要的中国古代佛教典籍。杨衒之在该书自序里说："京城表里，凡有一千余寺，今日寥廓，钟声罕闻。"此书的撰成已属南北朝晚期，而从寺庙的寥廓以致"钟声罕闻"的字句看，足见当时佛寺已普遍有钟，乃至梵钟钟声的有无成了寺庙兴废的标志。

庾信（513～581年）是北周诗人、文学家，卒于南北朝终结之时。他在《陪驾幸终南山和宇文内史》中留下了"戍楼鸣夕鼓，山寺响晨钟[1]"的诗句，说那时连荒远的"山寺"也有了梵钟，也揭示了南北朝末季梵钟在寺院的普及。

综合上述资料，可知中国引钟入寺的记录最早见于南北朝时期，而且始见于南北朝中期。目前虽未见到更早的记载，但我们有理由相信，梵钟应不迟于佛教开始盛行的南北朝早期便已问世。这之后，经历了南北朝中期的发展，特别是随着钟楼的普及，到了南北朝晚期之时，梵钟在短短百余年中已经在佛门禅寺普遍流传开来，而陈太建七年钟就是梵钟普及时期的一个代表。此钟是一口很普通的钟，捐造人是普通百姓'弟子沈文殊"，受捐的也是名不见经传的普通寺庙，凡此都印证了梵钟在南北朝晚期的普及。

除实物尚在的陈太建七年钟外，唐释道宣《广弘明集》卷二十八上还著录了一口"大周二教钟"，年代同属南北朝晚期。释道宣（596～667年）俗姓钱，乃唐代高僧，是佛教南山律宗开山之祖，其所著《广弘明集》是唐代一部重要的佛教典籍。书中辑录的"大周二教钟"没有图像，但有大段铭文，注明此钟

---

① ［北周］庾信著，［清］倪璠注：《庾子山集注》，北京：中华书局，1980 年。

铸成于北周武帝"天和五年"（570 年），比陈太建七年钟还早了 5 年。北周由宇文氏创建，建都于长安，577 年灭北齐后统一了北方。其钟体有铭曰："九霄仙惠，五岳真文，智烟遐照，禅林远熏"，"般若无底，重玄有门，长间久暗，永拔沉昏"。以上"禅林""般若"等皆为佛教术语，前者初指僧人陵墓，后来泛指佛家寺院，"般若"则是印度梵语的译音，全称"般若波罗蜜多"，意为佛界的"终极智慧""辨识智慧"。鉴于这口钟是由唐高僧所录，鉴于收录此钟的《广弘明集》是部佛教著作，鉴于此钟传出佛寺兴善寺，鉴于钟体铭文有佛教术语，有理由推测这口钟出于佛界，当属梵钟。然而奇怪的是，此钟铭文却反复强调"弘宣两教，同归一揆""二教并兴，双銮同振"，即倡言佛、道二教并兴，这又是何故呢？

揆诸史实，此中的缘故十分复杂。今案：南北朝时期北方的佛教也十分兴盛，各地僧尼道众、庙宇寺院众多。当时佛寺享有许多特权，大批田产及劳役都归佛寺管理，大量社会财富流入佛门。北魏太武帝锐意武功，他在位期间（424～451 年）统一了长江以北。初时太武帝崇信佛教，后因天下僧侣太多，妨碍了他征兵扩军，再加上兵荒马乱，没有多余的钱粮供养僧侣，而僧侣的资产也过多，太武帝遂在道士寇谦之等的煽动下发动了大规模的灭佛运动。太平真君七年（446 年），太武帝灭佛诏令一下，长安的沙门惨遭诛戮，天下的经像付之一炬，魏国境内的寺院塔庙更是无一幸存。到"大周二教钟"所在的北周武帝时，事情虽然过去了一百多年，但因佛徒人数增多至二百余万，寺院扩大到三万余所，僧侣侵占农田不劳而获，又可逃避租税力役，周武帝也早就产生了灭佛之意。风声鹤唳，未雨绸缪，于是佛家铸造的"大周二教钟"大倡佛、道二教并兴之说，以求自保。但统治集团的利益总是压倒一切的，没过几年，建德三年（574 年）五月，周武帝下令灭佛，结果四万多所寺庙赐给王公作宅第，一切经像尽毁于火，寺院财产簿录入官，近三百万僧尼全部勒令还俗。这次武帝灭佛连道教也没放过，一并在被禁之列。

无论"大周二教钟"有着怎样的特殊背景，总归这是历史记录下的一口南北朝晚期的梵钟，而且出自北朝。虽然它问世不久便惨遭灭佛运动，以致没了踪影，但它的昙花一现足以说明，到了南北朝晚期之时，梵钟确实在南北各地的禅

门佛寺流传开来。因为这不仅有侥幸存世的南方陈太建七年钟的证明，也得到了命运多舛的北方"大周二教钟"的证明。

虽然遭遇过打击，但南北朝和唐代终归是中国佛教最兴盛的时期，以致被宗教史学家称为中国佛教的"黄金时代"。而作为影响深远的法器，梵钟的普及可以说是中国佛教进入"黄金时代"的一大标志。开始时它见证了佛教在南北朝早、中、晚三期的逐步兴起与繁荣，而在这之后，各地的唐代梵钟层出不穷，并且铸造精良，唐代诗歌中也有了前面绪论所列举的对寺院钟声的纵情歌咏，文献中更有了对寺院钟楼的诸多记述。凡此都说明，梵钟在隋唐时期迅速走向兴盛，从而形成了"有寺必有钟，无钟即无寺"的景观。

正如上引《洛阳伽蓝记》所言，最早的钟楼是"上有二层楼"，这便是后来钟楼的基本模式。综观古今，寺庙因其大小不同、地位不同，用来悬挂梵钟的建筑既有可能是堂皇的钟楼，也有可能是简单的钟亭。而只要是钟楼，大多做重楼式，有方形基座，由基座、楼身和楼顶三部分组成，皆为砖木结构，基本是四角攒尖顶式。

从保留至今的唐代壁画中可以发现，唐代的钟楼或钟亭一般位于寺庙前殿的前方，建于中轴线的一侧。例如见诸唐道宣《戒坛图经》中的佛寺格局图，钟楼（或称钟台）就位于前殿前身的东侧（图1.2）①。唐代寺庙中罕见鼓楼，那时在中轴线另一侧与钟楼两两相对的往往是藏经楼，且基本格局是"左钟右藏"，即钟楼在东，藏经楼在西。见于敦煌石窟寺盛唐第217窟、盛唐第91窟、中唐第361窟、晚唐第85窟的壁画，都是在中央大殿的前方左右画有钟、经台或亭，而且也是"左钟右经"（图1.3）②。但这种规制也并不绝对，例如《长安志》卷八平康坊菩提寺引《酉阳杂俎》云："寺之制度，钟楼在东，惟此寺缘李右座林甫宅在东，故建钟楼于西。"此文说，按照寺庙制度，钟楼通常建在寺庙的东侧，但因唐宰相李林甫的宅邸在此寺的东面，为了避免吵扰这位宰辅重臣，特将钟楼改建于寺西。

---

① 龚国强：《隋唐长安城佛寺研究》，北京：文物出版社，2006年，第175页。
② 龚国强：《隋唐长安城佛寺研究》，第175页。

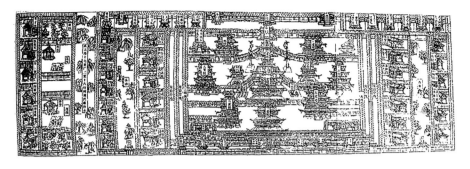

图 1.2　唐壁画佛寺图

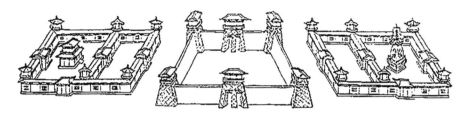

图 1.3　敦煌石窟佛寺图

除了唐代壁画和绘画，考古发掘也向我们揭示了该时期钟楼的大致方位。唐长安西明寺是唐代著名寺院，也是唐代御造的国家寺院，始建于 656 年，位于唐长安延康坊西南隅右街，即今西安市白庙村一带。该寺的前身是隋尚书令杨素、初唐时期万春公主和魏王泰的宅邸，后改宅为寺。这组建筑自南向北排列，结构为三进相对独立的庭院，而考古发掘的遗迹表明，钟楼就位于中院，在中院中殿的南面，与藏经楼分立东西两侧（图1.4）①。

早期钟楼的所在往往还与寺庙中的佛塔相联系，例证之一见于四川新都宝光寺。此寺始建于唐代，之后经过多次重建和修缮，但至今仍维持着我国早期佛寺以佛塔为中心的"寺、塔一体，塔踞中心"的格局。它坐北朝南，占地十万平方米，其中建筑面积近三万平方米，由五重院落和比邻的十二座院落组成。中轴线上的建筑依次为照壁、山门殿、天王殿、舍利塔、七佛殿、大雄宝殿、藏经楼（楼下为法堂和戒台）、紫霞山，钟楼就安放在居中而立的舍利塔一旁②。

---

① 安家瑶：《唐长安西明寺遗址的考古发现》，《唐研究》（第 6 卷），北京大学出版社，2000 年。
② 范培松：《中国寺院形制及布局特点》，《考古与文物》2000 年第 2 期。

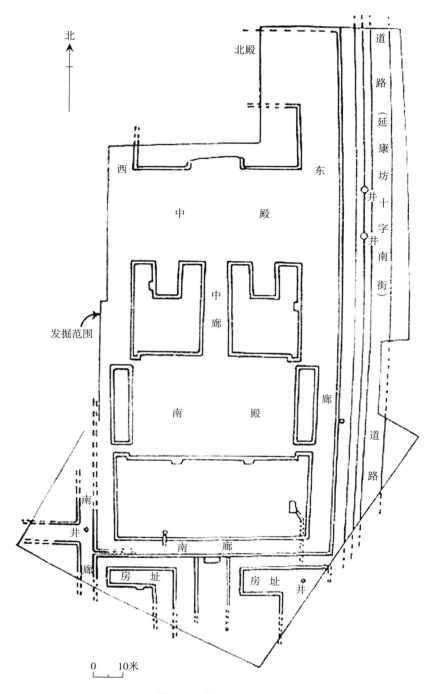

图1.4 唐长安西明寺

又一例证见于江苏省苏州市枫桥古镇寒山寺，此寺始建于南朝梁武帝天监年间（502～519年），因唐代诗人张继的《枫桥夜泊》而名扬四海。该寺前身是"妙利普明塔院"，说明它在建寺之初也有塔，后寺塔毁于火，北宋重建，元末又毁，现在所见之塔是1995年重建的，为仿唐式木结构建筑。寒山寺是一座多院落的前殿后塔式佛寺，中路依次为山门、大雄宝殿、藏经楼、塔院，大雄宝殿的左侧是普明宝塔和方丈院，钟楼就在其右侧，是个重楼八角式建筑①。据说张继诗中"夜半钟声到客船"的寺钟，当初就悬挂在位于此处的钟楼上。但时过境迁，现在的钟楼和钟都不是唐代的了，钟是清光绪三十二年（1906年）重铸的，钟楼则是新中国成立后按原样修复的。尽管如此，但从寒山寺把塔和钟安置在殿的左右两旁的格局看，它还保留着早期佛教寺院的布局。

在早期佛寺中，寺中建塔是个普遍现象，而且佛塔往往是整个佛寺的中心。这种类型的佛寺不仅盛行于南北朝时期，隋唐时期也不乏其见，但这之后逐渐演变为佛塔侧移别院，以致最后佛塔移至寺外，由此形成了以殿宇为中心的格局。以殿宇为中心的寺院基本是伽蓝七堂式，也就是一个基本为五进院式加左右边殿的格局，即中轴线依次为山门、天王殿、大雄宝殿、法堂、藏经楼；左右分别是钟楼、鼓楼、伽蓝殿、禅堂、福师殿和斋堂。至此，钟楼的位置从开始的或在前殿前方，或在佛寺中院，或者傍近佛塔，而被固定在寺院山门后的一侧，改成了我们惯常所见的明清时期佛寺的布局。就现有资料，寺院的鼓楼是在宋代开始流行的②，正是从那时起，鼓楼取代经楼成为与钟楼两两相对的建筑，并且固定在寺院山门的左右两侧，往往钟楼在东，鼓楼在西，于是有了"晨钟暮鼓"之说（图1.5）。

叙论至此，可知中国古代梵钟进入佛寺的过程是：先是南北朝早中期引钟入寺有了梵钟，而后不迟于南北朝中期出现了专门用来承载梵钟的钟楼或钟亭，再以后到了宋代，梵钟在寺庙内不仅有了自己特定的建筑，而且有了固定的位置。

---

① 范培松：《中国寺院形制及布局特点》，《考古与文物》2000年第2期。

② 龚国强：《隋唐长安城佛寺研究》，第202页注52。

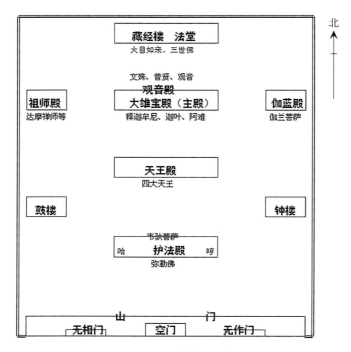

图 1.5 明清佛寺的布局

凡有佛寺便有僧众，凡有僧众便有报时、报讯的需要，古今中外莫不如此。古印度佛寺当然也有这种需求，而他们自古采用的报时、报讯之器，在文献中称为犍槌、犍稚、犍地、犍迟，又称犍椎。

关于犍槌的缘起，成书于南朝刘宋时期的《弥沙塞部和酰五分律》（简称《五分律》）卷十八记载，早在佛陀释迦牟尼时代，有一次僧团布萨时未能及时集合，乃至荒废坐禅行道。佛陀乃教示须唱言时至，并敲打犍稚，或击鼓、吹螺集合大众。由此可见，犍槌的直接作用就是用敲击之声来召集僧众。东晋僧伽提婆翻译的《增一阿含经》也直截了当地说："（阿难）即升讲堂，手执犍稚，并作是说：'我击此如来信鼓，诸有如来弟子众者，尽当普集。'[1]"即以打击犍槌来召集如来弟子。除了集众，犍槌也是寺庙里节度僧人活动、行使号令的法器。唐高僧义净在《南海寄归内法传·洗浴随时》中说：

---

[1] ［东晋］瞿昙僧伽提婆译，梁跻继校注：《增一阿含经》，北京：线装书局，2012 年，第 394 页。

"每至晨时，寺鸣犍稚，令僧徒洗浴。"这便是以犍槌之声在清晨向僧众发出起床和洗浴的号令。

关于犍槌的形制，成书于唐代初年的《玄应音义》卷一说："犍稚，直追反，经中或作犍迟。……犍稚此云所打之木。或檀，或桐，此无正翻。以彼无钟磬故也。但椎、稚相滥，所以为误已久也。"据此可知，所谓犍槌，不过是击之有声的木棒或木板。《五分律》卷十八也说："诸比丘不知以何木作犍稚，以是白佛。佛言：除漆树毒树，余木鸣者听作。"这里也说犍槌是用木头制作的，而且除了漆树或毒树，用什么木料都可以。当然，在制作工艺不断精进后，犍槌也有改用铁制或铜制的，但这是后话。

关于犍槌的使用情况，后汉安士高译《大比丘三千威仪》卷下说：有五种事项须击打犍稚，即"一者常会时，二者旦食时，三者昼饭时，四者暮投盘时，五者一切无常"。至于敲击的方法，唐代经书《四分律疏饰宗记》卷八说："创疏而轻，渐急而重，将欲了时渐细渐没，名为一通，如是至三，名曰三通。于最后通声没之次，大打三下，或二或一，以表声绝。"由此可见，犍槌的打击方法还是很有讲究的，即要以声音的轻重缓急来表达不同信息。

关于犍槌的使用年代，唐玄奘《大唐西域记·迦毕试国》云："黑云若起，急击犍稚，我闻其声，恶心当息。"又清黄遵宪《锡兰岛卧佛》诗云："尔来一百年，复见大会设，恒河左右流，犍槌声不绝。"可见在犍槌流行的印度和东南亚一带，这种响器由上古一直沿用到了清，甚至一直沿用到了今天。

由于都出自佛寺，都是击之有声的响器，也都有召集僧众的功能，所以很长时间以来流行的说法是，中国古代的梵钟是受古印度犍槌的影响产生的。著名古乐器学家林谦三在谈到梵钟的起源时说："佛家方面，自古相传（梵钟）起源于印度，世上也久已盲目信之"，但由于"在古印度并没有发现过相当于梵钟原型的实物[①]"，所以便说梵钟实际来源于犍槌。佛教经卷中也有此说，如唐终南道

---

① ［日］林谦三著，钱稻孙译：《东亚乐器考》，上海书店出版社，2013 年，第 53、56～57 页。

宣在所译经书《四分律删繁补阙引事钞》中将犍稚译为钟和磬，宋僧元照在《行事钞资持记》中说"犍稚，此名磬，亦名钟"，日本平安时代文人都良香在所撰《都氏文集》中用"犍椎"代指梵钟①，都是把古印度的犍槌与中国的梵钟直接对应起来的说法。其实，这两者除了都能发声外，在质地、形状上毫无联系，特别是下面我们还将谈到，由于发出的声音不具有可比性，它们被赋予的意义也大相径庭，由此导致它们的作用也迥然有别。

实际上，古往今来，人们在社会生活中只要有相同的需要，就一定会派生出相应的物种，但这并不等于这些物种之间有什么必然的祖源关系。例如在西方，天主教、基督教的教堂里也都有铃和钟，它们的用途和犍槌别无二致，其"最基本、最普通的用途之一是发出信号——以钟声表示礼仪活动中的重要关节，召集信徒礼拜，报知日课开始，宣告重大事件，表示喜庆、报警或表示哀悼②"。但如果仅凭用途的相同，就把这些西方教堂的钟和古印度的犍槌联系起来，显然是没有道理的。事同此理，如果硬要把中国古代梵钟的起源和古印度的犍槌联系起来，同样是没有道理的。

关于古代梵钟的起源，至今还流传着另一种看法，认为它是受古印度的钟铃影响而产生的。例如日人林谦三说："何由而相信梵钟是将旧时的周系钟改成了圆口？我认为这不外乎受了西域，特别是印度式钟铎的影响③。"中国考古学家孙机先生亦主此说，他明确指出："中国古乐钟可能是由铜铃演变出来的，梵钟的起源与此有类似之处，它的前身也是铃。当佛教在印度兴起后，各地建塔礼佛，塔上除以幢幡璎珞等物为饰外，并悬有许多铜铃。……所以有理由推测，东汉出现的报时钟，受到佛塔所悬铜铃的影响，最晚不迟于南北朝时，已改作圆形，成为所谓的梵钟了④。"

比起梵钟和犍槌的联系，把中国梵钟和印度铜铃联系在一起显然更靠谱

① 都良香：《都氏文集》卷三《大唐明州开元寺钟铭一首并序》，东京汲古书院，1988 年。
② 不列颠百科全书编辑部编《不列颠百科全书》，北京：中国大百科全书出版社，1999 年，第 347 页。
③ ［日］林谦三著，钱稻孙译：《东亚乐器考》，第 58 页。
④ 孙机：《中国梵钟》，《考古与文物》1998 年第 5 期。

一些了，因为它们至少在质地上是相同的，而且都是圆口。但它们的区别也是显而易见的，一是它们大小悬殊，完全属于不同物种；二是它们发声的方法全然不同，铃是体内悬舌，通过摇晃铜铃使舌撞击内壁而发声，而钟则是体内中空，靠外力敲击外壁发声；三是它们的用途不同，铃一般是手执摇晃的，或如上引孙文所说，也用来悬挂在塔外做装饰，靠自然风的吹动发出铃声，而梵钟则只限于悬挂在寺内敲击。既然体型的高下悬殊，发声方法大异其趣，用途更不尽相同，那么把它们联系起来是否也有些牵强呢？答案无疑是肯定的。

那么，到底有没有跟中国古梵钟更为贴近、更具亲缘关系的母体或本体呢？有的，但这不是远在古印度的犍槌或铜铃，而是近在中国本土的源远流长的古钟文化。

无论考古发现还是文献记载都表明，中国是世界上古钟文化最早起源的国家之一，从产生至今已经走过了整整五千多年历程，中国还是世界上古钟文化最发达的国家，古钟文化的光芒几乎无所不在。

迄今为止，至少已有两件原始时代的陶钟被考古界正式确认，它们的年代都可上溯至距今五千年前后。其中最早的一件出土于河南陕县庙底沟新石器时代遗址，年代在公元前 3900 年左右，距今已有将近六千年历史。该钟为细泥红陶质地，表面磨光，通高 9.3 厘米，口径 4.9 厘米；整个钟体上窄下宽，中空，下口齐平，呈椭圆形，顶部有扁圆柱形把手（甬），两侧各有一小孔，可作悬挂之用（图 1.6）[1]。另一件陶钟出于陕西长安斗门镇龙山文化遗址，年代在公元前 2300～前 2000 年，距今已有四千余年历史。此钟为泥质灰陶质地，通高 12.5 厘米，甬长 5.6 厘米，下口宽 5.3 厘米；整个钟体呈长方形，横剖面近似椭圆形；腹部中空，前后壁略薄，下口齐平；圆柱形实心甬上粗下细，顶端呈圆形；舞（钟的顶部）平，甬与舞相接处两侧各有一圆孔，可以悬系（图 1.7）[2]。

---

① 中国科学院考古研究所：《庙底沟与三里桥》，北京：科学出版社，1959 年，第 54 页。

② 李纯一：《中国古代音乐史稿》，北京：音乐出版社，1958 年，第 19 页。

图 1.6 河南陕县庙底沟新石器时代陶钟

图 1.7 陕西长安斗门镇龙山文化陶钟

　　除了钟之外,中国也是铃类器物最早起源的国家。湖北天门石家河新石器时代遗址就出土过一件陶铃,年代在距今四千年以上。此物为泥质橙红陶,通高5.4 厘米,器身为椭圆形,上小下大,口径 7.0 ~ 9.8 厘米,胎厚 0.6 厘米,器壁呈梯形,口微侈,正反两面都有兽面纹。辨识铃的一个显著标准是,它们的顶部往往有两个圆孔,以作悬挂铃舌之用,而此物恰好具有此特征（图 1.8）①。

图 1.8 湖北天门石家河新石器时代陶铃

---

① 《湖北省天门新石器时代遗址出土文物》,《文物参考资料》1955 年第 8 期。

当青铜时代到来时，由于体形微小、轻薄且造型简单，铜铃先于铜钟问世。其中最早一例铜铃出自山西陶寺的墓葬，年代约在公元前 2500～前 1900 年间。此物由红铜制成，反映了它的原始性；形状为平顶，顶部、底口及中部的横截面均呈菱形，铃壁自上而下微微外侈，底口略大于顶；通高 2.65 厘米，口径 2.1～6.3 厘米（图 1.9）①。另外在河南偃师二里头遗址相当夏代的圪垱头村四号墓中，也出土了一件素面铜铃，通高 8.5 厘米，顶部中间有两个方穿孔，用以系绳悬舌，铃壁的一侧出扉（图 1.10）②。

图 1.9　山西陶寺铜铃

图 1.10　河南偃师二里头夏代铜铃

综合上述资料，可知中国古代的铜铃不迟于四千年前便已问世。众所周知，佛教是在公元前 6～前 5 世纪创立的，也就是说，佛教的创建比中国铜铃的起源晚了一千多年。那么，是不是可以说古印度佛教铜铃的起源是受了中国铜铃的影响呢？这种联系当然也十分牵强。而反过来说，若以中国古代梵钟是受古印度铜铃的影响产生的，显然也很牵强。

以上是考古工作提供的中国古代钟铃起源资料，而索诸古代文献的记载，恰与这些发现若合符契。先秦典籍对中国古钟起源的说法之一，见于《吕氏春秋·仲夏纪·古乐》："昔黄帝令伶伦作为律。……又命伶伦与荣将铸十二钟，以和

---

① 高天麟、张岱海：《山西襄汾县陶寺遗址发掘简报》，《考古》1980 年第 1 期。
② 中国社会科学院考古研究所二里头工作队：《1981 年河南偃师二里头墓葬发掘简报》，《考古》1984 年第 1 期。

五音，以施英韶。"伶伦是传说中黄帝的乐官，荣将亦为黄帝的臣属，这里说黄帝之时不但已经开始铸钟，而且发明了音律，有了用以演奏的乐钟。还有一种说法出自《山海经·海内经》："炎帝之孙伯陵，伯陵同吴权之妻阿女缘妇，缘妇孕三年，是生鼓、延、殳。始为侯，鼓、延是始为钟，为乐风。"此文以古钟文化滥觞于炎帝之后的鼓延。另一种说法见《礼记·明堂位》："垂之和钟，叔之离磬，女娲之笙簧。"郑玄注："垂，尧之共工也。"又云："和、离谓次序，其声悬也。"孔颖达疏："垂之和钟者，垂之所做调和之钟。"此段文字以"垂"为始做钟者，其年代则相当于帝尧之时。

总之，综合先秦文献记载，分别以古钟形成于黄帝时代的伶伦与荣将、炎帝之后的鼓延或唐尧时代的垂。说法虽不同，但这些记载的一个共同之处是，皆以中国古钟文化起源于夏禹之前，滥觞于五帝时代，和考古发现的陶钟年代基本相符。

当进入夏商周三代以后，中华民族形成了一种有别于世界上其他各古老民族的文明特质——礼乐文明。这是通过制礼作乐建立的一整套制度，用来推广道德伦理上的礼乐教化，也用来维护社会的尊卑秩序。其中的一个核心是"礼"，一个是"乐"，其内涵就是《史记·乐书》所说的"乐者为同，礼者为异，同则相亲，异则相敬……礼义立，则贵贱等矣"，即通过礼教和乐教的相辅相成，达到"乐至则无怨，礼至则不争①"的人伦和谐目的。其中"礼"最突出的物化标志是鼎，"乐"最突出的物化标志就是钟。当世界其他各民族的青铜时代都在全力打造青铜兵器和生产工具时，华夏子民却用最好的工匠、最好的工艺和最好的原料，精心铸造着鼎、钟之类的礼乐器。

作为"乐制"的核心载体，铜钟在先秦时期主要是当乐器用的，称为乐钟，又称编钟，可分甬钟、钮钟、镈钟三大类。以甬钟为例，钟顶上有柱状的钟柄，称"甬"，钟顶的平面叫"舞"，钟身的上半部叫"钲"，下半部叫"鼓"，钟口的两角称"铣"，铣间的钟口称"于"，钲上的纹饰称"钟带"，凸起的乳钉称"枚"（图1.11）。而所谓钮钟，最大特点是改变了甬钟侧悬的甬，以钮代甬，使钟由侧悬改为直悬，由此更加增强了钟的稳定性，提高和改善了演奏的音效。至

① 《礼记·乐记》，[清]阮元校刻：《十三经注疏》，北京：中华书局影印本，1980年。

于铸钟，其特征是铸口平齐，舞上有扁钮，体大，钲部有圆形短枚（图 1.12）。

以上乐钟是各类乐器中的荦荦大者，也是各类乐器中定音、定律、定韵的基干。《史记·乐书》云："钟鼓管磬羽龠干戚，乐之器也。"《史记正义》："钟鼓之属是乐之器。"《说文解字》释钟："钟，乐钟也。……从金童声。"以上所说都是当乐器使用的铜钟。

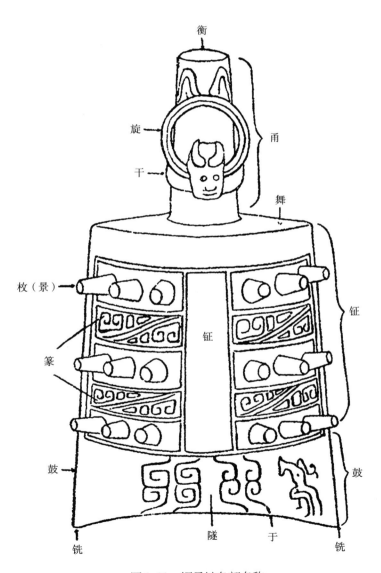

图 1.11　铜甬钟各部名称

（a）先秦曾侯乙钮钟   （b）先秦晋国镈钟

图 1.12　先秦钮钟与镈钟

　　虽然是乐器，但这种钟鼓之乐在当时并不是用来娱乐消遣的，而是贵族集团政治生活的重要内容。按照先秦礼乐制度的规定，举凡国君和贵族举行各种仪式，包括祭祀先祖、祭祀天地、宴飨宾客和其他各种祭礼、仪礼，都要钟鼓齐鸣。如《周礼·春官·镈师》云："凡祭祀，鼓其金奏之乐，飨食宾射，亦如之。"这里讲的是，每逢祭祀、飨食宾射等仪式和活动，都要演奏金石之声。又如《周礼·春官·大司乐》云："王大食，三侑，皆令奏钟鼓。"这段文字令人联想到"钟鸣鼎食"一语，形象再现了王公宴飨时"奏钟鼓"的隆重场面。再如《史记·乐书》云："故钟、鼓、管、磬、羽……此所以祭先王之庙也。"此文则记载了祭祀先王时器乐合奏的场景。

　　作为乐器，先秦铜钟的音效功能是逐步进化的。迄今为止，商代发现的钟类乐器有铜铙和铜钲，其中最具时代意义的是铜铙。商代铜铙的特点是体小而短阔，横截面为合瓦形，有圆柱形空甬与体腔相通，使用时铙口朝上，将木柄插入空甬后可以手执，以槌击之而鸣，一般 3 件一组，可以奏出不同音阶（图 1.13）①。到了西周初年，始见编钟中的甬钟，最早多以三件为组，后来逐渐发展到 8 件、16 件成组，相互间已有明确的音程关系，钟位也由倒置改为悬挂式（图 1.14）②。到了东周时期，出现了较大组合的编钟，往往一组多达数十件。其中一例见于春秋时期的河南淅川下寺 2 号墓，26 件成一组③；又一例见于战国时期的河南辉县琉璃阁 75 号墓，31 件成一组④。而东周时期古钟文化最突出也最典型的代表，莫过于战国时期湖北随州擂鼓墩的曾侯乙墓。

图 1.13 商代铜铙

图 1.14 西周甬钟

曾侯乙墓共出土了各类铜钟 65 件，其中一件是象征君王身份的镈钟，其他是奏乐用的编钟⑤。64 件奏乐的编钟分三层悬挂在曲尺形钟架上，其中 19 个钮

① 中国社会科学院考古研究所安阳工作队：《安阳大司空村东南的一座殷墓》，《考古》1988 年第 10 期。

② 卢连成、胡智生：《宝鸡茹家庄、竹园沟墓地有关问题的探讨》，《文物》1983 年第 2 期。

③ 河南省丹江库区文物发掘队：《河南省淅川县下寺春秋墓》，《文物》1980 年第 10 期。

④ 王世民：《春秋战国葬制中乐器和礼器的组合状况》，湖北省博物馆等编《曾侯乙编钟研究》，武汉：湖北人民出版社，1992 年，第 104 页。

⑤ 湖北省博物馆：《曾侯乙墓》，北京：文物出版社，1989 年。

钟分三组，挂在最上层；45件甬钟分五组，12件最大的挂在下层，另33件中小型的挂在中层。下层的中央则悬挂着象征国主身份的镈钟（图1.15）。这些钟最小的通高20.4厘米，重2.4公斤；最大的通高153.4厘米，重203.4公斤，总重量达2567公斤。45件甬钟所发的乐音涵盖了五个八度再加一个小三度，只比现代钢琴少了最高和最低的两个八度音程。由于音域足够宽，半音足够全，此套编钟可以演奏各种调性和调式的旋律，包括贝多芬的交响曲《欢乐颂》。每件钟体上都镌有篆书铭文，共有2828个字，连同钟架上的文字合计3755个字。它们记载了曾国以及楚、晋、周、齐、申等各国的律名、阶名，以及变化音名的相互对照，为中国古代音乐史的研究提供了弥足珍贵的史料。除了乐律外，每个钟都有铭文标示正、侧鼓音的音名，证实了古代乐钟的双音特性。其钟架置于墓室的西面和南面，高度近300厘米，中下层立柱还站有六个青铜佩剑武士。全套编钟气势恢宏、场面壮观，它的发现大大弥补了文献记载的缺失和不足，生动展现了我国东周时期青铜铸造工艺取得的辉煌成就，也充分展示了中国古乐钟文化达到的空前高度。

图1.15　湖北随州曾侯乙墓编钟

需要说明的是，上述考古发现还只是先秦古钟文化的一个缩影，而非全貌。因为这些发现大多仅见于中原卿大夫或地方诸侯国君的墓葬，还无法体现中心王朝的最高规格乐钟制度。而根据先秦古籍的记载，钟乐、音律在当时已取得了极大发展，场面之宏大、音韵之玄妙皆蔚为大观。《吕氏春秋·侈乐》云："大鼓钟磬管箫之音，以钜为美，以众为观①。"此文追述的是夏商时期的情况，它说

---

① 陈奇猷校释：《吕氏春秋·侈乐》，上海：学林出版社，1984年，第265页。

那时就有了"以钜为美，以众为观"的金石之乐。我们期待，今后的考古工作能不断提供新的发现，以进一步丰富我们对先秦古乐钟制度的认识。

以钟为代表的先秦"乐制"的核心价值，就是用来别尊卑、别上下的。它是王公贵族的专用品，是贵族身份的象征，严格体现了"礼不下庶人"的原则。即便在统治集团内部，由于等级不同，在用钟制度上也有严格的区分，而绝不可越雷池一步。《周礼·春官·小胥》孔颖达疏云："天子诸侯悬皆有镈"，"卿大夫士直有钟磬无镈也"。这里强调了有没有"镈"便是区分天子、诸侯与其他贵族的显要标志，而这已由曾侯乙墓的发现得以证实。另见《周礼·春官·小胥》记载："正乐悬之位，王宫悬，诸侯轩悬，卿大夫判悬，士特悬，辨其声。"郑玄注："宫悬，四面悬；轩悬，去其一面；判悬，又去其一面；特悬，又去其一面。……轩悬去南面，辟王也；判悬，左右之合又空北面；特悬，悬于东方或于阶间而已。"这段话说的是天子之宫四面悬钟，诸侯之轩三面悬钟，卿大夫只可两面悬钟，士则只许一面悬钟，庶人则完全不能用钟，这又体现了贵族集团与庶人的本质差别，以及贵族集团内部的严格区分。其实就连钟的大小轻重也和贵族的身份息息相关，例如《初学记》十六引《晏子春秋》云："齐景公为大钟，将悬之。仲尼、伯常骞、晏子三人俱来朝，皆曰钟将毁。撞之果毁，公召三子问之。晏子曰：'钟大非礼，是以曰将毁。'"由这一例便可看出，在先秦时期，钟的大小轻重一定要和主人的身份地位相符，否则就是犯上作乱，就是"非礼"，就会遭受天谴。

先秦乐钟在造型上的最大特点是，钟口的横截面皆为合瓦形，即状如两片瓦块合拢在一起。此中缘故正如近千年前北宋科学家沈括（1031～1095 年）在《梦溪笔谈》中所说："古乐钟皆扁如合瓦，盖钟圆则声长，扁则声短。声短则节；声长则曲。"这告诉我们，很早以前古人就十分清楚，合瓦形的编钟余音短（节），有益于演奏旋律，而圆形钟的声波沿圆周传播，余音绵长，击钟时便会产生混响（曲），只利于传播而不宜于奏乐。通过现代的测定方法，学者也得出了完全相同的结论，例如有人在仔细分析了先秦乐钟的冶铸技术和声学原理后指出："作者曾考察过二十多组总数二百余枚先秦编钟，它们的横截面无例外地是由两个大半圆弧对称组成，近似两片瓦扣合在一起。……正因为钟的截面是两个

圆弧相交，所以在相交处形成锐边而不是像椭圆那样的平滑曲面。这个锐边有更大的壁厚，形成铣棱，可遏制声波传递，使钟的声响较快衰减，利于旋律演奏①。"以上研究成果是相当重要的，因为我们看到，为了奏出不同音符，不只先秦乐钟的钟口是合瓦形的，就连先秦的铙和铎等也都是合瓦形的，而且大多加有用来消音的两铣（图1.16）。

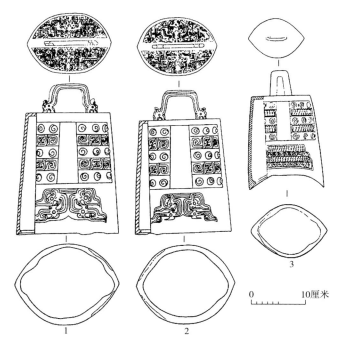

图1.16　先秦合瓦形古钟

除了乐钟外，先秦古钟文化还有一个不可忽略的支系，那就是号令军旅、传达军令的军钟，包括铙、镯、钲等。《周礼·夏官·大司马》载："卒长执铙，两司马执铎，公司马执镯。"郑玄注："铎镯铙之用谓钲铙之属。"以上所说的钲和铙就是军旅之钟。文中提到的铎也是军旅中的常用乐器，但它是大铃的一种，形如钲、铙而有舌，靠手摇发声。《史记·乐书》云："钟声铿，铿以立号，号

---

① 　华觉明、王玉柱：《曾侯乙编钟冶铸技术与声学特性研究》，湖北省博物馆等编《曾侯乙编钟研究》。

以立横，横以立武。君子听钟声则思武臣。"郑玄注："号令，所以警众也。"
"横，充也。谓气作充满。"这里说的就是军钟的作用，大意是钟声洪大嘹亮，
可以警众，可以壮声威，可以长士气，从而博取胜利。从形状上说，包括属于大
铃的铎在内，各类先秦军钟也以合瓦形为多。

随着东周的战乱及秦的统一，孔子嗟叹的"礼崩乐坏"成了无可挽回的趋
势，中国早期的礼乐文明终被秦汉大一统封建王朝的全新法统所取代。秦汉以
降，为了恢复周代古制，历代皇帝中不乏重拾雅乐者，并为此铸造了演奏雅乐的
钟与镈。例如南朝梁武帝萧衍（在位于 502～549 年），为恢复雅乐制造了钟盘二
十六架，共五百零四件，十二律俱全；宋代复古之风盛行，宋徽宗（在位于
1101～1125 年）时设置掌管音乐的机构"大晟府"，铸有编钟十二套，约三百余
件；清宫所用编钟为十六件一组，悬于两层钟架上，每层各悬八件。但在秦汉以
后，这些雅乐只是徒有形式而已，已经完全失去了礼乐制度的特定内涵，乐钟也
不再具有它不可取代的象征意义。而在先秦古乐钟文化衰微的同时，中国古钟文
化却方兴未艾，不仅在社会舞台上继续扮演它的历史角色，还进入了更为广阔的
空间，成为华夏多元文化的特殊载体。

《史记·秦始皇本纪》云：秦始皇二十六年（公元前 221 年）"收天下兵，
聚之咸阳，销以为钟镶金人十二，重各千石，置廷宫中。"《史记·太史公自序》
亦云："始皇既立，并兼六国，销锋铸镶。"集解引徐广曰："严安上书，销其兵
铸以为钟镶也。"索隐云："镶，钟也。"这是秦朝铸钟的一个实例，记述了秦始
皇在金瓯一统后，收缴销毁了列国的兵器，以其铜料铸造了大铜钟和十二个铜
人，各重千石。秦始皇的这个铸钟之举，无疑是为了彰显皇权，扬威天下，所以
它足够巨大。《汉书·律历志上》云："十六两为斤。三十斤为钧。四钧为石。"
照此换算，铸一口千石的钟，竟然重 60 吨，何其了得！既然是用以扬威，这钟
不仅要足够大，还要足够响，声音要洪亮而绵长，能够远播四方，这是不言而喻
的。过了不久，汉高祖如法炮制，也铸造了大钟。据《太平御览》引《汉书》
佚文云："高祖庙有十钟受千石，撞之声闻百里①。"这里说，汉高祖铸的同样是

---

① ［宋］李昉等撰：《太平御览·乐部·钟》，北京：中华书局，1960 年，第 2595 页。

千石大钟，而且声闻百里，足见秦汉大帝铸造的都是足够大也足够响的超级大钟。

秦始皇、汉高祖所铸造的，都是专门用来宣扬皇家威仪的钟，此即朝钟。朝钟之称见于明朝宋应星的《天工开物》，书中还专就"朝钟"的形制、尺寸、合金比例等做了说明。《晋书·礼志》云："皇帝出，钟鼓作，百官皆拜伏。太常导皇帝升御座，钟鼓止，百官起。大鸿胪跪奏'请朝贺'。"这里说的就是朝钟，在皇帝上朝时奏鸣于朝堂。《南齐书·礼志》云："东京以后，正旦夜漏未尽七刻，鸣钟受贺，公侯以下执贽来庭，二千石以上升殿称万岁，然后作乐宴飨。"这里说的也是朝钟，称皇帝临朝时要"鸣钟受贺"。

历史上有关朝钟的记载，一个最生动的例证见于《明史·李自成传》："十九日丁未，天未明，皇城不守，鸣钟集百官，无至者。乃复登煤山，书衣襟为遗诏，以帛自缢于山亭，帝遂崩。"这里说，明崇祯帝末年，李自成大军攻进了北京，情急之下崇祯帝亲自"鸣钟集百官"，但却"无至者"，万般无奈的崇祯帝终于被迫自缢于煤山，上演了朝钟使用史上最悲切的一幕。

关于朝钟的形制，《大明会典》卷一百九十四载：明嘉靖朝有"朝钟一口、

图 1.17 乾隆朝钟

通高一丈四尺二寸五分。身高一丈一尺五寸五分。双龙蒲牢高二尺七寸。口径七尺九寸五分。备用钟一口，制同前。"而保留至今的朝钟实例，最典型的莫过于大钟寺古钟博物馆收藏的乾隆朝钟了。此钟通高254.2厘米，钮高43.5厘米，体高210.7厘米，口径157厘米，重3108公斤；钟为青铜材质，呈墨绿色，造型极其精美；钟体自肩部以下逐渐外敞，肩部饰莲纹一周，钟体满布浮雕状纹饰，有22条雄姿威武的飞龙穿行于海水江崖、舒卷流云间（图1.17）。此钟的铭文已被打磨损毁，但由于其钟身遍饰龙纹，表明它必非皇家之物莫属。因为钟的年代属清朝，钟口又铸有八卦符号中的

"乾卦"，故此推断它是乾隆朝钟①。此钟的横截面是正圆形，恰属沈括所说的"钟圆则声长"的形制。由此推之，想必秦始皇、汉高祖铸造的大钟也属此类，因为它们不仅要以钟声的洪亮悠远来满足扬厉君威的需要，而且一口重达 60 吨的钟，也不可能做成校音精准的合瓦形乐钟。

　　上一节我们引证了文献中有关"凡中宫漏夜尽，鼓鸣则起，钟鸣则息"，以及"钟鸣漏尽洛阳城中不得有夜行者"的记载，说的是人们熟知的报时报点的更钟。此类钟的起源也很早，上面引述的都是东汉文献，证明它们最晚不迟于汉代已经十分流行。至于史上最著名的更钟，则首推明清北京城那口高悬在钟楼上的更钟了。

　　在纵贯北京城的南北中轴线上，紫禁城以北雄踞着一座钟楼、一座鼓楼。两楼前后纵置，气势雄伟，巍峨壮观，是古都北京的标志性建筑，也是全国各地钟鼓楼中的规格最高者。钟鼓楼内的钟和鼓是明清北京城的报时器，也是文武百官上朝和百姓生息劳作、生活起居的号令，起着节制人们行止和规范人们出行的作用。北京钟楼在清乾隆十年重建时立有御制碑一座，清晰记载了此钟的作用是："夫物庞则识纷，非有器齐壹之，无以示晨昏之节。器钜则用广，非籍楼表示之，无以示远近之观。……当五夜严更，九衢启曙，景钟发声，与宫壶之刻漏，周庐之铃柝，疾徐相应。清宵气肃，轻飙远飏，都城内外十有余里，莫不耸听②。"据明朝文献记载，每夜初更及五更，北京钟鼓楼先击鼓后撞钟，二更至四更只撞钟，都由銮兴蔚校尉执行。

　　现钟楼二层陈列的报时铜钟铸造于明永乐年间，它悬挂在八角形木框架上，通高 702 厘米，钟身高 550 厘米，下口径 340 厘米，钟壁厚 12～24.5 厘米，重达 63 吨。这是中国现存体量最大、重量最大的古钟，堪称中国的"古钟之王"（图 1.18）。钟体全部由青铜铸成，圆形口，撞击时声音浑厚绵长，正可谓"都城内外十有余里，莫不耸听"。关于这口钟的铸造，民间还流传着一个动人的故事。据说当年此钟久铸未成，眼看期限将近，老铜匠华严心急如焚，女儿华仙遂自投

---

① 全锦云主编《北京文物精粹大系·古钟卷》，第 151～157 页。
② ［清］于敏中：《日下旧闻考·卷五十四·城市》，北京古籍出版社，1981 年。

炉中，终于铸成了这口大钟。百姓为了纪念舍身救父的华仙姑娘，在小黑虎胡同修建了"金炉圣母铸钟娘娘庙"，至今仍有遗址可寻。

图1.18　永乐更钟

在中国的古钟文化中，更钟是较早来到市井民间的，然而它仍在官府的掌控之中，这从它别名"禁钟"的一个"禁"字已经表现得淋漓尽致。前述北京钟楼的大钟就是由官府掌控的，此外河北宣化有一口明嘉靖十八年铸造的铜钟，钟高250厘米，口径170厘米，重5吨，钟铭上书有"宣府镇城钟"几个大字，也是由官府掌控的。《宣府镇志》对"宣府镇城钟"所做的说明是："钟鼓之设，所以斯昏晓，节出入，历禁令而防奸宄……"这几句话把更钟的用途说得清清楚楚，即它不但是用来晨昏报时的，也是用来节度行止、以严禁令、防范奸宄的，充分体现了官府的管理职能。

东汉张衡《西京赋》云："若夫翁伯浊质张里之家，击钟鼎食，连骑相过，东京公侯，壮何能加。"此文的最大意义是，它揭示东汉的富庶之家已可"击钟鼎食"，享受和"东京公侯"一样的待遇。这说明，由于先秦礼乐制度的彻底崩坏，到了东汉，铜钟这个代表权贵、象征权势的标志物，已经流入寻常百姓家，成了人尽可用的器物。到了魏晋以后，古钟文化更是遍地开花，除了早期出现的乐钟、军钟、朝钟、更钟仍不绝如缕外，还出现了家庙钟、儒教钟、道教钟、陵园钟、学堂钟以及专门用来"鸣冤击钟"的请愿钟等，古钟文化在得到极大普及的同时，也得到了极大弘扬。

而纵观整个中国古钟文化大潮，最先彻底走出官府、走入民间，并且很快如雨后春笋般普及开来的，就是佛门的梵钟。事如前述，不迟于南北朝早期，梵钟便已进入民间寺庙，到南北朝晚期更在禅门佛寺得到广泛普及，成为民间随处可遇的大钟。

叙论至此，我们就有充分依据来看看中国古代梵钟到底是怎样形成的了。当我们看到中国有如此源远流长的古钟文化，当我们看到这些古钟既曾在政治生活中发挥了不可取代的重要作用，又在社会生活里起到了让平民百姓须臾不可离的现实作用；既在整个古代社会一如既往地高悬在庙堂之上，又从汉代起就流入了寻常百姓家，继而深入到社会生活的方方面面，那么当佛教兴起时，当寺院里急需一种报时、报讯和召集僧众的响器时，怎么会不自然而然地流入寺院呢？这不仅是理所当然的，也是简单易行的，更是善男信女们喜闻乐见的，当然也是僧侣们求之不得的。前面我们引述了一个南朝梁昭明太子的故事，说昭明太子在皇宫里挖出了铜钟后，一转手便将它赠送给了慈觉寺。无论昭明太子挖出的这口钟是朝钟还是更钟，这个实例都足以说明，中国式梵钟就是由中国古钟文化的洪流水到渠成地流入佛寺的。

剩下的一个核心问题是，中国式梵钟是圆口的，而先秦乐钟的横截面是合瓦形的，这又该如何解释呢？前引以中国梵钟源起于印度铜铃的说法，就是出发于这两种钟的形制不同，从而断定梵钟的圆口"不外乎是受了西域，特别是印度式钟铃的影响"。其实，正如北宋沈括所言，合瓦口钟或圆口钟，只是音效不同的两种古钟罢了，它们早就并存在中国的古钟文化中。

单就先秦而言，各类铜钟中最高贵的莫过于镈。正如古人所言："天子诸侯悬皆有镈①"，它是天子和诸侯的专用品，也是天子和诸侯身份的象征。但证之以考古实物，镈的横截面就不是合瓦形的，而是圆弧方口或近似圆口的。若论镈

---

① ［唐］孔颖达疏：《周礼·春官·小胥》，［清］阮元校刻：《十三经注疏》。

钟的功用，虽然它也可以发声，但却不是以某个精准音阶来奏乐的，因此无须做成合瓦形。及至汉代，先秦乐钟礼崩乐坏，但古钟文化却取得了长足的发展，更钟、朝钟不乏其见。但就其功用而言，无论是彰显皇权的朝钟，抑或报时打点的更钟，都是取其钟声洪亮绵长的功效的，毫无疑问都应该是"钟圆则声长"的圆形钟。事实上，就我们见到的汉钟资料，因为奏乐之钟日蹙而报鸣之钟渐行，圆口或近似圆口的钟确乎不乏其见。至于汉以后，典型之例如三国吴黄龙元年（229 年）钟，通高 25.8 厘米，钟正面上方铭刻有"黄龙元年铜钟十一斤四两"字样，其横截面已完全近似圆形（图 1.19）①。

图 1.19　黄龙元年钟

如果说，中国自先秦时期起就存在合瓦口及近圆口两类钟，如果说，汉代已经有了广为流行的圆口钟，那么梵钟的圆口形制又何必要到遥不可及的古印度铜铃中去寻找灵感呢？所以，结论是显而易见的——梵钟就是在中国起源的。种种事实无不表明，梵钟是源远流长的中国古钟文化的产物，是中国古钟文化流入禅林佛寺的必然结果。而从佛教的角度说，这些梵钟也是佛教传入中国后和本地传统文化相融合的产物，是外来佛教实现中国本土化的显明见证。

此外，还有进一步的迹象表明，中国梵钟就是从先秦镈钟一脉相承发展来的，先秦镈钟即中国梵钟的直接祖型。

一般而言，先秦镈钟多为平口，通高在 60～100 厘米，钟体由圆角四方形逐步趋近椭圆形或圆形；钟钮由两条相对的小龙组成，龙的头上有一个方形钮以作悬挂之用；其纹饰基本集中在钟体的上半部，由钲、篆、乳钉组成，乳钉的排列一般为四组，每组三排，每排三个。再看梵钟，我们以最早的陈太建七年钟为

①　《中国音乐文物大系》总编辑部：《中国音乐文物大系·上海卷》，郑州：大象出版社，1996 年，第 79 页。

例，该钟的钟钮也是由两条龙组成，两龙头相背，拱起的龙背是悬挂部位；钟体呈正圆形的直筒状，钟顶较平，但较镈钟微鼓；钟体上有格式划分，此装饰类似镈钟上的钲和篆，只是没有乳钉，而且篆部、钲部也较前为大。

以上是就镈钟、梵钟的一般情况而言，两者已不乏共同之处。尤为有趣的是，后面我们还将谈到，日本和韩国的佛教及梵钟都是由中国传入的，而在日本、韩国梵钟身上，中国先秦镈钟的因素更为明显，风格更为浓郁。任举一例来说，日韩古钟的绝大部分都在钟体上半部铸有排列整齐的乳钉纹，而且但凡有乳钉的都毫无例外地排列为四组，每组多为三排，每排多为三个，与先秦镈钟的乳钉纹饰如出一辙，这说明了什么已是不言而喻。

清代训诂学家段玉裁（1735～1815年）在东汉许慎《说文解字》"镈"字条下，对古钟横截面的形制作了十分精辟的注解。他说："今按古钟制椭圜（圆），镈于如碓头正圜，许云淳于之属。盖镈正圜大于编钟，为后代钟式正圜之始①。"此文明明白白地指出，镈钟的钟口近似正圆，而它就是后来正圆形钟的祖型。这是古人两百多年前说的话，一语道破了包括梵钟在内的圆口钟都是由镈发展而来的。一个皓首穷经的经学家，竟然对古钟的口部形制做了如此精到的剖解，今日读来仍令人拍案叫绝！

梵钟虽然是源远流长的中国古钟文化的产物，但毋庸讳言，它的宗教元素依然是一目了然的。仅就纹饰而言，中国先秦古钟的图案比较单一，一般只在钟体的上半部做出钲、篆、乳钉等纹饰，有的再在鼓部作两条小龙作装饰。梵钟就不同了，它虽然基本上保留了古钟钲、篆刻画的格局，但又出现了许多过去从未有过的纹饰。例如，梵钟的顶部很早就出现了莲花纹（图1.20），而这种纹饰过去就从未在钮钟、甬钟、镈钟以及钲、铙、铎等器物上出现过。莲花是佛教的代表性纹饰，事如《四十二章经》第二十九章所言："佛言……我为沙门，处于浊世，当如莲花，不为泥污。"正是由于被赋予了"出淤泥而不染"的意义，莲花成为佛教的标志，以此象征"纯洁"，寓意"吉祥"，代表"净土"。莲花因而在佛教艺术中成了主要装饰题材，同时也广泛出现在佛寺专用的梵钟上。此后梵钟

---

① 徐中舒校订：《说文解字段注》，成都古籍书店，1981年，第750页。

上的佛教装饰图案更是一发不可收，诸如佛像、飞天、天王、法器、梵文、佛经等等，凡是能够用来表现佛教内容的图像、文字，无不出现在梵钟上，鲜活体现了梵钟的宗教色彩。

图1.20　宝室寺钟顶莲花瓣纹饰

第三节　梵钟的蕴意与作用

梵钟的原始功用，无非是用声响报时打点，用钟声召集僧众，以此规范僧人的晨昏作息和讲经布道等活动。这和犍槌、铜铃的功能别无二致，甚至和世界上任何可以发出声响的器具别无二致。可是，当铜钟进入寺庙后，随着晨钟暮鼓的日月往复，随着佛门经义的不断世俗化，梵钟的钟声被赋予了越来越多的内涵，由此成为一个绝对有别于犍槌、铜铃和其他发声体的特殊法器。

先说梵钟的初始功能。唐代佛典《百丈清规·法器章》云："大钟，丛林号令资始也。晓击，即破长夜，警睡眠；暮击，则觉昏衢，疏冥昧①。"这句话强调梵钟的原始作用是"号令资始也"，可谓十分确当。这方面的作用显然十分广泛，大者如举行重大佛事活动、宣告重大事件、岁末祈福、佳节贺喜乃至悼念亡魂等，小者如僧众日常起居、进餐和做佛事等，皆可由钟声来发布和规范。《北

---

① ［元］释德辉编《敕修百丈清规》，郑州：中州古籍出版社，2011年。

史》中有"报德寺僧鸣钟欲饭忽闻虓虓，二寺一千余人皆嗟痛，为之不食①"的记载，《大宋高僧传》里有"于西鸣寺鸣钟召众，称讲唯识②"的记载，说的都是用钟声召集僧众讲经或集众吃饭之事。同此之例尚多，不一而足，无不彰显了梵钟的原始功能。梵钟的这种功能是不可小觑的，因为正是由于这种实用性，它才成了每寺必备的法器。

除了它的原始功能，梵钟终归还有其他响器所没有的特殊属性，于是延伸出很多更深层的功能与内涵。

一是从很早以来，中国文化就赋予了钟声以警示作用，梵钟问世后更是如此。上文称"晓击，即破长夜，警睡眠；暮击，则觉昏衢，疏冥昧"，说钟声可以使人警觉，抛弃昏庸顽顿，便是对钟声所含警示作用的表述。唐杜甫《游龙门奉先寺》诗云："天窥象纬逼，云卧衣裳冷。欲觉闻晨钟，令人发深省③。"这里说钟声可以"令人发深省"，也是对钟声所含警示作用的生动描述。众所周知，在梵钟的初始功能中，最常见也最重要的，首先就是它的晨昏号令作用，即以拂晓的钟声昭示僧人一天佛事活动的开始，以暮钟响起表示佛事结束和众僧净心就寝。从表面上看，这种号令作用只是利用了梵钟的声响效果，其实它也借助了钟声划破长空、驱走黑暗、惊梦警觉的蕴意，深含着中国文化赋予它的警示作用。

二是正如绪论部分所述，从最早的梵钟开始，就出现了镌刻在钟体上的铭文，这更使它成了一个具有丰富人文内涵的特殊载体。从总体上看，记事、宣教、训诫、祈福、敬佛、经文等，即梵钟铭文的几大主题。特别是记事，其内容多为年款、铸钟人姓名及重量等，这不仅载明了梵钟的身世，也昭示了施主的功德，所以普遍见于各铭文梵钟。至于祈求佛祖赐福，更是信众们朝思暮想的，于是更是梵钟铭文所习见的了。而凡此种种，都是其他响器既无法承载也无法表

---

① ［唐］李延寿撰：《北史》卷十九《列传第七》，北京：中华书局，1974 年。
② ［宋］赞宁：《大宋高僧传》卷四义解篇第二《唐京师西明寺圆测传》，北京：中华书局，1987 年。
③ 林德保、李俊等注：《详注全唐诗》，第 210 页。

达的。

三是从硬件条件说，梵钟是由配比严格的青铜合金制成的，质地坚硬，色泽莹润，具有非同寻常的悦耳音质。《周礼·考工记》云："金有六齐：六分其金而锡居一，谓之钟鼎之齐；五分其金而锡居一，谓之斧斤之齐；四分其金而锡居一，谓之戈戟之齐；三分其金而锡居一，谓之大刃之齐；五分其金而锡居二，谓之削杀矢之齐；金锡半，谓之鉴燧之齐。"这是由先秦传承下来的青铜冶铸技术，而六齐之中居首的便是"钟鼎之齐"，足见钟的冶铸技术之高。

四是梵钟体形硕大，圆形圆口，钟壁均匀，凡此都决定了它的声音洪亮而绵长，远非其他响器可比。

五是撞钟的场面恢宏、隆重、庄严，足以撼动人心，而这也绝非敲敲棍子或摇摇手铃所能比拟的。

以上五大特性，可以说是中国古代各类铜钟都具备的，包括了梵钟但又不限于梵钟。而正是由于这五大特性的存在，很早以来古人就赋予了古钟某种特殊的神性。如《山海经·中山经》记载："又东南三百里，曰丰山。……有九钟焉，是知霜鸣①。"郭璞注云："霜降则钟鸣，故言知也。"这是先秦的一段记述，说钟体自身带有灵性，可以感知季节的变换。随着年代的推延，这种说法愈演愈烈。如《晋书·五行志》云："惠帝元康三年（293 年）闰二月，殿前六钟皆出涕，五刻止。前年贾后杀杨太后于金墉城，而贾后为恶不止，故钟出涕，犹伤之也。"殿前的朝钟居然能知晓人间善恶，甚至哀伤流泪，足见其颇具神性。《南齐书·祥瑞志》云："岩数里夜忽有双光，至明往，获古钟一枚，又有一器名淳于，蜒人以为神物，奉祀之。"这里直接把古钟当作了神灵，并与诸神一并奉祀。又如《北史·王慧龙传》云："及文献皇后崩……后生遄后二日，苑内夜有钟声二百余处，此则升天之应，显然也。"这里说由于对上天的感应，钟居然发出了自鸣，十分灵异。是故，文献或曰"神钟宝鼎②"，或曰"灵精是钟③"，都以钟

---

① 袁珂校注：《山海经·中山经》，上海古籍出版社，1980 年，第 165 页。
② ［晋］陈寿撰：《三国志·魏书·文帝纪》，北京：中华书局，1959 年。
③ ［晋］陈寿撰：《三国志·蜀书·扬戏传》。

为神物。

当古钟进入寺庙后，它们的神性又打上了宗教的烙印，由此不仅得以弘扬，而且得以放大。《隋书·五行志》云："净刹寺钟三鸣，佛殿门锁自开，铜像自出户外。"这是唐代官修的史书，居然说寺钟一响便可令殿门自开、铜像自出，可见在凡夫俗子的眼中，寺钟的神力已经远远超出了感知冷暖、感知善恶、感知天意的范畴，而具有了召唤佛陀、主宰他人的能力。这已经不是一般的灵性或神性所能解释的了，而成了不折不扣的神祇。

其实，与其说这神性来自铜钟，更毋宁说来自它的钟声。因为每当一锤落下，钟声猝然而至，闻之不但令人振聋发聩，而且它余韵绵长，似乎潜藏着无尽的神秘奥妙，极富幽玄之趣，能给人带来无限遐思。比较之下，犍槌的声音短促而沉闷，没有这种听觉效果。铜铃的声音虽然清脆悦耳，但同样短促而单调，也无法和梵钟的钟声相提并论。更重要的是，梵钟的钟声既洪亮又绵长，可以传送到方圆数十里乃至百里之外，而犍槌和铜铃的声音恐怕连走出寺门都很困难。

一位研究西方古钟文化的学者说："钟发出的听觉信息比神像的视觉信息更具强制性，拥有更强烈的情感力量①。"这里说的是西方古钟，但他描述的听觉效果显然也适用于东方的梵钟。当梵钟的奥妙之音回荡在禅林时，它所传递的已不再是单纯的钟声了，而是佛教的幽玄，是警觉诸神和净化心灵的力量，这就赋予了它特殊的功能，使之成为"比神像的视觉信息更具强制性"的神器。

佛教赋予梵钟的最大神性，就是把它当作了实现人、神沟通的媒介，当作了人、佛之间传递信息的桥梁。元朝泰定乙丑年（1325 年）的一口梵钟自铭曰："愿此钟声超法界，铁围幽暗悉皆闻，闻尘清净证圆通，一切众生成正觉②。"这段铭文再清楚不过地指出，僧众希望借钟声超越法界、上达天听，起到沟通人、神的作用，以此超度众生到达觉生的彼岸。《洛阳伽蓝记》里记载了这

---

① ［法］阿兰·科尔班著，王斌译：《大地的钟声》，桂林：广西师范大学出版社，2003 年，第 85 页。

② 大钟寺古钟博物馆藏"泉州小开元寺佛教博物馆元泰定乙丑年钟铭"。

样一个故事："于阗王不信佛法。有商胡将一比丘毗卢旃在城南杏树下，向王伏罪云：'今辄将异国沙门来在城南杏树下。'王闻忽怒，既往看毗卢旃。旃语王曰：'如来遣我来，令王造覆盆浮图一所，使王祚永存。'王言：'令我见佛，当即从命。'毗卢旃鸣钟告佛，即遣罗睺罗变形为佛，从空而现真容。王五体投地，即于杏树下置立寺舍，画作罗睺罗像①。"由这段故事不难看出，正是由于"鸣钟告佛"，佛才得以现身，可见人们就是用梵钟的钟声来向佛祖传递讯息的。

由于梵钟的钟声可以上达天听、联通佛陀，而禅林就是事佛、敬佛、礼佛之所，因此为了能够时时、事事与佛祖沟通，为了表明自己所做的一切都得到了佛祖的旨意，寺庙里就不能没有钟了，甚至须臾不可离。同时，也正由于梵钟的钟声可以上达天听，这钟声里就被融注了太多太多祝愿和祈盼。

在梵钟身上往往能看到镌刻着这样的偈语："闻钟声，烦恼轻，智慧长，菩提生，离地狱，出火坑，愿成佛，度众生。"在这短短二十几个字里，饱含着芸芸众生们离开地狱、跳出火坑、减轻烦恼、增长智慧、菩提开悟、超度成佛的愿望。这些愿望是每一个善男信女的由衷企盼，也是梵钟钟声所能给予他们的最大安慰。人间的苦难实在是太深重了，所以在这百般心愿中，信徒们最为普遍的心愿，莫过于借助钟声来求佛超度，脱离苦海。《增一阿含经》说："若打钟时，一切恶道诸苦，并得停止。"这里说钟声一响便可使恶道诸苦皆停止，这就给了信徒们最大的心灵慰藉。这苦难不仅有人间的，也有冥间的，正如《高僧传·志兴传》所说："有一亡者，通梦其妻曰：'我病死，生于地狱，幸赖禅定寺僧志兴鸣钟，响震幽冥，同受苦者，一时解脱。'"即梵钟钟声还可以解脱冥间的苦难。此类记载颇多，又如《付法藏传》卷五载："古月氏国王，因与安息国战，杀人九亿。因恶报故，死后化为千头大鱼，剑轮绕身砍头。随砍复生，极痛难忍。往求罗汉长击钟声，以息其苦。"这里也说钟声有超度人们脱离冥间苦难的神奇作用。在脱离苦海后，人们更高一个层次的追求，莫过于借助钟声祈福禳灾、祷祝安康、祈求幸福了。事到如今，每逢新春佳节，举国上下都要在零

---

① ［北魏］杨衒之著，周祖谟校释：《洛阳伽蓝记校释》，第189页。

点鸣钟庆贺，以求国家康泰平安，人民幸福吉祥，各个寺院更要举行"除夕撞梵钟，新春报吉祥"的祈福法会，就是闻钟声而享太平的古老传统的延续。

先秦典籍《国语·楚语下》云："颛顼受之，乃命南正重司天以属神，命火正黎司地以属民，使复旧常，无相侵渎，是谓绝地天通。"这里说的是中国远古时代的一次宗教改革，即五帝时期的颛顼大帝任命了一个叫作"重"的人负责与神打交道，专门传达神的旨意；又任命了一个叫作"黎"的人联系民众，负责把民众的想法和愿望上达天听。正是"重"和"黎"职责的分工，阻绝了民、神随意沟通的氏族宗教体系，完成了一次宗教改革。这是上古时代的事，和梵钟沾不上一点边，但饶有兴味的是，到了梵钟所处的时代，不期然又完成了一次宗教改革，即在小小的梵钟身上，把重和黎的职责合二为一了。因为按照佛教教理，梵钟的钟声不仅可以把信徒的心声上传给佛祖，由此承担起"黎"的使命，还可以把佛祖的意志下达给信众，完成"重"的天职。

扬州大明寺钟铭云："如来以大悲心，欲令众生于十二时中触耳所闻悉令超脱，于是建置洪钟，因时撞击，俾有识无识，随听闻声，夤缘觉悟。盖诸众生皆因贪欲障备，以至弊觉缠尘一朝灭断。呜呼，神识何栖，所谓恶因业坠，颠倒情生，一息不来，气魄随行，侊侊冥路，靡知所趋。自闻钟声，一经入耳，即意明心因心生愧深感①。"这里借如来之口，令佛门"建置洪钟，因时撞击"，使众生"随听闻声"而顿生觉悟，从此断绝贪欲。通观全文，此铭可谓不折不扣地传达了佛的意志，甚至让信徒们只要"自闻钟声"便可自省其身，自生愧疚。

既然代表了佛的意志，梵钟钟声便有了对信众的警示作用，并使这警示作用在上承中国古钟文化的基础上，又得到了大大的弘扬。说到钟的警示作用，还有一件很有趣的佐证，那就是首都博物馆收藏的一件鎏金御马监太监腰牌。腰牌是出入禁门的通行证，并非普通百姓所能持有，所以腰牌上往往刻有"无牌者一律论罪，借者及借予者罪同"的文字②。而饶有趣味的是，此腰牌的造型就采用了

---

① 大钟寺古钟博物馆全国古钟普查资料，以下同出此者简称"普查资料"。

② 齐心主编《图说北京史》，北京燕山出版社，1999 年，第 312 页。

钟的形状，形象再现了钟的警示作用。无独有偶，我们发现在宁夏回族自治区博物馆也收藏着一枚这样的铜腰牌，牌长6.5厘米，宽4厘米，正面刻着用西夏文写的"内宿待命"四个字。这是西夏国内宿司高级侍卫官的腰牌，造型亦为钟形（图1.21），其含义也不言自明。

图 1.21　钟形腰牌

由号令众僧的原始功能出发，通过人们赋予梵钟的神性，通过它的人神沟通法力，进而达到超度、警世及传达佛祖旨意的作用，便是梵钟在佛寺承担的特殊使命。

既然承担着如此重大的使命，梵钟在佛门中的地位就可想而知了。五代时期的闽国是南方一个热衷奉佛的国家，史载闽国太祖为了接待高僧义存，特地"为之增宇设像铸钟以严其山①"。这里说闽太祖为了向他崇信的高僧表达敬意，便为其扩建寺庙和铸造梵钟。把铸一口梵钟和扩建一座寺庙放在同等地位，足见寺庙里有一口上等梵钟是多么的重要。此外清康熙八年（1669年）广西桂林定粤禅寺钟铭也记载说："将军（按即平南王尚可喜）奉命南镇缵先王之余绩扩而盛其事也，则金碧重辉焕然天展法门仡殿阁虽周而钟鼓未备亦不足以壮禅林之夫观也②。"此文特别强调，一座寺庙即便有金碧辉煌的禅堂，但如果没有钟鼓，也无以显示它的壮观和威严，同样突显了梵钟的重要性。

梵钟的地位如此重要，于是便如《旧唐书·高力士传》所载，唐玄宗宠臣高力士为铸新钟而设斋庆贺，一时间竟成"举朝毕至"的盛事。又如《宋史·太祖本纪》载，当宋太祖闻知寺庙里铸了一口新钟时，竟亲自"幸开宝寺观新钟"。此外，自唐朝开始就有皇帝亲自为御制梵钟题写铭文的事例，明清帝王更

---

① 　任继愈总主编，杜继文主编《佛教史》，第334页。
② 　大钟寺古钟博物馆藏"广西桂林市伏波公园定粤禅寺钟铭"。

是屡屡为寺庙颁赐梵钟，凡此都标示了梵钟的独特。

由于梵钟钟声有如此丰富的内涵，是故敲钟的讲究也很多。首先是敲击的节奏就很有规则，一般常见的是，每次敲钟要紧敲十八下，慢敲十八下，不紧不慢再敲十八下，如此反复两遍，共计一百零八下。别的敲击方法还有很多，但不管敲法如何不同，各地禅林完全相同的是，一晨一暮这两次最正式的寺钟都要连击一百零八下。其故何在？这在历史上流传着两种说法：一种说法见《格致镜原》引《绀珠》："凡撞钟一百零八声以应十二月，二十四节气，七十二候（五天为一候）之数①。"即以这一百零八下对应一年十二个月、二十四节气、七十二候，以此象征日月轮回、天长地久。这表明在农耕社会里，人们希望通过佛祖来保佑风调雨顺、丰衣足食。另一种说法是佛教认为人有一百零八种烦恼，敲一百零八下梵钟便能解除忧愁。这好像和尚的佛珠有一百零八颗，数一颗佛珠就能为众生消除一份忧愁一样。

其实，寺钟敲一百零八下还和"九"这个特殊数字有关。《周易·系辞下》云："阳卦奇，阴卦偶。"中国古代以奇数为阳、偶数为阴，而阳爻中九最大，是阳数之极，具有极崇高、极吉祥之意。"九"的十二倍正是"一百零八"，是"九"的极致。所以，佛寺不仅敲钟要敲一百零八下，和尚的佛珠要有一百零八颗，而且菩萨也是一百零八尊，就连念经或诵咒也要达到一百零八遍，以此表示佛国的崇高与吉祥。

至于一般游人和香客，在寺院敲钟只要连敲三下就可以了，一下代表"福"，指福喜临门；一下代表"禄"，指高官厚禄；一下代表"寿"，指延年益寿，连击三声便倾注了人们对世俗生活的全部希望。

第四节　梵钟捐铸人及其祈愿

梵钟再非凡也是凡人铸造的，而在佛教教义中，铸造它的人无异于成就了大功德，可以获得极大的福报。佛教历来主张"因果报应""生死轮回"，即功德

---

① ［清］陈元龙撰：《格致镜原》卷四十五，扬州：江苏广陵古籍刻印社，1987 年。

多大福报多大。而信徒们为了求得佛祖降福，就不仅要烧香拜佛、积德行善，更要修庙、造像、铸钟。早自北宋起，社会上就有了"惟功大者其钟大①"的说法，其意既可以理解为功德大者能够铸大钟，也可以理解为铸的钟越大功德就越大。明成化元年（1465 年）善果寺钟的铸钟人自谓为"大功德主×××"，就说明了铸钟可以成就大功德。

于是乎，黎民百姓便要争先恐后地来为寺庙捐铸梵钟了。更何况，"近水楼台先得月"，梵钟捐铸人不仅可以成就大功德，还可以把自己的愿望镌刻在钟体上，直接呈报给佛祖，这就更是善男信女们所期待的了。那么，自古以来都有哪些人热衷铸钟呢？又在钟体上镌刻下了什么心愿呢？这是我们在走遍全国做古钟调查时悉心关注的问题之一。因为我们知道，在这些看似平常的现象里，不仅汇聚了佛教文化的大景观，也折射出了人间百态的大气象，蕴含着古代社会的多重信息。现就我们调查所得，再综合其他资料做一相关归纳，以飨各界同好。

依据梵钟的质量及精美程度，以及铭文所反映的祈祝内容、心理需求，可将古代捐铸梵钟的人分为四大类，分别是皇室成员、朝廷百官、沙门僧侣、大众信徒。

第一类成员的最典型之作莫过于明成祖朱棣铸造的永乐大钟了。此钟自铭"大明永乐年吉日制"，可知其铸成于明朝永乐年间。又据《长安客话》记载的"钟铸自文皇……少师姚文荣公监造"，以及《帝京景物略》记载的"文皇帝铸大铜钟，……向藏汉经厂，于是敕悬寺，日供六僧击之"等，可知该钟为明成祖朱棣亲自督造。此钟通高 560 厘米，口径 330 厘米，重 46000 公斤，钟体内外满铸文字，既有汉字经书，又有梵文咒语，共计 23 万余字（图 1.22）②。永乐大钟的铸造工艺十分精湛，文字秀美清晰，"字则铸软，点画波捺楚楚，如碾如刻，

---

① ［北宋］刘昺：《修乐书》，引自［元］马端临《文献通考》卷 134《乐考七》，北京：中华书局，2011 年。

② 全锦云主编《北京文物精粹大系·古钟卷》，图版说明第 2 页。

复如书楷①”。其声也洪亮异常，可“声闻数十里，其声谹谹，时远时近，有异它钟②”。

永乐大钟的23万铭文皆以佛经为主，包括《法华经》《金刚经》《心经》和《楞严咒》等。尤有甚者，钟铭上还有一篇明成祖亲自御制的《诸佛世尊如来菩萨尊者神僧名经》，共约13万字，占了全钟铭文的一大半。当然，在铭文的末尾，作为一个帝王还没有忘记写一些日常吉语，譬如敬愿大明永一统、唯愿国泰民安乐、唯愿时丰五谷登、唯愿人人尽忠孝、唯愿治世常太平等等③。

图1.22　永乐大钟

作为大明朝的皇帝，亲自督造如此硕大又精湛的大钟，究竟是因何缘故呢？学者一般认为“永乐大钟实在就是一口佛教弘扬佛法的佛门梵钟④”，即以其为普通的佛钟，是为了“昭示功德、定鼎纪念、展示科技水平”而铸造⑤。但最了解帝王复杂心曲的莫过于帝王，清乾隆皇帝对此做了一个截然不同的解释。他在亲笔撰写的“大钟歌”里写道：“晁谋弗善野战龙，金川门开烈焰红。都城百尺燕飞入，齐黄群榜为奸凶。成王安在乃定案，夹辅公旦焉可同。瓜蔓连抄何惨毒，龙江左右京观封。谨严难逃南史笔，忏悔讵赖佛寺钟⑥。”在这里，乾隆皇帝直言不讳地说，明成祖因为制造了“瓜蔓连抄何惨毒”之类惨案，为惧“谨严难逃南史笔”，故而“忏悔讵赖佛寺钟”，即认

① ［明］刘侗：《帝京景物略》，北京古籍出版社，1982年，第203页。

② ［明］蒋一葵：《长安客话》，北京古籍出版社，1980年，第47页。

③ 张保胜：《永乐大钟梵字铭文考》。

④ 于弢：《永乐大钟三辩》，大钟寺古钟博物馆编《大钟寺古钟博物馆建馆二十周年纪念文集》，北京：文津出版社，2001年，第141页。

⑤ 赵润华：《读觉生寺“大钟歌”质疑——浅析明“永乐大钟”成因》，大钟寺古钟博物馆编《大钟寺古钟博物馆建馆二十周年纪念文集》，第129页。

⑥ 大钟寺古钟博物馆藏：《乾隆御制碑》。

为明成祖铸永乐大钟的目的是为了"忏悔"。综合有关历史背景，笔者在《忏悔诓赖佛寺钟——永乐大钟成因考》一文中指出，明成祖朱棣是篡位登基的，曾在夺取皇位的"靖难之役"中杀人无数，又在登基后的"瓜蔓抄"中进行了惨无人道的报复性残杀，甚至开创了"夷十族"的先河。这不仅激起了民愤，而且事成后明成祖自己也时时梦到屈死鬼向他讨还血债，因此而惶惶不可终日。为此，他"忏悔诓赖佛寺钟"，铸造了永乐大钟，试图以此慰藉亡灵、超度众生，既解脱自己也解脱冤魂①。永乐大钟上镌刻的经文都是以消灾增福、灭罪生善、超度亡灵的内容为主的，而梵钟的钟声也是起此作用的，于是成祖便命"少师姚文荣公监造②"了这口大钟，以"日供六僧击之"。

当然，在皇帝御制的梵钟中，这只是个特例，其他绝大多数无非是祈祷"皇图永固、帝道遐昌、国泰民安、风调雨顺"的，而且由内廷及有司监造，与皇帝亲自督造的情况迥然有别。

皇后、皇子捐铸的梵钟在明清两朝也屡见不鲜，仅北京地区保留至今的就不下六口，其中由皇后、太后捐铸的有三口，由皇子捐铸的也有三口。下面先看皇后、皇太后铸造的三口钟：

第一件是黄村寺钟（又称保明寺钟，因保明寺位在黄村，故名），通高145厘米，口径96厘米，重450公斤，铸造年代为明嘉靖十二年（1533年）（图1.23）。此钟在铸造上虽说不上多么精致，但捐铸人却让人瞠目——此为两位皇太后所铸。这两位皇太后即明昭圣康慧慈寿皇太后和章圣慈仁皇太后，前者为明孝宗皇后，武宗时尊为太后，正德五年（1510年）上尊号"慈寿"，卒于嘉靖二十年（1541年）；后者原为兴献王朱祐杬妃，系世宗生母，嘉靖元年（1522年）尊为兴国太后，嘉靖七年（1528年）上尊号"慈仁"，卒于嘉靖十七年（1538年）。由这两位太后领衔，参与此钟捐铸的还有公主、太师、建昌侯等皇亲国戚，以及司设监、内官监、御马监、锦衣卫等文武百官。

第二件是保明寺钟，通高147.5厘米，口径94厘米，重402公斤（图

<hr>

① 全锦云：《忏悔诓赖佛寺钟——永乐大钟成因考》，《北京文博》1996年第2期。

② ［清］张廷玉等撰：《明史·姚广孝传》，北京：中华书局，1974年。

1.24）。其铸造年代为隆庆六年（1572 年），是万历皇帝之母慈圣皇太后率信徒捐铸的，联署的有太师兼太子太师成国公朱希忠、太师兼太子太师定国公徐光祚、锦衣卫掌卫事后军都督府左都督朱希孝以及司礼监、御马监、内官监等太监、信官、保明寺主持、僧人等，共计 1300 余人。

图 1.23　黄村寺钟　　　　　　　　图 1.24　保明寺钟

第三件是万历皇帝之母慈圣皇太后等人捐铸的一口小钟，寺址未详，其铭文曰："万历四年（1576 年）四月吉日大明慈圣皇太后等施造①。"

以上三口钟都是由皇太后领衔捐铸，从中不难看出一个蹊跷，即其中有两口钟都是为一个叫"保明寺"的寺庙铸造的。什么寺庙能有如此神通，竟先后请出三位皇太后为其铸钟呢？说来还真有一段曲折的故事。

保明寺的全名叫顺天保明寺，也称皇姑寺，始建于明天顺初年。关于此寺的由来，明沈榜《宛署杂记·顺天保明寺》记载，明正统十四年（1449 年）瓦剌大军攻打大明，明英宗率兵反击，路遇吕姓尼姑挡驾，说出师不利。英宗大怒，命武士将其交锤打死。英宗继续北上，后在土木堡全军覆灭，英宗被俘。陷于囹圄的英宗时时想起吕尼的忠告，后悔不已。待被释放回京复位后，英宗仍不忘吕尼，于是封其为御妹皇姑，并为之建寺，此即顺天保明寺。

---

①　全锦云主编《北京文物精粹大系·古钟卷》，第 106 页。

但世事多变，嘉靖改元后，喜道反佛的世宗登基，开始禁佛毁寺，并令尼姑还俗。于是皇姑寺众尼请出两宫皇太后来说情，皇姑寺才得以保全。为防止毁寺事件再度发生，慈寿皇太后和慈仁皇太后联合皇亲国戚和文武百官，将天顺六年（1462年）的铜钟回炉重造，并敕赐顺天保明寺，这就是现收藏在大钟寺古钟博物馆的黄村寺钟。钟上除了将捐铸人的姓名逐一镌刻外，还有众多祝福之辞，如"上报四恩，下资三宥，一切有情，同圆囗智，皇图永固，帝道遐昌，佛日增辉，法轮常转，风调雨顺，国泰民安，五谷丰登，天下太平"等。有了这口"圣钟"，皇姑寺便有了靠山，从此再没有人敢来骚扰。到了隆庆六年（1572年），万历之母慈圣皇太后等又续捐一口钟送至皇姑寺。从此，皇姑寺在这几位皇太后的庇护下，地位日隆且安然无恙，这几口钟也成了皇姑寺的"镇寺之宝"。

一个吕尼，一座寺庙，竟使大明国几位皇太后对其呵护有加，明着是保寺，其真实用途恐怕还是为了"保明"。此事带给我们的启示是，当皇室成员要保护一家寺庙时，最简单易行的办法莫过于颁赐一口有铭文题记的佛钟了。而当一座寺庙要昭示自己的尊贵显赫时，最行之有效的办法也莫过于拥有一口来历不凡的梵钟了。梵钟在寺庙中的特殊地位，由此亦足见一斑。

再看皇子捐铸的三口钟。一为康熙第十五子胤禑为善缘庵捐铸的铜钟，通高62厘米，口径46厘米，重55公斤。此钟铜质上乘，制作精良，通体满布花纹，处处显示出皇家气派和神韵。其铭文极富诗意："洪钟扣响，阳律协均，扬三宝之清音，振大千之觉路。弟子皇十五子允禑建立精舍，御提'善缘庵'，祝帝道遐昌，庆皇图永固。经营即竣，钟钜初成，宝篆香飘，贝韵与晨钟共彻，祇林鸟静，金声偕暮鼓俱清。用是勒名，碑（俾）垂永久。时大清康熙五十八岁次（1719年）己亥三月谷旦①"。康熙十五子允禑为愉恪郡王，其在康熙辞世前三年"建立精舍"，恐怕不仅仅是为了表明自己的出世之心，也是为了在刀光剑影的夺嫡斗争中聊以自保。康熙帝为之题名"善缘庵"，亦不乏嘱其"广结善缘"之意。寺建成后铸造了此钟，借铭文把佛家寺院描写得极富韵致，活生生勾画出一派恬静的佛地仙境景象，表达了捐铸人超凡出世的恬淡心境以及对皇家

① 全锦云主编《北京文物精粹大系·古钟卷》，图版第16页。

"帝道之遐昌""皇图之永固"的美好祝愿。此外，皇子捐铸的梵钟还有乾隆三年"怡亲王诚造"的卧佛寺钟①，以及钓鱼台养源斋康熙四十一年显亲王捐铸的铜钟②，恐怕每口钟都不乏这些龙子们的特殊心曲。

第二类朝廷百官捐铸的梵钟，那实在是多如繁星了。有一口唐昭宗天复二年（902 年）的梵钟，现收藏于日本大垣市，通高 147 厘米，口径 73 厘米③。该钟除了标明铸钟的日期和重量外，还有捐铸者官职、姓名以及祷祝之辞。据铭文记载，捐铸者是"节度左押衙充府墙池内外副指挥使并都教练使银青光禄大夫检校尚书右仆射使持节端州诸军事守端州刺使御史大夫上柱国利合去"。这个利氏官员铸钟的目的十分明确，就是想借这口"清泉禅院供养"的梵钟，求佛祖赐福，晋官加爵。铸钟人的这个心愿十分迫切，并且完全寄托在佛祖的开恩上，以致在此钟铸成九年后，于"开平五年（911 年）六月三日"在钟上加刻铭文曰："永乞爵位高迁家眷宁谧此时设斋庆赞讫久未得题号今专差匠人周匡往镌"。铸钟人在这里企望的，无非一是"爵位高迁"，二是"家眷宁谧"，活生生披露了为官者的心态。

官僚集团中还有一个特殊的群体，即皇帝身边的宦官。这些帝王家奴依仗皇帝及后宫皇族的宠信，常常狐假虎威，诳上欺下，成为炙手可热的权力集团。特别是有明以来，宦官势力日炽，恃宠专权，不仅干预朝政，而且掌管了"出使、专征、监军、分镇、刺臣民隐事诸大权④"。他们家赀巨万，却苦于后继无人，于是纷纷修建寺庙和铸造梵钟，以求来生享受人伦之乐。

太监中恃宠而骄的不乏其人，唐玄宗时期的高力士就是著名的一个，而于史可稽，他也是宦官中较早为寺庙捐铸梵钟的一个。《旧唐书·高力士传》载：高力士"于来庭坊造宝寿佛寺。……初，宝寿寺钟成，力士斋庆之，举朝毕至。"一个太监为寺庙造一口钟，居然为此举办隆重庆典，文武大臣甚至"举朝毕

---

① 全锦云主编《北京文物精粹大系·古钟卷》，图版第 16 页。

② 解小敏主编《北京古钟》，北京燕山出版社，2006 年，图版第 13 页。

③ 隐元等重修：《广东通志》第二〇四卷。

④ ［清］张廷玉等撰：《明史·宦官一》。

至"，这不仅说明了高力士其人的权势，也反映出他把铸钟之事看得多么重要。到了明朝，太监竞相铸钟更成风气，仅大钟寺收藏的钟体高度在 50 厘米以上的 25 口明代钟里，就有 13 口是由太监捐铸的，占了总数的一半①。现撮其要者介绍如下：

弥勒庵钟，此系乾清宫管事、巾帽局掌印、御用监太监田诏捐铸，时在明万历四十六年（1618 年）。该钟高 164 厘米，口径 104 厘米，重 570 公斤。钟身布满铭文，内容多为经书咒语，有《金刚经》《妙法莲花经观世音菩萨普门品》《佛顶尊胜总持神咒》等。钟上镌刻的还有早、晚扣钟偈，早扣钟偈云："愿此钟声超法界，铁围幽暗悉皆闻，三涂息苦罢刀轮，一切众生成正觉"；晚扣钟偈云："闻钟声、烦恼轻、出地狱、离火坑，菩提长、智慧生，愿成佛、度众生②"。所有这些经文、偈语涵盖的主题都是驱邪、避害、增益、祈福，以及对往生与彼岸的向往。

三十五佛名钟，此为一百二十余名太监捐资铸造，包括司礼监太监扶安，右少监扶住、扶信，内宫监太监杨棘，以及尚宝监太监黎安、尚膳监太监武融、尚衣监太监段纪等，铸造时间为明武宗正德七年（1512 年）。此钟的上半部是三十五尊佛的佛名，四个牌位镌刻着四大天王的尊号。此钟的蹊跷之处是，它只刻了三十五尊佛名，所以然者何？答案见《毗尼经说》："犯五无间业者宜于三十五佛之边至心忏悔。"原来按佛家教义，凡是犯了"五无间业"罪者，只有在三十五尊佛像前忏悔才能得到解脱。"五无间业"罪即五逆罪，《华严孔目章三》说："五逆，谓害父、害母、害阿罗汉、破僧、出佛身血。"这"五逆"都是最大逆不道的罪过，至于捐资铸钟的百余名太监究竟是为自己的五逆罪忏悔，还是为主子的五逆罪忏悔，那就不得而知了，反正武宗朝的皇帝和宦官都没少干坏事。

魏忠贤钟，因钟上有大太监魏忠贤三字而得名，铸造于"大明天启七年

① 张敏：《试论明朝宦官的广铸铜钟》，大钟寺古钟博物馆编《大钟寺古钟博物馆建馆二十周年纪念文集》，第 155 页。

② 于弢：《"华严钟"与华严宗》，大钟寺古钟博物馆编《大钟寺古钟博物馆建馆二十周年纪念文集》，第 202 页。

（1627 年）孟夏吉日"。此钟高 170 厘米，重 452 公斤。从造型上看，它和其他梵钟没有什么两样，但奇怪的是，此钟既无大段经文，亦乏赞颂之词，不知所为何来。其钟铭整个不过五十余字，而且大部分是魏氏本人的官职称谓："钦差总督东厂官旗辨事提督宝和等店兼掌惜薪司内府供用库印务司礼监秉笔太监魏忠贤虔铸。"于此之外，全钟唯一的祷辞就是祝"当今皇帝万岁、万万岁"。魏忠贤是明熹宗的大太监，他擅窃国柄，盗用内帑，"障日蔽月，逞威作福，视大臣如奴隶，斥言官若孤雏，杀内廷外庭如草菅。朝野共危，神人胥愤①"，是个臭名昭著的佞臣。天启七年是明熹宗在位的最后一年，魏忠贤铸此钟时又是明熹宗病危驾崩前数月，不久后便江山易主。崇祯帝继位后，魏忠贤果然好景不再，立即被剥夺了官职并发配凤阳，最后于发配途中自缢身亡。由此分析，当时魏忠贤铸此钟，一是为了向皇上献忠心，并且强调了是当今皇上，二是恐怕他已感觉到来日无多，没了人主的依靠只好托荫佛祖，祈求佛祖的保佑和宽恕。

总之，宦官捐铸梵钟不管出于何种目的，都是希望通过此举来为自己积些功德，一是宽恕当世的罪愆，二是求得来世的超生。

捐铸梵钟的第三类人是沙门僧侣，这些人是佛祖的忠实信徒，宣扬佛法是他们的天职，供奉诸佛是他们的责任，"救度一切众生"是他们的使命。于是，从他们捐铸的梵钟钟铭看，基本上是弘扬佛法、供奉诸佛、祈祷祝福和昭功记事几大类。

四者中无疑以第一种内容居多，即宣传佛法、度化众生和为信众祈福的铭文。以泉州小开元寺收藏的元泰定乙丑年（1325 年）铜钟例之，全钟通高 140厘米，直径 81 厘米，重 270 斤，钟上密密麻麻写满了铭文，内容是希望通过钟声使众生觉醒，脱离苦海。其铭曰："愿此钟声超法界，铁围幽暗悉皆闻，闻尘清净证圆通，一切众生成正觉。"并且希望"闻钟声烦恼轻，智慧长菩提生，离地狱出火坑，愿成佛度众生。"在铭文的最后一段，更进一步阐明钟声的作用是："范洪钟觉群迷，大梦中闻一击，眼豁开皎如日，躁者静昧者明。"总而言之，此钟的钟铭告诉人们，梵钟的钟声可以超越法界而上达天堂、下彻地狱，使人脱离尘世而修行成佛，也使人摆脱蒙昧、解除烦恼、增长智慧。

---

① ［清］张廷玉等撰：《明史·魏忠贤传》。

在云南昆明金殿里，有一口乾隆年间的铜钟，钟体通高仅128厘米，口径80厘米。钟虽不大，但满布铭文，而且合辙押韵，喻教其中。铭文曰："大哉此钟，仙佛同功，无微不撤，六合皆通；闻之兴感，子孝臣忠，贪廉懦义，霹雳五衷；……大叩小叩，唤醒矇聋；咸登道口，时和年丰。"此钟铭的特异之处在于，它不但宣扬了佛法，而且宣传了忠孝、礼义廉耻的儒家思想，融佛家、儒家教义于一炉。

第二类钟铭是供奉诸佛的，这类铭文所记内容一般都是佛号、佛经和咒语等。佛号常见的有"南无阿弥陀佛""南无地藏王菩萨""南无本师释迦牟尼佛"等，佛经一般以《妙法莲华经》《般若波罗蜜多心经》《金刚般若波罗蜜经》等为多，咒语一般以《祈福吉祥咒》《大悲心陀罗尼咒》《佛说消灾吉祥神咒》等为主，见于某些梵钟，整个钟身几乎都为佛经所覆盖，除了经文别无它字。这类钟铭不仅多见于僧侣捐铸的钟，而且上自皇帝、下至百姓所铸的钟都出现过。

这种做法是有特殊蕴意的，正如《洛阳伽蓝记》所说："寺上经函，至今犹存。常烧香供养之，经函时放光明，耀于堂宇。是以道俗礼敬之，如仰真容①。"即在佛家看来，佛号即佛陀，见佛号即"如仰真容"。此外按佛门教义，把佛经咒语刻在钟上，钟声一响，字字皆音，每击一次即如同诵读佛经咒语一遍。事如明成祖在御制《诸佛世尊如来菩萨尊者神僧名经、往大报恩寺散施的御制感应序》中所说："有得闻一佛如来名号者，能执持诵咏，欢喜信乐，可却生死罪，或十劫二十劫，以至百劫万劫者。夫以称诵一佛名号，其功德尚不可量，而况于称诵百千万佛及无量诸尊菩萨名号，则功德之大，又乌可量哉②。"不知是否果真如明成祖所说，诵经即"可却生死罪"，但诵经的功德却是善男信女一致公认的。于是，把经文铸在梵钟上，既能将经文传诸后世，又能借钟声轻易诵经，何乐而不为？

第三类铭文是祈祷祝福的，这类钟铭往往没有太多的说教，只是向佛祖祷告，以求保佑、降福。如泉州静慈禅院铜钟，铸于南宋绍兴二年（1132年），钟体通高134厘米，口径78厘米。钟铭曰："恭为今上皇帝祝延圣寿，郡县官僚增

---

① ［北魏］杨衒之撰，周祖谟校释：《洛阳伽蓝记校释》，第150页。
② 大钟寺古钟博物馆藏永乐大钟铭文。

添禄位。四恩三友各家先亡福利同沾，入缘信士现存眷受咸保□宁重注祝，圣寿洪钟一口永镇。"后边的文字都是僧人的名字和铸钟时间。这段铭文从皇帝的"祝延圣寿"起，到郡县官僚的"增添禄位"，再到亲朋好友的"福利同沾"，甚至到各家各户的先亡人，都无一遗漏地祷祝了一番，可谓面面俱到。在祷语中出现对皇帝的祝词，是从宋代开始流行的现象，代表性的祝语是"皇帝万岁、重臣千秋"，并从此延续下来。

还有一种面面俱到的祷祝铭文，无一遗漏地不仅有各类人群，还有无处不在的芸芸众生，淋漓尽致地表达了佛门弟子普度众生的拳拳之心。安徽合肥明教寺铜钟就是这类钟的代表，其铭曰："洪钟初扣，宝偈高吟，上撤天堂，下通地府，上祝当今皇帝大统乾坤，下祈仕路诸侯高增禄位，三界四生之内各免轮回，九幽十类之中悉离苦海，五风十雨免遭饥馑之日，干戈永息战马休征，阵败伤亡具生净土，飞禽走兽罗网不逢，郎子贾商早还乡井，无边世界地久天长，远近坛那增延福寿，山门清静佛法常兴，土地伽蓝安僧护法，父母师长过现咸安，历代先亡同登彼岸。"在这段文字之后，又将五大菩萨和三世佛、一切诸佛的法号佛名一一排列，以求诸佛保佑，共达此愿。细审此铭，祷祝的不仅有皇帝和各路诸侯，还有阵亡将士、浪子商贾、父母师长、历代先亡，更有那冥冥之中的三界四生、九幽十类、五风十雨以至飞禽走兽等，当然还忘不了祷祝山门清静、佛法常兴、安僧护法。广大僧众铸钟之心愿，在此得到了最为集大成的表达。

久而久之，梵钟铭文中的祷祝之语便凝练成了一种格式化的套话，例见福州市鼓山涌泉寺钟铭："上祝皇图巩固、帝道遐昌、佛日增辉、法轮常转。伏愿风调雨顺、国泰民安、山门祥静、海象安和。"这种诗样的祝词语朗朗上口，合辙押韵，同时内容宽泛，无所不包，为各地僧人及百姓喜爱，以至上自天子、下迄百姓都必录之，成了尽人皆知的梵钟祷语。

第四类钟铭是关于昭功记事的，这可由广西桂林伏波山公园收藏的一口清康熙八年（1669年）铁钟略见一斑。该钟是为定粤禅寺所做，钟铭曰："广西会城定粤禅寺新造大钟铭，本寺创立始自先藩王定南武壮王，提一旅之师悉平楚粤，遂尔建刹以纪事，名曰定粤禅林，方将殿宇落成而先王又晏驾矣，迄今十数年来风雨摧残能无凋朽之□，昨自丁未秋荷，郡王将军奉命南镇，缵先王之余绩扩而

盛其事也，则金碧重辉焕然天展法门，仡殿阁虽周而钟鼓未备，亦不足以壮禅林之夫观也。是以僧等不惜□业遍□阁旗□官□壬暨，当道有力大人共抬锱蚕。"再往下记载的还有此钟的主要捐铸者名单，共十人。钟铭把这十人的位置摆得很突出，强调"谨将芳名题左永示万古不朽"，而为首三人即"平南王尚可喜，平藩都统尚之孝（可喜之子），平藩副都统聂应举"，此外还有广东的佛门弟子。

考诸历史，可知铭文中提到的定南武壮王名孔有德（？～1652年），字瑞图，系明末清初将领。他原是明朝平辽总兵毛文龙的部将，毛文龙死后于崇祯四年（1631年）发动兵变，不久投降清朝，隶属汉军正红旗。皇太极崇德元年（1636年）他受封为王，出征朝鲜、锦州、松山等地。顺治九年（1652年）被南明抗清名将李定国围困在桂林，兵败自杀，清廷破格予以厚葬，追谥为武壮王。

正如定粤禅寺梵钟钟铭所云，此寺是顺治八年（1651年）孔有德平定广西后所建，第二年寺未建成孔有德便因桂林失守自缢身亡。时隔十七年后，其婿孙延龄、女儿孔四贞至桂林任广西将军和仪卫执事，扩建定粤禅寺，并铸钟以为纪念，还把清初三大藩王之一的平南王尚可喜父子请出来做此钟的功德主。细审这口钟的来历，不禁让人回想起当年孔有德"提一旅之师悉平楚粤"的往事，把人带回到清朝初年硝烟滚滚的古战场。

记事梵钟中最多见的，当然还是记载建寺经过的。例如江西省安福县翠竹寺钟，铸于清康熙二十二年（1683年），铁质，钟体通高111厘米，重140公斤，上铸铭文323字，记载的就是建翠竹寺的经过①。

梵钟捐铸人中数量最多的，无疑是普通百姓中的善男信女。此类人的钟铭极具特征，所表达的都是平民百姓的世俗愿望和喜怒哀乐。例如浙江诸暨唐钟，通高45厘米，口径25厘米，重13.25公斤，年代为唐广德元年（763年）。其铭文内容是："维唐广德元年岁次癸卯朔十一月廿日，越州诸暨县石读村檀越主僧道憨、僧难陀奉为亡兄承之铸钟一口，用铜卅五斤，永完供养②。"从铭文内容得知，这口钟是弟弟为亡兄所铸，寥寥数语表达了对亡兄的悼念和祈祝。还有一口

---

① 《江西发现的一口大钟》，《中国文物报》1993年6月6日。
② 方志良、张光助：《浙江诸暨发现唐代铭文铜钟》，《文物》1984年第12期。

云南昆明华亭寺钟，是父亲为其子铸造的，铭文是："摄理易门县事郡补同和严延珏，祈保次子铣功名远到，身体平安……。"这位父亲一要保儿子功名远至，二要祝儿子身体平安，为人之父的舐犊之情尽在其中。

平民百姓捐铸梵钟的目的，最常见的无非是保自己一家的幸福安康。如广西浦北县博物馆藏唐乾宁五年（898 年）钟，铭文为："敬铸铜钟一口重卅斤，右弟子陈宽为自身乞保口泰，乾宁五年十二月十四日设斋庆度用充供养。"其中"为自身乞保口泰"的祝语一目了然，那就是只为自己"一口"或一家"几口"祈祷康泰，无关他人痛痒。又如广西贺州市司凤祠铁钟，其铭曰："……侄昌清妻罗梁氏发心施舍洪钟一口，重二百斤，价白银二两余，祈福百年之寿，子孙瓜瓞连绵。"这是妇人罗梁氏捐铸的钟，希望夫妻百年好合，家庭子孙绵延；又如湖北沔阳铁钟，时代为清康熙二十九年，铭文为"……上祈父母享遐龄之庆，子孙若瓜瓞之绵，舟楫□□涛之险，财源胜泉涌之来，慈心普长，功德斯圆，声闻于天，受礼于己，用隼同仁，共臻无量。"这段铭文不仅上祈父母，下佑子孙，而且特别祷祝舟楫平安，可见捐铸者是居住在江边的捕鱼人。

善男信女中当然也有集多人之力来合铸一口梵钟的，而且为数众多。这些梵钟的钟铭当然不能再为一家人或一个人祷祝了，但它汇集在一起的仍不过是捐铸人各家的共同愿望。如广西贺州市九忿庙铁钟铭文曰："北府管下九忿庙丁等众，舍洪钟一口，重一百七十余斤，奉上三度应用，祈保九忿各家男女平安、五谷牛猪兴旺，福有所归。"以上词句简单明了，就是祈求捐铸各家男女平安、五谷丰登、牛猪兴旺、福有所归。

因为各自的祈愿不同，平民百姓捐铸的梵钟铭文也就大不相同。但从总体上看，百姓铸钟一不为求官，二不为晋爵，唯求家庭美满、人丁兴旺、平安幸福。出于对佛陀的崇信，他们对佛祖直抒心迹，因此普通信众刻写钟铭的一大特点，就是其心愿都十分具体而现实，内容直截了当又简明扼要。而且，越是早期的铭文越是简单。察梵钟之初，普通信徒微如草芥的世俗心愿是不配也不能铭刻在梵钟上的，突出之例如陈太建七年钟，这便是一口平民百姓捐铸的钟，然而钟铭上不见一字祈福之语。可到后来，特别是在唐以后，百姓们敢于披露心迹了，于是钟铭上便有了为自己祈福禳灾的文字，而且内容越来越丰富。

饶有兴味的是，我们见过两件镌有祷语的银片，一个银片上刻有"乡贯如前奉，佛信人郑琛，保扶，外父姜容，外母王氏，自身同室姜氏。男郑鸾身安寿永福长灾消者"，另一片写有"华亭县四保成□□□佛信人郑琛，舍牌追成外祖妣焦氏，男应元，先妣刘氏，女□英。众魂超度者"的文字①。这些祷语的内容与佛钟上的祷语无异，而绝非巧合的是，这两个银片也被特意做成了梵钟形（图

图 1.25　钟形银片

1.25）。这和前面所述把门禁腰牌做成钟形的事例有异曲同工之妙，都反映了梵钟是一种极为独特的文化载体。

总之，由于梵钟的神奇作用，更由于梵钟钟声的神奇作用，千百年来人们不仅铸造了数以万计的古钟，更镌刻下浩如烟海的梵钟钟铭。钟铭中的祈祷和祝愿之辞虽然因人而异，可无论是心曲难尽的隐晦告白，抑或是直抒胸臆的大胆祈求，都是人们面对佛祖时的真情表露，都是人们发自内心的祈愿。真可谓"家家有本难念的经"，上至真龙天子，下至普通百姓，莫不有自己的苦衷和心愿。既然无法跟别人说，那就跟佛祖说吧！何况佛法无边，说不定俗人解决不了的问题佛祖就解决了呢？在这终年不息的祷祝中，究竟有多少在后来得以实现，已经无从查考。但可以确信的是，在香烟缭绕的焚香祷祝中，在余音杳杳的悠远钟声中，人们得到了极大的心灵慰藉，甚至在一瞬间感受到了脱离苦海的快乐也未可知。

---

① 　上海市文物管理委员会：《上海松江李塔明代地宫清理简报》，《文物》1999 年第 2 期。

第二章　中国古代梵钟

第一节　中国梵钟的分类与分区

中国幅员辽阔，民族众多，文化内涵丰富，古钟文化由此表现出不同的地域特点，成为神州大地上不同区域文化的产物。早在商周时期，中国古钟的这种区别就初现端倪，并可据长江为界划分为南北两大类型。概言之，长江以北的"北系古钟"造型敦厚，线条质朴，装饰纹样以象征王权的饕餮纹、夔龙纹为主；长江以南的"南系古钟"则形态清丽，线条明快，装饰题材多样，且雕刻更为精细，由此表现出南北两大文化的不同特征。

到了梵钟流行的时代，这种南北分界不仅依然存在，而且更加明显。早在1998年，笔者就在《中国古代梵钟的分区与探讨》一文中指出，中国梵钟的类型划分有一个显著的标志，即钟口形态的不同。总体上说，中国古代梵钟可以区分为波形口和平口两大类，前者的钟体口沿呈现出起伏的波浪形，古钟学界通常称其为"钟耳"，或简称"耳"，一个波形即为一钟耳，而后者的钟口沿则是平的。日本梵钟文化学家坪井良平先生很早就注意到了中国古代梵钟存在这样两种不同造型，并把波形口钟称为"荷叶钟"，认为此即典型的中国特点钟，另把平口钟视为跟日本钟（和钟）有一定关联的钟①。而据我们考察分析，这两类钟都

————————

① 详见绪论部分。

是典型的中国古代梵钟，其区别仅在于分布区域的不同——它们是以长江为界划分的，长江以北的梵钟以波形口为主，长江以南则以平口为主（图2.1）①。尤为重要的是，这种区分不仅泾渭分明，而且一以贯之，从梵钟刚刚问世时就表现出来，此后一直保持到清末民初古梵钟文化的结束。

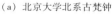

（a）北京大学北系古梵钟　　　　　　　　（b）广西信乐寺南系古梵钟

图2.1　南北两大系古梵钟

必须说明的是，鉴于历史的复杂性，也鉴于梵钟南北两大类型的划分只是一种自然形成的风格，不像商周时期那样把青铜器形态当作了严格的礼制规定，所以相反的例证也是存在的。观诸古钟资料，最早从唐末五代十国开始，由于佛教文化的交流，南方地区就出现了模仿北方波形口钟的现象，但不仅其数量微乎其微，且一般都是中小型钟，而且模仿得并不精准，只能说是似像非像。及至元明清，随着大一统王朝的形成，南方部分地区对北方波形口梵钟的模仿更甚从前，有的几乎达到了如出一辙的程度。特别是明代，不仅一些长江以南的中小型钟仍时见波形口，甚至个别大型钟也采用了波形口形制，成为平口钟聚集之地的标新立异者。例如据学者统计，历代留存下来的千斤以上的大铜钟以明代为多，共计

① 全锦云：《中国古代佛钟的分区与探讨》，《北京文博》1998年第1期。

87 口，其中波形口占 73 口，不仅遍及长江以北的大多数省市，同时也进入了长江以南的部分省市，只有最南部的广东、广西、云南、贵州、四川、海南的明代大铜钟仍保持着传统的平口风格①。其中的道理很简单，盖因当时中国的政治中心在北方，北方梵钟的波形口钟由此罩上了一层耀眼的光环，以致南方的一些梵钟也就起而效尤了。与此相应，江南文化对中原大地的渗透也是存在的，即长江以北也出现了个别平口钟。尽管存在上述南北间的交叉，但总体上说，长江以北梵钟的波形口形式，以及长江以南梵钟的平口形式，作为一个基本特征却始终保持下来，成为中国梵钟文化发展的一条主线。

除了这条主线，南北两大系古代梵钟在其他方面也存在不少区别。大体上说，早期南系梵钟表现出纤细、窈窕、小巧的特点，而早期北方梵钟则显得浑厚而敦实。但在明朝初年以后，贯通整个明清时期的一个总体发展趋势是，北方梵钟除了整体风格的一以贯之外，也开始汲取南系古钟的部分元素。这一趋势恐怕一定程度上要归功于明成祖朱棣，因为正是由于他的迁都北京，不仅巩固了大一统王朝的政治版图，还通过"徙直隶（今皖、苏地区）、苏州等十郡，浙江等九省富民实北京②"的大规模移民，把大批江南民众迁到了北京，与此同时也把南方的风格带到了北方，使南方的精致纤巧与北方的浑厚大气相结合，促成了新一轮的文化融合。

当然，以中国古钟文化的丰富多彩，仅以长江为界划分梵钟文化的两大区域是远远不够的，每个大区内势必还会存在不同的小区。这种小区也是由梵钟的形制表现出来的，表现为它们在大同之中的小异。也就是说，同一个大区的梵钟在具有一个共同基本属性的前提下，每个小区之间又存在一些小的差异。这种差异一方面折射出了不同地域文化的传统，另一方面则和佛教文化的区域性有关，甚至有可能和每一个地区佛教文化的来源有关，进而和佛教的传播路径有关。

除了地域的差异，古代梵钟还一定程度地体现了社会等级的差异。如前面第一章所述，先秦古钟是华夏礼乐制度的核心，是王公贵族身份的象征，是专门用

---

① 王福谆：《古代大铜钟（续）》，《锻造设备与工艺》2012 年第 4 期。
② ［清］张廷玉等撰：《明史·成祖本纪二》。

来区别社会的尊卑上下的。而自秦亡以后，先秦礼乐制度土崩瓦解，古钟已不再是礼制制度的核心标志。然而，这并不等于说古钟已没有了标示等级的意义。例如《大明会典》卷一百九十四载："凡铸造朝钟用响铜，于铸钟厂铸造。"这里明文规定皇廷的朝钟必须用响铜铸造（笔者按：此即由铜、铅、锡按科学比例混合炼成的一种铜，质地坚硬并可发出悦耳声响），而且只能由皇家的铸钟厂铸造，当然铸造时还要遵循严格的尺寸规定，而凡此种种无不体现了后期古钟所蕴含的等级意义。《大明会典》此卷还记载，铸朝钟时"及镕铸下炉，用八成色金、花银、于内承运库关领"，即要在合金里加一些金和银，这就更不是其他各色古钟所能攀比的了。

上面谈的是泛泛而论的古钟，其实单就中国古代梵钟而言，也是有一定等级内涵的。前面第一章我们已经谈到，在整个中国古钟文化大潮中，佛门梵钟是最先走出官府、走入民间的，并且很快如雨后春笋般普及开来。以它的这种民间性和普及性，它的制作已经摆脱了官方的限制和控制，于是不可能再严格对应各捐铸人的社会身份。但在阶级社会里，有什么东西能不打上阶级的烙印呢？这是绝无可能的。譬如在第一章我们已经谈到，古梵钟的铸造人既有万乘之尊的皇帝，又有皇室成员和朝廷官宦，还有沙门僧侣，更有凡尘俗世的大众信徒，他们铸造的梵钟怎么可能完全一致呢？至于其中的差距，则可以表现在所铸梵钟的方方面面。例如明朝宋应星《天工开物》云：古代铸钟"上者为铜，下者为铁"。这就是在古钟材质方面反映出来的上下等差。此外还有体量的差异，即钟体大小的差异，另外就是铸造水平、雕刻水平的差异，再就是图案装饰、铭文内容的差异，乃至钟钮质量的差异等等，凡此都是梵钟等级高下的体现。总之，在规格、质地、装饰、技艺乃至铭文方面，各类梵钟大相径庭，这都是区分其类别高下的依据。

总而言之，中国古代梵钟既存在区域之分，也存在类别之分。而由这些区分，再加上它们的时代演变，就构成了对古代梵钟进行考古类型分析的现实基础。反过来说，当对它们进行了类型分析后，不仅可以复原古代梵钟的总体发展谱系，条理出它们的逻辑发展过程、变化规律及相互关系，而且可以在古代社会政治、经济、文化的考察上给我们带来诸多启示。尤其在佛教文化的传播、兴起、演变、交融上，这种类型分析足以向我们提供弥足珍贵的第一手资料。

第二节　中国梵钟的型式及演变

前面绪论部分已述，大钟寺古钟博物馆历年调查和搜集的中国古代梵钟资料已有数百件。以此为基础，再加上大钟寺古钟博物馆的馆藏文物，更加上一些各地的零星发现，就合成了对中国古代梵钟进行类型分析的丰富资料①。现按照梵钟口沿的波形口及平口两大形态，对中国古代梵钟分析排比如下：

一　波形口钟

波形口钟是长江以北梵钟的主要形态，突出之处就是钟的口沿呈现出起伏的波浪形。此类钟广泛分布在西起新疆、西藏，东至山东半岛的整个北中国，覆盖了新疆、西藏、青海、甘肃、宁夏、陕西、山西、河北、河南、山东、辽宁、北京、天津等十余个省、自治区和直辖市。在这片广袤土地上，自古就存在风格迥异的区域文化，加之时代的悠长，故而在梵钟的造型、艺术表现手法等方面，也表现出了不同的特征。通过对大量资料的归纳排比和综合分析，我们将整个北方地区波形口钟确定为平行发展的五大类型，现分述如下：

A 型

这是北方波形口钟中数量最多的一型，也是质量最为精良的一型，且其前后的发展序列相当完整，堪称北方波形口诸类型梵钟中最具主流地位的一型。

此型钟的总体特征是质地上乘，铸造精良，器身在各型中相对较高；肩部的过渡较圆缓，口部微敞；钟耳一般较小，钟体周身多划分为八格，或划分为两层、多层无格。

从唐代开始，此型钟的钟钮即多为龙形，并采用了圆雕工艺。龙形是钟钮的最高表现形式，往往做成龙头相背、龙身缠绕的双龙形，此即通常所说的"蒲牢"。而圆雕则是钟钮制作的最高工艺，表现在对龙头和龙身进行全方位的精雕细琢，使

---

① 本章引述的中国古代梵钟除特别注明出处者外，其他皆出自大钟寺古钟博物馆调查资料及馆藏资料，不再另注。调查中因有一部分古钟高悬于梁上，无法丈量尺寸，亦无法精确绘图，故而只有草图，特此说明。

之尽显生动、逼真和传神的立体感。而在所有各型古代梵钟的圆雕钟钮中，不仅以此型流行的最早，而且以此型的制作最为完美，堪称古代梵钟钟钮圆雕之最。

按照早晚的发展变化，此型钟可分为四式。

Ⅰ式：钟体上窄下宽，钟口微敞。

例1：河北正定开元寺唐铜钟

青铜材质①，通高290厘米，口径156厘米，重11000公斤；这是目前所知我国体量最大、重量最大的唐钟之一，整体造型庄重、规整，钟肩圆滑，钟身自上而下逐渐扩大呈斜直线；钟体无铭文，无撞座。根据有关记载，河北正定开元寺的钟楼建于898年，该钟的铸成年代应大体与之同时（图2.2）。

例2：江苏丹阳唐铜钟

质地精良，呈墨绿色；通高214厘米，口径141厘米，重3012.5公斤；双龙钮圆雕；钟体由一粗四细的凸弦纹划分为上下两层，每层各有四个回形方格纹；口部有六耳，形状较尖，波形曲度较小，无撞座。

钟体方格纹内有阴刻铭文，上书"信女王十四娘请镌炬如来破地狱真言……敕于本口建铸铜钟一口，重五千五百斤，都料刘昱董璋，维唐中和三年岁次癸卯九月甲子朔十三丙子，润州丹阳县朝银青大夫……"。据此可知该钟铸成于唐中和三年，即883年（图2.3）。

图2.2　正定开元寺唐钟　　　　图2.3　江苏丹阳唐钟

---

① 以下除特别注明是铁质梵钟的外，其他概为青铜材质，不再重复。

需要说明的是，此钟的所在地丹阳紧傍长江，就在长江南岸上，严格说来应属长江以南。但极为罕见的是，这口钟的型式却与长江以北的波形口梵钟相同，而与长江以南的平口钟大相径庭。过去人们往往称此钟为"江南第一钟"，其实名不符实。一是因为此钟属于地道的北方钟类型，不具有南方钟的特性，二是即便就南方钟而言，堪称"第一"的当然首推平口钟 A 型 I 式的陈太建七年钟，它的年代为 575 年，比此钟早了不下三百年。

II 式：钟口较 I 式外敞，钟耳也略大。

例 1：大钟寺古钟博物馆藏宋熙宁十年铜钟

通高 194 厘米，口径 114 厘米，重 1394 公斤；钟钮为双龙形，龙头向下，为圆雕；钟肩饰有 24 个莲花瓣，其下环绕一周乳钉，共八枚；下口有八个钟耳，弧度明显且较尖；近口沿处有二个圆饼状撞座，其下有花纹衬托。

下层的一个方格内书有阴刻铭文，上写"增一阿含经云，若打钟愿一切恶道并皆停止，得除五百亿劫生死重罪……"，并注明了此钟铸成于北宋熙宁十年，即 1077 年（图 2.4）。

III 式：钟体上部内收，钟壁呈曲线外敞。

例 1：大钟寺古钟博物馆藏明永乐大钟

通高 560 厘米，口径 330 厘米，重约 46000 公斤，是座巨型大钟；钟顶上有桥形龙钮，下有四个爪紧紧抓住钟的顶部；自肩以下有六道天然铸缝将钟体分为七层，钟裙上有两个撞座。

此钟满布文字，包括钟钮、钟顶、钟身内外壁及钟裙、钟唇上无处不在，共达 23 万字之多。所书内容为百多种佛教经咒，由汉梵两种文字镌成。该钟为明成祖御制，太子少师姚广孝监制。此钟不但造型端庄，声音圆润浑厚，而且铸造工艺精湛，属于国宝级珍品。

图 2.4　宋熙宁十年铜钟

钟的一个撞座上有莲花座牌位，上书"大明永乐年月吉日制"几字，可知

此钟铸成于明永乐年间。明成祖正式迁都北京是在永乐十八年，即1420年，而监造此钟的姚广孝卒于1418年，以此推之，此钟在明成祖正式迁都北京之前已经铸成（图2.5）。

例2：大钟寺古钟博物馆藏明代鹤纹铜钟

通高170厘米，口径102厘米，重1300公斤；钟钮为双龙形，造型独特，双龙相对站立，前爪相交并托一火珠，后爪紧抓钟顶，龙尾上翘呈弯曲状；钟体共有16只仙鹤浮雕，两两相对，飞翔在祥云之中，翩翩起舞，飘逸飞扬，构成一幅祥云游鹤的美丽图画；该钟有四个撞座，无铭文纪年（图2.6）。

图2.5　大钟寺明永乐大钟

图2.6　明代鹤纹铜钟

例3：河南洛阳关林庙明铜钟

通高160厘米，口径127厘米；双龙形钮；钟体由三组横凸纹划分成四层，各层由竖线分成不同大小的方格，上下交错排列；钟体下部饰一周八卦符号；口部八耳较宽且波形较浅；无撞座。

钟体上部环铸"皇帝万岁，太子千秋，风调雨顺，国泰民安"铭文，年代为"明万历壬寅仲秋吉日造"，此为万历三十年，即1602年（图2.7）。

例4：大明正统三年铜钟

通高132.8厘米，口径77.5厘米；双龙头钟钮，两龙呈坐姿，面面相对，两前爪高举，共捧一火珠；钟肩部有一周莲瓣纹；莲瓣下及钟体下部各有一周涡纹；钟身被数周凸弦纹自中部划分为上下两层，每层分别有四个方格；口部八个钟耳曲线较缓，钟裙上饰有八卦符号；有四个圆饼形撞座。

该钟制作精美，铭文显示其年代为"大明正统三年"，即1438年，现收藏于日本长崎市发心寺（图2.8）[①]。

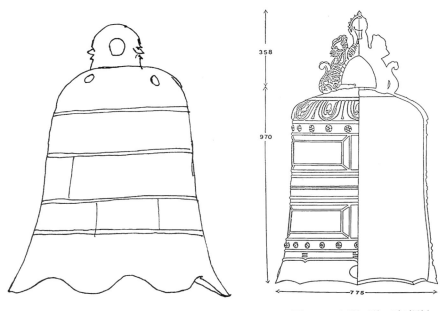

图2.7　洛阳关林庙明铜钟　　　　　　图2.8　大明正统三年铜钟

例5：明魏忠贤钟

通高170厘米，口径100厘米，重452公斤；双龙形钟钮，龙背拱起，上有火珠；钟肩饰莲花一周；钟体被两粗一细的凸弦纹分为上下两层，上下各有四个方格；底部为八耳波形口，并布有四个撞座。

钟身铭有"钦差总督东厂官旗辨事提督宝和等店兼惜薪司内府供用库印务司礼监秉笔太监魏忠贤虔铸"等字，以及"天启七年"字样，可知其由明太监魏忠贤铸成于1627年（图2.9）。

---

① 坪井良平：《历史考古学の研究》。

例6：山西五台山显通寺明代铜钟

通高264厘米，口径179厘米，重4999.75公斤；钟钮为双龙形；钟顶略平；钟身自腰部起外敞，呈大喇叭状；圆形钟耳共十个，每耳上有撞座一个，钟耳上部为八卦符号，环绕钟身一周。

钟体内外有楷书铭文一万余字，均为佛教经文，铭文注明其年代为明万历四十八年，即1620年（图2.10）。

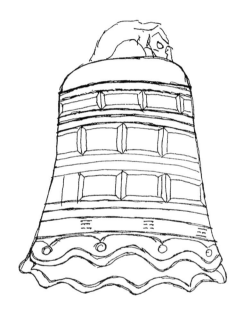

图2.9　魏忠贤钟　　　　　　　　图2.10　五台山显通寺明铜钟

Ⅳ式：钟体自肩部起缓慢外敞，使其外敞程度较Ⅲ式钟又有扩大，且钟耳的顶端开始出现由圆变平的现象。由于这两个变化，此式钟的整体造型更显匀称端庄，深受北方各地寺院的喜爱。

例1：钓鱼台养源斋清铜钟

通高81厘米，口径53厘米；双龙形钟钮；钟肩饰一周莲瓣纹，并均匀分布着四个圆孔；钟身在腰部被三条凸弦纹划分为上下两层，各有四个方格；波状形口有八耳，耳部有四个撞座。

钟上铸有铭文，文曰"康熙四十一年岁次壬午六月谷旦显亲王造"，年代为

1702 年（图 2.11）。

例 2：大钟寺古钟博物馆藏清代万善寺铜钟

通高 110 厘米，口径 79 厘米，重 228 公斤；钟钮为双龙形，背有火珠；钟体除肩部有一周莲花纹外别无图案；钟身被数周凸弦纹分为上下两层，皆无格式划分；钟口部有八个钟耳，间隔有四个圆饼形撞座。

钟体上下两层布满佛教经文，其上层的四个莲花座龙纹牌位分别铸有"南无大势至菩萨""南无观世音菩萨""皇帝万岁万万岁""南无阿弥陀佛"等文字，铭文载明其年代为康熙四十一年，即 1702 年（图 2.12）。

图 2.11　钓鱼台养源斋铜钟　　　　图 2.12　清万善寺铜钟

例 3：清乾隆朝钟

质地极为精良，呈墨绿色；通高 254 厘米，口径 157 厘米，重 3108 公斤；肩部饰莲纹一周，共二十个，莲瓣内亦有纹饰；钟体自肩部以下逐渐外敞，有两粗两细的凸弦纹将钟体分为上下两层，每层各有四个回形方格；钟体布满浮雕状纹饰，有出水穿云、雄姿威武的飞龙以及舒卷有致的流云和海水江崖，钟裙上铸有八卦符号中的乾卦，并有四个撞座；最突出的是钟身那二十二条身姿各异的飞龙，把整个铜钟装饰得气势非凡、精美绝伦。

钟上文字经过了人为刮削，至今无一字残留。鉴于其年代属清而又有遍体龙纹和乾卦，故称"乾隆钟"。乾乃乾卦之乾，龙即隆也，这与"乾隆"帝号若合符节，加之据传来自故宫，故被定为"乾隆朝钟"（图2.13）。

例4：北京潭柘寺清代铜钟

此钟质地极佳，铸造精美；通高68厘米，口径62厘米；钟钮为双龙，背有火珠；钟腰部由两粗两细四道凸弦纹将钟体分为上下两层，上层又分四格，下层无格；口沿部八耳短阔平直，有四个撞座。

钟身满布铭文，内容主要为捐铸者姓名，上层牌位镌有"大清乾隆戊寅年"等字，可知其年代为1758年（图2.14）。

图2.13　清乾隆朝钟　　　　　图2.14　北京潭柘寺清铜钟

以上四式，Ⅰ式流行于唐，Ⅱ式流行于宋，Ⅲ式流行于明，Ⅳ式流行于清。

综合以上四式，它们的变化规律是：

1. 钟壁由直壁外敞向钟体腰部内收、曲线外扩发展，由此显现出整体造型由粗壮向富有曲线过度，从而在敦厚庄重的基础上渐显纤细优美。

2. 此型钟的钟钮是各型梵钟中最早流行圆雕的一种，而从Ⅲ式钟开始，圆雕钟钮的造型更是花样翻新，出现了异彩纷呈的现象，其造型之奇特、雕饰之精美堪称梵钟工艺的奇葩。

3. 口沿部钟耳早期较小，后来有逐渐加大的趋势；钟耳的顶端由早期的圆

弧状向第Ⅳ式的逐渐平直过渡。

4. 最早的Ⅰ式未设撞座，此后发展为Ⅱ式两个撞座、Ⅲ式四个撞座，个别的最多可达八个。各种形式中以四个撞座的格局最为流行，从Ⅲ式一直保持到Ⅳ式，成为撞座的标准模式。

5. 钟体划分由两层八格的规范性向个性不一的多元化发展。其之Ⅰ、Ⅱ式钟多为两层八格，Ⅲ、Ⅳ式的格式划分开始歧变，有两层八格、两层多格、两层无格及多层多格、多层无格等多种形式。

6. 钟体纹饰经历了由简到繁、由少到多的发展过程。Ⅰ式钟多素面，Ⅱ式钟则在顶部、肩部、中带及撞座下方新出现了一些边饰。Ⅲ式钟除边饰外，又新出现了云鹤、二龙戏珠、海水飞龙等吉祥图案，另有猪、象、龙、蛇等动物图案和八卦符号等。整体来说Ⅳ式钟图案不多，装饰多以铭文为主，故而整体造型更显端庄、大气。

B 型

该型钟的基本特点是圆顶、溜肩；钟钮多为模制，直到晚期才出现部分圆雕；一般钟耳较大，波形口起伏特别突出；撞座多为八个，是各型波形口钟中撞座数量最多的一型；大多数钟体都划分为或大或小、或方或长的不同形状的方格；其钟体流行各种图案装饰，是北方波形口钟中纹饰最为发达的一种。

根据钟的整体造型及钟体格式的不同，可以划分为早晚四式。

Ⅰ式：圆顶圆肩，直壁外敞，整体造型矮胖，状似"馒头"；钟钮为模制，造型简单粗糙；无撞座；钟体分为三层，每层分成六个方格，共十八个方格。

例1：陕西富县宝室寺唐铜钟

通高171厘米，口径150厘米，重约900公斤；钟钮为模制的桥形方钮，其上雕有简单的龙纹；钟顶部有一周莲瓣纹；钟身由卷草纹组成的宽带条纹分成三层，每层六个方格，每个格中皆有花纹图案；最上层相间以飞天像与几何图案，每种图案各有三个；第二层是朱雀与几何图案相间，每种图案亦为三个；第三层除一格内书有铭文外，其余为三个几何图案以及青龙、白虎各一个。该钟图案设计规整，排列有序，是唐代陕甘地区一个极富代表性的图案。

钟体铭文为阴刻，共318字，载明了此钟出自"大唐贞观三年摄提在岁葵宾御律景丁统日己巳",即 629 年。该钟现悬挂于陕西富县县城北太和山钟亭（图 2.15）。

特别值得指出的是，此钟是迄今留存下来的北方波形口钟中年代最早的一个，比"天下第一梵钟"陈太建七年钟的 575 年只晚了五十余年，属于唐代初年。

例 2：甘肃张掖唐铜钟

通高 145 厘米，口径 120 厘米；钟身分为三层，每层分六个方格；上层六格中有三格铸的是飞天图案，飞天头戴花冠，袒胸露足，手执花束，下着长裙，体态丰满，翩翩飞翔于天花祥云间；中层六格有三格是朱雀和玄武，朱雀长颈凤尾、展翅欲飞，玄武作奔走状；下层六格有三格为青龙、白虎，龙腾虎跃，形象生动鲜明。该钟无铭文（图 2.16）。

图 2.15　陕西富县宝室寺唐钟　　　　图 2.16　甘肃张掖唐钟

II 式：钟体更为矮胖，略呈正方形；钟顶圆弧也更加饱满；钟钮模制；钟肩往往有铸范留下的圆孔，大多为八个；钟体自肩部以下较直；钟耳明显变大，部分钟开始出现撞座，而且皆为八个；钟体划分以双层格为多，每层多为八格，个别为单层方格。

例 1：河北蔚县阁院寺辽代铁钟

铁质，通高 160 厘米，口径 150 厘米；龙形钟钮为模制；钟顶上有两周同心圆，其下为一圈竖向方格，格内写满铭文；第二周有六方格，亦满饰文字；口部有六个钟耳，无撞座。

铭文为阳刻，文字为汉梵两种，皆竖行书写，钟正面题有"智炬如来心破大地狱陀罗尼真言"等内容，另有吉祥祝语及佛名尊号、神灵名号，包括捐铸人名单等，还有寺名"唯大辽蔚州飞狐县阁子院"，以及日期"唯天庆四年岁次甲午十月壬寅朔二十日辛酉庚时□建"。由铭文可知，此钟是为辽天祚帝和公主祈福而铸，年代为辽天庆四年，即1114年（图2.17）。

例2：山西晋祠金大定五年铁钟

铁质，圆顶，钟顶均匀分布着八个圆孔，其下有一周花瓣纹饰；钟壁较直；钟体中部是一周方格，共八个，书满铭文，方格之下又有一圈花纹带；钟口沿部有八耳，每耳上有一撞座；年代为金大定五年，即1165年（图2.18）。

图2.17 河北蔚县阁院寺辽铁钟

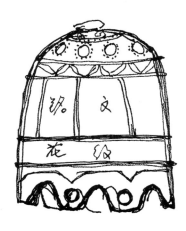

图2.18 山西晋祠金大定铁钟

例3：河南嵩山少林寺金代铁钟

铁质，圆顶，钟顶有八个圆洞围绕一周；钟壁自肩部略外敞，钟体近方；钟身被两周凸弦纹分成上下两层，每层有六个方格，上下方格交错排列，其上布满铭文；钟口部有八耳，每耳各有一个八卦符号。钟耳长且宽，故波形口曲线明显，钟耳上下有两周连珠纹。年代为金"泰和四年三月闰七日"，即1204年，并有"钟壹口重一千斤"等字样（图2.19）。

例4：大钟寺古钟博物馆藏蔚县元代铁钟

铁质，通高 76 厘米，口径 65 厘米，重 96 公斤；钟钮为模制双龙形，造型简单；圆顶，顶上有数个圆洞均匀分布一周并有莲瓣相衬；鼓腹，钟体上下几乎同宽；钟体共有八个回形格，分为两层，格内为铭文区，但因锈蚀严重文字模糊不清；钟口部有八耳，波形较大（图 2.20a）。

另外还有一件元代铁钟，造型、格式与上钟如出一辙，遗憾的是该钟只有照片而无任何文字资料（图 2.20b）。

图 2.19　河南嵩山少林寺金铁钟

（a）

（b）

图 2.20　蔚县元铁钟

Ⅲ式：钟体加高，钟身自腰部起外敞；钟耳进一步加大，撞座仍以八个为主；钟体格式的划分多为单层，只是在单层方格的上下两侧各出现一周花纹带；钟体上的装饰花纹繁缛细密，给人以精雕细琢之感。

例1：山西交城天宁寺明代铁钟

铁质，钟钮为模制双兽头；钟体满布花纹图案，从钟顶起分别为莲花瓣、草叶纹、缠枝花纹等；钟体上有两周方格纹，并饰有牌位及铭文；钟口部有八耳，

耳部亦有连珠及叶状纹饰，每耳皆有一撞座；从铭文得知其年代为明成化十五年，即 1479 年（图 2.21）。

例 2：河南洛阳关林庙明代铁钟

铁质，通高 174 厘米，口径 122 厘米；钟钮为简化的龙形，模制；钟顶有 4 个圆洞，其下为一圈窄蜗纹带；钟体中部饰一周大方格，方格下亦为花纹带，上有龙、凤、鹿等动物图案；钟口部有 8 耳且较大，其上饰有如意头图案及连珠纹、八卦符号等，无撞座。

钟体中部方格内有铭文，上书："大明国河南府洛阳等县社众各捐资财铸建神钟一口敬送敕建义烈关老爷圣冢供奉永久悬挂专祈"等，另有一些传统颂词，诸如"皇帝万岁、太子千秋、风调雨顺、国泰民安"等。其年代为明万历二十五年，即 1597 年（图 2.22）。

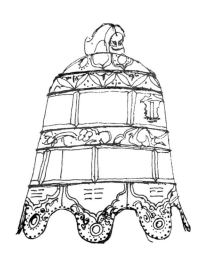

图 2.21　山西交城天宁寺明铁钟　　　　图 2.22　河南洛阳关林庙明铁钟

例 3：山西五台山广宗寺明代铁钟

铁质，钟钮为简化的龙形，模制；钟顶上有两周同心圆，其下有八个圆洞均匀分布一周；圆洞的下边是一圈窄花纹带，上有八卦符号；钟体主要部分是一周大方格，铭文书写格内；方格的下边又有一圈窄花纹带，与方格上方的花纹带相对应；口部有八耳，每耳各有一由连珠环绕的撞座；此钟整体造型精美、华丽，

年代为明万历二十一年，即 1593 年（图 2.23）。

例 4：河北正定临济寺明代铁钟

铁质，钟钮为环形（疑为后人补做）；整个钟体遍布纹饰；钟顶部除有几个圆孔外，尚有一周莲瓣纹与圆孔相间排列，圆孔由一圈连珠纹环绕；其下为一周花草及八卦符号组成的花纹带，花纹带下是一周方格纹，共六格，每格内的主体花纹是位于莲花之上的一个梵文，六格共六字，组成了六字真言，再下一周亦为花草纹；八个钟耳装饰着花草与连珠组成的纹饰，每个钟耳上对应一个动物图案，分别为仙鹤、牛等，每耳皆有一撞座；据考证，该钟铭文标记"重一千二百斤"，年代属明"天顺四年三月吉日成造"，即 1460 年（图 2.24）①。

图 2.23　山西五台山广宗寺明铁钟　　图 2.24　河北正定临济寺明铁钟

Ⅳ式：钟顶略平、圆肩；钟钮始见圆雕，但仍有模制；钟体自肩部到钟腰较直，从腰部开始外敞；钟耳仍较大，但较Ⅲ式略小，数量仍以八个为多；钟体格式及图案仍然保留了Ⅱ、Ⅲ式的特点。

例 1：大钟寺古钟博物馆藏山西太原清代铜钟

通高 110 厘米，口径 90 厘米，重 190 公斤；钟钮为模制，双龙头；钟顶部饰一周莲瓣纹，钟体由一周大方格及上下两条窄花纹带组成；口沿部有八耳，形

---

①　坪井良平：《历史考古学の研究》。

状较大，其上饰有焦叶纹、连珠纹等；紧靠钟耳是一周由花草衬托的八卦符号。该钟制作精细，造型独特，年代为清康熙七年，即1668年（图2.25）。

例2：大钟寺古钟博物馆藏清代铜佛像钟

铜质极佳，偏墨色，质地光亮平滑；通高106厘米，口径84厘米，重252公斤；此钟纹饰一改格式划分的传统，周身既无格式且还环绕四尊佛像；佛像为浮雕，大小几与钟身等高，呈坐姿，端坐在莲花宝座上；钟裙之上，在两周花纹带之间饰有八卦符号一周；口沿为八耳，钟耳较平；有四个撞座（图2.26）。

图2.25　山西太原清铜钟　　　　图2.26　清代铜佛像钟

例3：大钟寺古钟博物馆藏清秦晋会馆铜钟

该钟质地精良，呈墨色；通高110厘米，口径94厘米；通体装饰图案，钟顶为菊、莲、梅花等图案；肩部亦有一周莲花；钟身中部以一周四叶花纹带将钟体分成上下两部分，上部有铭文，此外还有两个花瓶及马、鹿、鱼、龙等；下部由铸造时合范的范缝将钟体分成五块，每块上面都有纹饰，分别是两龙、两狮、一龙、鱼、亭和一束花；再下一周还有海水云纹状图案；钟口为八耳波状口，其上有八卦符号。

钟体上部有"众姓敬献秦晋会馆，皇清道光八年四月吉旦"等文字，知其铸成于清道光八年，即1828年（图2.27）。

例4：安徽九华山上禅堂清代铜钟

通高140厘米，口径100厘米；钟钮为双龙，背有火珠，钟顶部有莲花瓣一周；钟体由三周凸弦纹划分为上下两层，每层分四格；钟腰以十八罗汉图案环绕一周；钟裙上与耳相对处为护法八仙，八仙的造型均为浮雕。

钟体镌有铭文，内容为铸缘人姓名及祈语，牌位上写有"南无幽冥教主"六字，年款为"清光绪十六年八月十三日吉立"，即1890年（图2.28）。

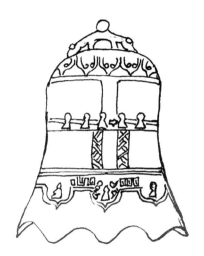

图2.27　清秦晋会馆铜钟　　　图2.28　安徽九华山上禅堂清铜钟

例5：安徽九华山万年禅寺民国铜钟

通高164厘米，口径109厘米；钟钮为双龙；钟体腰部由宽带划分为上下两层，上层在龙头下方是一长方框，内书"万年禅寺"几个大字；下层为铭文区，内容除年款、铸钟人外，还把敲钟仪式镌刻于上，此外还有祈祷祝语之类。口部有八耳，八耳之上是被方形图案环绕的八卦符号。其年代为民国庚申九年，即1920年（图2.29）。

例6：甘肃敦煌市博物馆清代铁钟

铁质，通高152厘米，口径105厘米；钟的顶部更高更突出，成为名副其实的毡包状，且钟顶上缀满璎珞纹饰；钟钮模制，呈方形桥状；钟体瘦长，自肩部以下外敞；钟体分上下两层，每层划分八个方格，上下交错排列；口部八耳，耳

上有卷云纹。年代为清雍正八年，即 1730 年（图 2.30）。

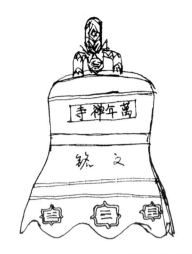

图 2.29　安徽九华山万年禅寺民国铜钟

图 2.30　甘肃敦煌清铁钟

例 7：新疆巴里坤铁钟

铁质，钟钮为人面形，模制，较粗糙；钟顶饰有四个如意图案并相间四个圆孔；钟体划分为四个方格，格内饰满文字；八个钟耳外敞，其上饰有六角花形图案以及如意纹和八卦符号。

钟体饰有铭文，内容为"盖闻惟有巴里坤镇 属等营建铸神钟 马祖庙而无钟鼓则人心不聚……神灵保佑牲畜膘腾供修 良建造钟鼓悬挂楼阁 声闻于天窈斯文以志……乾隆五十八年六月二十三日敬献"，另外还有九个汉人"金匠"（按：即铁钟的铸造工匠）的姓名。据此可知，此钟铸造于 1793 年（图 2.31）。

例 8：大钟寺古钟博物馆藏新疆清代铁钟

铁质，通高 108 厘米，口径 91 厘米；人面形双头钟钮；钟肩饰有四朵莲花，每朵花中有一圆孔，莲花下有线雕花草纹；钟体中部一周方格纹为铭文区，铭文为"大清道光五年，五月十三日献会首王立金赵进伏……"，内容主要是捐资者姓名、铸钟匠人姓名及年款；钟体下部饰有线雕花草纹及卷云纹各一周；钟口部八耳较大，每耳上有一枚八卦符号；铭文所述清道光五年为 1825 年（图 2.32）。

图 2.31　新疆巴里坤铁钟　　　　图 2.32　新疆清铁钟

以上四式，Ⅰ式属唐代，Ⅱ式属辽、金和元，Ⅲ式属明代，Ⅳ式属清代。

综合以上四式的变化，大体反映出如下特点：

1. 钟体由矮胖的馒头状逐渐加高，通过Ⅲ式的过渡变成长方形。

2. 钟身由Ⅰ、Ⅱ式的无腰，到Ⅲ式开始束腰，至Ⅳ式更为明显。与此变化相应，钟体的下半部由直壁发展到逐渐外敞。

3. 钟的顶部由宽变窄。

4. 钟钮由流行模制，到Ⅳ式开始出现圆雕，但简单的模制钟钮一直延续到清末，贯穿于此型钟的全过程。

5. 钟耳由小变大，撞座由无到有。

6. 钟体的划分，Ⅰ式钟多为三层，每层六格，共计十八格，方格大小基本相同。Ⅱ式钟的格式划分出现了多元倾向，由上至下划分为一至三层不等，每层的方格数量也有多有少，少的四格，多的十二格。Ⅲ式、Ⅳ式钟多划分为一层或两层主格，每层以八格为多。

7. 从最早的Ⅰ式钟起，就出现了丰富的图案和繁缛的纹饰，图形有飞天、护法武士、青龙、白虎、朱雀以及几何图案等，有的还有零星乳钉纹。Ⅱ式钟的纹饰明显衰落，一般只见零星花纹带和边饰。Ⅲ式重新恢复了纹饰的繁缛，各种图案和花纹争奇斗艳、美轮美奂。特别是各种边饰几乎无处不在，包括钟耳上都被各种草叶纹及动物图案所充填。Ⅳ式钟的纹饰仍较繁缛，以草叶纹和莲瓣纹为多，还新出现了八仙法器（葫芦、剑、扇、渔鼓、笛子、阴阳板、花篮、荷花），还有佛像图案。

C型

此型钟的最大特点是钟肩浑圆，钟壁较直且外敞，整体造型敦厚，与A型早期钟相比，整个钟体略显瘦长；钟钮仍然以模制为主，间有圆雕；钟耳大小居中，一般小于B型而大于A型，部分钟耳略内敛且有一内凹的浅窝，这与中原地区的钟耳形制有明显的区别。

根据钟体造型的变化可分早晚三式。

Ⅰ式：钟体瘦长；钟身划分为三层十八格，图案一般是飞天、朱雀、玄武及大乳钉纹。

例1：甘肃武威大云寺唐代铜钟

该钟成分偏黄铜，通体呈黄色；通高226厘米，口径115厘米，重约5000公斤；钟钮为双龙形；钟体划分为三层十八格，格内皆有纹饰；钟有六耳且较尖，微内敛。

对于此钟的纹饰，甘肃籍近代著名书画家范振绪曾做过仔细观察并做了一个详尽的描述，他说："钟之花纹六面，面分上中下三格。其三面中格，均坐一披甲人，着靴，胯下各跪伏一人，两旁各侍二人，皆赤足、肉袒。披甲人，一持弓引满，一持短叉，一高举一椭圆形物。此三面上下二格，中间均有六爪花纹，爪尖折转，由花纹中伸出斜线，直达四角；又上面上格飞仙；下格云龙，姿势活泼可观；中格与前三面上下格同。又一面上格飞仙，下格武士持戈两旁，挺立左右，臂际有带如蛇，自上而下旋其尾，交穿于脑后。中格花纹与前二面同，每面每格下均有小格，有兽二，左独角张口，脊有鬣，虎爪蛇尾；右顶有长鬣张口，虎爪蛇尾①。"

此钟无铭文，铸造年代不详，有人认为是五代时期所铸，如《陇右金石录》说："此钟时代传闻各异，其形状甚古朴。所传闻以五代为最近。"但从钟体造

---

① 《范振绪书牍》手稿复印本。

型和所饰图案分析，大多数学者认同为唐代铸造（图 2.33）①。

例 2：西藏雅砻桑耶寺唐铜钟

通高 110 厘米，口径 55 厘米；该钟为长方体，上窄下宽；钟身的上半部被凸弦纹划分为三层，每层有六个长方格，共十八个方格，其中一、二层为铭文区；六耳较小，稍内敛，无撞座。

钟上除有两周古藏文外没有其他纹饰，藏字为阳文，载明"王妃甲茂赞母子二人为供奉十方三宝，铸造此钟。以此功德，祈愿赤松德赞父子眷属，俱正无上菩提②"。赤松德赞（742～797 年）是吐蕃王朝第 37 任赞普，王妃甲茂赞即赤松德赞妃没庐氏绛曲结。赤松德赞在位时大力弘扬佛教，广建寺庙，文献记载雅砻桑耶寺即为赤松德赞于 775 年建造，时在唐朝中叶，推测桑耶寺钟的年代与之相距不远（图 2.34）③。

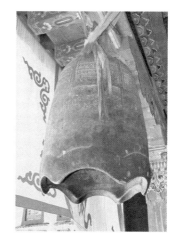

图 2.33　甘肃武威大云寺唐代铜钟　　图 2.34　西藏雅砻桑耶寺唐铜钟

例 3：西藏乃东昌珠寺唐代铜钟

该钟钟形亦为长方体，钟身的上半部有方格纹，分三层，每层六格。

① 武威通志编委会：《武威通志·艺文卷》第一章《清维修大云寺古钟楼碑记》，兰州：甘肃人民出版社，2007 年。

② 王福谆：《古代大铜（钟续）》，《铸造设备与工艺》2012 年第 4 期。

③ 宿白：《藏传佛教寺院考古》，北京：文物出版社，1996 年，第 65 页。

钟身方格内书有藏文十二句，文云："今一切众生齐叛善业之故，特铸造此大钟。钟声有如天神鼓乐，嘹亮于浩渺虚空，此亦增天神赞普赤德松赞之住世寿元也。施主为王妃菩提氏，由唐廷汉比丘大宝监铸。"该钟虽无确切纪年，但从铭文记载可知，此钟由赤德松赞之妃菩提氏为松赞干布本尊寺院所造。赤德松赞是赤松德赞的幼子，系吐蕃的第40代赞普，在位于798～815年，亦属唐代中叶（图2.35）[1]。

例4：西安碑林博物馆藏唐代景云铜钟

通高243厘米，口径165厘米，重约6000公斤；钟体瘦长，上窄下宽，顶端有兽钮；钟身由宽条花纹带分为上中下三层，每层六格，除下层中格为铭文外，其余均饰龙、凤、狮、牛、鹤等动物及飞天形象；口沿为波形六耳，六耳较尖。

铭文共18行293字，为唐睿宗李旦撰文并书写，内容是对道教的歌颂和对大钟的赞美。从这些铭文可知其为道钟，但因为和此式梵钟如出一辙且有绝对纪年，故缀记于此。铭文载明此钟属唐睿宗景云二年，即711年（图2.36）。

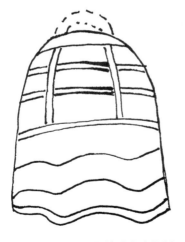

图2.35　西藏乃东昌珠寺唐铜钟

图2.36　唐景云铜钟

---

① 宿白：《藏传佛教寺院考古》，第74页。

Ⅱ式：该式钟整体变宽、变高。

例1：宁夏固原北宋靖康铁钟

铁质，通高236厘米，口径170厘米，重约6000公斤；钟肩部是一周莲瓣纹与写意云纹，钟体分横三层竖八列共24个方格；波形口曲线较大，有八耳并四个撞座。

钟体满布阳字铭文，共436字，分布在钟身的24个方格中，内容是与佛教相关的祈语及佛名，祈语是当时最为流行的"皇帝万岁、重臣千秋、富国安民、法轮常转"之类，另外还有铸钟人姓名、官职以及年款。铭文载其年代为"大宋靖康元年岁次丙午八月"，即1126年。该钟原置秦州甘泉堡（今会宁县西宁古城）行香寺，后于正德六年（1511年）运往固原，悬挂于固原钟鼓楼（图2.37）。

例2：陕西西安小雁塔金代铁钟

铁质，通高294厘米，口径250厘米；钟肩有莲花瓣一周，其下有六条弦纹间隔不等地将钟体分为三层，每层都饰满图案花纹及数行铭文。

铭文载其年代为"维大金国岁次明昌三年壬子二月癸卯初一日甲戌"，此为金章宗明昌三年，即1192年。铭文还镌刻有"皇帝万岁臣佐千秋国泰民安法轮常转""破地狱真言宝楼阁真言大明六字神咒"等。文献记载该钟是康熙年间某巡抚在修荐福寺时从河畔捞出来的，后置于荐福寺（西安小雁塔所在寺庙）[1]。该钟已残，由两圈铁箍固定，尽管如此，仍不失其雍容典雅之态（图2.38）。

图2.37　宁夏固原北宋靖康铁钟

图2.38　西安小雁塔金铁钟

---

[1]　［清］毕沅：《关中金石记》，北京：商务出版社，1936年。

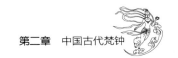

例 3：四川达州太平兴国禅院南宋铁钟

铁质，通高 292 厘米，口径 158 厘米；钟肩有六个圆孔，其下铸"重臣千秋""皇帝万岁"等字及花纹图案；钟体呈长方形，上下几乎同宽；钟身主体为六个大长方格，其内饰满文字，方格的下方是一周花纹带；波形口曲线大，钟耳长且尖。

从铭文得知，该钟是由"承议郎通判达州军州事赐绯鱼袋朱伯坚朝散大夫权知达州军州事借紫翁子中"等人领衔铸造，铸于"庆元五年"，铭文上还载明了 200 余名捐资者的姓名，并有"三塗息苦、地狱停酸""法界众生、闻□悟道"等佛家颂钟的偈语。此钟标注的南宋宁宗庆元五年即 1199 年（图 2.39）。

例 4：甘肃兰州崇庆寺金朝铁钟

铁质，通高 260 厘米，口径 165 厘米，重约 5000 公斤；钟顶饰一周花纹，钟体被四周凸弦纹划分为三层，每层又由竖线分出若干方格，方格之下还有一周花纹带；钟口波形曲度较大，有六耳并两个撞座。

铭文皆书于方格之内，第一层方格内铸有佛号颂辞"皇帝万岁、太子千秋"，中层为"仙闻生喜、鬼闻停凶、击破地狱、救苦无穷"等祷句，下层是捐铸人姓名，共 150 字，均属阳文，铸于金泰和二年，即 1202 年（图 2.40）。

图 2.39　四川达州太平兴国
禅院南宋铁钟

图 2.40　甘肃兰州崇庆寺金铁钟

例5：青海乐都瞿昙寺明代铜钟

通高220厘米，口径150厘米；钟钮为双龙；肩部饰莲花瓣；钟体由凸弦纹划分为三层，每层八格，上下交错排列；钟口曲线明显，八个钟耳较长。

钟体布满藏文篆书六字真言和多尔吉花纹，并有藏汉文对照的"大明宣德年施"字样，宣德为明宣宗的年号，时在1426～1435年（图2.41）。

Ⅲ式：钟体由数周凸弦纹分成上下两层，每层又划分出四至六个不等的方格。

例1：宁夏银川八卦元铜钟

通高68厘米，口径52厘米；钟钮为双龙，龙头紧贴钟顶，龙背高耸，鬃毛呈锯齿状；钟顶有浮雕莲瓣一周共八个，莲瓣下为一周连珠纹；钟体的纵线被钟腰处的凸弦纹截断，故上下不连贯；钟身的上层方格内为八卦符号，下层素面无纹，仅钟耳上方有一近菱形纹装饰；钟耳八个，较尖且长。

该钟无纪年，据传出于银川市新华街的一处元代窖藏，应属元代（图2.42）。

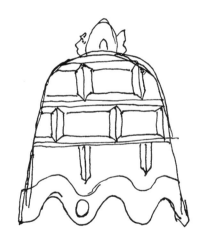

图2.41　青海乐都瞿昙寺明铜钟　　　图2.42　宁夏银川八卦元铜钟

例2：宁夏银川樵檑明代铜禁钟

通高213厘米，口径136厘米；钟钮为双龙形状，模制；钟顶有莲瓣纹一周；腰中部三周凸弦纹将钟体分为上下两层，上下各有八格；上层方格内刻满铭文，下层无纹饰，仅钟耳上方有一近菱形纹装饰；八个钟耳较短，微弧，略内收，钟耳上皆有一下凹圆窝。

上层方格铭文内容为铸钟人身份、姓名及年款，以及铸钟的经过、用途等，标注的年代为明成化乙酉年，即 1465 年（图 2.43）。

例 3：北京香山碧云寺铜钟

通高 214.5 厘米，口径 122 厘米；钟钮为双龙形，背有火珠；钟顶有云纹装饰；钟肩饰莲瓣一周，共 16 朵；钟腰被一组凸弦纹分为上下两层，每层各有六格；口沿有八耳并八个撞座。

钟身上层为铭文区，上书铭文："大明嘉靖九年秋八月辛巳铸造铜钟一口，敕赐碧云寺常住永远悬挂。"明嘉靖九年即 1530 年（图 2.44）。

图 2.43　宁夏银川樵楼明代铜禁钟　　　　图 2.44　北京香山碧云寺铜钟

以上 I 式为唐代，II 式的年代跨度较大，包括了北宋、南宋、金和明，III 式属于元和明。

需要说明的是，在考古类型学中，前后不同器物的交叉出现是很正常的现象。举个最简单不过的例子，譬如在新式彩电出现后，黑白电视仍在某些区域、某些角落流行，这是不足为奇的。就拿 C 型各式梵钟来说，在 II 式中出现了晚到明代的铜钟也不奇怪，因为此例出自偏远的青海乐都瞿昙寺，无非说明青海一带一直晚到明代仍在使用两宋时期流行的梵钟形式。

综合 C 型三式，它们的变化脉络是：

1. 钟壁由外敞逐渐趋直，整个钟身表现出由矮胖向瘦高过渡。

2. 钟钮由Ⅰ式的模制，到Ⅱ式以模制为主但出现了圆雕，逐渐发展到Ⅲ式的圆雕流行。

3. 钟耳有由大变小的趋势。

4. Ⅰ式钟无撞座，Ⅱ式时出现了四个撞座，到Ⅲ式时仍以四个撞座为大宗，同时出现了八个撞座的现象。

5. Ⅰ式钟的钟体基本划分为三层，每层六格；Ⅱ式钟体也以划分为三层为主，但每层的方格数增至八至十四个不等；Ⅲ式钟以划分为两层的为多，每层四至八格，上下格相对。

6. 纹饰以唐代的Ⅰ式钟为盛，此后逐渐衰落。在Ⅰ式钟中，除了出于西藏的几口钟以素面为主外，其他大多镌有纹饰，纹样多见飞天像和护法武士像，以及龙、凤、狮、牛、鹤、独角兽等动物图像。Ⅱ式钟的纹饰趋于简化，仅以各种边饰为主，多见莲花瓣纹。Ⅲ式钟的纹饰更加衰退，以无纹者为多，偶见莲花瓣纹和八卦符号。

D 型

此型钟的最大特点是圆顶直壁，体高耳小，浅波形口。因为这些特点，此型钟给人的整体感觉是厚重有余而清丽不足。

主要根据器身的变化，可以分为早晚三式。

Ⅰ式：钟体上窄下宽，钟壁自肩以下略外扩。

例1：沈阳故宫金代铜钟

通高210厘米，口径125厘米，重约3000公斤；整个钟体浑圆厚重，表面有四组双道凸弦纹将钟体分为三层，每层又有几组双竖线将其划分成六个方格，三层共18个，每层方格上下交错排列；钟为波形口并有六耳。

器身中层方格内有竖排阴刻铭文，楷书16行175字，记载匠人及僧人的名字，标注其年代为金完颜亮天德三年，即1151年。据沈阳故宫人员介绍，这口钟是清太祖努尔哈赤从辽南带到沈阳的，一直挂在盛京（今沈阳）方城内的钟楼上，后几经迁移，现收藏于沈阳故宫（图2.45）。

例2：陕西镇巴蒿坪寺南宋铁钟

铁质，通高225厘米，口径134厘米，重约6000公斤；钟体由一周凸弦纹划分为上下两层，每层八格，上下相对；上层格内分别镌有"皇帝万岁""重臣千秋""法轮常转""佛日严明"等文字，间以文臣武将图案；下层与上层相对的四格各有九个大乳钉。

下层的四格内有铭文，上书："维大宋国洋州西乡县游仙乡马宗保敕赐福安院修造……绍定二年岁次己丑正月……苗泰来撰。"其标注的绍定二年为南宋年号，即1229年（图2.46）。

图2.45　沈阳故宫金代铜钟　　　图2.46　陕西镇巴嵩坪寺南宋铁钟

Ⅱ式：钟壁自肩部以下较Ⅰ式直，上下几乎同宽。

例1：大钟寺古钟博物馆藏元代铜钟

通高212厘米，口径130厘米，重2048公斤；钟钮为模制，桥形方钮，其上雕有龙头造型，龙头向下；钟肩呈圆弧状，与钟体无明显分界，钟身上下近乎等宽；钟腰部由七条弦纹将钟身分为上下两层，上下各有六个长方格，上下格相错不对称，无铭文（图2.47）。

Ⅲ式：钟体上下几乎等宽，钟壁更显垂直。

例1：大钟寺古钟博物馆藏明龙纹铜钟

通高151厘米，口径87厘米，重544公斤；双龙钟钮；钟顶有四个云牌状纹饰，肩部饰二十四瓣莲花；八道粗细不等的凸弦纹将钟体划分为上下两层，上

下各有四个方格及四个牌位；牌位及钟体上均饰满龙纹，钟裙上满饰方格纹及八卦符号；波状钟口较浅，有八耳并四个撞座（图2.48）。

图2.47 大钟寺古钟博物馆藏元铜钟

图2.48 大钟寺古钟博物馆藏明龙纹钟

在钟身的一个牌位上铸有"大明成化年月吉日制"字样，可知其铸成于明宪宗成化年间，即1465～1487年。

例2：北京香山碧云寺罗汉堂明铜钟

图2.49 北京香山碧云寺
罗汉堂明铜钟

通高128厘米，口径75厘米；双龙形钟钮；肩饰莲瓣纹一周共十六朵；腰部两粗加一细的凸弦纹将钟体分为上下两层，每层又分六个方格，上下相对；口沿部有八耳，每耳上有一个撞座。

钟体上层为铭文区，铸有"大明嘉靖九年秋八月辛巳铸造铜钟一口敕赐碧云寺常住永远悬挂"等文字，可知其铸成于明嘉靖九年，即1530年（图2.49）。

以上D型三式，Ⅰ式属金，Ⅱ式属元，Ⅲ式属明，清代缺失。

综合D型三式的变化，基本脉络是：

1. 钟高与口径之比有逐步增加的趋势，说明钟体越来越向瘦高发展。

2. 钟钮由Ⅰ、Ⅱ式的模制与圆雕并存，发展到Ⅲ式的圆雕流行。

3. Ⅰ式钟的格式划分多为二至三层，每层六至八格，Ⅱ式、Ⅲ式多划分为上下两层，每层六至八格。

4. 此型钟流行素面无纹，偶见乳钉等装饰，到Ⅲ式时始见个别钟出现了纹饰。

E 型：

此型钟的质地和制作工艺一般，甚至有逐渐衰退的趋势；其造型上的最大特点是钟耳数量较其他几型少，一般仅为四至六耳，八耳的极少见，与其他波形口钟的一般为八耳泾渭分明；其钟耳不仅少，而且又宽又短，故钟口的波形很浅；此外其钟身上几乎全无撞座；以素面无纹为主，偶见局部边饰。

根据钟体造型的变化可分为早晚不同四式。

Ⅰ式：钟顶略窄、钟壁较直。

例1：福建南平闽园五代十国铜钟

通高90厘米，口径52厘米，重107公斤；钟钮应为圆雕；钟身由一周凸弦纹分为上下两层，每层四个方格。

钟上铸有"荆南建隆三年"铭记，建隆为五代十国荆南国的年号，建隆三年即962年。于此之外，此钟还镌有清咸丰六年（1856年）追刻的铭文（图2.50）。

Ⅱ式：钟顶仍略窄，钟体自肩部逐渐外敞。

例1：福建漳州南山寺元代铜钟

通高184厘米，口径127厘米，重1300公斤；钟钮为双龙形；钟顶较平，几与钟口同宽；钟体被一粗两细的凸弦纹划分为上下两层，上下各四格。

其年代为元延祐己未年，即1319年（图2.51）。

例2：福建泉州小开元寺元代铜钟

通高140厘米，口径81厘米；钟钮为双龙状，龙头和两前爪与钟顶相接；

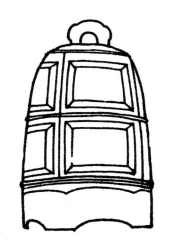

图 2.50　福建南平闽园
五代十国铜钟

钟顶有一道凸弦纹及一周细浅纹；钟肩圆润；钟体由一粗两细的凸弦纹分为上下两层，上下各四格。

钟体下层为铭文区，注明其年代为元泰定二年，即 1325 年（图 2.52）。

图 2.51 福建漳州南山寺元铜钟　　　图 2.52 福建泉州小开元寺元铜钟

例 3：福建泉州文管会元代铜钟

通高 183 厘米，口径 107 厘米；钟钮为双龙形，四爪分开，雕琢得惟妙惟肖；钟顶较平，钟顶正中有一梵文咒符；肩部有两周凸弦纹，一粗一细；钟腰部饰以梵文及汉文的六字真言，上下交错排列；钟口为四个尖形耳，波状较浅。

钟体下层的四格中书有铭文，内容是摩柯般若波罗蜜多心经，铭文标注其年代为元至正廿四年，即 1364 年（图 2.53）。

例 4：福建福州鼓山明代铜钟

整体造型较粗糙；钟钮为双龙模制，十分简单；圆顶；钟体为上窄下宽的直筒状；钟身被一粗两细的凸弦纹分为两部分，上下各四格，方格竖线极不清晰；口部有七个波形耳。

钟体上层一个方格内书有铭文，注明其铸成于"明崇祯十年"，即 1637 年（图 2.54）。

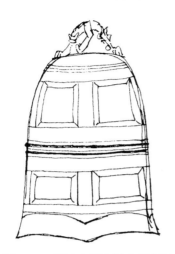

图 2.53 福建泉州文管会元铜钟　　图 2.54 福建福州鼓山明铜钟

Ⅲ式：钟体变矮，钟壁外敞明显，有相当部分古钟的钟体与钟裙衔接处出现了一道阶状凸起。

例 1：福建泉州小开元寺明代铜钟

通高 91 厘米，口径 60 厘米；钟钮为双龙；肩部呈圆弧状，无任何装饰；钟腰处有一周回形格，共六个；回形格的上下各有一周花纹，上周为变形饕餮纹，下周为虺龙纹；口沿有六耳，较浅且宽。

在两个回形格内镌有阴刻篆书铭文，标明其年代为"明崇祯辛巳菊月"，即 1641 年（图 2.55）。

例 2：福建福州鼓山涌泉寺大雄宝殿清代铁钟

铁质，通高 173 厘米，口径 98 厘米，重约 2000 公斤；钟钮为双龙形，钟肩圆滑；钟体被一粗四细的凸弦纹分为上下两层，下层有四格而上层无格；钟裙与钟体衔接处有明显阶状凸起，钟裙处有两周细弦纹；口沿有四耳，较浅且宽。

钟体上、下部皆有铭文，镌有《金刚般若经》全文，年代为康熙丙子年，即 1696 年（图 2.56）。

例 3：福建泉州妈祖庙清铁钟

铁质，通高 100 厘米，口径 65 厘米；桥形钟钮；钟顶微凸，钟肩圆润；钟腰被一周凸弦纹分为上下两层，每层各四格，八个回形格交错排列，其内布满铭文；钟裙上有一周回形纹。

图 2.55　福建泉州小开元寺明铜钟　　图 2.56　福建鼓山涌泉寺清铁钟

铭文载明其为"泉郡南关外，浯江铺塔堂，鹿港郊公置"，并镌有"美讯号、建元号"等 46 家商号名称，是研究台湾与泉州经济史的宝贵资料。其年代为道光十七年，即 1837 年（图 2.57）。

例 4：福建泉州小开元寺金鸡桥清铁钟

铁质，通高 83 厘米，口径 57 厘米；钟钮为双头，呈桥形，已完全没有了龙的形态；钟顶为馒头形，既圆且高；钟体自肩部以下外敞，两细一粗的凸弦纹将钟顶与钟身分开；钟裙与钟体衔接处有明显阶状凸起；口部四耳既浅且宽。

钟顶上有"金鸡桥"三字，钟身为铭文区，内容有敲钟偈、钟咒、破地狱真言等。年代为清咸丰九年，即 1859 年（图 2.58）。

Ⅳ式：钟体上部较直，自中腰处外敞，钟耳内敛。

例 1：福建泉州大开元寺民国铜钟

通高 151 厘米，口径 98 厘米；钟钮为双龙形，圆雕，龙背鬃毛呈锯齿状；钟身被三周凸弦纹分为上下两层，上下两层虽然也分别划出四个方框，但特异之

处是其方框的四角内凹，颇具图案色彩；口部有八个圆形耳，钟耳上方各有一草叶纹图案，并有四个撞座。

图 2.57　福建泉州妈祖庙清铁钟

图 2.58　福建泉州小开元寺清铁钟

钟体上层的方框里有"大开元寺"四个楷书大字，下层则镌有大量铭文，可见"佛日增辉、法界有情"等吉祥祝语。其年代为民国十八年，即 1929 年（图 2.59）。

以上四式，Ⅰ式属五代十国，Ⅱ式为南宋、元和明，Ⅲ式为明和清，Ⅳ式为清末民初。

归纳起来看，此四式的变化是：

1. Ⅰ式、Ⅱ式的钟体较高，Ⅲ式、Ⅳ式的钟体逐渐变矮。

2. 钟钮模制、圆雕兼具，明以前多圆雕，但造型简单稚嫩，清代钟钮更趋简陋，多为模制，皆兽头状。

3. 顶部有圆顶、平顶两种，以圆顶为多，Ⅱ式开始出现平顶。

4. Ⅰ式至Ⅲ式均无撞座，Ⅳ式起开始出现撞座，但仍不普遍。

图 2.59　福建泉州大
开元寺铜钟

5. 钟体多划分为上下两层，每层四格，自Ⅲ式起出现了仅在钟体中部划出一周回形格的实例，而清代则少见分格现象，仅以中带将钟体划分为上下两部分，装饰更趋简化。

6. 以素面无纹者为多，偶见方格边廓的花纹带和钟耳的花形图案。

二 平口钟

如前所述，平口钟是中国古代长江以南习见的梵钟形式，以钟口的平整无波浪为特征。就目前掌握的资料，它们既分布在浙江、福建、江西、湖南、贵州、云南、广西、广东、海南等长江以南省份，也分布在跨长江的江苏、安徽、湖北、四川、重庆等省的长江以南区域，可以说遍及整个长江以南地区。当然，由于文化的交流和佛教的传播，南方地区也出现了部分波形口钟，最典型的实例莫过于前述波形口 E 型钟。此外，与之相应，长江以北地区也出现了极个别平口钟，典型之例即下面要谈到的山东博物馆所藏山东青州唐钟。但江北的平口钟相当零星分散，不成气候，连 E 型波形口梵钟的自成格局景象也没有，只是一种极个别的存在。

A 型

该型钟多为铜质，罕见铁质，无论材质和制作工艺在平口钟里都是最为精良的。钟体呈长方形直筒状，钟钮以圆雕为主；钟体基本素面无纹，钟身往往划分为上下两层方格，每层四格，以上下相对的双线回形格为多；铭文均为阴刻。

根据钟口的区别及钟体划分格式的不同，可区分为早晚不同的三式。

Ⅰ式：钟顶微凸；钟体上半部内收，腰部以下钟壁较直；钟身的方格为单线条边廓；钟的口沿与钟体过渡自然，无任何特殊修饰。

例 1：陈太建七年南朝铜钟

通高 39 厘米，钟口直径 21 厘米，器形较小，仅重 10 公斤；钟钮为双龙模制，背有火珠；钟身被一条凸弦纹分成上下两层，下层有四个方格，上层每个方格又一分为二为八个方格；撞座两个，为八瓣莲花状，位置在钟体二分之一处；钟的口沿处有一周凸弦纹。

钟身中部纵向排列着两行铭文，内容是"陈太建七年一二月①九日弟子沈文殊

---

① 原铭文如此，一二月当为十二月。

造钟一口供养□□称廿斤"。陈太建七年即 575 年，这是目前所知中国乃至世界最早梵钟，属南北朝晚期，现收藏于日本奈良市博物馆（图 2.60）。

Ⅱ式：钟体较Ⅰ式为高；钟体格式划分由单线多格变成八个双线的回形格；撞座位置由位于钟体二分之一处向下移动，有的移至钟体二分之一略偏下，有的移至距钟口近三分之一处；钟口出现了外侈现象。

例 1：重庆合川庆林观唐铜钟

通高 79 厘米，口径 57 厘米，重量相当于唐代的 400 斤，约合现在 160 公斤；钟钮残；顶部铸有武周新字并有一周莲瓣纹；钟身由一周凸弦纹从中部划分为上下两层，每层有四个回形方格；四个莲花撞座位于钟身二分之一处略偏下。

图 2.60 陈太建七年铜钟

铭文为阴刻，共 70 字，内有武则天新造的双钩字，记述了铸钟时间和原委。从铭文得知，武则天执政期间，庆林观主蒲真应为取宠于"圣神皇帝陛下（武则天）"铸造了这口铜钟，时在大周长安四年，即 704 年。后在运输途中得知武则天逊位、唐中宗李显即位，蒲真应遂将此钟抛弃，后来此钟辗转流落到四川阆中的寺庙，《阆中县志》对此有详细记载（图 2.61）[1]。

例 2：浙江省博物馆藏唐铜钟

通高 44 厘米，口径 28 厘米；钟钮为双龙头，模制，背有火珠；肩部及钟口各有一周唐草纹；钟体被一粗两细的凸弦纹分为上下两层，上下层各有四格；两个撞座分别位于钟钮两个龙头的下方，为莲花状，位置在钟体二分之一处略偏下。

铭文内容为"维大唐开元八年岁次庚申七月廿七日戊寅朔"，"用铜一十二斤"，年代为唐玄宗开元八年，即 720 年（图 2.62）。

例 3：重庆黔江唐铜钟

通高 146 厘米，口径 78 厘米；钟钮为圆雕双龙形，龙嘴紧贴钟顶，四条腿直立，龙身拱起，背上有一火珠；圆顶、弧肩；钟腰被一粗两细的凸弦纹分为上

---

[1] 王积厚、张启明：《阆中铜钟》，《四川文物》1988 年第 3 期。

图 2.61　重庆合川庆林观唐钟　　　　图 2.62　浙江省博物馆藏唐铜钟

下两层，上下各有四个双线回形格；钟体二分之一略偏下有两个莲花纹撞座。

钟体上部一方格内刻有铭文，共44字，内容为"金紫光禄大夫工部尚书兼黔府都督御史大大持节充本道观察处置选补等使汧国公赵国珍"，还有"大吉利愿平安"等。据《旧唐书·赵国珍传》记载：赵国珍"天宝中，以军功累迁黔府都督，兼本管经略等使。……代宗践祚，特嘉之，召拜工部尚书。大历三年（768年）九月，以疾终，赠太子太傅。"而据坪井良平先生考证，此钟的铸成年代应在捐铸人赵国珍盛年之时，相当于开元十七年，即729年（图2.63）[1]。

例4：江西萍乡大屏山唐铜钟

通高53厘米（原资料标注为通高5.3米，应为笔误），口径27厘米，重17公斤；双龙钮，龙背上饰有火焰纹；钟腰处有一周凸弦纹将钟体分为两层，上下各有四个方格，上四格大，下四格小，方格四角各有一条放射线与其相近的凸弦纹相接，形成回形格，格与格之间由三条竖线形成的纵带相隔；两个莲花撞座在钟腰两侧相互对应。

阴刻铭文书写在纵带的上半部，内容为："维大唐天宝五载大岁丙戌十一月戊寅初三日庚辰男宦大洞弟李洞真率例积缘敬造铜钟一口永为供养大近陵恩寺"，

---

[1]　坪井良平：《历史考古学の研究》，第469页。

纵带的下半部刻有 6 位施主姓名；与这些铭文相对的纵带上刻有施主 8 人和敬造者 39 人的姓名，共 173 字。铭文注明此钟铸成于天宝五载，即 746 年（图 2.64）[1]。

图 2.63　重庆黔江唐铜钟

图 2.64　江西萍乡大屏山唐钟

例 5：山东博物馆藏唐铜钟

通高 176 厘米，口径 92 厘米；双龙头钮，龙背上有一内空的心形火珠；钟体被一粗两细的凸弦纹分为上下两层，上下各有四个回形方格；两个莲花形撞座降至近钟口三分之一处，彼此相对。

阴刻铭文刻在钟体上部的方格内，讲述了此钟问世后多舛的命运。该钟铸成于天宝十年，即 751 年，适逢大唐王朝的鼎盛时期。此后的第一次劫难来自南宋建炎三年（1129 年），寺庙被毁，钟铭受损。之后在金朝大定年间，原有唐代铭文再次被销毁，现在只能看清"……钟铭并序益都县□□□□□撰"等残余的文字，还有"龙兴寺"三字。再后，元代在该钟上加刻铭文曰："大元天历二年岁次己巳庚午月己未日益都路总管府建。"此事到这一步仍未完结，元代刻铭之外还在钟体的另一方格中看到"皇帝万岁臣宰千秋佛日增辉法轮常转佛说大明神咒唵牟尼钵讷铭吽"等铭文。这些后补的文字刻痕很浅，也很粗糙，比起唐代原刻以及元代刻铭要差很多，估计是元代以后所刻①。这些珍贵的铭文让我们知道，这口钟问世后历尽风尘，也阅尽了沧桑，由此留下了累累斑痕。同时它的铭文也告诉我们，其铸造地点在原山东益都县，今山东青州市，位于山东半岛，唐时属北海郡（图2.65）。

例6：浙江诸暨唐铜钟

通高45厘米，口径25厘米，重13.25公斤；双龙头钟钮模制；钟腰处被一粗两细的凸弦纹分为上下两层，上层略宽，上下各有四个回形方格；两个莲花形撞座位于钟体偏下近三分之一处，彼此对应。

撞座下有阴刻铭文四行，内容为："维唐广德元年岁次癸卯朔十一月廿日越州诸暨县石读村檀越主僧道勳僧难陀奉为亡兄承之铸钟一口用铜卅五斤永完供养"。这里标明的唐代宗广德元年，即763年（图2.66）。

图2.65　山东博物馆藏唐钟　　　图2.66　浙江诸暨唐铜钟

例7：广西信乐寺唐铜钟

通高112厘米，口径68厘米，实测重187公斤；钟钮为圆雕，双龙形，龙嘴紧贴钟顶，四肢与龙头相比略显粗壮，呈直立状，龙背上有一柱形凸起，整体

①　王福谆：《古代大铜钟（续）》，《铸造设备与工艺》2012年第4期。

雕刻清晰；钟体被一粗两细的凸弦纹分为上下两层，上下各有四个回形格，上层格较大；有四个八瓣莲花形撞座，位于钟体下方近钟口三分之一处。

钟上铭文为"维贞元三年岁次丁卯正月丙辰朔廿七日壬午信乐寺敬铸𨱥钟一口重肆佰斤奉赠□"，此文标明的唐德宗贞元三年即 787 年（图 2.67）。

例 8：广西浦北唐乾宁五年铜钟

通高 46 厘米，口径 29 厘米，重 14 公斤；钟钮为圆雕，双龙头，龙嘴紧贴钟顶，四肢略屈，龙背上有"△"形火珠；钟身被一粗两细的凸弦纹分为上下两部分，上下各有四个方格；两个撞座为七瓣莲花状。

钟体上部的一方格内刻有五行铭文，内容为"敬铸铜钟一口重卅斤 右弟子陈宽为自身乞保康泰 乾宁五年十二月十四日设斋庆度永充供养"。唐昭宗乾宁五年即 898 年（图 2.68）。

图 2.67　广西信乐寺唐铜钟　　　　图 2.68　广西浦北唐铜钟

例 9：广东端州清泉禅院唐铜钟

通高 128 厘米，钟口直径 73 厘米；钟钮为简化圆雕，仅做成双龙头状，龙身为桥形的圆柱体，背有火珠；钟体被一周凸弦纹分为上下两部分，上下各有四个回形方格；撞座共四个，均无纹饰。其年代为唐昭宗天复二年，即 902 年，该钟现存日本大垣市长德寺（图 2.69）。

例 10：江西南昌唐铜钟

通高 50.1 厘米，口径 29.4 厘米，重 29.2 公斤；钟钮为简化圆雕，双龙形，龙头与四肢一体，龙身拱起呈桥形，背有火珠；钟体被一周凸弦纹分为上下两层，上下各四格；两个撞座为莲花形，位置与龙腰相对，位于钟体近二分之一处。该钟无纪年，从类型分析应属唐代之物（图 2.70）。

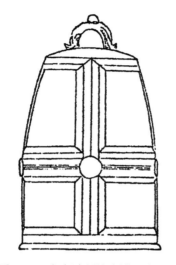

图 2.69　广东端州清泉禅院唐铜钟　　　图 2.70　江西南昌唐铜钟

Ⅲ式：钟顶较平，钟体自肩部斜直外敞。

例 1：广东潮州开元寺宋铜钟

通高 170 厘米，口径 110 厘米，重 1500 公斤；钟钮造型不明；钟体被一粗两细的凸弦纹分成上下两层，上下各有四个回形格；两个莲花撞座位于钟体二分之一处略偏下；钟口外侈。

钟上刻有铭文，内容为"潮州静乐禅院众结金刚经社铸造铜钟一口恭为今上皇帝祝延圣寿"，另有僧人法号近四十位，并有宋政和四年铸造等字样，知其年代为 1114 年（图 2.71）①。

---

① 曾秋潼：《潮州开元寺的社会功能》，《人海灯》2008 年第 1 期。

以上三式，Ⅰ式属南朝，Ⅱ式属唐至五代，Ⅲ式属宋。

从三式钟的造型变化来看，大致表现出如下特点：

1. 钟体由Ⅰ式的上窄下直，发展到Ⅱ式开始出现上部变宽、上下几乎等宽的几近直筒状，Ⅲ式继承了Ⅱ式的筒状特点，但中腰以下略微外敞。

2. 钟钮由Ⅰ式的模制，发展到Ⅱ式、Ⅲ式的圆雕。

3. Ⅰ式钟口笔直下垂，Ⅱ、Ⅲ式钟口的口沿略外敞。

4. 撞座数量由Ⅰ式的两个，发展到Ⅱ、Ⅲ式的四个，但两个撞座的形式仍在沿用。撞座位置由Ⅰ式钟的位于钟体二分之一处，发展到Ⅱ、Ⅲ式的略有下降，降至钟体中线以下。

图 2.71　广东潮州开元寺宋铜钟

5. Ⅰ式钟体划分为十二格且均为单线格，Ⅱ、Ⅲ式钟体的划分改为双线格，且回形格的数量降为八个。

B 型

此型钟以铁质为多，整体质量较差，铜质罕见；钟钮造型简单，以兽头为主且多为模制；钟壁笔直外敞，钟口明显外侈；钟体有的划分为四个回形格，有的无格式划分；整个钟身以镌刻铭文为主，基本无纹饰，仅个别的绘有飞龙纹和祥云纹饰。

根据钟体的造型变化可分早晚二式。

Ⅰ式：钟体略高，钟钮制作纤细，圆雕、模制皆有，钟体划分为四个回形格。

例1：广西贺州石围寨铁钟

铁质，通高115厘米，口径81厘米；钟钮为双龙形，圆雕，但简单粗糙，背上仍有火珠；钟顶及钟体下部皆有数周凸弦纹，钟体上部是四个大方格；四个撞座为圆饼状，无任何装饰；口沿凸起明显。

钟体四格内写满钟铭，其年代为明万历十七年，即1589年（图2.72）。

例2：海南海口市博物馆藏卫府楼明代铜禁钟

该钟铜质精良，极有光泽；通高198厘米，口径136厘米；钟钮为双龙体，龙嘴紧闭与钟顶相接，背无火珠；钟体只有四个大方格，几乎占据了钟体的四分之三，方格下部有一周八卦符号，另有窄窄的几条横线；钟腰部的上下层分隔线降至近钟口处；四个圆饼形撞座无任何纹饰，位置几近钟口；钟口外侈。

四格中只有一格书有阳文数行，内容为："广东海南卫指挥佥事信官张玉石玉芽同琼州府知府程莹发心各出俸资命匠人重新铸造铜禁钟壹口计贰阡叁伯式拾斤永充在本卫府楼中开鸣晓昏事为禁动镇军民而康泰保卫府以平宁雨肠时若国泰清安大明正统元年岁次丙辰夏四月吉日立"，铭文注明此钟铸成于明正统元年，即 1436 年（图 2.73）。

图 2.72　广西贺州石围寨铁钟　　　图 2.73　海口市博物馆藏卫府楼明代铜禁钟

Ⅱ式：钟体较Ⅰ式变矮，制造较粗糙且多为铁钟；钟钮多模制。

例 1：广东韶州云门寺明代铁钟

铁质，钟钮简化成桥形；钟身被数周凸弦纹从中部划分成上下两层，上层几乎占据了钟体的全部，并划有四个回形格，下层方格只有窄窄的一个长方形空间；口沿之上亦有数周凸弦纹；莲花形撞座位于钟体近二分之一处偏下；年代为明成化二十一年，即 1485 年（图 2.74）①。

_____

① 坪井良平：《历史考古学の研究》图版（此书图版无页码）。

例2：广东封川白马宫南明铁钟

铁质，通高87厘米，口径69厘米；钟钮为双兽头，四肢简化为圆柱形；整个钟身布满纹饰，有穿云翱翔的飞龙，有波涛翻腾的海水，以及跃出水面的两条鲤鱼。鱼儿口含水草，花纹精细，造型生动且动感十足；无撞座。

钟身刻有文字，内容为"白马宫众信庙丁各舍资财，发心铸造鸣钟一口，重三百余斤，上奉本宫庙主祠前应用，愿祈各家迪吉物阜人安，否去泰来，福有所归"等等。其年代为1644年，适逢清朝入主北京的第一年，但当时的广东尚在南明手中（图2.75）。

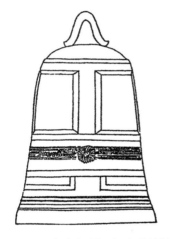

图2.74　广东韶州云门寺明铁钟

图2.75　广东封川白马宫南明铁钟

例3：湖北安陆府清铁钟

铁质，通高148厘米，口径113厘米；钟钮为双龙头；钟体被五条等距离凸弦纹分成若干区，钟体近口部亦有数周弦纹；四个圆饼形撞座分别位于近口沿处；钟口明显外侈。

钟身遍铸铭文，据铭文记载，此钟是清康熙年间自江西移居湖广的百姓出资捐铸的，铸缘人姓名及捐资数额开列于钟上，铭文为"……上祈父母享遐龄之庆，子孙若瓜瓞之绵，舟楫□□涛之险，财源胜泉涌之来，慈心普长，功德斯圆，声闻于天，受礼于己，用隼同仁，共臻无量"。从铭文可知，捐铸人居住在江边，以捕鱼为业，故有祈求"舟楫"平安之语。此外在钟体上方的四面对称部，还写有"法轮常转""帝道遐昌""佛日增辉""皇图永固"等吉祥祝语。其年代为康熙二十九年，即 1690 年（图 2.76）。

例 4：广西浦北大朗书院明山寺清铁钟

铁质，钟钮模制，造型为双龙形，龙嘴紧闭与钟顶相接，四肢粗壮呈直立状，龙背隆起似火珠置于其上；钟口沿明显突出。

钟体无格而布满铭文；钟体四面各有一竖写祝语，如"风调雨顺""国泰民安"等。其他内容多为吉祥祝语及捐铸人姓名，年代为 1739 年（图 2.77）。

图 2.76　湖北安陆府清铁钟

图 2.77　广西浦北明山寺清铁钟

例 5：广东封开玄帝宫清铁钟

铁质，通高 59 厘米，口径 43 厘米；双龙头钟钮，造型简单粗糙，龙头紧贴钟顶，四肢为柱状直立；四个圆饼形撞座位于钟体下部近口沿处；口沿较大，略显夸张。

钟身布满文字，年代为 1745 年（图 2.78）。

以上两式，Ⅰ式的年代为明，Ⅱ式包括了明中期到清。前面我们已经对上下两期不同器物的交叉出现做了说明，总体上说，这是一种很正常的现象，而就眼前的 B 型两式来说，无非是较新颖的Ⅱ式在Ⅰ式还在流行的明中期便已出现，然后一直延续下来。

这两式的变化脉络是：

图 2.78　广东封开玄帝宫清铁钟

1. Ⅰ式钟铁质、铜质兼具，但Ⅱ式均为铁质。需要说明的是，此型Ⅰ式例 2 的铜钟是"广东海南卫指挥金事信官"和"琼州府知府"为"在本卫府楼中开鸣晓昏事为禁动镇军民"铸造的禁钟，并非寺庙里的梵钟。而作为官府的钟，其为铜质本不足为奇。所以，可以说此型梵钟基本都是铁质的，从Ⅰ式钟起就是如此。

2. 整个钟体由高向矮变化。

3. 钟钮由Ⅰ式的圆雕、模制共存，发展到Ⅱ式的基本为模制，呈现出逐步衰退的倾向。

4. 钟体格式从划分为四个大方格为主，向无格式划分转变，最后钟体仅余数周凸弦纹。

C 型

该型钟的钟钮均为圆雕，较为精细；钟肩浑圆；钟口与钟体浑然一体，无明显外侈的口沿；钟体以划分为上下两层、每层四格的传统八格样式为主，但也有其他不同形式的，如几组凸弦纹将钟体划分为三至四层而不再分格等；钟身基本素面无纹。

根据钟体造型的区别可划分为早晚二式。

Ⅰ式：钟壁斜直外敞。

例 1：云南昆明金殿明永乐铜钟

通高 350 厘米，口径 216 厘米，重 14000 公斤；钟钮简化为桥形，但背上仍有一火珠；钟体腰部被一粗两细的凸弦纹分为上下两层，上下各有四个回形格，在每个方格相交的空隙处饰有金刚杵纹饰；四个莲花形撞座位于近口沿处；铭文区在钟体上半部，年代为明永乐二十二年，即 1424 年（图 2.79）。

例 2：四川成都武侯祠明铁钟

钟钮为双龙形，龙头微昂，曲颈，背有火珠；钟顶呈圆弧状，钟顶与钟肩相交处有数周弦纹，弦纹下有三个圆形装饰；钟腰和近口沿处各有数周凸弦纹，两组凸弦纹之间有一圆饼形撞座，无纹饰。从整体造型看，此钟年代应属明（图 2.80）。

图 2.79　云南昆明金殿明永乐铜钟　　　　图 2.80　四川成都武侯祠明铁钟

Ⅱ式：该式钟基本保持了Ⅰ式钟的直壁外敞、钟体划分为八格的特点，但出现了曲壁和钟体分层的现象。

例1：重庆黔江清铁钟

铁质，钟钮为双龙头，四肢直立，背有火珠；圆顶，上有凸弦纹一周并有四个用于固定内外范留下的圆孔；钟体由四道凸弦纹划分为五层，上数第二层为一周铭文，第三、四层为上下交错的方格，再下为圆饼形撞座。铭文中有"佛日增辉"等词句，年代属清（图2.81）。

例2：昆明西山华亭寺铁钟

铁质，通高100厘米，口径75厘米；钟钮背高耸，上有火珠，四肢直立；钟体由三条凸弦纹将其划分为上下两层，上下各有四个回形格；有两个圆形撞座，位于钟的口沿处。

钟体方格内镌有铭文，上部是"皇图永固""帝道遐昌""佛日增辉""法轮常转"，下部为"道光二十一年岁次辛丑九月十九日摄理易门县事即补同和严廷珏祈保次子铣功名□到身体平为安敬铸碧□寺住持僧源归暨合卫□姓敬募铸臣杨庆春"，可知其年代属道光二十一年，即1841年（图2.82）。

图2.81　重庆黔江清铁钟

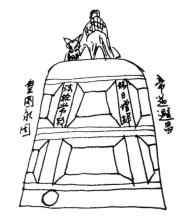

图2.82　昆明西山华亭寺铁钟

以上两式，Ⅰ式为明代，Ⅱ式为清代。

这两式的变化趋势是：

1. Ⅰ式钟皆为铜钟，Ⅱ式钟除铜钟外还出现了铁钟。

2. Ⅰ式钟钮多圆雕，造型精致而逼真，Ⅱ式钟钮亦为圆雕，但趋向简单粗糙。

3. Ⅰ式钟顶微圆，Ⅱ式钟顶除继续保持圆顶外也出现了钟顶较平的现象。

4. Ⅰ式钟的撞座二至四个，莲花形、圆饼形皆有，位于口沿的上方，Ⅱ式钟撞座仍保持二至四个，但位置一般都极低，几乎贴近口沿。

三　异型钟

凡事有一般也有个别，有普通也有特殊，古代梵钟也不例外。所幸的是，就我们手头掌握的资料，几乎百分之九十五以上的中国古代梵钟都可归在上述各型各式中，但此外也总有那么几件特殊的钟，整体造型别具一格，与一般梵钟相去甚远。现就几件异型钟分述如下，以便对整个中国古代梵钟的情况有较为全面的了解。

例1：浙江杭州中天竺法净寺辽代铜钟

钟钮已无龙的形状，为半圆柱形钮，两端翘起，背上有一火珠；钟顶为圆弧状，钟体自肩部往下内收至口外侈；钟身有四道弦纹；近口部为铭文区，其他皆无图案，无撞座；钟体自铭辽代年号，为辽圣宗耶律隆绪太平三年，即1023年①。

───────────

① 坪井良平：《历史考古学の研究》图版。

此钟出自中天竺法净寺，位于浙江杭州西湖的西面，是观世音菩萨的道场。该寺初建于隋代，吴越时名崇寿院。自建寺以来这座寺庙就受到了历朝君王的青睐，北宋赐名为"天宁万寿永祚禅寺"；南宋高宗曾赐佛像，置于寺中的华严宝阁，并增扩殿宇；宋宁宗（在位于1195～1224年）时列为高居一般寺院之上的"五山十刹"之一；明代赐号"中天竺禅寺"；元代曾改名为天历永祚禅寺，清代又改名法净寺。

就是这样一个大名鼎鼎的江南重寺，其寺钟却非常奇特，奇就奇在它的高与口径不成比例，是个瘦高的直筒形。这种奇异造型既有别于中国各式梵钟，也不同于日本、韩国乃至其他各国梵钟。这就是说，它既非参照本地的梵钟铸造的，也不是从其他国家交流过来的。此钟既然自铭辽代年号，当为辽人所铸，所以唯一可以做的解释就是，这是一口辽人铸造却落脚到宋地的梵钟。既然来历独特，故而钟形也就独特吧（图2.83）！

例2：安徽合肥明教寺清代铜钟

通高198厘米，口径153厘米；钟钮为双龙头，龙嘴微张，内含宝珠，龙背亦有火珠一颗；钟身被三组凸弦纹划分为四层，最上层是一周缠枝花纹，其下有"明教寺"三个大字，再下为一周铭文，第四层是龙纹，钟口沿装饰一周回形纹及乳钉纹；圆形撞座只有一个，位于近口沿处；年代为清光绪十四年，即1888年（图2.84）。

图2.83　浙江杭州中天竺法净寺辽铜钟　　2.84　安徽合肥明教寺清铜钟

合肥明教寺也是个极重要的寺院，始建于南朝梁时，至隋末渐渐荒废。唐大历年间（766~779年）在废墟中掘得铁佛一尊，庐州刺史裴绢遂上奏朝廷，准奏重建，并定名为"明教院"。明代改称"明教寺"，后迭经兴废，清咸丰三年（1853年）复毁于战火。同治初年，原太平天国将领袁宏谟出家于紫蓬山西庐寺，后参禅于明教寺（为西庐寺下院），经多年苦行募化，终于在光绪十一年（1885年）重建寺院。钟的年代为清光绪十四年，即1888年，是寺院重光后所铸。

此钟之所以特异，一是安徽合肥在江北，而作为长江以北的梵钟，其形制居然不是波形口，却是和江南梵钟一样的平口；二是钟壁下半部外敞如喇叭形；三是钟钮奇大，几乎遮盖了整个钟顶。

仅就以上两例来看，标新立异的特形梵钟往往出自特殊寺院，至少有相当一部分是如此。

例3：新疆吉木萨尔破城子铁钟

铁质，通高24厘米，口径21厘米；钟钮呈方形；钟顶饰莲花瓣一周；莲瓣的顶端可见方或椭圆形的铸范芯撑孔八个；钟体共四个单线方格，其中一方格内有个"僧"字，年代约为五代至两宋。

新疆吉木萨尔破城子是"北庭"故址，唐王朝曾在此设置北庭都护府，统辖北疆广大地区，故而称北庭。唐贞元六年（790年）吐蕃攻占北庭，唐对北庭的统治遂告结束。回鹘西迁后，北庭成为高昌回鹘的重要基地和王族避暑胜地。宋代此城为高昌王的行宫，元代为别失八里帅府，14世纪中期开始衰落，15世纪前期毁于战火。这样一座城里发现一口写有"僧"字的梵钟本不足为奇，但此钟确实很奇特，要质量没质量，要形状没形状，要装饰没装饰。但仅凭它的一个汉文"僧"字，亦可说明在中原王朝丧失了对北庭的统治之后，这里仍有佛教流行，并且仍与汉地保持着密切的联系（图2.85）。

图2.85 新疆吉木萨尔破城子铁钟

第三节　结论

　　为了阐述类型学的历史原理，本章第一
节已经对中国古代梵钟的分区、分类做了一些初步的引证。而在对中国古代梵钟
进行了全面的类型分析后，显然取得了更为具体也更为丰富的收获。

　　其一，通过类型分析，较完整复原了中国古代梵钟的发展谱系，条理出了中
国古代梵钟的发展状况和发展脉络，揭示了它们内在的逻辑发展关系及变化规
律。以此为基础，今后每一口中国古代梵钟都可以根据其造型特点在这个谱系中
找到自己的相对位置，从而锁定自己的时空坐标，锁定自己的区域属性和时代
属性。

　　其二，如果说，中国古代梵钟以长江为界划分的两大类型主要是由其口部的
不同来判分的，那么在做了通盘的类型分析后，尚可知这两大型的区别远远不限
于口沿的不同，同时还表现在其他各个方面。

　　表现之一是，中国古代梵钟有一个总体特征，即其整个钟体都被凸弦纹划分
为不同格式，然后按格式来布置铭文或纹饰。而自打中国古代梵钟乍一问世起，
就不仅在口部形态上区分出了南北两大类型，也在格式划分上表现出了南北两种
风格。大体上说，南方平口钟中除年代最早的陈太建钟是从上到下划分为三层，
每层四格，共计十二格外，其他基本上是从上到下划分为两层，每层四格，共计
八格，一般称"八方"。当然，这是就一般情况而言，特殊之例也是有的，不仅
各个时期有，各个区域也有，但数量都不多。至于北方，情况则较南方复杂得
多，一个基本特点是整个钟体虽然从上到下都划分为不同的层次，但并不规范，
既有居中框出一大层的，也有上下分成两层或三层的，甚至还有分为四层的。此
外北方钟每层的格数也不尽相同，一般少则四个，多则六个，远不如南方梵钟的
格式那样规范。好在无论数量多寡，格式的划分是一定有的，这点倒是南北两大
梵钟全然一致的。

　　表现之二是，南方平口钟的撞座很规范，北方波形口钟的撞座却很不规范，
两者泾渭分明。南方平口钟撞座的规范在于，首先无论时代早晚抑或形态各异，

南方平口钟基本都有撞座，只有地域偏远的极少数个例无撞座；其次它的数目也相当规范，一般在二至四个之间；三则它的位置也很有规律，明显是从早期的位于钟体中部或略偏下，逐步下移到近口沿部。相比之下，北方波形口钟的撞座就很不规范了，突出反映在梵钟上的撞座时有时无，飘忽不定。具体说是唐代无，宋代有，辽代无，金代有，元代无，明清有，可谓忽隐忽现。更特殊的是位于福建的波口 E 型钟，居然从唐末五代十国起，一直到清朝末年都没有撞座。此外北方波形口钟撞座的不规范，还表现在数量的多寡不等上，少则仅有两个，多则有十几个，一般在四个以上。北方波形口钟撞座比较一致的倒是其位置，一般都位于钟裙或近口沿处，没有高到钟体中部的。

　　表现之三是，从中国古代梵钟刚刚盛行的唐代起，以长江为界的南北两大类梵钟就在主题花纹的有无上表现出了明显的区别。概言之，从最早的陈太建七年钟开始，中国南方梵钟除了在钟体上划分为若干方格外，基本上以素面为主，既无主题花纹，也少其他边饰。到了唐代也如是，例如平口 A 型 Ⅱ 式例 1 的重庆合川庆林观唐钟，周身除了有回形方格外，仅在顶部饰有一周莲瓣纹。又如平口 A 型 Ⅱ 式例 4 的江西萍乡大屏山唐钟，钟体除了由凸弦纹划分出的格式外，别无任何装饰。再如平口 A 型 Ⅱ 式例 6 的浙江诸暨唐钟，同样是除了回形方格外别无其他纹饰。但与此截然不同的是，北方唐钟的相当部分饰有主题花纹，而且内容相当丰富。

　　综合以观，北方唐钟以 B 型、C 型为代表，从一开始就不乏主题纹饰，图形多为飞天及朱雀、玄武、青龙、白虎四神，有的还在飞天之外加上了天王像。前者的典型之例见于 B 型 Ⅰ 式例 1 陕西富县宝室寺钟，这是北方波形口钟中保留至今的最古老梵钟，出自唐太宗贞观三年，即 629 年。其钟身由卷草纹组成的宽带条纹分为三层，每层六个方格，每个方格中皆有花纹图案。其主题图案则如第二节所述，分别为飞天像及朱雀、青龙、白虎等。又一例如北方波口 C 型 Ⅰ 式景云钟，年代属唐睿宗景云二年，即 711 年，其钟身由宽条花纹分为上中下三层，每层六格，方格中除铭文外还饰有飞天以及龙、凤、狮、牛、鹤等动物形象。有天王像的典型之例则见于北方波口 C 型 Ⅰ 式例 1 甘肃武威大云寺钟，其纹饰特征已见第二节所述，如果对其主题花纹再做进一步条理的话，则可知其共分上、中、

下三部分，最上层所饰飞天头戴花冠，耳饰明月，上身袒露，下着长裙，彩带缠身，手托果盘，作翩翩飞翔状；中层所饰天王力士手持武器，威武有力，头戴塔耳帽，身穿盔甲，骑坐夜叉，旁立两个小鬼，赤身短裤，神态各异；最下层则饰有龙纹，以五彩云纹相衬，但已磨损不全。

表现之四是，南北两大类型的铭文也多寡有别，特别是在其早期阶段。南方最早的梵钟是陈太建七年钟，属南北朝晚期，其铭文内容相当简单，寥寥数语主要是用来记事的。其铭文为："陈太建七年一二月九日弟子沈文殊造钟一口供养□□称廿斤"，这里就只镌刻了年款、铸钟人姓名及重量，此外不着一词。可是见于北方，史上流传着一口出于北周武帝天和五年（570 年）的"大周二教钟"，同样属南北朝晚期，其钟体上却洋洋洒洒地镌刻了几百字铭文。此钟未能流传下来，可全部铭文在唐释道宣的《广弘明集》中得以著录，其内容除了铸钟年代外，还有很多关于弘扬佛法和警示宣教的[①]。从年代上说，"大周二教钟"比陈太建七年钟还早了五年，可见从中国古代梵钟乍一问世起，梵钟的铭文就详略有别，明显以北方为详，以南方较略。

以上是南北朝时期的情况，而这种南北有别的风格直到唐代仍然表现得相当突出。例如北方的宝室寺钟，作为一口现存年代较早的钟，其钟体上不仅满饰图案，而且满布铭文，有阴刻正书318 字。北方景云钟也如此，在满饰图案的情况下还有铭文293 字。至于它们的内容，除了记事和祈福，更不乏敬佛礼佛、弘扬佛法和警示宣教的。相比之下，南方唐钟即便以铭文数量较多的为例，也基本上不超过数十字。例如浙江博物馆藏唐钟、重庆黔江唐钟、广西浦北乾宁五年唐钟、浙江诸暨唐钟等等，铭文都在数十字左右。南方唐钟中铭文较多的是江西萍乡大屏山唐钟，共有铭文173 字，但其中仅 39 个捐铸人的姓名就占了 134 个字，其他内容就寥寥无几了。

鉴于许多梵钟的铭文无法精确统计，上述现象只是一个粗略的概括。但无论如何，南北两大类型梵钟铭文字数的详略有别是客观存在的，而且此风格不仅存在于梵钟文化的早期阶段，亦在后期传承下来。此外再综合南北两大类梵钟纹饰

---

① ［唐］释道宣：《广弘明集》卷二十八上，上海古籍出版社，1991 年。

的繁简不一，足以说明北方钟的风格重在修饰与表达，而南方钟的风格则重在清净与淡雅，前者倾向张扬，后者重在内敛。

表现之五是，北方类型梵钟从最早的唐代初年宝室寺钟起，在各型钟的肩部都出现了一周莲瓣纹装饰，此后历千余年而不衰，一直延续到古代梵钟终结的清朝末年。而与此相对，南方类型梵钟从最早的陈太建七年钟起就不见这种装饰，之后历经唐、宋、元、明、清，除了极个别特例之外，长江以南各类型梵钟皆无此装饰，也就是说它们的肩部都不见莲瓣纹饰。

至于南方梵钟中极个别带莲瓣纹的，似乎也个个事出有因。一如重庆合川庆林观钟，前文已述，此钟乃庆林观主为献媚武则天而铸，铸成后也确实一路向北运去，只是在途中得知武则天逊位后才将其遗弃。由此可见，特意为北国而造的这口钟，一定会在铸造过程中刻意模仿一些北方特点，故而其肩部出现了莲瓣纹饰。另如湖北安陆清代铁钟，其所在地是紧傍长江北岸的沔阳，其捐铸人则是原居江西的善男信女，即此钟是由南方信众铸成于长江北岸的。而综合这两大因素，便不难看出为何这口钟的钟体是典型的南方平口钟，而其钟肩却带有莲瓣纹装饰了。同此之例在长江以南还有一些，总之都可发现它们由于种种原因而汲取了北方文化因素，从而才有了莲瓣纹装饰。

以上五大差别，无疑更加丰富了我们对以长江为界的中国古代梵钟两大类型的认识，同时它们也进一步揭示，长江南北两大类梵钟的差异是客观存在的，它们确实分属两种不同的文化。

其三，平口钟Ⅰ式的陈太建七年钟，是迄今所知的最早梵钟，开启了源远流长的梵钟文化先河。它的很多特点在这之后得以继承，特别是为南方的古梵钟文化所继承。一如它的形制为平口，以致后来的江南各式梵钟皆流行平口；二如它纤细小巧，通高只有39厘米，而属于唐代的平口A型Ⅱ式钟只要是流行在浙江或江西一带的，个体都较小，高度往往在30厘米左右；三如陈太建七年钟的铭文为阴刻，内容简单明了，仅包括了钟的年代、重量及铸钟人姓名等，这也为后来的Ⅱ式唐钟所继承。

不仅如此，尤为重要的是，平口Ⅰ式这个中国最早梵钟，还成为整个东亚梵钟文化的源头，成为日、韩梵钟文化的祖型。下面我们将逐步展开讨论的是，日

本、韩国梵钟就是沿着这口中国最早梵钟的脉络发展下来的，尤以日本为甚。这个事实是如此的确凿，以致日本古梵钟学家坪井良平先生很早以前就直截了当地说："陈太建七年钟为日本梵钟的祖型①。"

其四，在漫漫历史长河中，除了各型梵钟自身的逻辑变化外，也还有一些足以覆盖整个中国古代梵钟的发展演变规律，而这是在类型学研究中需要特别加以注意的。

综合起来看，除了个别类型的梵钟外，大多数中国古代梵钟的总体变化规律是：

1. 钟体由直筒或直筒外撇逐渐向束腰发展，此外再加上钟口的逐步外敞，整个钟体由早期的无曲线朝后期的有曲线进化。在这种逻辑变化中，不仅暗含着声学的进化原理，也明摆着有美学的进化原理。因为任何明眼人都不难看出，后期梵钟的整体造型在具有了和谐的曲线后，更加令人赏心悦目，也更加让人感到亲近，无形中拉近了人与佛的距离。

2. 钟钮由简单的模制发展到加工精细的圆雕，是各类梵钟的统一趋势，也是梵钟质量不断提升的明显标志。但见于不同类型的梵钟，钟钮由模制转为圆雕的时间并不一致。

这种趋势首先见于波形口的 A 型钟，它从唐代的第 I 式起就开始流行圆雕钟钮，而由属于明代的第 III 式起，此型钟的圆雕钟钮愈发精致，造型上也异彩纷呈，再真切不过地印证了它是各型梵钟中质量最高的一类。

波形口 B 型钟则不然，它的钟钮不仅一直流行简单的模制，而且直到清代的第 IV 式开始出现圆雕后，模制钟钮仍然保持着，一直延续到了清代末年，可以说模制钟钮贯穿了此型梵钟的全部发展过程。

波形口 C 型钟钮是由属宋元明时期的第 II 式才开始由模制向圆雕转化的，但仍以模制为主，圆雕的普遍流行是更晚的事。波形口 D 型钟钮一直是模制与圆雕并存，直到明代才基本上都成圆雕。

波形口 E 型钟钮倒是很早就采用了模制和圆雕两种形式，唯其圆雕的造型简

---

① 坪井良平：《历史考古学の研究》，第 257 页。

单而朴拙。但令人意想不到的是，此型钟的钟钮到清代居然出现了返祖现象，流行起极为简陋的模制钟钮来。

平口钟三型中，质量最高的是 A 型，除了时代最早的陈太建七年钟是精致的模制钟钮外，从唐代开始就流行精雕细琢的圆雕钟钮。可以说，钟钮的圆雕形式是由平口 A 型钟和波口 A 型钟共同开创的，此后也在它们身上一直沿袭下来。

平口 B 型钟在属明代的 I 式中虽然以模制钟钮为主，但还偶见圆雕钟钮，无非其形制较为粗糙而已。但在此后，此型钟却普遍流行起模制钟钮来，而且造型极其简单，显示出一种极为特异的返祖现象。

平口 C 型钟贯穿于明清两代，始终流行圆雕钟钮，但造型较为简单，这就决定了它们是位居于中间档次的梵钟。

3. 在由模制向圆雕转化的同时，各型钟钮还普遍存在由小渐大的趋势。这一则是因为转变为圆雕后很容易造成钟钮体积的增大，另外钟钮增大不仅有它显而易见的实用性，也有它一望可即的美学效应。

4. 见于南方平口钟各型，其撞座位置有普遍下移的倾向。此型钟以陈太建七年钟的年代最早，其撞座位置也最高，约在钟体的二分之一处。此后逐渐下移至钟体二分之一处略偏下，又下移至距钟口近三分之一处，最后移至近口沿处。这种规律不适用于北方波形口钟，因为如前所述，北方波形口钟的撞座很不规范，基本上无规律可循。

5. 口部的波形耳逐渐由小变大，则是北方波形口钟的一个变化规律，几乎适用于不同类型的波形口钟。

其五，通过具体的类型分析，诚如前面第一节所述，中国古代梵钟确实存在明显的区域属性。这还不仅仅表现在以长江为界划分出南北两大区域，更表现在南北两大区中还可进而划分出若干小区来，每个小区的梵钟形制则各有不同。当然，鉴于中国自古就存在各地区的频繁交流，鉴于梵钟的极具可移动性，它们的分布总会出现重叠，乃至于交叉，但这并不妨碍对它们各自的分布中心做一整体的考察。

大体上说，波形口 A 型钟集中分布在北京、河北、河南、山西等地，到了明

清时代，尤以帝都北京发现的为多，几占此型钟的三分之二。

波形口 B 型钟的分布较为复杂，首先一个特点是，它们主要集中在河北、河南、山西、陕西等地，和波形口 A 型钟有一个共同的分布地域。众所周知，河北、河南、山西、陕西是传统的中原之地，是华夏文化的腹心之地。而上述事实告诉我们，在由唐代到清末的将近 1300 年中，在中原大地上，始终并行着两种不同的梵钟文化。

必须强调的是，虽说是广义中原之地，但今之河北、山西的部分区域在辽代纳入了辽的版图，到了金朝，河北、河南、山西、陕西一带更成了金的领土。而波形口 B 型钟的第二个特点是，但凡有资料证明其确属辽和金的梵钟，皆集中在此型中。也就是说，在辽金和宋朝分治时期，乃至在元朝统治时期，波形口 B 型钟在异族统治区内仍十分流行。当然这并不等于说它们就是辽金元少数民族的"辽式""金式"或"元式"钟，因为此型钟不迟于唐代便肇起于中原，仍是典型的中原式梵钟。

波口 B 型钟的第三个特点是，自清初以降，它的流行区域明显扩大，个别的甚至南及安徽，尤以安徽九华山一带为多，典型之例即安徽九华山上禅堂清代铜钟和安徽九华山万年禅寺民国铜钟。不仅如此，自清代初年起，波口 B 型钟还不远万里向西远行，派生出波口 B 型 IV 式例 6 ~ 例 8 这样一组梵钟。

这是十分特殊的一组梵钟，从形态上看，它们在大耳、圆顶、体中部饰一周方格纹，以及钟口的外敞等方面，皆同于波口 B 型 IV 式钟，而且在钟钮的铸造上也师法了波口 B 型 IV 式钟，理应归在波口 B 型 IV 式中。但同时又一望可即的是，此组钟的顶部相当隆起，并且用肩部的收缩来突出顶部的造型，以致其顶部像极了游牧民族毡包的穹隆顶。而绝非巧合的是，此组梵钟虽然在形制上属于 B 型，分布地点却远离中原，集中在甘肃敦煌和新疆等地，集中在自古便以穹隆顶毡包为居所的西域游牧之地。由此可见，这组梵钟的特异性显然和当地民族的生活习俗有关，和它的民族性、地域性有关。

清代的西域是以敦煌为界的，泛指敦煌以西的地区，而这一组梵钟恰好就在此范围内。众所周知，西域是佛教经陆路北传的必由之地，也是佛教最早传入的地区之一。种种迹象表明，早自汉代以来，佛教便从古印度地区出发，经由克什米尔穿越葱岭，进入西域的于阗地区，然后沿古"丝绸之路"传播开来。不迟于 4 世纪，西域高昌等国已开始奉佛教为国教，佛教在西域已臻鼎盛。可是事情的另一面是，自元代以来，特别是到了明清时期，伊斯兰教在西域逐步兴起，最后终于取佛教而代之。而上述 B 型Ⅳ式梵钟的有关例证却提供了截然不同的事实，它告诉我们，即便晚到了清代，即便伊斯兰教已在当地占据了绝对主导地位，西域一带仍保留着佛教文化的园地。

波口 C 型钟集中分布在西部，包括西藏、宁夏、陕西、甘肃等地，自明代起也散见于其他地区。其形制的特异性是彰明较著的，尤以部分钟耳的略微内敛且有一内凹的浅窝最为明显。截至目前，尚未发现此型钟属于清代的典型器，这可能一方面是受资料的限制，但也不排除到清代后它们在西部地区已被其他类型梵钟所取代，例如前述的波口 B 型Ⅳ式钟。

仅就目前资料所见，波口 D 型钟唯见于偏北的北京、沈阳和陕西，尚无其他实例。而最耐人寻味的是，它们虽然在造型上属于长江以北波形口钟的范畴，却全部出在长江以南的福建，而且从唐末五代十国起一直延续到了清末民初。不仅如此，据我们实地调查，福州、泉州、厦门、漳州等地古代流行的，基本都是此型梵钟，这就更不是偶然的了。这种现象自能说明此地梵钟与北方梵钟的特殊关系，进而说明此地佛教文化与北方佛教文化的特殊联系。

综合各类资料可知，古代福建的佛教十分兴盛。据 20 世纪 80 年代末的调查，全国有汉传佛教寺院 5000 多座，而福建一地就占了 4000 多座，且其基本上都是由古代延续下来的。揆诸历史，中国佛教的各主要教派都在福建不同程度地传播过，而其中影响最大且最为流行的，当属从晚唐开始进入发展期的禅宗。禅宗的祖庭位在中岳嵩山少林寺，其在唐朝颇负盛名，对四域的影响也极大。那么，E 型波形口梵钟自五代十国起在福建的流行，是否暗示该时期福建的佛教教派与禅宗祖庭有些关联呢？这是我们无法回答的，有待佛学界人士来做判断。

其实福建的古代佛教是不是和少林寺有关并不重要，重要的是自五代十国以迄清末，这支南方的佛教都和北方的佛教有一望可即的联系。尤有甚者，在近千年的历史时光中，这种联系不仅一直保留下来，甚至有增无减。因为具体资料提供给我们的又一事实是，随着年代的推移，E 型钟的数量在福建还处于不断递增

的状况。但事情的另一面是，从明代开始，在数量递增的情况下，此型钟的质量却不断下滑。这恐怕就和北方的佛教无关了，而应当和该时期福建地区的发展趋势有关①。

平口钟三型的分布区域较为清晰，其中 A 型钟主要流行在浙江、江西、广东、广西、四川、重庆等地，年代最早的陈太建七年钟就是其中一例。陈太建钟的具体使用地点不详，仅知其出于南朝陈国。而综观整个平口 A 型钟的流行区域，集中分布在江浙、两广和江西、四川等地，恰与南朝陈的腹心之地大致相合。如做进一步对比，尚不难发现陈太建七年钟的造型和此型 II 式中的浙江、江西唐钟最为接近，足以说明陈太建七年钟也在这一带。平口 B 型钟的分布集中在东南沿海的海南和广东、广西等地，在古代属于开发较晚的地区。而平口 C 型钟的分布区域则比较集中，主要在西南部的云南、四川和重庆。

其六，梵钟钟体上的纹饰，是梵钟文化中相当细微的一部分，也是相当敏感的一部分。而透过其细微而敏感的变化，不仅可以进而分辨各地梵钟文化的区域性，尚可窥见每个地域梵钟文化的不同发展脉络。这在北方波形口钟的身上体现得尤为明显，例如分布在北京、河北、河南、山西等地的波口 A 型钟，其纹饰基本是循着由简到繁、由少到多的轨迹发展的。而同样在河北、河南、山西、陕西等地，波口 B 型钟的纹饰则表现出了两个高潮和一个低潮。高潮之一是相当于唐代的 I 式钟，之二是相当于明代的 III 式钟，低潮则为辽金元时期的 II 式钟，不高不低的则是相当于清代的 IV 式钟。集中分布在西部西藏、宁夏、陕西、甘肃等地的波口 C 型钟，其纹饰则走了一条逐渐衰退的路，也就是以唐代的 I 式钟最盛（西藏的几口钟例外），此后逐渐暗淡。至于集中分布在偏北地区的波口 D 型和集中分布在福建地区的波口 E 型钟，则始终以素面无纹为主流。

由以上各型钟的纹饰风格可见，波口 A 型钟是不断进化的，波口 B 型钟是随着时代的变迁而波动起伏的，西部地区的波口 C 型钟是逐渐走下坡路的，波口 D 型钟是始终墨守成规泥古不化的，波口 E 型钟则始终处在比较萧条的状况。当然，这是仅就纹饰而言，而必须强调的是，纹饰并非判定梵钟质量和发展状况的

---

① 详见下文。

唯一标准，更非决定性标准。对一口梵钟的质量来说，决定性的标准更应该是其质地的优劣、体量的大小、音效的好坏及钟钮的工艺等，相比之下纹饰只能是参考性因素。可是事情的另一面是，综观整个东亚梵钟文化，纹饰的有无和繁简，虽然不足以区别不同类型梵钟的等级高下，但仅就同一个类型的梵钟而言，它们的变化却足以说明这支梵钟文化的兴衰起伏。

其七，梵钟的型式分析还告诉我们，不同类型的梵钟间存在着明显的高下之分。

对于梵钟的四大类不同捐铸者，已在第一章做了详细解析。那里我们说的是梵钟捐铸者的群体差异，而这里要强调的，则是梵钟自身的群体差异，即不同类型梵钟的等级差异。类型学的分析告诉我们，梵钟群体的等级差异也是存在的。

例如北方的波形口钟，以 A 型钟的质量最为精良，C 型、D 型也相对较好，其他的则较为一般，甚至有的很不尽人意。从前面所述钟钮的情况已不难看出，这种区别可谓泾渭分明。那么，这种差异究竟是如何造成的呢？结合历史的分析可知，这大致出自如下几个原因。

首先这对应的是所在地域条件的优劣，即梵钟的质量往往和它流行地域的发达与不发达有关。中国地域广袤，各个地区的差异很大，包括经济与文化的差异，往往高下悬殊。比较之下，日本与韩国虽然同样存在地域差异，但比起中国就小多了。所以，看中国古代梵钟的群体差异，首先要考虑地域的区别。

如前所述，波形口 A 型钟集中分布在中原腹心之地，到了明清时代尤以北京一地为大宗，几乎占了全部 A 型钟的三分之二。众所周知，北京是元明清的京畿重地，也是该时期全国佛教的中心，坐落着不少皇家寺庙和官宦私家庙宇。所以很自然的，明清时期此型钟有不少出自北京的皇家重寺，是皇家特制的宝钟，典型之例即明成祖的永乐大钟及清乾隆帝的朝钟等。此外还有相当部分出自明清皇室成员，上自太后下至公主、皇子、贵戚等无所不包。至于出自朝廷重臣或宫廷宦官之手的，那更是不知凡几。事既如此，A 型钟质地的精良、造型的气派、技艺的精湛自然非同一般，远非其他类型的古钟可比。

值得关注的有两点：一是从时序上看，A 型钟的前几式虽然纹饰不够突出，但整体的制作却很精良，说明早自唐代以来，此型钟的质量上乘已成传统，并非

晚到北京成为元明清古都后才开始的。二是从空间上说，A 型钟的分布不限于北京一地，其他地点的此型钟同样堪称精品，说明它们确乎是北方各型梵钟的翘楚。证之以这些事实，再证之以 A 型钟是北方波形口钟中数量最多的一型，足以说明此型钟是中国古代北方梵钟中最具典型性的一支，也是最具主导性的一支。至于它是否和某一具有主导地位的佛教流派相对应，那是一个相当复杂的问题，只能留待今后佛界达人深入研究。

除个别发现在偏远地区的特例之外，波形口 D 型钟的质量也相当不俗，而这也应和它们的流行地域有关。仅就目前掌握的资料，此型钟唯流行于北部地区，有确切地点的包括北京、沈阳和陕西等地。姑不论北京是元明清故都，单说 D 型 I 式例 1 的金代铜钟，也是清太祖努尔哈赤专门从辽南移入沈阳故宫的，移来后一直高悬在盛京方城的钟楼之上。究其来源，这口钟很可能原本就是金皇室的宝钟，所以才会被努尔哈赤视为宝物，特意移入沈阳故宫。细审 D 型钟的造型，厚重有余而清丽不足，处处显现了老派陈旧之风，加之基本没有纹饰，或许它原本就是皇家重寺的一种传统模式，以致泥古不化。

波口 C 型钟虽然分布在较为偏西的陕西、甘肃、宁夏、西藏等地，钟钮的圆雕工艺出现得较晚，纹饰也处在不断简化的状态，但综合以观，这些钟的质量等级也是相当不错的。首先此型钟除个别以外，通高大多在 2 米以上，就表明了此型钟的非同一般。至于其来历，也确乎个个异乎寻常。仅就几件 I 式钟而言，例 1 甘肃武威大云寺唐钟的质地甚佳，乾隆二十五年（1760 年）重修大云寺碑记称其"若铜、若铁、若石、若金，兼铸其中，真神物也。如响震之，则远闻数千里，发人深省，为郡脉之一大助也。"直到今天，这口钟仍是武威人心中的神钟，每逢农历正月十六和五月端午，必定要奏响此钟以祈求五谷丰登、国泰民安①。再如 I 式例 2、例 3 梵钟，捐铸人分别是吐蕃王朝第 37 任赞普王妃和赤德松赞之妃菩提氏，统属吐蕃王室重要成员。至于例 4 的唐代景云铜钟，其铭文由唐睿宗李旦撰文并书写，更是皇家御制之钟。此型钟中也包含了一些铁钟，但其质量同样不俗。例如 II 式例 4 甘肃兰州崇庆寺金朝铁钟，不仅通高 260 厘米，口径 165

---

① 　李元辉：《武威大云寺钟》，《甘肃广播电视报》2013 年 7 月 19 日。

厘米，而且质量上乘，造型精美，堪称铁钟中的上佳之作。

从整体上说，质量最为相形见绌的，无疑是 B 型 IV 式中属于西域的那一组。此组梵钟的质地不仅多为铸造不精的铁质，而且制作粗糙，纹饰也相当简单，各方面都略逊一筹。此中缘故当然一方面和这些地区的不够发达有关，但更不能忽视的是，这些地区在元以后盛行的是伊斯兰教，佛教虽然还坚守着自己的阵地，但早已无可奈何花落去，以致各方面都难掩凋敝之势。

梵钟的群体质量不仅取决于它们的区域属性，也取决于它们的时代属性，即和朝代的演变有关。最明显的一例即波形口 B 型钟，其属于唐代的 I 式钟还算差强人意，可一进入辽金时期，包括元朝时期，却各方面都急转直下，明显降到了谷底。这不仅是从前面谈到的纹饰表现出来的，更由其质地和工艺水平表现出来。例如就质地而言，辽金元时期的波形口 B 型钟开始流行起质地远不及铜钟的铁钟来，工艺也较为粗糙。B 型钟主要分布在河北、河南、山西、陕西等地，其中相当部分地域在辽金时期纳入了辽和金的版图，事实上但凡可确知属于辽、金或元的梵钟，也基本集中在此型中。辽、金、元是崇佛的王朝，尤以辽朝为甚，按说这个时代的梵钟不应流入"上者为铜，下者为铁"的等而下之者。而对这种现象的最恰当解释，莫过于辽金元时期的社会不够富足，上不及盛唐，下不逮明清，加之铜原料全都用来铸造兵器和货币了，所以只好用铁质梵钟来取代。

随时代变化的另一例，见于波形口 E 型钟。此型钟皆集中在福建，若单就纹饰而言，它们始终以素面无纹者为多，似乎看不出什么变化。可如果综合其他方面来看，可知它们开始时在质地和制作工艺上尚属精良，后来却出现了逐渐衰退的趋势，尤以明以后为著。而结合历史的考察可知，这种衰变显然和福建一带自明代初年以来实行的经济政策有关。

于史可稽，自明代初年起，"明祖（朱元璋）定制，片板不许入海[①]"，实行了严格的海禁制度。明太祖洪武七年（1374 年），明政府还下令撤销了自唐朝以来就设立的负责海外贸易的福建泉州、浙江明州、广东广州三个市舶司（按：此即古代管理对外贸易的机构，相当于今天的海关），中国的对外贸易遂告断绝。

---

① ［清］张廷玉等撰：《明史·朱纨传》。

洪武十四年（1381 年），朱元璋"以倭寇仍不稍敛足迹，又下令禁濒海民私通海外诸国①"，自此连与明朝亲睦的东南亚各国也不能来华进行贸易和文化交流了。福建是依海而生、靠海而活的地区，百姓的主要经济来源是从事海上捕鱼或海上贸易。海禁政策的实施，一下子使东海之滨的福建成了瓮中之地，经济状况一落千丈。更糟糕的是，这个海禁政策还为闭关锁国的清政府所继承，一直绵延了数百年之久，更使东部沿海地区经济凋敝，民不聊生。之所以 E 型钟的质量不断表现出衰退的趋势，甚至如前所述，最后竟然出现了钟钮回归到简单模制的"返祖现象"，显然和明初以来福建的经济凋敝有关。此外，之所以北方系统的波形口钟能在南国福建保持了上千年的持续发展，想必也和海禁制度造成的福建相对封闭有关。

梵钟的群体质量不单纯是由它的区域属性、时代属性决定的，还由它们的类别属性所决定。换言之，在同一个时代的同一个地区，往往存在质量高下有别的两类乃至几类钟，而这应当是由梵钟文化所依附的不同寺庙规格或不同社会阶层所决定的。

事如前述，波口 A、B 两型钟的分布地域有很大的重叠，而波口 A 型钟的质量是北方诸类型中最为精良的。比较之下，波口 B 型钟的纹饰虽然技高一筹，但整体质量却不过尔尔，各方面都相形见绌。且不论其他方面，单说钟钮，波口 A 型钟从一开始就流行圆雕工艺，而波口 B 型钟的钟钮多为模制，直到晚期才出现部分圆雕，仅此已判若云泥。对于这种差异的最合理解释，莫过于它们各自依存的寺院级别不同，各自捐铸人的实力和地位也不同，于是便有了高下之分。当然，还有一种可能是，这两种梵钟文化一个流行于社会上层（A 型），一个流行于社会下层（B 型），分别代表了两种不同的佛教流派。而恰恰是流行在社会上层的 A 型钟更在意形制的规范和古朴，而流行于社会下层的 B 型钟更追求钟体的活泼与鲜丽，于是反倒是 B 型钟的纹饰从一开始就极尽雕饰之能事了。

总之，无论是否分属不同的佛教流派，波口 B 型钟总归应该是流行在民间小

---

① ［明］姚广孝等监修，胡广等总裁：《明太祖实录》卷一三九，学识斋，清同治七年（1868 年）复印本。

寺庙的梵钟。它们的质量虽然不尽人意，但生命力却很顽强，在河北、河南、山西、陕西这片土地上从唐初一直延续到了清末。即使是在异族统治的辽金元时期，这支梵钟文化也还一如既往地深植于民间，尤有甚者，这个代表中原民间的梵钟文化还翻越千山万水，于清代初年传播到了南及安徽、西及西域的广大地域，表现出了极强的生命力。

以上所论皆为波形口钟，至于南方流行的平口钟，三型之中以 A 型的质量最佳，且起源的时间最早，陈太建七年钟就在此型中。相比之下，平口 B 型钟可谓中国古代梵钟中质量最不尽人意的一种。此型钟不仅以铁质为多，且制作粗糙，而且还呈现出不断退化的趋势，由 I 式向 II 式的更加粗糙化和简单化蜕变。最明显的例证是，其钟钮在相当于明代的 I 式中虽然以模制为主，但还偶见圆雕钟钮，无非形制较为粗糙而已。但在此后，此型钟却普遍流行起模制钟钮来，而且造型极其简单，出现了明显的"返祖现象"。平口 B 型钟中也有个别较为精良的，例如 I 式例 2 的海南卫府楼明代铜禁钟。但此钟的铭文已经载明，这是一口海南官府铸造的铜禁钟，在 B 型钟中只能算是个特例。平口钟三型中比上不足比下有余的是 C 型，它们主要流行于明清两代，质地铜、铁兼具，制作亦差强人意，其钟钮虽为圆雕，但造型却较为简单，无论从哪方面看都属于质量中平的一类。

以上平口钟三型的差别，也主要是由地域的优劣造成的。前文已述，平口 A 型钟集中分布在浙江、江西、广西、四川等地，而这大多是江南的较富庶地区，这就保证了平口 A 型钟的质量水平。平口 B 型钟集中分布在海南和两广，此型钟之所以质量不佳，一则免不了和地域的不太发达有关，二则它们大多地处东南沿海，也必然和明清的海禁有关。平口 C 型钟主要分布在西南部的云南和四川，个别的出现在安徽，而这恰好都是古代社会的中等发展地区，无论政治、经济、文化概莫如此，于是其梵钟的质量也就位居中等了。

综上所论，可知在各类中国古代梵钟身上，确乎存在着高下之分。而这不仅和寺院的名号有关，和捐铸人的身份有关，也对应着不同地区的优劣，对应着不同朝代的实力，甚至对应着不同的宗教派别。总之，细细审视便不难发现，这里蕴含着古代社会丰富的政治、经济、文化内涵，是剖解古代社会的一个重要入手

点。同时，它们也折射出了各地佛教境况的迥然有别，是研究中国古代佛教史的珍贵原始资料。

除了因种种原因造成的群体差异，中国古代梵钟当然也还存在个体差异。也就是说，在同一时代、同一地域的同一类型梵钟中，还会有个体间的高下之分。突出之例如波口 A 型Ⅲ式钟，它们虽然属于同一时代、同一地域、同一类型，但其中既包括了通高达 560 厘米、铸造极为精良的明成祖永乐大钟，也包括了通高仅百厘米、质量一般的铜钟，彼此的区别一目了然。再如波口 A 型Ⅳ式钟，既包括了通高达 254 厘米、周身修饰得精妙绝伦的清乾隆朝钟，也包括了通高不足一米的普通梵钟，彼此的差异也一望可知。这种区别不仅体现了梵钟等级、寺庙等级的不同，更体现了梵钟捐铸人或监铸人等级的不同。

但事情的另一面是，经过认真归纳和分析，可知在中国古代，这种梵钟个体的等级关系并不那么绝对，或者说并不那么严格，至少不像后面将谈到的日本和韩国那样严格。因为客观事实告诉我们，仅就梵钟个体的大小来说，除了像明成祖永乐大钟、清高宗乾隆朝钟毫无疑问都硕大无朋外，其他梵钟则似乎并无一定的成规。例如综合第一章和本章所述，明朝皇太后领衔捐铸的黄村寺钟和保明寺钟只有通高 145 厘米和 147.5 厘米，在体量大小上只属中型钟。再如康熙皇十五子捐铸的铜钟，虽然质量上乘、工艺精良，但通高也只有 62 厘米，甚至只能算是小型钟。又如北京钓鱼台养源斋清铜钟，是清朝显亲王于康熙四十一年铸造的，但也只有通高 81 厘米。更如明朝大太监魏忠贤，他在担任司礼秉笔太监时权倾朝野，人称"九千九百岁"，以致世人"只知有忠贤，不知有皇上"，然而由他实名捐铸的梵钟也只有 170 厘米高。凡此事实无不说明，由于中国古代社会的复杂性，梵钟的等级是由多方面因素决定的，无法简单地对应为体量的大小。

其八，中国古代梵钟的类型分析还带给我们一个重要启示，即仅仅在梵钟这样一个极为特殊的载体上，也反映出了中原文化对边远地区的强大辐射力。

例证之一即前述波形口 B 型钟，它们虽然流行在河北、河南、山西、陕西一带，但影响所及却南至安徽，西及西域，体现出了极强的辐射力。特别是 B 型Ⅳ式属于西部地区的那一组梵钟，虽然远在西域，但除了钟顶外，其他方面皆模仿了流行在中原一带的波口 B 型钟，而且钟体铭文全是汉文，镌刻的工匠人名也全

是汉人，这就真实再现了中原文化对西域地区的影响。

再如波形口 C 型钟，集中分布在西藏、宁夏、陕西、甘肃等地，但其中最早的Ⅰ式钟却与中原的 B 型Ⅰ式钟如出一范，区别仅在于 C 型Ⅰ式的钟体略长。这说明，虽然 C 型钟流行在偏远的西北地区，但其源头却在 B 型Ⅰ式钟分布的山西、陕西、河南、河北一带。更重要的是，这个结论不仅是由类型学的分析得出的，还得到了铭文材料的证明。

波口 C 型Ⅰ式例 3 的"西藏乃东昌珠寺唐代铜钟"钟铭曰："此亦增天神赞普赤德松赞之住世寿元也。施主为王妃菩提氏，由唐廷汉比丘大宝监铸。"这里注明此钟虽然是赤德松赞之妃菩提氏为松赞干布本尊寺院所造，但监造人却是中原唐廷的汉比丘。唐王朝实行的是两都制，以今陕西西安的长安为都，今河南洛阳为东都，而监造此钟的"唐廷汉比丘"无论来自长安还是洛阳，都不出 B 型Ⅰ式钟流行的范围。此例再确凿不过地说明，流行于西部西藏、宁夏、甘肃等地的 C 型钟，其祖型很可能就是中原的 B 型钟。这种联系的深层背景，当然和唐太宗实行的和亲政策有关，和文成公主远嫁吐蕃国王松赞干布有关。因为揆诸历史，正是从那时开始，唐番结为姻亲之好，此后吐蕃都自认是中原王朝的藩属，凡新赞普即位必要呈请唐天子"册命"。

更如波形口 E 型钟，虽然它们远在东南沿海的福建，却采用了中原地区流行的波形口钟模式，这同样源于中原文化的强大影响。不仅采用了中原模式，而且这模式还在福建地区长期保持下来，流传了近千年，又足见这种影响是多么的恒久不息。

当然，我们说的是梵钟，是佛教文化的特殊法器，它们之间的对应和交流，更大程度上体现的不仅是中原梵钟文化对边远地区的影响，更是中原佛教文化对边远地区的影响。上面列举的福建、西域、西藏等例证，就都体现了中原佛教文化对南北各地的影响，甚至一定意义上折射出了中原佛教文化对这些边地的传播。

其九，综观整个中国佛教文化的发展，梵钟文化不仅与之相呼应，而且步调完全一致，荣枯兴衰间表现出了共同的发展历程。

自汉末兵寇烽起，历经三国分裂、西晋八王之乱，直至五胡乱华，南北对

峙，佛教在兵连祸结、风雨如晦的岁月中春风化雨，悄然入华，终于在南北朝时期全面兴起，进入了中国佛教的"黄金时代"①。恰逢其时，中国式梵钟应运而生，见证了佛教在中国的兴起，并且以源远流长的华夏古钟文化的融入，标志中国佛教从此踏上了自己的本土化进程。

南北朝以后，唐高祖李渊"自以李氏老子之后也②"，奉道教祖师老子为先祖，尊崇道教。但实际上，整个大唐王朝实行的是道佛并行的政策，并且始终对佛教扶持有加。登基前唐高祖就是奉佛求福之人，即位后更于武德二年（619年）在京师聚集高僧，立下十大德以统摄僧尼；唐太宗在扫荡割据时曾得到过僧兵的帮助，即位后下诏在全国"交兵之处"树立寺刹，并在大慈恩寺设译经院，延请国内外名僧译经、宣化；唐太宗贞观十五年（641年）文成公主入藏，带去佛像、佛经等，使汉地佛教深入藏地；贞观十九年（645年）玄奘从印度求法归来，唐太宗特地为他安置了大型译场，助其讲经弘法；唐高宗继位后，在帝都和各州设立官寺，祈愿国度安泰；武则天更是崇信佛法，颁行了一系列奖掖佛教的政策，并于载初元年（689年）在全国颁发《大云经》，下诏各州郡修建大云寺，一时间名刹重寺遍布神州；唐玄宗崇信密教，对善无畏、金刚智、不空礼敬有加，曾请和尚入宫授灌顶法，佛教密宗由此兴盛一时；唐肃宗曾召百余沙门入宫诵经祈福，并受灌顶皈依；唐代宗除下令建寺度僧外，还于戎狄入侵时召沙门诵经，为国消灾；唐宪宗曾亲迎佛骨于凤翔法门寺，在社会上掀起了一股崇佛的热潮。

《旧唐书·列传第六十八》曾对唐代宗的崇佛做了一段描述，形象说明了佛教在唐皇室的地位。其云："代宗尝令僧百余人于宫中陈设佛像，经行念诵，谓之内道场。其饮膳之厚，穷极珍异，出入乘厩焉，度支具廪给。每西蕃入寇，必令群僧讲诵《仁王经》，以攘虏寇。苟幸其退，则横加锡赐。……凡京畿之丰田美利，多归于寺观，吏不能制。僧之徒侣，虽有赃奸畜乱，败戮相继，而代宗信心不易，乃诏天下官吏不得箠曳僧尼。又见缙等施财立寺，穷极瑰丽，每对扬启沃，必以业果为证。以为国家庆祚灵长，皆福报所资，业力已定，虽小有患难，

① 任继愈总主编，杜继文主编《佛教史》，第 149～222 页。
② ［宋］欧阳修、宋祁撰：《新唐书·礼乐十一》，北京：中华书局，1975 年。

不足道也。"此文还提到一个不空和尚，称其"官至卿监，封国公，通籍禁中，势移公卿，争权擅威，日相凌夺"。这位不空和尚先后仕玄宗、肃宗、代宗三朝，出入宫门如入无人之境，甚至被加封为肃国公，不空圆寂后唐代宗还废朝三日以示哀悼，僧侣在唐代的地位由此足见一斑。

正是由于帝王的护持，佛教在大唐王朝得以迅速发展，因此继南北朝之后一步跨入了它的鼎盛期。其兴盛繁荣表现在诸多方面，如译经、著述、艺术等，尤其是中国化佛教宗派的建立，更是其显著成就。中国古代佛教的几大宗派，例如华严宗（贤首宗）、法相宗（慈恩宗）、俱舍宗、律宗、净土宗、禅宗、密宗（真言宗）等，都是在唐代依托中国本土文化正式形成的。这些教派分别创建了自己的理论体系，代表人物有法顺、智俨、贤首、道绰、善导、玄奘、道宣等，皆为名重一时的弘法大师。至于唐代的佛教艺术，在实现向本土化转型的同时，也取得了前所未有的辉煌成就。无论是富有人情味的龙门奉先寺卢舍那像，还是敦煌石窟壁画中那些飘逸曼妙的飞天，抑或寺院画像中富于自我牺牲精神的佛传故事，都是彪炳千古的艺术成果。唐代佛教的一个更大成就是，其影响不仅深入中国各阶层，还成了世界新的佛教中心，把佛教不断输送到韩国（高丽、百济、新罗）、日本、越南和诃陵（今印度尼西亚）等国家。当时大批外国僧侣、学者来唐朝请益求法，他们在研习佛法的同时遍游名胜古迹、僧居寺院，还请赐佛教经典、佛具造像等，都得到了热情的接待和丰厚的馈赠。当然，除了他国僧人前来求法，中国高僧渡洋弘法也是一大潮流，而正是这种游学和互访，不仅促进了佛教文化的传播，还增进了各国的友谊。

对照中国古代梵钟文化长河，与上述事实完全相应的是，在整整近一千五百年的梵钟发展史上，质量最好的就是唐朝。当然，这个"最好"是相对而言，因为那时还处在中国古代梵钟文化的前期阶段，以致唐代梵钟的个体都还不是很大。但无论是证之以北方的波形口钟还是南方的平口钟，也无论是察诸 A 类型还是 B 类型，但凡是唐代梵钟，质地都相对精良，制作皆相对精细，雕琢也相对精美。这个简单的事实再确凿不过地揭示，中国佛教在唐朝进入了它的鼎盛期后，连带中国梵钟文化也进入了鼎盛期。

到了唐朝晚期的唐武宗时，因为社会、经济等各方面的原因，也因唐武宗个

人极度偏好道教长生之术，掀起了大规模的灭佛运动。唐武宗会昌五年（845年），武宗下令没收寺院土地财产，毁坏佛寺、佛像，淘汰沙门，勒令僧尼还俗。据《唐会要》记述，当时拆毁的寺院有 4600 余座，破坏的招提、兰若佛教建筑 4 万余所，强制僧尼还俗达 260500 人，佛教受到了毁灭性打击。但这场史称"会昌法难"的劫难过去后不久，唐宣宗于次年即位，立即下诏复兴佛教，尔后几代唐皇也对佛教护持有加，佛教遂得以复苏。但总体上说，随着唐王朝末期的衰落，佛教的鼎盛期也告终结。

像"会昌法难"这样的灭佛运动在中国历史上共出现过四次，分别发生在北魏太武帝太平真君七年（446 年）、北周武帝建德三年（574 年）、唐武宗会昌五年（845 年）和后周世宗显德二年（955 年），史称"三武一宗"法难。每逢灭佛厄运降临，轻则强迫僧尼还俗、拆毁寺院、焚毁经像、没收寺产，重则甚至对僧人大开杀戒。例如北魏太武帝太平真君七年，太武领兵出征，大军在离长安不远处驻营，发现附近佛寺里藏有许多兵器和与叛军往来的信件，更有甚者还搜出了多个暗藏在密室供僧人淫乐的年轻妇女。太武帝原本就喜道反佛，闻听此事后勃然大怒，下令诛杀沙门，焚烧一切寺院经像，开展了席卷全国的灭佛运动。诏令一下，北魏境内大批僧侣做了刀下鬼，幸免于难的也被罚没为奴，寺院佛经则被毁灭殆尽，各地的寺塔更是焚毁无存。刹那间，流行了四百余年的佛教就像从魏境蒸发了一样。但也和"会昌法难"一样，每次灭佛运动虽然来得猛烈，但也去得迅速，往往过不了多久，佛门便重归往日的香烟缭绕景象。

所以总体上看，中国佛教在唐灭以后，一方面历经唐末、五代的两次法难和朝代兴替的战乱而盛况不再，另一方面却也传承不息，并在宋代和明代始现复苏之迹。然而，虽然叠有复苏，佛教却再也恢复不到大唐时期的弘盛兴隆了。特别是注重义理研究的宗派在唐以后盛况不再，唯剩注重实践的禅宗以及强调信仰的净土宗在社会流传。从此佛教一改唯我独尊的传统，踏上了与儒、道二家相融的道路，越来越渗透到中国文化中，越来越沉浸在平静的佛事活动里，开始独守禅院丛林的那片宁静。与之相应，唐以后的中国梵钟文化也没有特别的大起大落，以致没有表现出大的阶段划分。在从唐末到清末的一千年中，中国梵钟文化犹如一条平静的长河，在终古不息的静静流淌中诉说着佛教文化的传承，也诉说着由先秦以来中国古钟文化的传承。正是这种传承，使得佛教在 9 世纪于印度本土逐渐式微后，在 12 世纪阿拉伯民族的大规模入侵把佛教从古印度大地上扫荡殆尽后，佛教不仅仍在中国得以保存，并且发展成新的佛教文化中心。

但唐以后的中国梵钟文化也并非没有亮点，其最大的亮点，就是明朝涌现出一批体大质优的大型梵钟，而且有不少类型的梵钟纹饰更加精雕细琢。据学者统计，中国现存最重的五口古代大铜钟都是明代铸造的，它们分别是江苏南京洪武大钟、北京觉生寺永乐大钟、北京钟楼永乐大钟、云南昆明醮楼大钟和四川峨眉山圣积大钟。不仅如此，学者还指出，全国有一半省市以上的最大古钟也是明代铸造的①。其故盖因明太祖朱元璋相信"惟功大者其钟大"，偏爱铸造大钟，于是他登基后，仅在都城南京一地就铸造了三口紫铜大钟。南京的这三口大钟目前仅存一口，高 365 厘米，口径 229 厘米，重 23 吨，是洪武二十一年（1388 年）铸造的，俗称"洪武大钟"。单在都城南京铸大钟还不过瘾，朱元璋又在家乡安徽凤阳铸造了一口大钟，甚至比都城南京的还要大，通高 550 厘米，口径 350 厘米，重达 32.5 吨，可惜此钟今已不存②。朱元璋的儿子朱棣当上皇帝后秉承乃父遗风，铸造了更大的铜钟，突出之例即众所周知的北京觉生寺永乐大钟和北京钟楼的永乐大钟。除了铸造大铜钟，朱棣还铸造了大铁钟，典型之例即那口专为明北京钟楼铸造的大铁钟，通高 427 厘米，重达 23 吨。辗转至今，明成祖朱棣铸造的这三口大钟犹在，通体完好无损，每逢节庆还在用它们雄浑悠远的钟声传递着经久不息的中华古韵。

明朝大钟的层出叠见并非无故。观诸史实，明太祖朱元璋因家境贫寒，17 岁时在家乡濠州（今安徽凤阳）皇觉寺出家，是个名副其实的"和尚皇帝"。此后他投奔白莲教徒郭子兴，加入到打着佛教旗帜的农民起义队伍中，并由此发迹。正因为有这些特殊经历，朱元璋称帝后对佛教的作用十分重视，肇基之初便

---

① 王福谆：《古代大铜钟（续）》，《锻造设备与工艺》2012 年第 4 期。
② 吴庭美、夏玉润：《凤阳古今》，合肥：黄山书社，1986 年，第 74 ~ 75、116 ~ 117 页。

声明"天下甫定，朕愿与诸儒讲明治道。有能辅朕济民者，有司礼遣①"。但朱元璋创建的是一个高度集权的封建王朝，他本人乃至整个明王朝对佛教所持的立场，无非是要其为巩固明皇的专制统治服务，而并非关注民间疾苦。于是，明朝佛教的复苏是和唐代佛教的兴盛有本质区别的，明朝梵钟文化的中兴也是和唐朝梵钟文化的昌盛迥然有别的。因为，在明朝梵钟体大质优的背后，彰显的是大明王朝的皇家威仪。

---

① ［清］张廷玉等撰：《明史·太祖本纪二》。

第三章　日本古代梵钟

第一节　佛教传入日本及其梵钟文化的源起

佛教传入日本的时间，一般认为是在 552 年，标志性事件即朝鲜南部的百济国圣明王派遣使臣将佛像和汉译经典送到日本①。《日本书纪》卷十九云："百济圣明王遣西部姬氏达率怒唎斯致契等，献释迦佛金铜像一躯，幡盖若干，经纶若干卷。"这就是对此事件的记载。百济王同时还上表赞颂弘布佛教大法的功德，说："是法于诸法中最为殊胜，难解难入，周公、孔子尚不能知。此法能生无量无边福德果报，乃至成辨无上菩提。……由是百济王圣明，谨遣陪臣怒唎斯致契，奉传帝国，流通畿内，果佛所记，我法东流。"当时在位的是日本第二十九世天皇钦明天皇（在位于 539～571 年），《日本书纪》卷十九载："是日，天皇闻已，欢喜踊跃，诏使者云：朕从昔来未曾得闻如是微妙之法，然朕不自决，乃历问群臣曰：西番献佛，相貌端严，全未曾有，可礼不？"从钦明天皇对百济使者说"朕从昔来未曾得闻如是微妙之法"，以及"西番献佛，相貌端严，全未曾有"来看，佛教此前在日本闻所未闻，是由百济圣明王的传送才刚刚听说的。

学界多以此为佛教传入日本之始，例如任继愈总主编的《佛教史》说："百

---

① 日本原称"倭"，于唐高宗咸亨元年（670 年）更名为日本（详见第六章第一节）。为了照顾读者的阅读习惯，本章除特殊情况外，一概以"日本"称之。

济佛教对隔海的日本有直接的影响。据《日本书纪》记载，在日本钦明天皇十三年（552年），百济圣明王派使者到日本献金铜佛像、幡盖、经纶等，这是佛教传入日本之始①。"还有人进一步补充道："钦明天皇十三年，百济王遣使赠送金铜佛像、经纶及幡盖等物，表赞佛法的功德。据说当时在日本朝廷内部引起争论，物部氏主张排斥，苏我氏主张接受。于是，苏我氏呈领了佛像、经文等，以向原自己的住宅为佛寺，开始崇奉佛教，这是佛教在日本传播之始②。"这种说法也得到了日本方面的认可，前引《日本书纪》是日本官修的最早正史，那里就是这样说的。

552年为日本飞鸟时代（593～710年）的初期，当时正值中国的南北朝后期，中国已进入佛教的黄金时代。而这之后，日本的佛教也很快取得了显著发展，来自百济、高句丽的僧人大量涌入日本，同时带来了寺工、瓦工、画工、炉盘工等工匠，修建了飞鸟寺等早期寺院。

然而，日本佛教是否只来源于百济、高句丽呢？从百济输入的佛教是不是日本最早的佛教呢？这仍然是一个有待商榷的问题。因为种种迹象表明，事实并非如此。

关于佛教传入日本的一个重要文献记载，保留在中国官修史书《梁书·诸夷列传》中。其云："扶桑国者，齐永元元年其国有沙门慧深来至荆州，说云：'扶桑在大汉国东二万余里，地在中国之东，其土多扶桑木，故以为名。'……婚礼大抵与中国同。……其俗旧无佛法，宋大明二年罽宾国尝有比丘五人游行至其国，流通佛法、经像，教令出家，风俗遂改。"

上文提到的扶桑，是个迄今尚无定论的国度，一说是日本，一说是墨西哥，并以后说更具影响。但从上文的具体描述来看，此扶桑一则"婚礼大抵与中国同"，二则自宋大明二年起"流通佛法、经像，教令出家"，三则这个来自扶桑国的是个沙门僧人。仅凭这三点，就可以断言其绝非远在南美洲且当时和佛教没有半点关系的墨西哥，而必当以日本视之。事既如此，那么齐永元元年（499

① 任继愈总主编，杜继文主编《佛教史》，第365页。
② 魏常海：《日本文化概论》，北京：世界知识出版社，1996年，第60页。

年）从扶桑来到荆州的慧深，便是日本僧人了。而据这个日本僧人说，他们那里的佛教是宋大明二年（458 年）由罽宾国的五位比丘传入的。罽宾国又称凛宾、劫宾、羯宾，是汉朝时的西域国名，在今克什米尔一带。上章已述，西域的佛教是汉代从西方的古印度传入的，经由克什米尔穿越葱岭后，沿古"丝绸之路"传播开来。于是，这东渡日本的五位罽宾国比丘当年只要不是乘飞机过去的，那就一定要经由中国本土。

这就提出了两个问题：一是佛教传入日本的时间，据以上文献就有可能早到齐永元元年（499 年），甚至早到罽宾国比丘进入日本的宋大明二年（458 年），比前面列举的说法早了整整一个世纪；二是佛教传入日本的渠道，除了百济和高句丽外，还有一个中国。

不仅中国典籍有如此记载，日本典籍也有此类记载。《扶桑略记》是日本平安时代后期的史书，由僧人皇圆编纂，其中卷三《僧禅岑记》中记载了这样一桩往事："第廿七代继体天皇即位十六年壬寅，大唐汉人案部村主司马达止次年春二月入朝，即结草堂于大和国高市郡坂田原，安置本尊，照依礼拜。举世皆云：是大唐神之出缘起。"以上说日本继体天皇十六年（522 年），中国以制鞍为业的汉人司马达（也有说名叫司马达止或司马达人）东渡，定居在日本高市郡坂田原，构筑了一处草堂参佛礼拜，此文强调这才是"大唐神"在日本的"缘起"。后来，日人虎关师练在其 1364 年撰著的《元亨释书》中，把上述引文中的"大唐汉人"改为"南梁人"，说明司马达来自中国南朝梁；又把"大唐神"改为"异域神"，说明当时日本人尚不知佛教为何物，只把佛看作是来自境外的"异域神"。

日本继体天皇十六年（522 年）相当于中国南朝梁武帝普通三年，以上事例再清楚不过地说明，那时日本已经有了礼佛的场所。即便这只是一处极简陋的草堂，但只要如文献所载，里面安置了"本尊"，即有了可供参拜的佛像，再加上司马达烂熟于心的经文和必要的仪式，其功能就完全无异于佛堂。同时此例也再清楚不过地说明，佛教传入日本的另一个不可忽略的渠道，就是与之一海之隔的中国。因为在日本建造这个最早佛堂的是中国人司马达，佛堂里供奉的佛像、经卷和法器显然也是从中国带去的。

对于上述事实，日本学者也抱持认同态度。日人木宫泰彦在其所著《日中文化交流史》中说："在《扶桑略记》第三延历寺《僧禅岑记》中载：'第二十七代继体天皇即位十六年壬寅，大唐汉人案部（鞍部）村主司马达此年春二月入朝，即结草堂于大和国高市郡坂田原，安置本尊，归依礼拜。'①"这里明确指出，自从司马达来到大和国高市郡坂田原后，既建造了专供礼拜的草堂，又安置了本尊，还开始了礼佛。这就是说，佛事活动的场所、神像、礼仪已一应俱全，这不是早期佛教又是什么？

日本学人习惯说司马达礼佛之事属于佛教的"私传"，也就是由民间自行传入的佛教，与百济国王通过政府渠道送来佛像和经书的"公传"迥然有别。殊不知，虽然司马达对佛教的崇信以及筑草庐礼佛属个人行为，但在这之后却介入了强大的政治力量，使司马达的拈香礼佛转化为不折不扣的政府行为。因为于史可稽，当时权倾朝野的日本重臣苏我马子（约 551～626 年）从父辈苏我稻目起就崇敬佛教，他找到司马达，派遣司马达和池边冰田等一起寻找佛教修行者，并在播磨国找到了已经还俗的高句丽人慧便。随后苏我马子请慧便为师，度司马达的女儿司马岛出家，取法号为善信。又让善信尼为师，度了禅藏尼、慧善尼。苏我马子本人也从此皈依佛法，礼敬善信尼、禅藏尼、慧善尼三尼，在石川宅建造佛殿②。可见由于苏我马子的介入，司马达礼佛之事已经不再是个人行为，而且正由于苏我马子的介入，佛教才在日本逐渐站住了脚，甚至有了最早的比丘尼。

综上所述，可知古代文献提供给我们的线索是，最早把佛教传入日本的是西域僧人，时在 458 年，属于中国的南北朝初期。他们是通过古丝绸之路先行来到中国，再由中国东渡日本的。正是由于他们的传播，日本才有可能早在 499 年以前就出现了皈依佛门的"沙门慧深"。这之后不久，随着中国匠人东渡扶桑，也把自己的佛教信仰带了过去。鉴于中国匠人东渡扶桑的事例不止一批两批，且中

---

① ［日］木宫泰彦著，胡锡年译：《日中文化交流史》，北京：商务印书馆，1980 年，第 46 页。

② 水户藩：《大日本史》卷 231《苏我马子传》，东京吉川弘文馆排印本，明治四十四年（1911 年）。

国早在南北朝时期就已佛事大兴，不难想象把自己的佛教信仰带到日本的中国人不止一起两起。而其中有幸被记载下来的，是南朝梁人司马达，他把佛教传到日本是在 522 年，属中国的南北朝后期。这些中国匠人不仅把自己的信仰带到了日本，也把从不离身的佛像、僧堂、经卷带到了日本，甚至不惜让自己的儿女以身事佛，成了日本最早的僧尼。而在上述事实一一发生过后，才是百济圣明王给日本送佛像和经纶，那已是晚到 552 年的事情了。

当佛教刚刚进入日本时，由于日本本土原始神道教和巫教的抵制，只能在很小的范围内传播，未能蔚为气象，更未被王室接纳。不仅罽宾国比丘的东渡劝化未能将佛教传播开来，中国工匠司马达的虔诚笃信未能将佛教推行开来，就连权倾朝野的苏我父子接连两代的努力也没有起到这个作用，甚至百济圣明王派使者到日本宣传佛教同样没有起到这个作用。直到推古朝圣德太子摄政时，一切才发生了根本的变化。

圣德太子（574～622 年）名厩户，是用明天皇第二子，自幼出类拔萃，年仅 14 岁就参加了讨伐敌对势力的军事行动。593 年其姑姑被拥立为推古女皇，成为日本第一位女皇，20 岁的他即被委任为皇太子兼摄政王，总摄一切朝政。史称他自幼"习内教（佛教）于高丽僧慧慈，学外典（儒学等）于博士觉哿①"，是在中华文化和佛教的熏陶中长大的。他出任摄政王时，正值日本内忧外患，国内各豪族势力强大，皇室实力单薄，国外则与朝鲜半岛的关系急剧恶化。凡此种种，都使圣德太子急需建立一个全国共同尊信的宗教，以此来凝聚民族信仰和完成国家统一，于是佛教应运而兴。

执政伊始，圣德太子便于推古二年（594 年）下诏兴隆佛法，令朝廷重臣"各为君亲之恩，竞造佛舍，即此谓寺焉②"。为了带头弘扬汉传佛教，他用汉文撰写了《胜鬘》《维摩》《法华》三经注疏，建起了斑鸠寺（法隆寺的前身）和四天王寺，亲自在宫中讲解佛经。推古十二年（604 年），圣德太子制定了融合儒、佛二教思想的《宪法十七条》，"其中第二条要求居民笃敬佛教三宝——佛

---

① 舍人亲王等撰：《日本书纪》卷二十二，讲谈社，1988 年。
② 舍人亲王等撰：《日本书纪》卷二十二。

（佛陀）、法（学说）、僧（僧团、教团）"，同时他还"千方百计地鼓励在国内传播佛教，建造寺庙，制作圣像，并把它们安放在一些最大的殿堂里①"。此风一开，日本各氏姓纷纷建起了自己的佛堂、寺院，金碧辉煌的佛像渐渐取代高大的古坟成为豪族的象征，佛教由此推广开来。

圣德太子执政时适逢中国的隋朝，封建大一统的隋王朝渐渐显露出强盛之象，令圣德太子非常仰慕。圣德太子决心以隋朝为蓝本进行改革，并为此采取了一系列改革措施。为了更好汲取中国的思想和文化，圣德太子改变了以往的强硬外交政策，积极通好隋朝，于隋大业三年（607 年）主动派国使小野妹子（男，565～625 年）等人使隋，向大隋递交了国书。此举的意义非同寻常，因为它一改过去日本仅从朝鲜传入中国文化的被动做法，开辟了直接与隋唐王朝交流的渠道。608 年小野归国时，隋朝派文林郎裴世清为使臣，携带诏书和大量礼品陪同小野妹子回访日本。次年（609 年）9 月裴世清回国时，日本又遣小野妹子作为陪送使再度赴隋。

隋朝开国君主隋文帝因幼年生长于佛寺，故而终生笃信佛教并致力于弘扬佛教。隋朝统一后，佛教在皇廷的扶植下蒸蒸日上，一时间全国伽蓝遍布，高僧迭出。对于位处太平洋的日本来说，佛教的本宗不在近在咫尺的朝鲜半岛，不在遥不可及的古印度，而就在这一海之隔的隋朝。圣德太子每次派出遣隋使团，最不可或缺的便是学问僧，而且为数众多，动辄数十人，其任务就是来中国请益求法。《北史·倭国列传》说："大业三年，其王多利思比孤（即推古女王）遣朝贡，使者曰：'闻海西菩萨天子重兴佛法，故遣朝拜，兼沙门数十人来学佛法。'"大业三年是隋炀帝年号，即 607 年，此即圣德太子派小野妹子使隋之年。上述记载告诉我们，圣德太子派遣赴隋使团的重要目的之一就是"来学佛法"，而且派出了"沙门数十人"。《隋书·东夷传》也说："大业三年，其王多利思北孤遣使朝贡。使者曰：闻海西菩萨天子重兴佛法，故遣朝拜。"这也说明了圣德太子派遣使团的一个重要目的就是来学习佛法。当 609 年圣德太子再次派小野妹子使隋时，还专门派高向玄理、南渊请安、旻等留学生、学问僧随同访隋，专程

---

① ［俄］约·阿·克雷维列夫著，乐峰等译：《宗教史》，第 347 页。

研习汉学与佛法①。

　　由此可见，中国不仅是最早向日本传布佛教的重要渠道，传入的时间甚至比百济圣明王送日本佛像和汉译经典要早，而且是佛教在日本得以弘扬的最主导因素。那么，在佛教传入后，日本的梵钟文化又是何时兴起的呢？

　　第一章已述，除了佛教的肇兴，在梵钟的传布上有一个不可逆的定律，即"有寺才有钟"。也就是说，只有在寺庙出现并积累到一定的数量后，才有可能出现真正意义的"寺钟"。而观诸日本佛教史，如果不算司马达因陋就简搭建的礼佛草堂，日本的正规寺院最早建于飞鸟时代（593～710年），是由四朝重臣苏我马子建造的。上面已经提到的苏我马子，是在敏达天皇即位时（572年）被任命为大臣的，先后仕于敏达天皇、用明天皇、崇峻天皇、推古天皇，是这四朝中朝纲独断的人物。他深敬佛法，致力于在日本推行佛教，并于596年在自己的府邸飞鸟河畔建造了一座家庙，此即位于奈良高市郡明日香村的飞鸟寺，又称法兴寺②。这座寺庙比圣德太子推古十二年（604年）推行佛法还要早8年，但比中国最早的寺院白马寺（建成于东汉永平十一年，即68年）却晚了五百多年。

　　由此可知，日本梵钟的出现不可能早于飞鸟寺，即不可能早于596年。何况飞鸟寺是一座由三个金堂围绕其塔构成的寺庙，未见钟楼的设置，亦可见此时的日本尚未引进梵钟。604年圣德太子颁布《宪法十七条》，为佛教的传播扫清了障碍，日本各氏姓纷纷建起了自己的佛堂和寺院。据考证，到推古天皇二十九年（621年）时，"日本共有佛教寺院和神庙四十六所，和尚八百一十六人，尼姑五百六十九人。到685年，天皇颁布的诏令实际上把佛教提到国教的地位，根据这个诏令，所有国家机关都要设立佛龛。到741年，圣武天皇下令要各藩建造佛教寺庙③"，这才不断为梵钟的问世创造了条件。

　　日本最早的梵钟恰好出现在飞鸟时代，现存日本京都妙心寺，习称妙心寺

①　舍人亲王等撰：《日本书纪》卷二十二。
②　葛继勇、郑屹：《隋使遍光高与东亚佛教外交》，《海交史研究》2002年第2期。
③　［俄］约·阿·克雷维列夫著，乐峰等译：《宗教史》，第347页。

钟。此钟原为金刚院所有，钟体内侧刻有铭文，曰："戊戌年四月十三日壬寅收粕屋评造春米连广国铸钟①。"由铭文可知，此钟的铸成年代为日本文武天皇二年，即 698 年。此时适逢中国的盛唐时期，为唐武则天圣历元年，而日本也在这时进入到"天皇颁布的诏令实际上把佛教提到国教的地位"的阶段。

有人访日归来说，像妙心寺钟这样古老的梵钟在日本还有几件。其曰："像妙心寺钟一样古老的梵钟在日本并不多见，据说仅有五件，另外的四件是福冈县观世音寺钟、奈良县当麻寺钟、奈良县法隆寺西院钟、奈良县大峯山寺钟，它们都是飞鸟时代（593～710 年）的遗物②"。这个说法提供了一个信息，即日本飞鸟时代的梵钟还有一些，其中有的或许比妙心寺钟的年代还早。这也是我们衷心希望的，因为这会给日本梵钟的起源提供更为翔实的资料。但鉴于这只是一个听来的信息，连信息提供者本人也说没有亲眼看见这几口钟，我们显然无法对此展开讨论。而眼下我们能够确知的是，从日本佛教的发展情况看，最早的梵钟不仅只能出现在飞鸟时代，而且只能出现在有了佛教寺院和神庙 46 所的 621 年以后，甚至出现在天皇颁布诏令把佛教提升到国教地位的 685 年以后。如此说来，把 698 年的妙心寺钟当作日本最早梵钟的代表之一，或当作日本梵钟文化的源头之一，应该是没有问题的。

第二节　日本梵钟的型式及演变

综观飞鸟时代以来，日本的佛寺不仅处处有钟，而且和中国一样，也通称梵钟，同时又因日本民族称和族，故而别名"和钟"。日本古代梵钟保留下来的资料较为丰富，且已基本收录在奈良国立文化财研究所编著的《梵钟实测图集成》一书中。该书共辑录了留存至今的日本古钟 579 口，按时代顺序从奈良时代依次排列到明治维新以前。其中每口钟都绘制了精细的线图，并附有大小尺寸和局部

---

①　奈良国立文化财研究所编《梵钟实测图集成》，第 2 页。
②　庚华：《日本梵钟印象——赴日考察纪行》，《艺术市场》2009 年第 6 期。

拓片①，为日本古梵钟研究提供了翔实而精准的资料。

《梵钟实测图集成》一书虽然标明了辑录的是"梵钟"，但也收集了一些其他用途的钟，主要是日本神社的古钟。据笔者统计，《梵钟实测图集成》一书辑录的古钟中，有59口出自神社，此外再加上八幡宫及遥拜所等场地使用的钟，以及其他一些用途不明的钟，总计百余口。好在经过仔细甄别，可知出自佛寺、佛院、佛堂的"地道"梵钟，在书中仍占了80%以上，是为大宗。在前面绪论部分已经谈到，仅就中国而言，因为道钟、朝钟、更钟乃至孔庙、关公庙里的庙钟等和梵钟一样，都是圆形口的铜质、铁质较大型钟，在整体造型上几与梵钟无异，所以很容易发生混淆。而且这种混淆不单是由主观判断上的失误造成的，往往在客观上就难以判分。事同此理，在日本也一样，即无论各种古钟的用途如何不同，它们在造型乃至装饰上几无区别。何况有些钟既曾用于佛寺，也曾用于神社，本来就难以断分。但即便如此，我们仍要遵循的一个原则是，既论梵钟，就要尽可能以佛寺的梵钟为准，只在必要时稍许补充些其他用途的钟。

坪井良平先生编著的《历史考古学の研究》②及《梵钟の研究》③也辑录了不少日本古梵钟资料，和奈良文化财的《梵钟实测图集成》一书共同合成了日本梵钟资料的丰富宝库。本章对日本古代梵钟的考察，就是以这三部专著提供的资料为基础的，同时也必不可少地补充了一些其他零星资料④。通过对这些资料的综合考察，我们不仅得以了解日本古梵钟文化的全貌，而且清楚地看到，在制作工艺及整体造型上，日本古梵钟皆不乏自身的特性，由此彰显出和中国古梵钟的区别，它们主要是：

1. 在质地上，日本梵钟绝大多数是铜质，极少铁质。例如在《梵钟实测图集成》一书辑录的579口日本古钟中，铁质梵钟一共只有4口，且一般来说铸造较为精良。

---

① 　奈良国立文化财研究所编《梵钟实测图集成》。
② 　坪井良平：《历史考古学の研究》。
③ 　坪井良平：《梵钟の研究》。
④ 　本章采用的日本古梵钟资料除特殊注明外，其他皆出自这三部著作，不另注。

2. 在形态上，日本梵钟都是平口钟，波形口钟几乎不见，仅有的几例也只是钟口有些微小的波形装饰，与中国古代北方梵钟的大波形口迥然有别。

3. 在造型上，日本梵钟的形态较为统一，除了基本都是平口外，钟体也大多为近似筒状的长方体。

4. 在装饰上，日本梵钟的一大特点是除了极少数例外，钟体上基本都铸有乳钉，整齐地按四个部分排列在钟肩以下。这四组乳钉不仅排列规整，周边还都有凸弦纹的轮廓。而对比中国古代梵钟，一方面是基本不见乳钉装饰，另一方面则即便偶见乳钉，其排列方式也与日本古梵钟相差甚远。

5. 在铭文上，日本梵钟是东亚三国中铭文钟数量最多的一个，尤其明显多于韩国。这一点看来在日本颇有传统，以致日本平安时代的著名诗人都良香在其所著《都氏文集》中说："凡寺糜不有钟，钟糜不有铭，无钟何以惊众，无铭何以示人。"事实也果真如此，例如根据对《梵钟实测图集成》一书辑录的 579 口日本古钟的详细统计，有铭文的钟共计 504 口，无铭文的仅 75 口，有铭钟占到了总数的 87%。

综合上面五大方面看，日本梵钟的个性特点还是彰明较著的。但就日本梵钟自身而言，彼此的区别却并不是很大。事如日本古梵钟学家坪井良平先生所言，从总体上看，日本古梵钟的造型没有太大的区别①。细审此中缘故，当然和日本国土的不大有关，如果它广袤如中国，如果它自古就像中国一样是个多元文化的共同体，那么日本梵钟也一定会显现出较大区别的。尽管自身区别不大，但世上哪有完全相同的事物呢？而恰到好处的是，经过仔细分析，明显可见日本古代梵钟正好可分为中式风格和韩式风格两大类，和佛教传入日本的两大渠道桴鼓相应。而细加梳理，它们每一类都可区分为两型，总共合为四型。

A 型

这是日本梵钟中数量最多的一型，也是事关日本梵钟起源的一型，年代最早的妙心寺钟就在此型中。整个日本 A 型钟的序列相当完整，从最早的 698 年飞鸟时代妙心寺钟起，直到江户时代的梵钟止，在近 1200 年中它们始终一脉相传，由此为日本梵钟文化谱系的建立确定了一个宝贵的标尺。

---

① 坪井良平：《梵钟の研究》。

此型钟皆为铜质，制作精良，一概平口；钟体上半部内收，腰部以下钟体较直，呈上窄下宽的直筒状；钟顶有的有凸弦纹，有的无凸弦纹，有凸弦纹的顶部又有或平或圆的细部区别；钟钮皆为圆雕双龙头，撞座大多为莲花形，一般每钟设两个；钟身被凸弦纹划分成上下两层，下层有四个方格，上层每个方格又一分为二为八个方格，方格内布满了乳钉。

主要根据钟钮和钟体造型的变化，此型钟可分为四式。

Ⅰ式：钟钮在各式中最小，钟钮龙背上大多饰有卷云纹，龙嘴紧贴钟顶；顶部流行凸弦纹装饰；撞座位于中部偏下，钟口无沿；乳钉凸起，以三角形为主；钟体大多素面，个别钟的肩部及钟口有一周忍冬纹，部分钟的纵带书有汉字铭文。

例1：妙心寺钟

通高151厘米，直径86厘米；钟身被两条凸弦纹划分为上下两层，下层有四个方格，上层每个方格一分为二成八个方格，其中四格为乳钉区；乳钉分为四行，每行七枚；钟肩和钟口皆饰有一周卷草纹带，亦称上带、下带；撞座为十二瓣莲花，位置在钟身下部三分之一处；年代为武则天圣历元年，即698年（图3.1）。

例2：剑神社钟

通高110厘米，口径77厘米；乳钉分为三行，每行五枚；钟体无花纹，撞座为十瓣莲花，近口沿处有汉字铭文，只能看出部分字体，内容为年号和日期。年代为日本称德天皇神护景云四年，即770年（图3.2）。

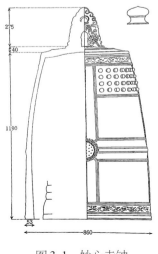

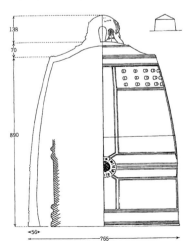

图3.1 妙心寺钟　　　　　　　图3.2 剑神社钟

Ⅱ式：钟顶隆起，钟钮的火珠开始突出，龙嘴紧贴钟顶；钟体划分格式与Ⅰ式相同，亦为三层方格，但第三层的方格明显小于上两层方格；撞座位置略微下降，降至钟体的三分之二处；乳钉为圆弧状，乳钉座略微加高并出现中部内敛的束腰现象；肩部除延续Ⅰ式的忍冬纹外，还出现了锯齿纹；钟口沿的楞状突出不明显；上部方格内有汉字铭文。

例1：神护寺钟

通高150厘米，口径80厘米；乳钉为四行，每行六枚；撞座为八瓣莲花形；钟体无花纹，上部四个方格内布满汉字铭文，隐约可见其内容是铸钟的起因及僧人姓名等。年代为日本清和天皇贞观十七年，即875年（图3.3）。

例2：大峯山寺钟

通高120厘米，口径67厘米；乳钉为四行，每行四枚；钟肩部有一周锯齿纹，钟口则是一周卷草纹；撞座有两个，为八瓣莲花。年代为日本朱雀天皇天庆七年，即944年（图3.4）。

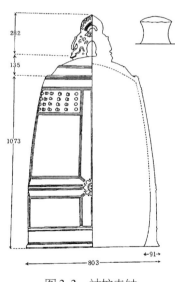

图3.3　神护寺钟

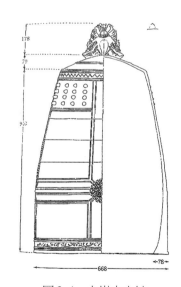

图3.4　大峯山寺钟

例3：泉福寺钟

通高79厘米，直径46厘米；乳钉共四行，每行四枚；钟体无纹饰，但在钟

顶及方格内外书有梵文及汉字铭文。年代为日本六条天皇安元二年，即 1176 年（图 3.5）。

Ⅲ式：钟体上部明显加宽；钟顶除延续Ⅰ、Ⅱ式有凸弦纹外，又出现了无凸弦纹而钟顶微弧或平顶两种造型；钟钮背上的火珠普遍凸起，稍晚时龙头部出现状似龙耳的装饰，再后来龙耳装饰更加突出，两耳将火珠紧紧抱住，且龙嘴升高，口含柱状物；乳钉为圆弧状，乳钉座明显加高，束腰明显；撞座位置较Ⅱ式还低，钟口沿外侈突出；格式划分变为两层（撞座带加宽，第三层方格因此变窄，已不成其为方格）；该式钟出现了佛像、力士、飞天及金刚杵等图案，汉字铭文较为流行。

例 1：小网寺钟

通高 109 厘米，直径 62 厘米；乳钉四行，每行四枚；肩部饰有云纹，口沿处为金刚杵图案，整体图案简单，方格内无其他装饰。年代为日本后宇多天皇弘安九年，即 1286 年（图 3.6）。

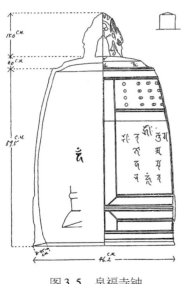

图 3.5　泉福寺钟

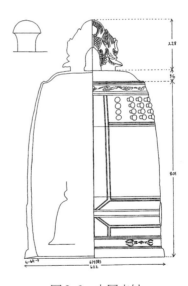

图 3.6　小网寺钟

例 2：戒长寺钟

通高 121 厘米，直径 66 厘米；乳钉四行，每行四枚；撞座两个，为八瓣莲

花状，莲花心尚有莲子数个；撞座位置较低且与龙头上下呼应；钟体方格内塑有武士立像十二尊，每格三尊，隐然可见每个武士似乎都执有武器；钟体上书有竖行汉字铭文"大和国宇"等。年代为日本伏见天皇正应四年，即1291年（图3.7）。

例3：南淋寺钟

通高106厘米，直径60厘米；龙形钟钮的龙嘴部分升高；乳钉共四行，每行四枚；钟肩和钟口处各饰一周花纹带，分别为云纹和卷草纹。年代为日本称光天皇应永二十八年，即1421年（图3.8）。

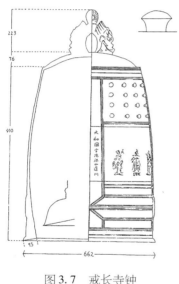

图3.7　戒长寺钟

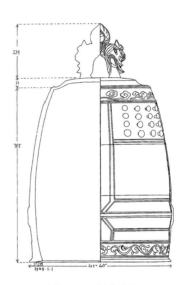

图3.8　南淋寺钟

例4：高野寺钟

通高98厘米，直径57厘米；钟顶微弧，有凸弦纹；钟钮龙头较大，其口大张；乳钉呈花朵状，共三行，每行三枚，其外被三边花纹带环绕；钟肩部的心形花纹带和口沿处的卷草纹带皆较宽，且花纹较粗放；无纪年，从形制上看应属镰仓时代（1185～1333年）早期（图3.9）。

例5：元海寺钟

通高97厘米，直径55厘米；钟顶为圆形，钟钮龙嘴微张，紧贴钟顶；乳钉

四行，每行五枚；下层方格内各有一飞天像，坐于祥云之上，手中皆持乐器，做弹奏状；方格间有竖向线刻汉字铭文。此钟年代为日本正亲町天皇天正元年，即1573年（图3.10）。

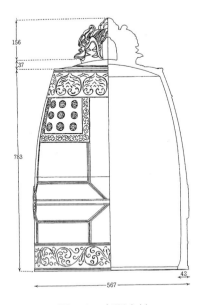

图3.9　高野寺钟

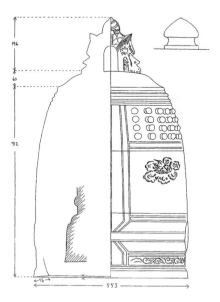

图3.10　元海寺钟

Ⅳ式：有平顶和圆顶两种，圆顶类型的隆起越来越高；钟顶带有凸弦纹的渐渐淡出，但钟的肩部出现了凸棱；钟钮继续保持Ⅲ式钟的造型，只是龙嘴普遍升高，口含柱状体的做法也愈加明显；乳钉的乳头微微凸起，乳钉底座出现了阶梯状；撞座两个，为八瓣莲花形；钟口沿唇部的凸起明显增高并外侈，还出现了莲花瓣装饰；钟体格式划分依然保持两层的特色，钟体图案精致，多飞天、天王、海螺等内容，汉字铭文较为流行。

例1：善永寺麒麟钟

通高123厘米，口径72厘米；钟顶为圆形；乳钉四行，每行五枚，乳头为花形；撞座两个，为八瓣莲花形；钟体方格内有祥云麒麟图案两幅，格与格之间的空白处用汉字纵向书写着"麒麟钟"三字；近口沿处饰有方形和五角形图案。该钟年代为日本后阳成天皇庆长十年，即1605年（图3.11）。

例2：东本愿寺钟

通高 250 厘米，口径 156 厘米；该钟圆顶，钟钮的龙耳高起且向外侧弯曲，龙口大张并含一柱状物；乳钉五行，每行五枚，环绕钟肩还有另外四枚乳钉，四个方位各一枚；撞座两个，为八瓣莲花形，花心中有莲子数个；钟体方格内有飞天、凤鸟等图案，凤鸟下方有汉字"本愿寺"三字；钟口处有两周细细的卷草纹带。该钟年代为日本后阳成天皇庆长九年，即 1604 年（图 3.12）。

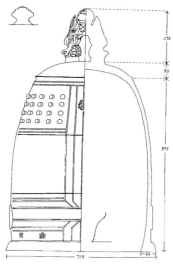

图 3.11　善永寺麒麟钟

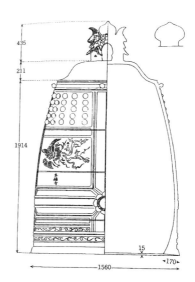

图 3.12　东本愿寺钟

例3：光遍寺钟

通高 101 厘米，口径 64 厘米；钟顶为圆形，钟钮龙耳高耸，龙嘴紧贴钟顶；乳钉四行，每行五枚，乳钉圆弧形乳头微凸；撞座为八瓣莲花，花心饰有莲子数个；四个方格内无装饰图案，方格间有竖写的梵文大字。其年代为日本后阳成天皇庆长十六年，即 1611 年（图 3.13）。

例4：小峯寺钟

通高 126 厘米，口径 77 厘米；钟顶较高微弧，钟肩部有一周凸棱；钟体分为两层，上层有四组乳钉，每组乳钉五行，每行五枚，另外在两个方格间亦有两个纵向排列的乳钉，乳钉之下各有一尊天王像；有撞座四个，所见两个撞座的图案分别为金刚杵和法轮；口沿很高且明显外侈，近口沿处是一周草叶纹。其年代属日本灵元天皇延宝六年，即 1678 年（图 3.14）。

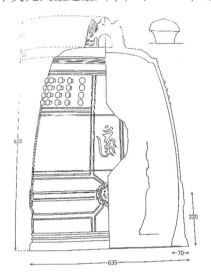

图 3.13 光遍寺钟

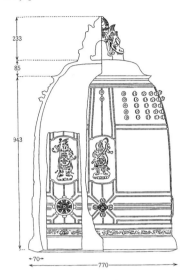

图 3.14 小峯寺钟

例 5：观福寺钟

通高 142 厘米，口径 77 厘米；钟顶较高微弧，肩部有一周凸棱并有数周弦纹；钟体分为两层，第一层为乳钉，乳钉呈圆圈状排列，圈中书有一个梵文字符；下层一方格内有一尊坐式佛像，周围祥云缭绕，其下有金刚杵和海水龙纹；钟口沿较高且外侈；在方格一侧有三行竖写的梵文，梵文下面是"医王山冬堂宗福寺"八个汉字。其年代为日本樱町天皇元文三年，即 1738 年（图 3.15）。

以上四式，Ⅰ式属飞鸟、奈良时代，Ⅱ式属平安时代，Ⅲ式属镰仓至室町时代，Ⅳ式属安土桃山和江户时代。

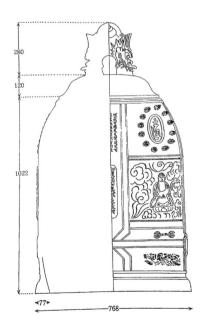

图 3.15 观福寺钟

综合以上四式，它们主要的变化脉络是：

1. 钟体从早期的上半部内收明显，到后来逐渐加宽，使钟体的整体造型更加趋近方正。

2. 钟顶部的隆起由矮变高，由最早的皆有凸弦纹，发展到以没有凸弦纹的平顶、圆顶为主。

3. 早期钟钮的造型比较规整，龙嘴紧贴钟顶，龙背上的火珠与龙身融为一体，后来龙嘴升高，口中含一柱状物与钟顶相接，龙背上的火珠也明显凸起，出现状似龙耳的装饰，且有越来越大的趋势。

4. 早期乳钉较小，呈三角形，后来乳钉越来越大，出现了圆形、花朵状等多种形式，乳钉座也越来越凸起。

5. 撞座的位置从最早位于钟体中部偏下逐渐下移，最后几乎降至钟的口沿处。

6. 钟口从无沿到有沿，且口沿逐渐外侈。

7. 图案从早期Ⅰ、Ⅱ式的只有简单花纹带，到后来Ⅲ、Ⅳ式出现了繁缛的以佛教题材为主题的图案。

B 型

相对 A 型钟而言，B 型钟在质地、制作及工艺等方面皆稍逊一筹。

其钟体相对较为矮胖，钟钮大多为模制，制作较粗糙；乳钉形制较统一，共有四组，每组三行，每行三枚，个体较小，圆顶微凸；撞座位置在近口沿处；钟体划分皆为四个方格，无纹饰。

根据钟体及钮部的变化，此型钟可分为三式。

Ⅰ式：钟钮瘦高，为圆雕，双龙头背部有火珠；钟顶较平且有一周凸弦纹；钟体上半部自肩部外敞，至中部开始变直；口沿不突出。

例 1：成田出土钟

通高 42 厘米，口径 29 厘米；乳钉有两行，每行四枚；乳钉下的方格内铸有竖行阳文汉字，内容为："宝龟五年二月十二日肥前国佑嘉郡柯寺□。"其年代为日本光仁天皇宝龟五年，即 774 年（图 3.16）。

Ⅱ式：钟钮以模制为主，造型趋于简单多样；钟顶微弧，凸弦纹消失；钟体

上半部较Ⅰ式略微加宽，大多数钟的肩部出现凸棱，钟口亦出现微侈现象。

例1：延光寺钟

通高33.6厘米，直径23.2厘米；桥形钮，钟肩部有凸棱；四个方格内都有阳刻汉字铭文。此钟年代为日本醍醐天皇延喜十一年，即911年（图3.17）。

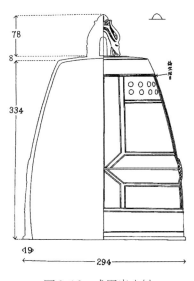

图3.16　成田出土钟

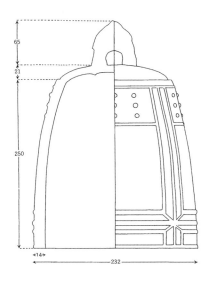

图3.17　延光寺钟

例2：井上ふみ钟

钟钮为桥形、模制，顶上有三角形装饰；钟肩部无凸棱，四个方格内都有铭文，四个撞座呈米字形。其年代为圆融天皇贞元二年，即977年（图3.18）①。

例3：东大寺二月堂钟

钟钮为双龙头，圆雕，但造型简单；钟肩部有凸棱；钟口外侈较明显；该钟格式的划分不同于其他钟的单组竖线，而采用了双组竖线，将钟体整个划分为四个方格。年代为后二条天皇德治三年，即1308年（图3.19）。

---

① 此钟资料未介绍"井上ふみ"钟名的由来，可能是收藏者的人名，而非钟体铭文。

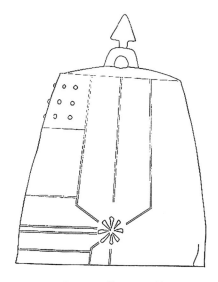

图 3.18　井上ふみ钟

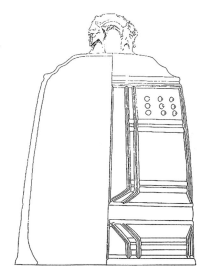

图 3.19　东大寺二月堂钟

Ⅲ式：钟钮变高变宽，为变形龙钮，背有火珠并有仿龙耳状造型；钟顶或平或微凸，但明显加宽；肩部依然与Ⅱ式同，继续保持凸棱做法；乳钉皆三行，每行三枚；钟口沿部的凸起明显加大。

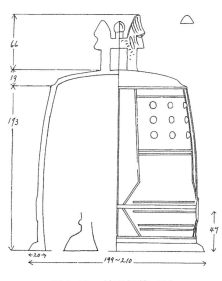

图 3.20　曾我部修三钟

例1：曾我部修三钟

通高 28 厘米，直径 20 厘米；钟钮为简化龙钮，背有火珠；乳钉每组三行，每行三枚；钟体格式划分简化变形，方格内有汉字铭文。其年代为后花园天皇享德二年，即 1453 年（图 3.20）。

该型Ⅰ式属奈良时代，Ⅱ式属平安、镰仓时代，Ⅲ式属室町时代。

此型钟的发展变化表现为以下几个方面：

1. 钟钮由小到大。

2. 钟顶由隆起较小到隆起较明显。

3. 钟体由上部的直壁外敞向钟壁趋直过渡。

4. 乳钉从最早 I 式钟的两行四列发展到 II 、III 式钟的三行三列。

5. 钟口唇部由小到大，且由直唇向明显外侈变化。

C 型

此型钟具有明显的韩式梵钟风格，被日本学者称为"和（大和）鲜（朝鲜）混淆型钟"。该型钟质量上乘，不仅钟钮的制作精巧，钟体的花纹图案也内容广泛、形象逼真，给人呼之欲出之感。其乳钉也大多做成花蕾状，极尽精美之能事。之所以说此型钟具有韩式风格，是因为其肩部有一圈立沿，且大多呈莲花瓣状，而这习见于同时代的韩国 A 型钟。

在造型上，此型钟一般钟体较高，且上窄下宽；钟钮为双龙头，背上均有火珠，制作精细，皆为圆雕；钟肩部大多有一圈立式莲瓣；钟体一般被一至两条横弦纹分为数层，第一层为四组乳钉，第二层或为四个方格，有的除四组乳钉外不再划分出方格，留下巨大的空间作为图案区。

根据钟肩立沿的高矮和钟口莲花瓣纹的有无，以及钟体划分格式的不同，此型钟可分为两式。

I 式：钟肩部立沿较高，呈莲花瓣状，钟体划分为三层。

例 1：严原町钟

通高 139 厘米，口径 76 厘米；钟钮高耸，龙嘴大张，其舌上卷成漩涡状；钟肩部有一周莲花瓣状立沿；钟体被两周弦纹分为三层，第一层为四组乳钉，乳头微弧，共四行，每行四枚，有四条花纹带环绕乳钉四周；第二层是一个头部饰有光环的佛像，做飞翔状；第三层为海水飞龙；撞座是八瓣变形莲花，共两个，位置较低，方位与龙头相对；钟口有一周草花纹带。其年代属日本后土御门天皇应仁三年，即 1469 年（图 3.21）。

例 2：兴隆寺钟

通高 190 厘米，口径 110 厘米；肩部有莲花瓣状立沿，钟体被两周弦纹分成三层，第一层为四组乳钉，乳头微凸，共四行，每行四枚，乳钉下有花瓣形底座，亦有四条花纹带环绕乳钉四周；在每组乳钉之间的空白处饰有四大天王立像，每尊像都手执武器，且头部各有一圈火焰纹；第二层空白无纹饰，第三层是海水龙纹；两个八瓣莲花形撞座位在钟体近口沿处；钟口饰莲花瓣一周，外侈明

显。其年代属日本后奈良天皇享禄五年，即 1532 年（图 3.22）。

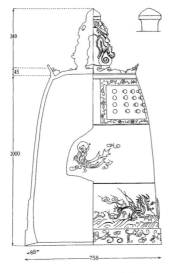

图 3.21　严原町钟

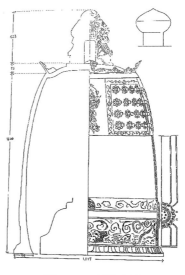

图 3.22　兴隆寺钟

图 3.23　石井澄之助钟

Ⅱ式：钟肩部立沿较矮，无莲花瓣装饰。钟体分为二层，由一周双横线将乳钉区与图案区隔开。

例 1：石井澄之助钟

通高 55 厘米，口径 32 厘米；钟钮较高，龙背上有火焰珠，龙嘴微张，口内含一圆柱；钟体上部有两道弦纹将其划分为上下两部分，上部为四组乳钉，每组三行，每行三枚，亦有三条花纹带环绕乳钉；下部有两组图案，一组图案是伎乐飞天像，另一组是三个弹奏的乐人，其下是翻卷的飞云；钟肩饰有一周卷草纹饰，钟口则有一周龙纹作装饰；年代为后柏原天皇文龟元年，即 1501 年（图 3.23）。

以上Ⅰ、Ⅱ式统属室町时代，时间上有

早晚。

该型钟的发展变化是：

1. 钟钮由龙头嘴大张、舌头或上卷或下垂，演变为龙口含一圆柱体。

2. 钟肩的立沿从高到矮，莲花瓣纹从有到无。

3. 乳钉从有较高的乳钉座，变为乳钉座很矮以致不复存在。

4. 钟体的划分由三层简化为两层。

D 型

该型钟制作精良，核心特征是钟顶有一音筒，突显了韩国钟的音筒作风，故此也被日本学者称为"和鲜混淆型钟"。其钟钮为双龙头，龙头图案精细且为圆雕，音筒的上口呈山字形并有图案装饰，钟体一般无纹饰。

根据钟体的格式划分等，此型钟可分两式。

Ⅰ式：钟顶略矮，钟体无格式划分，只是由两周横弦纹将其分为三层，钟口基本垂直不外侈。

例1：妙正寺钟

通高122厘米，口径64厘米；双龙头钟钮，雕刻精细，龙身的鳞片、棕毛等清晰可辨；龙钮的一侧有一音筒，其上亦有龙纹图案；钟顶微弧，钟顶和口沿部各有一周缠枝花纹带；有莲花状乳钉四组，每组三行，每行三枚，其外围绕着三边花纹带；钟体除两周横线外无其他装饰；撞座为十二瓣莲花，共两个；钟口沿较直，上有一圈乳钉纹。此钟年代为正亲町天皇天正八年，即1580年（图3.24）。

Ⅱ式：钟顶增高，钟体上有上、中、下带及纵带，钟口沿加大并外侈。

例1：光照寺钟

通高127厘米，口径75厘米；钟顶微弧，上有一周凸弦纹；双龙头钟钮，龙背高耸，背有火珠，龙嘴含一柱状体与钟顶相接；钟体划分为两层，每层四个方格；第一层为乳钉区，乳钉高起呈三角形，共四组，每组四行，每行四枚；第二层空白无装饰；近口沿处有一周花草纹及连珠纹；口沿明显外侈。年代属后水尾天皇庆长十八年，即1613年（图3.25）。

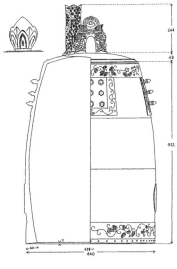

图 3.24　妙正寺钟

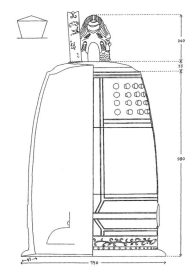

图 3.25　光照寺钟

以上 I 式属室町时代，II 式属江户时代，其前后变化是：

1. 钟顶由矮向高、由无凸弦纹向有凸弦纹发展。

2. 钟体的划分由无格向有格发展。

3. 钟口从较直变得外侈，且口沿加宽。

另外，该型钟在整体造型一致的前提下，出现了一些细微的区别，例如 I 式钟带有莲花形立沿，这是 II 式钟所没有的；再有 I 式钟乳钉普遍出现装饰化，不但乳头多为花蕾状，而且部分钟还出现了带花纹的乳钉座。

异型钟

如同中国古代梵钟一样，日本梵钟中也有一些型式较为特殊的钟。好在这些异型钟的数量有限，在《梵钟实测图集成》一书收录的 579 口钟里，无法归在上面四大类型中的超不过十口。为了强调凡事有一般也有特殊，现撮要列举如下。

例 1：笠置寺钟

通高 108 厘米，直径 67 厘米；龙钮，背置火珠，龙嘴微张并紧贴钟顶；钟体划分为两层，第一层为四组乳钉区，每组有乳钉四行，每行五枚；撞座有两个且位置较低，约在钟体距钟口沿五分之一处，方位与龙头方向一致，为八瓣莲花

状；钟身无装饰；其最特异之处是一反日本梵钟皆为平口的常态，在钟口沿有六个内凹的三角形，显示出浅浅的波形，以致有些接近中国长江以北的波形口钟。此钟年代为后鸟羽天皇建久七年，即1196年（图3.26）。

例2：实相寺钟

通高139厘米，直径80厘米；龙钮，背上有火焰珠，龙嘴微张与钟顶紧连；钟体由三组双弦纹划分为三层，每层又由多条竖线划分成若干方格，每部分的竖线交错排列，每一方格中都有一圭形图案；钟身无撞座；其钟口也是波形，且曲线较大，钟耳较尖，呈较明显的波形口状。此钟形制属日本的南北朝时代（1336～1392年），无纪年（图3.27）。

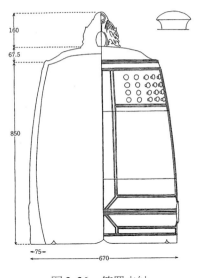

图3.26　笠置寺钟

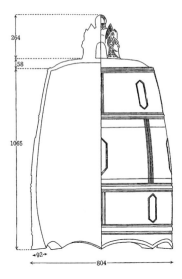

图3.27　实相寺钟

例3：观音寺钟

该钟造型简单独特，钟钮呈简单的桥形；钟体除七组凸弦纹外亦无乳钉纹，与日本钟大多有乳钉装饰的风格大相径庭。

钟体口径23厘米，钟壁自肩部以下较直，最大腹径在撞座处；四个撞座为圆饼式，其上阴刻莲花图案，位置大约在钟体距口沿三分之一处；钟口唇部较高且外侈。在靠近撞座处有几行汉字阴刻铭文，内容为"普劝寺常住 长禄四庚辰"

185

等。长禄四年为后花园天皇年号，即1460年（图3.28）。

例4：立正大学博物馆藏唤钟

该钟被日本学者称为"韩中混合型"①，也是既有明显的中国梵钟因素，也有明显的韩国梵钟因素。此钟通高26厘米，口径17.4厘米；钟钮为单龙头但无音筒；上带为蔓草纹装饰，下带成重层雷纹带；上带下面有四组边廓相间排列，一廓内有九乳，分三行排列；乳钉边廓间有梵文字符；钟身下部阳刻两条云龙纹；有撞座两个，其上饰有太极纹。日本学者认为该钟是由江户时代京都的铸铜作坊仿造朝鲜钟制造的（图3.29）。

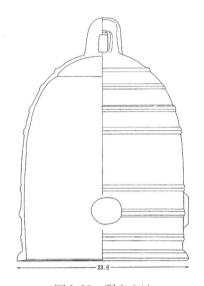

图3.28 观音寺钟　　　　　　图3.29 立正大学博物馆藏唤钟

例5：安福寺钟

该钟是典型的韩国钟造型，单龙头有音筒。钟身通高134厘米，口径77厘米；钟肩部有一周覆莲及一周草叶纹；钟体上部有四组乳钉，每组三排，每排三枚，乳钉由四条花纹边环绕；整个钟体布满了图案，有佛像、飞天、不鼓自鸣器以及缭绕的飞云；近口沿处是一周缠枝花纹带。此钟年代为灵元天皇天和三年，

---

① 立正大学学园编著：《考古资料图录》，2000年，第57页。

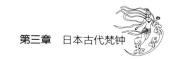

即 1683 年（图 3.30）。

例 6：安国寺钟

通高 63 厘米，口径 37 厘米；钟钮为双龙头，背上火焰珠包在龙体内，龙嘴微张，口内含珠，双唇与钟顶相接；钟肩处有一周凸棱；钟体被一周弦纹分为两层，第一层有四组花蕾状乳钉，每组三行，每行四枚，四周有四条双线组成的边廓；钟体有飞天像两尊，乳钉纹边廓间有一圆形图案及飞云；钟体正面有竖书汉字铭文多行；钟口部有一周似海水翻腾的浪花；波形钟口呈圆弧状，钟耳亦为圆形。此钟属江户时代，年代为中御门天皇正德三年，即 1713 年（图 3.31）。

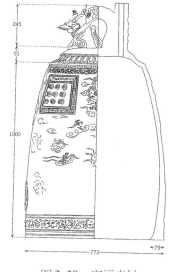

图 3.30　安福寺钟

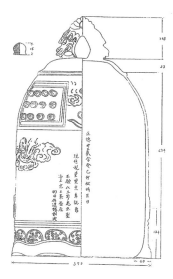

图 3.31　安国寺钟

第三节　结论

通过上面对日本古代梵钟的类型分析，我们取得以下收获。

其一，由此条理了日本古代梵钟的发展脉络和发展状况，揭示了它们的逻辑发展关系及变化规律。而以此为谱系，今后每一口日本古梵钟都可以在其中找到自己的相对位置，从而框定自己的时代属性和类别属性。

其二，被日本学者称为"和鲜混淆型钟"的 C、D 两型，不仅数量微乎其微，在《梵钟实测图集成》一书中总共占了不到十件，而且起始的年代很晚，保存至今的最早仅见于室町时代。反之，A、B 两型钟不但数量多，几乎占到了日本梵钟的 95% 以上，而且早自飞鸟、奈良时代起，直到江户时代结束，前后1200 年绵延不断，谱系相当完整。相对 C、D 两型钟的"韩式"特点，A、B 两型钟显然更具浓郁的"中式"风格，这是日本学者也不否认的。而由这两大类梵钟的明显反差，从一个侧面反映了前面第一节所述的事实，即佛教传入日本不但有韩国的渠道，更有中国的渠道，并且始终以后者为主。

其三，在绵延达 1200 年的梵钟文化长河中，日本梵钟的发展相对平稳，纵向的变化小，不仅小于中国古代梵钟，也小于韩国古代梵钟，是东亚三国梵钟文化中自身差异最小的一类。然而纵观其中占主导地位的 A、B 两型钟，它们也有一些从早到晚的整体演变规律，大致是：

1. 钟体从奈良时代的上部较窄和内收，逐步向瘦高的筒状发展。

2. 钟顶由略平过渡到逐渐隆起呈弧形。

3. 钟钮的总体演变规律是由低向高发展，若论细部变化，则奈良时代钟钮的龙嘴紧贴钟顶，钮上的火焰珠包裹在龙体内，未向外凸起；平安时代火焰珠则略外突，尤以 A 型钟突出，龙嘴开始抬起，与钟顶间有一圆柱体；室町、镰仓时代钟钮的龙嘴明显升高，龙嘴所含圆柱体加长，火焰珠从龙背上向外凸起。

4. 奈良时代的撞座及中带位置较高，约在钟体的中部偏下，此后逐渐下移，至室町、镰仓时代已接近钟的口沿，室町和江户时代犹然。

其四，就两大最具主导地位的日本梵钟而言，B 型钟除了由凸弦纹划分为若干格式外，从始至终保持了素面风格。A 型钟则不然，在同样被划分为若干格式的情况下，却经历了由无纹到有纹，由少纹到多纹的变化，直观再现了日本古梵钟的进化与发展。

具体说，属于飞鸟、奈良时代的 A 型 I 式钟除了有些零星边饰外，几乎没有什么主题花纹，钟体往往以素面为主，属于平安时代的 A 型 II 式钟同样如此。到了属于镰仓和室町时代的 A 型 III 式，情况开始发生变化，钟体上渐渐有了主题花纹，但所占比例不高，总量尚未超过全部梵钟的五分之一，内容也大多是护法的力士或弘法的金刚杵等，作为佛教文化主题的佛像或菩萨像反而少见。典型之例如 A 型 Ⅲ 式例 2 的戒长寺钟，钟体方格内塑有力士像十二尊，每格三尊，并都持有武器。再往后，到了安土桃山和江户时代的 A 型 Ⅳ 式，有主题花纹的梵钟增加到了总数的一半，而且新出现了佛像，既有坐姿的，也有立姿的，此外还有飞天和四大天王像，以及金刚杵、凤鸟、麒麟等，可谓琳琅满目。典型之例如 A 型 Ⅳ 式例 2 的东本愿寺钟，钟体方格内有飞天、凤鸟等图案，钟口处还有两周细细的卷草纹带。飞天手捧莲花，裙带飞舞，飘然于苍穹之中，反映了佛国的美好和安乐。

以上纹饰的时代变化，不仅具有考古学的断代意义，而且具有历史的意义。它以生动的事例说明，日本梵钟走了一条稳步前进的路，是不断向着更高、更新的方向发展的，至少对占有主导地位的 A 型梵钟来说是如此。

其五，通过具体分析还可以看出，日本古代梵钟的分布也存在一定的区域性，即四大型梵钟各有不同的分布特点。在此需要加以说明的是，由于梵钟极具可移动性，它们今天的收藏地点未必是其原始出处，而在考察其分布状况时，一定要尽可能判明其原始出处，否则一切考察便失去了根蒂。例如著名的妙心寺钟，现收藏在京都妙心寺内，但铭文载明其"戊戌年四月十三日壬寅收粕屋评造春米连广国铸钟"，即它铸成于福冈县粕屋郡，地在北九州岛，与京都风马牛不相及。再如有口钟现收藏在东京博物馆内，但其自铭为"播州栖云寺"钟①，而播州在兵库县南部，亦与东京相距遥远。《梵钟实测图集成》中有一口钟根据现所在地标注为"成田出土钟"，实际铭文已标明其原始出处为"肥前国佑嘉郡柯寺②"，而这个"肥前国"在九州岛的最西端，地在今佐贺和长崎一带，与成田天南地北。凡此种种都是需要加以甄别的，否则便无法判定每口钟与生俱来的地域性。

首先看 A 型钟。在日本四型梵钟中，占主导地位的无疑是 A 型钟。这不仅因为它是日本古代梵钟中数量最多的一型，单是本书选取的 A 型标本就多达 97

---

① 　奈良国立文化财研究所编《梵钟实测图集成》，第 496 页"东京国立博物馆藏永和四年钟"。
② 　奈良国立文化财研究所编《梵钟实测图集成》，第 8 页"成田出土钟"。

件；也不仅因为它是日本梵钟中时代最早的一型，698年的妙心寺钟就在此型中；而且还因为它是日本梵钟中谱系最完整的一型，从最早的妙心寺钟一直到日本古代梵钟终结的1846年，此型钟前后一脉相承，没有缺环。而与它的主导地位全然相符的是，目前除了最北部的北海道外，A型梵钟几乎遍布日本各地。这一事实充分说明，日本A型钟确实是最具主流地位的一支，它的传播就意味着日本佛教的传播，它的分布就代表了日本佛教的分布。

至于A型钟为何不见于北海道，那必然是有历史原因的。北海道是日本第二大岛，古称虾夷岛，位于日本列岛的最北部。这里的原住民是阿伊努人，12世纪初开始有日本人进入，到了1807年始为日本幕府所控制，直至明治维新前不久才逐步融入文明社会。全岛地势中部高四周低，山地占全岛面积的60%，其中火山占山地面积的40%，森林覆盖率占全岛的70%以上。由于这样的自然条件和人文条件，北海道的文化一直不太发达，在古梵钟流行的历史时期尤其如此。因此不足为奇的是，日本列岛最习见的A型钟也就在这里遍寻无着了，而由此揭示的事实是，佛教文化在明治维新以前尚未在北海道传播开来。

在日本本州岛东北部的最北端，有一个俗称"北东北"的地方，包括现今青森、岩手、秋田三个县。这里三面环海，远离繁华都市，没有林立的高楼和喧嚣的商厦，唯见深邃的森林和海边的小路在默默诉说着岁月的悠长。这里也是日本列岛中相对不发达的地区，虽然很早就有佛教传入，而且在岩手县一带留下了相传建于文德天皇嘉祥三年（850年）的著名寺院中尊寺（又名平泉寺），但有一个事实让我们知道，这里在古代也是佛教文化不够发达的地区，因为就我们看到的资料，在整个"北东北"的范围内，日本古代梵钟只留下了极个别A型钟①，其他各型钟则杳无踪迹。

B型钟是日本梵钟各型中最具地方特色的类型，从分布上看，它们的流行范围也较广，但主要集中在京都、奈良、大阪、四国等地，即集中在日本本州岛的中部地区。在《梵钟实测图集成》一书中，有的B型钟被标注出于东京附近，如东京都武藏或千叶县成田等。但前文已述，那口注明在成田的钟，实际上出自

---

① 奈良国立文化财研究所编《梵钟实测图集成》，第384、396页。

九州岛的最西端，与东京毫不相干。出于九州岛的 B 型钟并非孤例，另有一口自铭为"讃岐坊"的钟，也出于九州岛①。至于那口注明位在东京武藏的钟，为私人收藏，其标注的也是现收藏地点②，而铭文载明其出于三重县松阪市，属于日本中部③。总之，如果仅就可以判定原始地点的 B 型钟而言，一则集中在日本本州岛的中部，一则集中在九州的北部，而前者是日本列岛中文化最繁荣的地区，后者因为与中国、韩国紧相比邻，也是日本列岛中文化较发达的地区。

日本的 C 型钟所见不多，突出特点是钟的肩部有立沿，与韩国 A 型钟的立沿如出一辙。在分布上，此型钟相对集中在距朝鲜半岛较近的沿海地区，如长崎、福冈或周防等地，这就解释了为什么此型钟出现了韩式立沿的缘故。但它仍是毋庸置疑的日本钟，因为与韩国梵钟大相径庭的是，C 型钟钟钮的造型完全是日本钟的双龙头特点，迥然有别于韩国钟的单龙头作风。所以，综合上面两大因素，日本学者称此型钟为"和鲜混淆型"。

D 型钟都是双龙头钟钮，钟顶带音筒。其之双龙头钟钮是日本梵钟的统一风格，其之钟顶有音筒则是韩国钟独有做法。该型钟集中在广岛一带，而广岛位于日本本州岛西南，也是日本列岛中较为接近韩国的地方，所以它的钟顶带音筒显然也是受韩钟影响而来。然而和 C 型钟一样，它仍是实实在在的日制梵钟，因为它仍具有典型的日本梵钟风格，于是同样被称为"和鲜混淆型"钟。

通过以上对日本四型梵钟各自分布地域的逐一条理，可见其确实带有一定的规律性。虽然日本列岛的总面积不过 37 万余平方公里，只有中国的 4% 不到，以致难免出现各型钟在分布区域上的交叉，但如上述归纳所指出的，它们的分布仍有一定的特点，并且仍能反映一定的问题。

其六，在日本四型古梵钟中，还明显存在质量的高下之分。比较之下，质量最好的是 A 型，因为综合各方面的情况看，从最早的飞鸟时代起，一直到江户时代止，A 型钟除了在图案花纹和钟体造型上表现出了时代的差异外，在质量上却

---

① 奈良国立文化财研究所编《梵钟实测图集成》，第 610 页。
② 奈良国立文化财研究所编《梵钟实测图集成》，第 46 页。
③ 奈良国立文化财研究所编《梵钟实测图集成》，第 1167 页。

始终保持了较高水准。质量相对略差的是 B 型，因为无论对占据主流地位的 A
型钟而言，还是对处于旁系支流的 C、D 型钟而言，B 型钟在制作水平及工艺水
平上皆稍逊一筹。这稍逊一筹还贯穿了 B 型钟的全部发展过程，其钟钮始终为模
制就是突出一例。不仅如此，第二章曾述古梵钟质地"上者为铜，下者为铁"，
即铁质的梵钟一般质量较差，而在《梵钟实测图集成》一书辑录的四口日本铁
质梵钟中，但凡有图形可以证明其类型的，居然统统为 B 型。由是可知，B 型钟
的质量确实是日本四型梵钟中的等而下之者。

那么，为什么 B 型钟的质量最低呢？揭开这一谜底的钥匙就在 B 型钟的又一
历史属性上——这是日本梵钟诸类型中最具地方特色的一支，也是最能代表日本
梵钟文化中竭力推进本土化进程的一支，而这支文化主要来自社会底层。

第一节已述，佛教传入日本后，在圣德太子（574～622 年）时期得以推广。
但那时佛教在日本是"以消灾祈福的巫术而传播的[①]"，本质上与日本具有咒术
性质的传统神道教没有什么区别，可称为"巫术宗教"。到 645 年，日本孝德天
皇颁布《改新诏书》，进行了历史上第一次大规模的社会变革，史称"大化革
新"。此改革任命留学隋唐的僧旻法师、高向玄理为国博士，即国家政策的最高
顾问，并将佛教定为治国的根本思想，佛教由此在日本真正取得了"国教"的
地位。随后日本如饥似渴地吸纳唐朝的先进制度和文化，特别是对唐朝的佛教文
化更倾注了异乎寻常的热情。这一时期，日本与唐朝频繁往来，大量汉译佛经被
东渡传教的唐僧和留学唐朝的日僧传入日本。随着对佛学研习的深入，日本于奈
良时代（710～794 年）渐渐形成了被称为"南都六宗"的佛教理论和宗派。但
总体上说，这"南都六宗"都是对大唐佛教各教派的模仿，极少创新和改造。

日本佛教本土化进程的端绪，初现于平安时代（794～1192 年）的佛教改
革，而其真正形成教派，则晚到了镰仓时代（1192～1333 年），其标志便是"镰
仓新佛教"的问世。这个新教派的最大特点是，它的创始人不同于前代高僧都有
到中国求法镀金的背景，而是在日本土生土长的，是一批奔走在民间底层的关心
民众疾苦的僧侣。因此这一教派的根基也在社会底层，而正是这些扎根于底层的

① 家永三郎：《日本文化史》，岩波书店，1992 年，第 40 页。

草根僧侣，使得"佛教在传入日本七百年后，首次成为日本人自己的信仰①"。此教派还适应社会的需要，用简易的教义吸引民众，主张修行时无须念佛，无须固守传统戒律，由此更促进了它在劳苦大众中的传播，推进了佛教的世俗化发展。

B 型梵钟共分Ⅲ式，Ⅰ式属奈良时代，Ⅱ式属平安、镰仓时代，Ⅲ式属室町时代，似乎正好印证了日本佛教逐步走向本土化的进程。我们无意说这支 B 型梵钟就是"镰仓新佛教"的标志性法器，因为这是很难轻易做结论的。但无论如何，这支 B 型钟却足以体现日本梵钟文化的本土化进程，也足以折射出日本佛教的本土化进程。而从它们的质地与工艺皆稍逊一筹来看，不仅日本佛教的本土化发展源自社会底层，日本梵钟文化的本土化进程也源自社会底层。

其七，除了 A 型、B 型这种不同类型梵钟的群体差异，日本梵钟还存在明显的个体差异，而这差异集中反映在梵钟体量的大小上。

《梵钟实测图集成》一书辑录的 579 口日本古梵钟都标有精确尺寸，我们对此做了详细统计，发现其中通高在 2 米以上的共有 16 口，而且统属 A 型钟。前面已述，A 型钟是日本四型梵钟中品质最为优良者，而这 16 口大钟的质量更是个个出类拔萃，堪称日本梵钟的翘楚。

从时代说，这 16 口大钟包括了奈良时代 1 口、平安时代 2 口、镰仓时代至室町时代 9 口、江户时代 4 口。据此可知，铸大钟的习俗在日本源远流长，除了梵钟初创的飞鸟时期尚无发现外，其他时代都不乏其例。最为集中的是镰仓至室町时代，在 16 口大钟中占了 9 口，几近 60%。察此中缘故，一是因为这个时代包括了从 1185 年到 1573 年的近四百年，时段比较长。另一个原因则如第二章第三节所述，中国明朝的开国皇帝朱元璋（在位于 1368～1399 年）酷爱铸大钟，其子明成祖朱棣更是推波助澜，把此偏好推向极致，而室町时代（1338 年～1573 年）恰好就在明朝（1368～1644 年）的范围内，不可能不受此风的熏染。

日本室町时代始于 1338 年镰仓幕府灭亡，其第三任将军足利义满 1368 年继位后，于 1378 年移居京都室町，从此正式称室町幕府。而足利义满继位之年，

---

① 家永三郎：《日本文化史》，第 97 页。

恰好是明太祖朱元璋称帝之年，基业初奠的双方都有意尽快结束元朝以来的敌对状况，重修旧好。明惠帝建文年间（1399～1402 年），足利义满主动派使团携国书和厚礼出使南京称臣朝贡，还送还了被倭寇所虏的百姓。建文帝颁赐日本使团大统历并派遣使臣与日本的遣明使同返日本，足利义满亲自到兵库（神户）港口迎接，并在京都北山金阁寺举行了隆重的接诏仪式，承认日本是明朝的属国。1403 年明成祖朱棣登基，足利义满再度派使团携国书和贡物前往庆贺，在国书中谦称自己为"臣"。明成祖亦派使者送遣明使归国，特意给足利义满颁赐了一枚"日本国王"龟形金印，还赠送了冠服、文绮、金银、瓷器、书画等大批贵重物品。使团返回日本后受到了足利义满的隆重接待，足利义满甚至当着遣明使的面，将捕获的 20 多个倭寇头子处以"蒸杀"的极刑。从那时起，双方签订了《勘合贸易条约》，日本以属国的名义对明朝朝贡，而明朝则对其开放口岸贸易。正是在这样双方修好的情况下，明朝喜铸大钟的风俗东传，浸染了日本。

日本保留至今的最大型钟是 A 型的京都市方广寺钟，全钟通高 404 厘米，口径 276 厘米，比朱元璋登基后在都城南京铸造的通高 365 厘米、口径 229 厘米的"洪武大钟"① 还大出许多。此钟的铸成年代是在日本的后水尾天皇庆长十九年，即 1614 年，当时已脱离室町时代而进入德川幕府统治的江户时代。但无论如何，那时的中国还是大明的天下，此大钟的铸成仍然不能排除明王朝的影响。

再从分布区域上说，日本 A 型的 16 口大钟主要集中在两个地区，一个是以本州岛中部以近畿为中心的区域，包括京都、奈良、近江、纪伊等地，共计 12 口；另外就是关东地区，包括东京都、镰仓市等地，共计 3 口；还有 1 口出于出羽市，属日本东北部。从这种分布状况不难看出，通高超两米的日本梵钟主要集中在日本历史上的两大政治中心，一个是奈良加京都的大古都圈，一个是东京。

早自古坟时代起，日本就以奈良为中心，进入飞鸟时代以后依然如此。至于继飞鸟时代而起的奈良时代，更是因都城在奈良（平城京）而得名。平安时代的都城向东北迁移到了平安京，即今之京都，也离奈良不远，由此构成了一个奈良加京都的大古都文化圈，如今称"近畿地方"。其后的镰仓时代，因镰仓幕府

---

① 详见第二章第三节。

在镰仓而得名，而镰仓是今横滨市西面的一座海滨城市，距离东京不远。日本一向将镰仓作为继奈良、京都之后的第三大古都，就源自镰仓时代的这段历史。此后的室町时代和江户时代，日本的中心重回京都，直到 1868 年明治天皇迁都东京。明乎此，可知日本的大型梵钟集中在以上两个中心是有道理的，即它们环绕在日本古代的三大都城周围。在数量的占比上，近畿地方的大钟有 12 口，占了大钟总数的近 80%，这也和日本古都历史以奈良加京都为主的情况相符。

由日本大型梵钟的分布，亦可反证日本古代的大寺、重寺皆以环绕在两大古都圈的为多，而这也恰好为历史所证明。史载中国南宋嘉定年间（1208～1224年），"史卫王奏立五山十刹，如世之官署①"，正式建立了划分禅院等级的"五山十刹"之制。所谓五山十刹，即以五大寺院高踞于所有禅院之上，称为"五山"，亦称"五岳"，稍次一等的则为"十刹"。这五山十刹统归朝廷管理，不仅其寺院规模宏大，庙产丰厚，而且享有免税等各种特权，无论政治、经济乃至佛学地位都远在一般寺院之上。日本也有五山十刹，系仿照中国而来，又称扶桑五山十刹。其中以五山的设立为早，"开始于镰仓末期，而完备于室町时期②"，稍后又建立了十刹制度。

与中国的五山十刹分散在各地的情况迥然有别的是，日本的五山十刹都集中在京都和镰仓两大古都周围，形成了"东（镰仓）西（京都）五山十刹③"两大重心。日本的这个特点如此明显，以致学者称："从（日本）五山十刹的分布看，大多集中为在京大刹，较中国宋元而言，日本五山十刹之重政治地缘，更是有过之无不及④。"由此可见，日本大型梵钟集中在两大古都圈并非无故，盖因日本历史上最大的佛寺都集中在这两大中心。由此又可见，镰仓至室町时代的大钟之所以最多，不仅因为有前述的原因，还因为这是五山十刹盛行的时代，而这五山十刹各个少不了一口象征佛寺崇高地位的大钟。

---

① ［明］宋濂《宋学士集》〈翰苑别集〉卷十："住持净持禅寺孤峰德公塔铭"，北京：中华书局，1985 年。

② 杨曾文：《日本佛教史》，杭州：浙江人民出版社，1995 年，第 490 页。

③ 汪向荣、汪皓著：《中世纪的中日关系》，北京：中国青年出版社，2001 年，第 83 页。

④ 陈永华：《五山十刹制度与中日文化交流》，《浙江学刊》2003 年第 4 期。

日本两大古都文化圈之外虽然没有五山，但也有个别十刹，于是也可偶见大钟。突出之例即"月山神社－出羽神社－汤殿山神社"钟，这也是 A 型大钟中的一口，通高 286 厘米，口径 168 厘米，出自日本东北部出羽的羽黑町①。出羽一带有三座山，位于日本山形县的中央，由"羽黑山""汤殿山""月山"组成。在日本的山岳信仰中，出羽三山的历史最为悠久，影响也最为深广。早在 1400 年前，也就是刚好在圣德太子之时（574～622 年），这里的山岳崇拜就和佛教相结合，诞生了一种日本特有的宗教——修验道。此道的信徒以出羽三山为神明，为求开悟而隐居深山，在严格避开外界干扰的情况下独自修行，为此甚至有专门的"忍者"集团负责保护修行者。在江户时代（1603～1867 年），民间将参拜三山看作是"转世之旅"，即在羽黑山祈求现世的庇佑，在月山亲临死后的世界，最后在汤殿山获得新生。叙论至此，便可知为何在远离几大古都的地方出了一口大钟了，盖因这口钟出自人们心中的圣山，是圣山上的圣钟。

至于远离权力中心的梵钟文化，那就是另一番景象了。突出之例见于民间流行的 B 型钟，这是一种流行在社会底层的梵钟文化，前文已述。而除了前面述及的种种理由外，单从 B 型钟体量的大小来说，也充分证实了这一点。因为据我们统计，但凡可确知属于此型钟的，都一概体量矮小，最高的连钟钮在内也不过46.1 厘米②，最小的则只有 27.8 厘米③，一般都在 40 厘米以下。这种情况倒真和此型钟的质地与工艺较差若合符节了，都说明了它们是流行在社会底层的梵钟文化。

综合日本 A 型钟，除了包括全部 2 米以上的大型钟外，也还包括了其他规格的钟。据我们对选做标本的 97 口 A 型钟的统计，其中通高在 2 米以上的已见前述，共计 16 口，占比 16.5%；此外通高在 150～200 厘米的有 8 口，占比 8.2%；通高在 100～150 厘米的有 53 口，占比 54.6%；通高在 50～100 厘米的有 20 口，占比 20.6%。至于 C、D 两型钟，虽然数量很少，但无一例外都制作精良，有的

---

① 奈良国立文化财研究所编《梵钟实测图集成》，第 176 页。
② 奈良国立文化财研究所编《梵钟实测图集成》，第 106 页"広隆寺钟"。
③ 奈良国立文化财研究所编《梵钟实测图集成》，第 696 页"曾我部修三钟"。

甚至比品质优良的 A 型钟有过之无不及。而其通高，一般都在 120 厘米以上，最高可达 190 厘米，例如 C 型兴隆寺钟，钟体高 190 厘米，口径 110 厘米。偶见较小者，例如 C 型石井澄之助钟，通高仅有 55 厘米。比较之下，B 型钟最高只有 46.1 厘米，当然是四型梵钟中最轻薄矮小的了。

一般来说，梵钟的大小直接对应着寺庙等级的高低和实力的强弱，进而反映了捐铸人或监铸人身份的三六九等。王室及超大型寺庙流行的都是 A 型钟，因为 16 口大钟都属 A 型。此外 A 型钟还普遍见于中等以上寺庙，尤以中上等寺庙为主，突出体现在通高 100 ~ 150 厘米的梵钟有 53 口，占了 A 型钟的一半以上。而鉴于 A 型钟中最小的就是通高 68.5 厘米的玉祥寺钟①，而绝不见 50 厘米以下的小型钟，可见此型钟显然与集市村镇的小寺庙无缘，仅流行在社会的中上层。C、D 两型钟虽然都属"和鲜混淆型"，且都集中在距朝鲜半岛较近的临海地区，但从梵钟的等级看，其寺庙的规格却并不低，至少都属中等以上寺庙，因为其最小的也在通高 50 厘米以上。至于民间小寺庙里流行的梵钟，无疑是 B 型钟，因为它们连一口通高略大于 50 厘米的也没有。

总体上看，日本古代梵钟可依体量的大小划分为五大等：

第一等在通高 2 米以上，其对应的应当是五山十刹的大型佛寺，尤以高踞于禅林之首的"五山"为主。

第二等对应的也是大型佛寺，当以十刹为主，通高在 150 ~ 200 厘米之间。仅就我们选择的例钟而言，其中既包括了 8 口 A 型钟，也包括了 1 口 C 型的兴隆寺钟。

第三等通高在 100 ~ 150 厘米间，对应的是中上等佛寺。这是 A 型钟中数量最多的一类，也包括了 C、D 两型的大部分钟，与之相关联的应该是日本各个地方的大型寺庙。

第四等通高在 50 ~ 100 厘米，这在 A 型钟中也比较多见，在所选 A 型例钟中占到了 20.6%，此外还包括了个别 C、D 型钟。它们所对应的，应该是日本各地的中型寺庙。

———————————

① 奈良国立文化财研究所编《梵钟实测图集成》，第 790 页。

第五等即通高在 50 厘米以下的梵钟，这在日本四型梵钟中唯见于 B 型，它们所对应的，无疑是民间小寺庙。

其八，B 型钟的等级虽低，意义却大，因为它们代表了日本古代梵钟文化中最具本土化性质的一支。纵观整个 B 型钟，数量并不是很多，然而从奈良时代肇始起，历经平安时代而至镰仓时代，此型钟呈现出缓慢递增的趋势，说明这种本土化进程是不断成长的。正如前面所言，很难把 B 型钟视为镰仓佛教的专用器，但这两者相得益彰的是，它们都是日本佛教本土化进程的产物。

在日本佛教史上，除了本土化的进程外，还长期存在着秉承中国佛教传统的一支，而且是极其重要的一支，这就是从中国传入的禅宗。例如在本土化的"镰仓新佛教"大行其道的镰仓时代，正如学者所言，一方面"镰仓时期产生的一些带有民族特色的佛教宗派发展迅速，旧有的佛教宗派也吸收日本民间信仰和习俗有新的变化"，另一方面却"还从中国传入了禅宗的临济、曹洞二宗，受到以幕府为首的武士的支持[1]"。"幕府"一词出自汉语，特指将军出征时的帐幕，代指武士集团。日本的幕府时代起于镰仓时代，终于江户时代，绵延了近 700 年。在这期间，日本的实际统治者是"征夷大将军"，天皇成为傀儡。表面上看是天皇和幕府共治，实际上是以大将军为代表的武士阶层一家独大。由是可知，在进入幕府统治的镰仓时代后，同时还流行着"受到以幕府为首的武士的支持"的一类佛教，而这就是从中国传入的禅宗。这是流行在日本上层社会的佛教，它贯穿于整个幕府时代，一直延续到江户时代的结束。特别是在中国的宋末元初，为避战乱而东渡扶桑的中国禅僧陡增，使日本禅宗获得了极大发展，据说当时仅传到日本的禅宗流派就有二十四派之多。

由是可知，从镰仓时代起，一直到明治维新前，日本总体上并行着两大佛教潮流，一股潮流在上，以中国的禅宗为代表，主要流行在天皇、幕府、武士等社会上层；一股潮流在下，以"镰仓新佛教"为代表，主要流行在社会底层的平民百姓中。而与此完全相应的是，日本古代梵钟也存在两大支系，一支是以 A 型钟为代表的高等级梵钟，一支是以 B 型钟为代表的低等级梵钟。低等级的 B 型钟

---

① 任继愈总主编，杜继文主编《佛教史》，第 545 页。

虽然流行在小型寺庙中，但它们的分布范围却集中在文化繁荣或较发达地区。这说明，这股代表日本佛教文化本土化进程的势力从未避开社会的主流圈，它们深深扎根在这个主流圈的底层，或固守在都市的小巷，或活跃在乡村的集镇，始终坚忍而顽强地生长。

总之，日本古代梵钟的两大支系，准确而真实地再现了日本古代佛教的两大发展脉络。当然，这是就整体状况而言，因为无论谁都知道，日本古代是个多层级社会，从上到下有很多阶层，就连武士集团也分很多等阶，而这都是无法仅凭现有的梵钟资料一一与之对应的。

其九，1867年，德川幕府末代将军德川庆喜将政权归还给明治天皇，由此拉开了明治维新的序幕。明治政府为了突出天照大神后代的天皇才是日本的最高统治者，竭力推行神道，并且为了进一步区分神道与佛教，下了一道神佛分离令。敕令一下，各地掀起了烧毁佛像、经卷、佛具及强令僧尼还俗的热潮，寺院或废弃或合并，余下的寺庙也把供奉的对象换成了神道的大物主。据统计，"1870年，富山县曾有佛寺一千七百三十所，而到1871年仅剩下七所①"。日本历史上称此为"废佛毁释"运动，这之后，明治政府又陆续推出了不少排佛政策，包括强迫僧人吃肉，为了增长人口强迫僧侣结婚等。尤有甚者，明治政府还强令僧人从军，这样做的结果，使日本佛教完全世俗化，佛陀的戒律荡然无存。这场运动使相当部分崇信佛教的日本人转为改信神道教，由此建立起以天皇为中心的政教合一体制。

明治维新是日本走向资本主义的起点，也是其古代社会的终点。而在此之前，从圣德太子推古十二年（604年）正式在全国推行佛教起，直到明治维新废佛毁释止，在长达1260多年的时光中，佛教在日本基本上是一家独大，未曾遭遇毁灭性的打击及大灾大难。总体上看，继圣德太子后，佛教在镰仓幕府时代逐步完成了自身的和族化历程，传统的中式佛教也日益繁荣；从室町时代到丰臣秀吉称霸日本，历代幕府推崇禅宗，促进了佛教在日本的普及；进入江户时代后，德川幕府为防止外部势力对日本的侵入，实行了闭关锁国政策，而为了禁绝天主

---

① ［俄］约·阿·克雷维列夫著，乐峰等译：《宗教史》，第353页。

教的传播，德川幕府极力推行使百姓皈依佛教信仰的"改变宗门"政策。灵元天皇宽文四年（1664 年），德川幕府制定出由佛教统摄百姓信仰的"寺访制度"，使佛教寺院成了为幕府代管百姓户籍的机构，佛门几成官署。不仅如此，德川幕府还将神道教、儒教划归佛教管辖，使佛学在成为显学的同时，进一步渗入到社会的政治生活中。

当然，世界上没有永远平静的湖水，日本佛教也曾遭逢磨难。最突出的事例来自"日本战国三杰"之一的织田信长（1534～1582 年）。织田信长推翻了名义上管治日本逾 200 年的室町幕府，他主政期间认为佛教的影响过大，助长了全国的封建割据，因此对富有的寺院采取了一系列行动。比如日本的寺院拥有广大庄园，织田信长在施行土地测量后，将多出来的土地予以没收，寺院如果反抗他就将其庄园全部查收，赐给他的部下。又如 1571 年他拆毁了被称为"日本佛教之母山"的比叡山寺院，还屠杀了不少佛教僧侣。可是，没过多久，独掌权柄的织田信长自杀身亡，佛教重新回归到日本社会。总之，虽然日本佛教也遭遇过磨难，但相比中国历史上四次大规模的灭佛运动，相比李氏朝鲜整整五百年的尊儒排佛，日本仍算得上是东亚三国中佛教文化发展最顺当的一个，也是最得天独厚的一个。而通过与这种历史状况的比照可知，日本的梵钟文化也一直顺风顺水，既未在数量、质量上出现过大起大落，也未在发展阶段上表现出几枯几荣。

综合《梵钟实测图集成》一书收录的 579 口日本古代梵钟，除了属于琉球国的 4 口，总共 575 口。其中属于奈良时代的有 15 口，属于平安时代的有 29 口，属于镰仓时代的有 129 口，属于日本南北朝时代的有 113 口，属于室町时代的有 249 口。仅从这一简单的数据罗列，也可以管中窥豹地看到，日本梵钟文化是平稳、均衡、有序发展的，甚至是不断递进的。唯独到了明治维新时，由于日本掀起了"废佛毁释"风暴，而江户时代的寺庙及梵钟首当其冲，故而保留下来的梵钟也就明显减少了，在《梵钟实测图集成》一书中只剩下 41 口。此外的一个怪象是，日本梵钟中年代相当于中国清朝末年的几乎四顾茫然，很难看到。而此中缘故，当然是因为中国的清朝末年已在日本的明治维新之后，说明日本的明治维新确实把佛教和梵钟扼杀得几近灭绝，所以就很难看到了。

第四章　韩国古代梵钟

第一节　佛教东传朝鲜半岛及其梵钟文化的兴起

朝鲜半岛的佛教是由中国传入的，是汉传佛教的一部分，主要教义为大乘佛教，这在历史上向无异词。而且其传播的时间相当早，不晚于朝鲜半岛的三国时代。

朝鲜半岛的三国时代肇始于公元前57年新罗统一朝鲜半岛东南部，终结于660年和668年唐朝联合新罗先后灭亡百济和高句丽。在这数百年中，朝鲜半岛并峙着高句丽（公元前37年~公元668年）、百济（公元前18年~公元660年）和新罗（公元前57年~公元935年）三个国家。

根据文献的记载，佛教由中国进入朝鲜半岛是在三国时代的中期偏后，即在公元4世纪以后。佛教不是同时传入这三国的，而是有先有后，大致是高句丽居先，百济次之，新罗最后。

《三国遗事》是朝鲜半岛保留至今最古老、最完整的佛教史著作，由高丽王朝的名僧一然撰著。一然（1206~1289年）俗姓金，出生于朝鲜半岛东南部的庆尚北道章山郡，是高丽王朝冠盖梵林的名僧，晚年曾荣升僧侣最高等阶的"国尊"。《三国遗事》是他在担任禅月寺主持和云门寺主持时撰写的，具有很高的史料价值。而据《三国遗事》卷三记载，高句丽小兽林王即位二年（372年），中国前秦王苻坚派使者和高僧顺道到高句丽，送去了佛像和经文。事隔两年

（374 年），又有前秦的高僧阿道到高句丽传教。小兽林王从此以佛教为国教，并且为了供中国僧人布道，先为顺道建造了肖门寺，后为阿道建造了伊弗兰寺①，从此朝鲜半岛就有了最早的寺院。

《三国史记》是朝鲜半岛现存的最古老史书，其《高句丽本纪》第六也对此事做了同样记载，其云："小兽林王二年夏六月，秦王苻坚遣使及浮屠顺道送佛像、经文，王遣使回谢。以供方物，立大学，教育子弟⋯⋯四年，僧阿道来⋯⋯五年春二月，始创肖门寺，以置顺道。又创伊弗兰寺，以置阿道。此海东佛法之始②。"综合此类记载，学术界认定佛教是在小兽林王即位的第二年（372 年）传入高句丽的，并以此为佛教传入朝鲜半岛之始③。

高句丽是朝鲜半岛三国时代最大的国家，由古代东北地区的夫余人所建立，领土主要位于汉朝的辽东、玄菟、乐浪、带方四郡，拥有朝鲜半岛的北部。正因为地理位置的邻近，也由于文化根基源出一脉，高句丽成了朝鲜半岛中最先接受汉传佛教的国家。至于佛教传入半岛西南部百济的时间，确切记载见于《三国史记》，其卷第二十四《百济本纪》第二云："枕流王一年九月，胡僧摩罗难陀自晋至，王迎致宫内礼敬焉，佛法始于此⋯⋯二年春二月，创佛寺于汉山，度僧十人。"枕流王是百济第 15 任国王，在位于 384 ~ 385 年。以上记载说枕流王登基的第一年，便有印度僧摩罗难陀到达百济，受到了枕流王的隆重接待，郊迎至宫中，禀受其说教，并于次年建造佛寺于汉山。枕流王的上述行为表明，百济当时已接受了佛教，并开始推而广之。

高丽僧人觉训 1215 年所撰的《海东高僧传》，是一部朝鲜半岛的佛教经典，其中也对佛教传入百济的过程做了相同的记载，只不过所述更详。其卷一释摩罗难陀云："释摩罗难陀，胡僧也。⋯⋯约志游方，不滞一隅。按古记本从竺乾入于中国，附材传身，徵烟召侣。⋯⋯当百济第十四（实为十五）王枕流王即位

① ［朝］一然著，孙文范校勘：《三国遗事》卷三，长春：吉林文史出版社，2003 年。
② ［朝］金富轼著，孙文范校勘：《三国史记》卷十八《高句丽本纪》第六，长春：吉林文史出版社，2003 年。
③ 任继愈总主编，杜继文主编《佛教史》，第 363 页。

九（应为"元"）年九月，从晋乃来。王出郊迎之，邀致宫中敬奉供养，禀受其说。上好下化，大弘佛事，共赞奉行，如置邮而传命。二年春创寺于汉山，度僧十人。尊法师故也。由是百济次高丽而兴佛教焉。"此文也说佛教是在枕流王即位之年传入百济的，之后紧跟着创寺于汉山并度僧十人。此外它还补充了一个重要史实，即来到百济的释摩罗难陀虽然是"胡僧"，但他是"从竺乾入于中国"的，而后"从晋乃来"，即百济的佛教也是经由中国传播而来的。

如果说佛教传入高句丽是在小兽林王即位的第二年，即372年，百济只不过比它晚了十余年。至于新罗，由于位处偏远的朝鲜半岛东南一隅，北经高句丽方能与中国北方相接，西与中国南方的水路交通又受阻于百济，其佛教的传入不仅在三国中最晚，而且晚了不是一年半载。其具体的时间历来说法不一，各种史料的记载也颇有出入，而据《三国遗事》综合《三国史记·新罗本记》《海东高僧传》以及高得相《咏史诗》《我道本碑》《古记》等文献的诸种说法，经过作者一然的详细考证，认为诸说中当以《三国史记·新罗本记》的记载为是，即佛教进入新罗最早始于新罗第十九代君主讷祇王。

《三国史记》卷四《新罗本记》第四载："讷祇王时，沙门墨胡子，自高句丽，至一善郡，郡人毛礼，于家中，作窟室安置。于时，梁遣使，赐衣着香物，群臣不知其香名与其所用，遣人赍香遍问。墨胡子见之，称其名目曰：此焚之，则香气芬馥，所以达成于神圣。……时王女病革，王使胡子焚香表誓，王子之病寻愈。王甚喜，馈赠尤厚。胡子出见毛礼，以所得物赠之，因语曰：吾今有所归，请辞。俄而不知所归。"此文又载："毗处王时，有阿道（一作我道）和尚，与侍者三人，亦来毛礼家。仪表似墨胡子，住数年，无病而死。其侍者三人留住，讲读经律，往往有信奉者。"根据上述记载，可知新罗第十九代君主讷祇王在位时（417～457年），有沙门墨胡子从高句丽到新罗，住在一善郡毛礼家，开始传授佛教。因为这位沙门弟子诊治了讷祇王家族成员的疾病，他的传教活动得到了讷祇王的赞许和赏赐，但却"俄而不知所归"。到第二十一代君主毗处王在位时（479～499年），又有我道和尚与侍者三人来传教，亦住毛礼家。数年后我道和尚在毛礼家无疾而终，三名侍者继续留在毛礼家讲经说法。

值得注意的是，虽然佛教传入新罗的端绪有可能追溯到讷祇王之时，但与高

句丽、百济的佛教从一开始就得到王室的接纳和推崇迥然有别的是，那时佛教在新罗只不过是以一善郡毛礼家为中心在民间小范围传播，其僧人不仅不能光明正大地传教，而且居住得十分隐蔽，要"作窟室安置"。其故在于，朝鲜半岛的居民原本崇信巫教，后来在中国文化的影响下虽然引进了儒家文化，但巫教神祇的权威依旧凛然不可侵犯，所以佛教的传播不仅遭遇了新罗固有文化的抵制，而且不为统治集团所接纳①。

据史书记载，佛教在新罗从民间秘传的宗教上升为统治阶级的信仰，是晚到第二十三代君主法兴王（在位于 514～540 年）时才有的事。事如《三国史记》所言："法兴王十五年，肇行佛法""法兴王十六年，下令禁杀生""法兴王二十七秋七月，王薨，谥曰法兴"②。以上记载说明，从法兴王十五年开始，佛教在新罗终于被官方接受，京城庆州还建起了兴轮寺等七座寺庙。这时已是 529 年，比高句丽和百济佛教的流行晚了约一个半世纪。

以上关于佛教传入朝鲜半岛的史迹，都出自朝鲜文献的记载，而同样的事件也见诸中国文献的记载，所述却略有不同。

南北朝时期梁僧慧皎撰有《高僧传》，其中有关于高句丽佛教肇始的两处记载。一处见卷四《竺潜传》："支遁遣使求买仰山之侧沃州小岭，欲为幽栖之处。潜（竺潜）答云：'欲来辄给，岂闻巢、由买山而隐。'遁后与高丽道人书云：'上座竺法深，中州刘公弟子。体德贞峙，道俗纶综。往在京邑，维持法网，内外具瞻，弘道之将也。'"以上"高丽道人"即高句丽僧人，而给高句丽僧人写信的支遁，是东晋名僧，生于晋愍帝建兴二年（314 年），卒于太和元年（366 年）。即便他写信给高丽僧人盛赞竺潜德行是他晚年的事，也比前秦王遣使者和僧人赴高句丽早了六年以上。这说明，那时高句丽民间已有传播佛教的僧徒，并与东晋佛教界保持着密切联系。

另一处见卷十《昙始传》："释昙始，关中人。自出家以后，多有异迹。晋

① 潘畅和、李海涛：《佛教在高句丽、百济和新罗的传播足迹考》，《延边大学学报》（社会科学版）2009 年第 1 期。

② ［朝］金富轼著，孙文范校勘：《三国史记》卷四《新罗本纪》第四，法兴王十五年条。

孝武大元之末，赍经律数十部，往辽东宣化，显授三乘，立以归戒，盖高句丽闻道之始也。义熙中，复还关中，开导三辅。"同此之事也见唐代僧人神清所撰《北山录》："晋昙始，孝武末（东晋也，帝临位，深奉佛法，苻坚兵至，谢玄破也）适辽东，高丽开导始也。后还三辅（三辅，咸阳县，昔秦皇于此置殿观），三辅人宗仰之。"以上所言昙始，是东晋末年至刘宋时代的名僧，号白足和尚。他于晋孝武帝太元末年携带经书、律数十部至高句丽弘扬教法，被上两个文献说成是高句丽闻佛之始。东晋孝武帝太元末年为396年，比高句丽小兽林王二年（372年）晚了24年，说这是"高句丽闻道之始"，显然有失偏颇。但昙始携"经律数十部"前往高句丽，在高句丽"显授三乘，立以归戒"，而且在高句丽传法达十年之久，直到东晋安帝义熙年间（405～418年）才返回关中，也不失为佛教刚刚传入高句丽时的一个标志性事件。

总之，见诸中国文献，同样说佛教是在小兽林王前后传入高句丽的，时在4世纪后半叶。而且，无论以哪个事件为代表，也都证明高句丽的佛教是由中国传播过去的。

第一章已述，在中国佛教史上，5至8世纪"被认为是中国佛教的'黄金时代'"，主要包括了中国的南北朝时期至唐代前期。而4世纪后半期佛教传入朝鲜半岛，恰好是中国佛教即将跨入黄金时代的表现之一，而且是重要表现之一。揆诸史实，朝鲜半岛的佛教不仅是由中国传入的，之后还不断从中国佛教文化中汲取了养分，由此推进了佛教在朝鲜半岛的传播。这方面的一个重要表现，即韩僧的来华请益求法。

《续高僧传》卷八《法上传》记载，高句丽大丞相曾专门派僧人到北齐国的都城邺（今河北省临漳县），向昭玄大统法上（495～580年）请教他们困惑不解的佛教问题，诸如释迦文佛涅槃以来至今多少年？佛法何时传到汉地？齐、陈佛法传承情况如何？《十地经论》和《大智度论》的传承关系和内容怎样？如此等等，全都得到了满意的答复，这就大大促进了佛教在朝鲜半岛的顺利传播。以上是高句丽之例，百济也有很多僧人来华求法，高僧玄光就是其中较著名的一个。据《宋高僧传》记载，百济玄光法师于威德王（526～598年）时期来到中土，在南岳慧思（514～577年）处修学法华经安乐行法门的秘传，并证得法华三昧。

随后，玄光在江浙一带讲法度化众生，数年后归国在百济熊州地区为众生讲法，宣扬法华思想，成为韩国天台法流的祖师。

正是由于和中国的深入交流，佛教在朝鲜半岛很快发展起来。《周书·高丽传》载中国南北朝时期的朝鲜半岛"敬信佛法，尤好淫祀"，"僧尼寺塔甚多，而无道士"，就是对当时朝鲜半岛佛教兴盛的真实描述。三国之中最显著的是新罗，佛教传入该地的时间虽然最晚，却一跃而起，成为三国佛教文化的后来居上者。先是新罗第二十三代君主法兴王在位时（514～540年），佛教被立为新罗的国教，而后到了法兴王的继位者真兴王（在位于540～575年）时，新罗不断东征西讨，疆土急遽扩大，这时的新罗已经不能满足原有部族的灵媒巫术，需要依靠统一的佛教信仰来强化内部的结合，于是佛教得到了更大推广和弘扬。当时真兴王"在庆州建皇龙、祇园、实际等寺，派使者入梁迎请佛舍利和经书，……他在晚年剃发着僧衣，号'法云'，命王妃也做尼僧住永兴寺。从他开始，王室经常为祈祷国泰民安、五谷丰登而举行百座讲经会，请僧人讲读《仁王般若经》等护国经典，并为战亡的将士举行八关斋会等佛教法会①。"从真兴王大建佛寺、迎请经书、广行法会，到自己剃度为僧，新罗王室几成佛门，佛教在新罗的兴盛足见一斑。

佛教文化的传入和兴起，给朝鲜半岛带来了巨大的变化。事如韩国学者所言："佛教的传入使民族文化的各个方面有了很大发展。佛教传入前，三国社会尚未确立可以自豪的文化。而佛教的传入，不用说在精神文化方面，就是在建筑、造塔、铸钟、塑像、雕刻、其他工艺和绘画方面，都有了辉煌的发展。所以，佛教为民族文化的发展做出了很多贡献②。"而梵钟文化在朝鲜半岛的兴起，就是佛教传入的一个直接成果。

韩国保留至今的最古老梵钟是上院寺钟，现存放在江原道平昌郡珍富面东山里上院寺，被列为韩国国宝。此钟镌有铭文，标明其为"开元十三年乙丑三月八

---

① 任继愈总主编，杜继文主编《佛教史》，第366页。

② ［韩］金煐泰著，柳雪峰译：《韩国佛教史概况》，北京：社会科学文献出版社，1993年，第34页。

日钟成记之"。开元系中国唐玄宗年号，开元十三年为 725 年，相当于统一新罗初期的圣德王二十四年。此钟质地为铜，铸造精良，通高 167 厘米，钟口直径 90.3 厘米；钟钮为单龙体圆雕，龙身上的鳞片和嘴眼须眉刻画得细致入微；钟顶上部有一个立式的圆柱体甬状音筒，音筒上也刻有繁缛的花纹；钟体上铸有乳钉，整齐地排列在钟肩以下；钟的上下带及乳廓有连弧状花纹，在连弧纹的空白处还填充有缠枝花草纹及小佛像；两个伎乐飞天像手执乐器，一为竖琴，一为笙，其翩翩起舞之状栩栩如生①。

不能不让人疑惑的是，佛教传入高句丽和百济是在 4 世纪后期，新罗也在 6 世纪前叶便开始"肇行佛法"，而韩国最早的梵钟怎么会一下子晚到了 8 世纪初叶呢？比起佛教传入高句丽的 372 年，这口 725 年的上院寺钟晚了整整三个半世纪，比起最晚推行佛教的新罗法兴王，这口最早的梵钟也晚了将近二百年。我们曾经多次强调，"有寺才有钟"，即寺院的出现是"寺钟"出现的必要条件，可韩国佛寺的出现一点也不比佛教的传入晚。

据前引《三国史记》卷十八，高句丽小兽林王"五年春二月，始创肖门寺，以置顺道。又创伊弗兰寺，以置阿道。此海东佛法之始"。这是朝鲜半岛最早的寺庙，出现在 375 年的高句丽。此后仅仅过了 20 年，高句丽广开土王三年（394 年），又在平壤建了 9 座寺院②。百济的佛寺也很早就已出现，《三国史记》载枕流王二年"创佛寺于汉山"，事在 385 年。最晚出现佛寺的是新罗，但也从法兴王十五年起就在京城庆州建起了兴轮寺等 7 座寺庙，这也不过是 529 年的事。再往后，不迟于 6 世纪中叶，朝鲜半岛"僧尼寺塔甚多"，几乎伽蓝遍地，梵钟的引进早已水到渠成。

要说中国虽然在东汉时期就有了最早的寺院，但直到晋代尚未普及，寺院的全面兴起一直要晚到南北朝时期。两相比照，朝鲜寺院的产生并不晚，甚至与寺庙在中国的普及大体同时。那么，为什么韩国的最早梵钟比佛寺的出现晚了那么多呢？首先可以确认的一个原因，即如第一章第二节所述，梵钟在中国的普及也

---

① 　廉永夏著：《韩国의鐘》，图版第 3 页。
② 　任继愈总主编，杜继文主编《佛教史》，第 364 页。

是到南北朝后期才有的事,而南北朝结束于589年,这之前无论朝鲜半岛怎样佛寺林立,也不可能即刻就有了梵钟。换言之,在梵钟的故乡中国,迄今所知最早梵钟也只是575年的陈太建七年钟,韩国的早期梵钟理应比这更晚。当然,鉴于朝鲜半岛不迟于6世纪中叶便伽蓝遍地,鉴于中国和朝鲜半岛交通的便捷,鉴于可以从仁川湾直航中国的新罗早从4世纪末起就与前秦、南齐、梁、北齐、陈、隋乃至唐世代通好,鉴于半岛上的居民很早就在祭祀等活动中使用了铃铎之器,故按常理推测,最晚晚到隋或唐代初年,梵钟就应该落户朝鲜半岛了,而不至于又要足足等上一百余年。

事实上,从前面对上院寺钟的描述已不难看出,这已经不是最早的韩国梵钟。因为无论从它铸造的精美,还是从它纹饰的繁缛看,特别是从它单龙体钟钮和带甬状音筒的形成看,它已具有显著的韩国本土特点,是已经发展成熟的韩国梵钟。这就是说,它并非韩国梵钟最早的源头,甚至连源头之一也算不上。

还有一口韩国梵钟,只比上院寺钟晚了不到50年,同属统一新罗时代,但它更能说明此阶段韩国梵钟文化达到的水平,这就是圣德大王神钟。

圣德大王神钟是韩国现存最大的梵钟,也是世界八大名钟之一,由新罗第三十五代君主景德王为了纪念他的父亲圣德王而铸。该钟的铸造历尽艰辛,铸成时景德王已薨,另由景德王之子、圣德王之孙惠恭王接替完成,时在惠恭王七年(771年)。该钟高约336厘米,口径227厘米,厚11至25厘米不等,重约23吨。此钟现悬挂在韩国庆尚北道庆州市国立庆州博物馆的一座钟亭中,方圆百里都可以听到它的钟声。

圣德大王神钟的纹饰十分精美,钟肩和钟裙各有一周卷草纹样,钟体上部均匀分布着四个乳钉装饰区,凡此都和中国龙、凤、鹤的纹饰特征有着很大区别。尤为突出的是,其钟钮为单龙体,钟顶上也有导音的甬筒,这更是其他国家梵钟所没有的(图4.1)。以上特征无不彰显了韩国梵钟的独特风貌,揭示了此阶段韩国梵钟的戛戛独造,

图4.1 圣德大王神钟

充分说明此时的韩国梵钟文化已经发展得十分成熟。

关于圣德大王神钟的铸造，还流传着一个神奇故事：为了铸大钟，人们想了很多办法，但是钟就是敲不响，说是要熔进一个童女才能敲响。为了圆满铸成此钟，一位九岁的小姑娘自愿跳进了炉膛，她妈妈为此哭干了眼泪。大钟铸成后，敲击时不断发出"爱米莱"的声音，听起来就像女儿用韩语在呼唤妈妈，因此这口钟又称爱米莱钟。

故事的凄婉动人，说明此时的梵钟文化已经深入民众，成为足以触动大众心灵的民族记忆。叙论至此，我们便有足够的理由说，朝鲜半岛一定有比圣德大王神钟乃至上院寺钟更早的梵钟，甚至有可能早到中国的隋代或唐初，早到朝鲜半岛的三国时代末期，只是没有保存下来而已。

观诸史实，梵钟的散失无非出自三种情况：一是自然损坏后回炉销毁，由此付之一炬；二是在灭佛或禁佛运动中被故意损坏，从此杳无踪迹；三是战争中被敌方劫掠或销毁，以致不知所踪。可惜，在朝鲜半岛的梵钟文化史上，这三重劫难竟无一幸免。第一种情况在任何地方都在所难免。至于第二种情况，下面第三节将谈到，李氏朝鲜统治的五百年间采取了尊儒排佛政策，大量佛寺被毁坏或禁用，梵钟自然在劫难逃。关于第三种情况，朝鲜半岛不仅一向战争频仍，尤其是在 20 世纪初，朝鲜半岛沦为日本殖民地，1942 年日本发动太平洋战争后战略物资奇缺，遂在仁川富平地区建立了一座陆军兵工厂，把所有能搜刮到的铜铁类文物运到兵工厂加工成武器弹药，朝鲜半岛的古梵钟由此遭受了毁灭性摧残。后期的韩国梵钟因为原本数量就多，总还有得以苟存的，而早期的梵钟本来就少，于是顷刻踪迹全无。

综观东亚三国，保留至今的最早梵钟首推中国的陈太建七年钟，年代为 575 年；其次是日本的妙心寺钟，年代为 698 年；再次是韩国的上院寺钟，年代为 725 年。通过对它们各自生成背景的综合考察，我们在相关章节已分别指出，中国古代的梵钟是在南北朝晚期开始普及起来的，陈太建七年钟就是此阶段的代表，也可以说是中国早期梵钟的代表。日本的妙心寺钟一样，作为有幸保存下来的日本最早梵钟，也出现于梵钟在日本寺庙中刚刚开始普及的阶段，于是也可以当作日本早期梵钟的代表。可遗憾的是，韩国的上院寺钟却没有这个资格，因为

它不是韩国早期梵钟的代表，只是韩国梵钟文化成熟期的代表。

据韩国学者介绍，韩国梵钟的铸造史最早可以追溯到 565 年①，这就不仅比日本的妙心寺钟早，甚至比中国的陈太建七年钟还早。鉴于 565 年中国大地上已处处可闻梵钟之声，鉴于此时朝鲜半岛也有了不少寺院，韩国最早梵钟铸于 565 年的可能性是存在的。总之，韩国梵钟的起源应该比上院寺钟早，至少要早一百多年。于是，仅就各章节的标题看，当我们就现有资料谈中国和日本的古代梵钟时，紧扣的是"源起"两字，而在谈韩国的古代梵钟时，紧扣的是"兴起"两字。一个是"源"，一个是"兴"，这一字之差说明了它们的本质区别。

第二节　韩国梵钟的型式及演变

有关韩国梵钟的研究资料，笔者最早是从日本学者神歧胜先生所赠日本梵钟研究会机关志刊物《梵钟》上获得的，此后又获得了韩国梵钟研究会馈赠的刊物《梵钟》，由此为认识韩国梵钟打开了一扇大门。幸运的是，笔者在参加 2004 年 11 月在日本举行的国际梵钟研讨会时，结识了韩国国立中央博物馆的崔应天先生，一方面聆听了他关于韩国梵钟的学术报告，一方面还做了些面对面的交流，会上会下获益匪浅。2005 年 10 月，笔者应崔先生邀请到韩国参加国际古钟文化研讨会，会议期间不但学习了韩国古钟研究者精彩独到的研究成果，而且收集了大量原始资料。这里要特别感谢汉城大学考古美术史系的周炅美教授，她费尽周折为我购得韩国古钟研究的重要书籍《韩国의鐘》，大大加深了我对韩国梵钟文化的了解与认识。基于以上机缘，笔者开始关注韩国梵钟的研究，并有意和中国古代梵钟进行了比较。

本章对于韩国梵钟的整理研究，就是基于上述资料并补充了其他一些资料展开的。其中特别要提到的是《韩国의鐘》② 一书，这是汉城大学名誉教授廉永夏个人编著的，是韩国梵钟文化的集大成之作。书中包括流散在日本的韩国梵钟，

---

① 庾华：《韩国古钟印象》，《中国文化遗产》2010 年第 2 期。

② 廉永夏著：《韩国의鐘》。

共辑录了 331 口韩国梵钟，而且绝大多数都标记了详细尺寸，并附有清晰线图。上节曾述，在东亚三国中，韩国梵钟遭遇的灾难最为深重，被战火焚毁的不知凡几。而万分侥幸的是，历经劫难后居然还有数百口梵钟保存下来，实属难得。这当然得益于历代韩国民众特别是僧侣对梵钟的拼死保护，但也要感谢廉永夏教授沐风栉雨的辛勤搜集。正是这三百余口钟，为韩国梵钟文化的研究奠定了必要的基础，让人仍然能一窥韩国梵钟文化的风采，并从中获得诸多历史启迪。同样功不可没的是，日本奈良国立文化财研究所飞鸟资料馆编著了一本《新罗钟、高丽钟拓本实测图集成》①，该书体例与其编著的日本《梵钟实测图集成》② 相同，每口钟都绘制了精细的线图，并附有大小尺寸和局部拓片，堪称《韓国의鐘》一书的重要补充③。

　　总体上看，韩国梵钟与日本梵钟一样，极富东亚梵钟的共有特征，但在造型上却更具民族性。其共性是一目了然的，例如韩国梵钟同样是外击发声，同样以平口为主要形制，而这既同于中国南方类型的古钟，也同于日本梵钟。此外它的钟体呈长方直筒形或近似方形，也与中日梵钟浑然一致。但它的特异之处也是彰明较著的，个性之强甚至远超日本，主要表现在：

　　1. 韩国古代梵钟整体质量都较精良，从质地说绝大多数是由青铜铸成的，铁钟寥寥无几。就《韓国의鐘》一书辑录的古钟而言，铁钟仅有 5 口，只占全部 331 口钟的 1.5%。

　　2. 钟钮多为精雕细琢的圆雕龙形钮，偶见简单的桥形钮。尤为特异的是，占半数以上的古钟钟钮为单龙形，这与中国、日本梵钟顶部的双龙体钟钮形成了鲜明对比。

　　3. 其单龙体钟钮的造型也十分别致，一般都是龙嘴大张且吻部又长又尖并上卷，形象夸张却颇显气势，这亦与中国或日本钟的龙形钮有一望可知的区别。

---

① 奈良国立文化财研究所飞鸟资料馆编《新罗钟、高丽钟拓本实测图集成》，（株）ビジネス教育出版社，平成十六年（2004 年）。

② 奈良国立文化财研究所编《梵钟实测图集成》。

③ 本章采用的韩国古梵钟资料除特殊注明的外，其他皆出自《韓国의鐘》及《新罗钟、高丽钟拓本实测图集成》两部专著，不另注。

4. 其钟顶上部一般都立有一个圆柱体甬状音筒，极少例外，而这绝不见于中国和日本梵钟。

5. 与日本梵钟一样，韩国梵钟也是除了极少数例外，钟体上大多铸有四组乳钉，并且都整齐地排列在钟肩以下，而这基本上不见于中国梵钟。四组乳钉的结构虽然和日本梵钟相同，但韩国梵钟的四组乳钉分别框在四个或三个方方正正的花纹带内，形成了韩国学者所称的四个"乳廓"，这又是韩国梵钟所特有的。

6. 其钟体虽然也是直筒形，但最大腹径往往多在中部，呈现出上下窄、中间宽的腰鼓状，这也少见于中国和日本梵钟。特别是早期新罗时代，这个特点尤为突出。

7. 韩国梵钟在图案装饰上的个性特征也相当鲜明，主要是它的钟体没有中国钟和日本钟那样的格式化分，而在乳钉区以下留下了巨大的空白。正因为没有格式的束缚，也正因为留下了大片空白，所以韩国梵钟的主题纹饰更具想象空间和发挥余地，以致其内容更加丰富，线条更加繁缛，主题更加鲜明。在这些主题花纹中，以佛教人物形象为多，如飞天、佛像、观音像等，这也成为韩国梵钟的一大特点。

不只主题纹饰丰富，韩国钟几乎任何一个部位都充满纹饰。例如它的龙形钟钮往往周身遍饰鳞纹，其龙头、龙角、龙眼以及龙嘴都刻画得惟妙惟肖；它的音筒亦满布花纹，有的是横纹，有的则在音筒的口部装点一圈连珠纹；其肩部和下部的边沿饰有缠枝莲和宝相花装饰带，上下带同样饰满了草叶、半圆形或连弧纹，也有缠枝牡丹；就连用以撞击的钟座上，韩国钟也装饰成复瓣莲花形。由于这些特性，韩国梵钟成了东亚三国中纹饰最为突出繁缛的一个，也是最为华美的一个。

8. 从新罗时代开始，韩国钟的肩部出现了一周莲瓣纹装饰，到了高丽时期，这些莲瓣纹真的如同"出淤泥而不染"的莲花，演变成亭亭玉立的立式莲瓣，成为钟肩部的立沿。这一莲瓣形立沿装饰一直延续到李朝时期，成为韩国梵钟标新立异的又一特点。

9. 其钟体虽然大多镌有铭文，但根据对《韩国의鐘》的统计，当中有铭文文字的仅占到了60%，比例明显小于中国和日本的有铭钟。其缘故显然和上面

的特性有关，即钟体表面都让给繁缛而丰富的纹饰了，或者说信徒们都把自己的希望寄托在钟体描绘的佛教人物及花纹上了，于是铭文也就相对弱化了。

10. 在梵钟的使用方法上，朝鲜半岛也独辟蹊径，首先是其悬挂的高度相对中国钟和日本钟较低，钟体口沿与地面的距离较近。而与之相应，在钟体的下方往往挖出一个坑，又称鸣洞，与距地面较近的钟口产生共鸣，由此合成一个有混响效果的"低音炮"，从而使钟声更加浑厚悠远。

综合以上特征，特别是它与众不同的单龙体造型和甬状音筒，就构成了独树一帜的韩国梵钟文化。而根据韩国梵钟这些个性特征的强与弱，或者说根据其与中国梵钟共性特征的浓与淡，韩国梵钟可分为并行发展的三大型。

A 型

这是韩国梵钟最占主流地位的一型，也是最具个性特征的一型，其突出之处一为带甬状音筒，二为单龙体钟钮，年代居首的上院寺钟就在此型中。

此型钟铸造精良，皆为铜质；钟体呈直筒状，肩部突出为折肩；单龙形钟钮皆为圆雕，龙身上的鳞片和嘴眼须眉刻画得生动传神，音筒上也有繁缛的花纹；每个钟体的四组乳钉纹都有带花边的乳廓环绕，尽显华丽风采；钟的顶部和钟口饰有一周花纹带，钟身的主体空间一般是伎乐飞天和佛造像；撞座多为莲花形，一般有二至四个不等；部分钟上有铭文，内容多为吉祥祝语，但也可见纪年，纪年多为中国年号。

根据 A 型钟的造型变化，可将其分为早晚不同的四式。

Ⅰ式：钟体呈腰鼓状，即钟的顶部及钟口较内敛，而钟体中部较粗，形成了类似腰鼓的风格；钟顶微弧，无立沿，一般没有装饰；钟钮的龙体造型较为纤细，龙嘴微张与钟顶相接，龙的后爪弯曲有力，立于钟顶之上；音筒较矮；莲花形撞座一般只有两个，靠近钟口沿，在钟体两侧相互对应。个别钟的肩部饰有一周较小的覆式莲花瓣纹或两周凸弦纹；钟体纹饰多为单体或两两相对的伎乐飞天像。

例1：上院寺钟

这是现存韩国梵钟里最古老的一件，年代为725年。其钟体通高及钟口直径已如前述，其整体造型略似腰鼓，但较为特异的是，此件是Ⅰ式中唯一一件钟体的最大腹径在体中部偏下的，而且钟口较为内敛；钟体的上下带及乳廓的花纹带纹饰一致，皆为连弧状花纹，在连弧纹的空白处还充填有缠枝花草纹及小佛像；两个伎乐飞天像手执乐器，一为竖琴，另一为笙（图4.2）。

例2：清州新罗钟

通高78厘米，钟口直径47.4厘米；钟顶呈圆弧状略凸起并有两周凸弦纹；钟的最大径在近口沿处；上下带较宽，钟体有一伎乐飞天像，手持弹拨乐器，裙裾飘舞飞扬（图4.3）。

图4.2　上院寺钟　　　　　　　　　　图4.3　清州新罗钟

例3：无尽寺钟

通高90.3厘米，口径56.4厘米；整体造型与上院寺钟相近，唯一不同的是该钟的顶部出现了一周覆式莲花瓣纹；钟体有阴刻铭文："天宝四载乙酉思仁大甬干为赐夫只山村无尽寺钟成……。"天宝四载为大唐年号，即745年（图4.4）。

Ⅱ式：钟口外扩，口径变大，整个钟体显得上窄下粗，给人以敦厚稳重之感；该式钟的钟钮明显变高，龙身较Ⅰ式粗壮，龙口大多含珠，龙头微微扬起与钟顶分离，后爪除个别钟仍有保留外，大部分钟都已消失；音筒出现了变高变粗的倾向；莲花形撞座多为两个，同时出现了四个撞座的个案。Ⅰ式钟顶上偶见的覆式莲瓣纹装饰在此式开始流行，成为一种常见的纹饰；部分钟顶新出现了立式的莲花瓣装饰，形成一周立沿，但数量不多，且莲瓣的造型较为单一；钟体图案除伎乐飞天外，新出现了坐式和跪式两种不同造型的佛像，图案里的乐器也新添加了不鼓自鸣器；上下带和乳廓的纹饰变成了团花和缠枝纹图案。

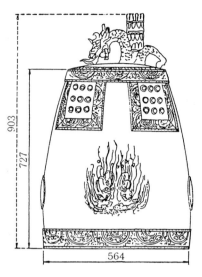

图4.4 无尽寺钟

例1：圣福寺钟

通高98厘米，口径61.1厘米；钟钮龙口含珠，音筒残；钟肩部饰一圈覆式莲瓣纹，上下带及乳廓的花纹皆为团花；钟体正面饰三尊立式佛像，姿态各异；该钟无铭文（图4.5）。

例2：中央博物馆清宁四年铭钟

通高85.4厘米，口径54.3厘米；钟钮龙口含珠，嘴大张。钟顶有一周凸弦纹，钟肩出现一周立式莲花瓣，似已残损；上下带及乳廓纹饰疑为团花；钟体饰坐佛四尊；近口沿部有四个莲花撞座。该钟刻有铭文，铭曰："特为 圣寿天长之愿铸成金钟一口重一百五十斤 清宁四年戊戌五月日记。"其清宁四年是中国辽道宗年号，为1058年（图4.6）。

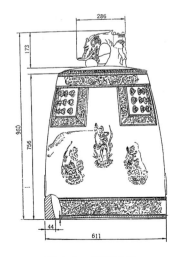

图4.5 圣福寺钟

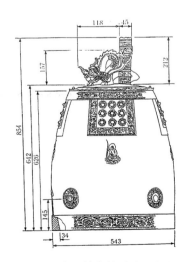

图4.6 中央博物馆清宁四年钟

例3：承天寺钟

通高 76.1 厘米，口径 44.5 厘米；钟顶微弧，顶部饰有两周覆式莲瓣纹；上下带花纹为团花图案，乳廓的花边为唐草纹；钟体除有一个坐于莲花上的佛像外，还有一伎乐飞天像，佛像的旁边和头顶处饰有多个不鼓自鸣器。钟体刻有铭文："维清宁十一年乙巳三月日 戒持寺金钟铸成入 重百五十斤 栋梁 寺主大师智观。"如上例所述，清宁为辽道宗年号，从清宁元年（1055 年）沿用到清宁十年（1064 年），并无清宁十一年。此钟所载清宁十一年是对中国年号的超期沿用，实为辽道宗咸雍元年，即 1065 年（图4.7）。

例4：釜山市立博物馆藏金渭祥钟

通高 33.5 厘米，口径 18.5 厘米；钟顶几乎近平；上下带较宽，上带图案为团花，下带图案为多层波浪形海水纹，乳廓边带则以缠枝纹装饰；乳廓明显增大，几乎占了整个钟体的二分之一；钟体上部乳廓之间饰有伎乐飞天像，钟体下部有数尊佛像，或坐或立，头部皆有佛光。该钟无纪年（图4.8）。

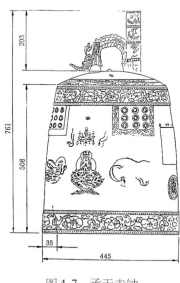

图 4.7　承天寺钟

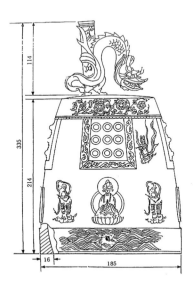

图 4.8　釜山市金渭祥钟

Ⅲ式：钟体造型大体同Ⅱ式，但钟顶立沿更加普遍且较Ⅱ式更高，立沿的纹样也更加丰富多彩。钟体图案仍以佛像为主，并以坐姿和跪姿为多；乳廓虽然还是以

三边花纹为主，但也出现了四边花纹，因此更显华美；撞座的数量仍以两个为主，但也出现了多样化的趋势，四个撞座的数量增多但偶尔可见无撞座的个体。

例1：中央博物馆戊戌铭钟

通高30厘米，口径19厘米；钟顶立沿较宽较大，每一个立沿都呈波浪形，环绕钟顶宛若一朵盛开的花朵；上下带较宽，上带的图案为缠枝纹，下带是方形窝纹；四个巨大的乳廓几乎占据了钟体的一半，其中一个乳廓的下方是圭形牌位；牌位两侧是两尊立式佛像，头部有项光（即佛像头部光环）。牌位上书汉字"戊戌年十一月日三角山龙口寺小钟造入重九斤栋梁孝柱"，戊戌年为高丽王朝第二十三代君主高宗（在位于1213～1259年）二十五年，即1238年（图4.9）。

例2：志贺海神社钟

通高52.8厘米，口径30.5厘米；钟顶立沿呈圭形花瓣样式且排列紧密，每一个花瓣顶部都有一个珠形装饰，别有特色；钟体除四个巨大的乳廓外，剩余空间布满各种各样的图案花纹，有立式的四天王像或坐在莲花座上的佛像，以及不鼓自鸣器和翻卷的流云等（图4.10）。

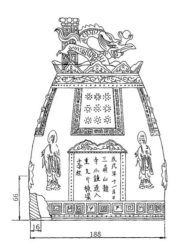

图4.9 中央博物馆戊戌铭钟

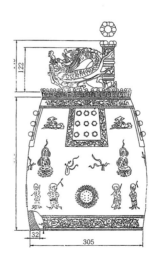

图4.10 志贺海神社钟

例3：光州博物馆康津出土乙酉铭钟

通高23.8厘米，口径17.5厘米，钟体近似方形；钟上立沿的莲瓣为尖形，与钟体相比略显高耸；四乳廓较宽大，约占钟体二分之一位置；四个撞座对应四个乳廓，撞座个体也显夸张；撞座之间有立式佛像；上下带似花瓣图案，下带的边缘还有一周乳钉纹。钟上有铭文，内容为："乙酉九月日造大纳水国寺青信女崔□□□亦公全氏及法界生王□去徒泉之德"。此乙酉年一般认为是高丽君主高宗三十六年，即1249年（图4.11）。

例4：曼陀罗寺藏日轮寺钟

通高45.8厘米，口径30.3厘米，钟体近方形；钟上立沿为标准的莲花瓣形；乳廓亦又宽又大，几乎占去钟体的一半位置；四个撞座与四个乳廓相对应；钟身满布纹饰，有飞天、菩萨立像以及高山、飞云和璎珞等，把整个钟体装饰得饱满而华美。钟上有铭文，内容为："□□二十一甲午五月日日轮寺金钟"。此甲午年为高丽君主高宗二十一年，即1234年（图4.12）。

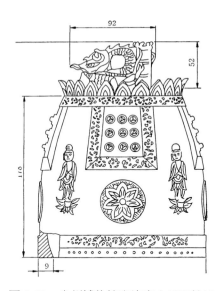

图4.11　光州博物馆康津出土乙酉铭钟

图4.12　曼陀罗寺藏日轮寺钟

例5：来苏寺钟

通高105.3厘米，口径66.8厘米；钟上立沿较矮，为双层三角形；钟体图案疏朗有致，成双成对，在乳廓之间是四个璎珞图，璎珞图之下与其相对应的是四尊位于莲花座上的佛像；四个莲花形撞座分布在与乳廓相对的位置。整个钟的

图案布局规整，排列有序（图 4.13）。

Ⅳ式：此式钟总体变化不大，与上式较为接近，但形态的细微变化仍不乏其见。一是钟的个体趋向小型化；二是钟钮既返璞归真地回到了Ⅱ式的纤细风格，又一改龙嘴与钟顶相连接的特征，与钟顶拉开了一定距离；三是钟的肩部虽然仍有一周莲瓣纹的立沿，但样式较为单一，且立沿一般较矮；四是个别钟体上出现了即无上下带装饰，也无莲瓣纹立沿的样式；五是乳廓也由Ⅰ式、Ⅱ式的三边廓变为四边廓，并下移至钟身的中部；六是钟体上的佛像已全部改为立式站姿；七是出现了梵文符号。

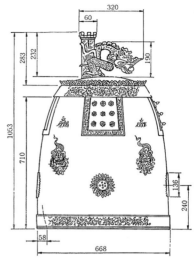

图 4.13　来苏寺钟

在这样的总体演变趋势下，A 型Ⅳ式钟出现了两个分支，一支直接上承 A 型Ⅲ式而来，另一支数量较少，但出现了此前从未有过的太极图案，风格较为特异，故按此区别划分为两亚型。

Ⅳa 式

例 1：中央博物馆水钟寺钟

通高 48.5 厘米，口径 37.5 厘米；钟钮较为奇特，是由两个 S 形挂钩相背构成；钟顶部的立沿呈心形，其下是一周小格，格内由两个相叠的如意纹组成图案，无乳廓；钟体偏上部是一圈阳刻梵文；钟口是一周海水纹，有莲花纹撞座四个。钟上刻有汉字铭文，内容为："成化五年七月日 水钟寺……"成化是中国明宪宗年号，成化五年即 1469 年（图 4.14）。

例 2：广兴寺万历元年钟

通高 60.5 厘米，口径 41 厘米；钟钮虽然也是单龙形，但龙头更加简约而纤细；音筒在此前的基础上进一步向又细又高发展；钟顶部的立沿呈心形，紧贴立沿的下面是一周覆式莲瓣纹；乳廓已成四边廓，两廓之间饰有立式佛像图案，佛像带有项光；下带图案为卷草纹。该钟铸有汉字铭文，内容为："万历元年癸酉四月初日 □□ 山□□寺一百四十斤 入大钟十五斤入铸成记 铸匠金慈山……"

219

万历为中国明神宗年号，万历元年即 1573 年（图 4.15）。

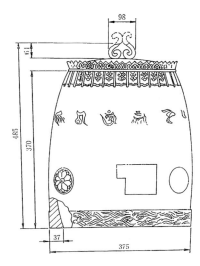

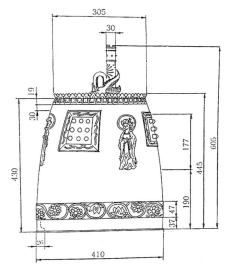

图 4.14　中央博物馆水钟寺钟　　　　图 4.15　广兴寺万历元年钟

例 3：大兴寺大雄宝殿钟

通高 91 厘米，口径 70 厘米；该钟的莲花瓣立沿已残，莲瓣下面是一周方格纹，每一方格中都有一个树叶状纹饰；方格纹之下是四个圆圈，等距离环绕一周，每个圆圈里有一个梵文；四个四边乳廓在钟身的中部等距离分布一周，乳廓之间饰有立于莲花座上的佛像，佛像头部有项光；近口沿处的下带饰有卷草纹。该钟镌有铭文，内容为："康熙四十二年癸未三月日 青龙山宝积寺金钟改铸 片手 讫成 徐日山"。康熙为中国清朝年号，康熙四十二年即 1703 年（图4.16）。

例 4：完州松广寺钟

通高 106 厘米，口径 72.2 厘米；该钟的莲花瓣立沿极小，其下有三周图案，依次为覆莲纹、连珠纹和横弦纹；横弦纹之下是数个圆圈纹，圆圈内依旧是梵文字符；四边乳廓位于钟体的中部偏上，乳廓之间饰有立式佛像，佛像头部饰有项光，下带为缠枝纹。该钟铸有铭文，内容为："康熙五十五年丙申四月 日全罗左道 光州鱼□山 □□寺大钟 铸成也……都片手 尹统誉 副片手 韩天硕……。"康熙五十五年即 1716 年，相当于朝鲜朝肃宗四十二年。此钟还有追刻于乾隆年间的铭文，其曰："乾隆三十四年己丑九月日重修 文光得"（图4.17）。

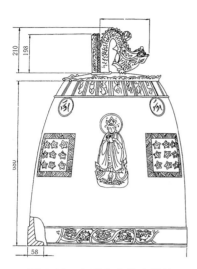

图 4.16　大兴寺大雄宝殿钟

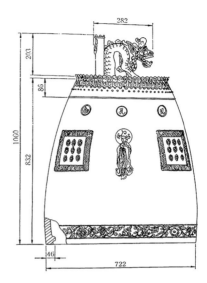

图 4.17　完州松广寺钟

Ⅳb 式

这是一种新型钟，俗称太极纹钟，数量不多且个体较小；其钟顶很平无装饰；单龙形钟钮除制作工艺为圆雕外，整体造型较简化，龙身仅以一个圆柱体表示；钟身除有四个巨大的三边乳廓外，比较醒目的便是此前从未见过的太极图案（即圆形的阴阳鱼图）。

例 1：大兴寺太极纹钟

通高 35 厘米，口径 20.7 厘米；上下带的上下沿铸有连珠纹带，上带为葡萄蔓草纹，下带有六处莲花纹；两个太极图案位于钟体下部相对应的位置，其周围四个方位有太极八卦符号；太极图案的左右两侧各有一尊天人像（图 4.18）。

例 2：九州岛太极纹钟

该钟是由九州岛私人收藏的一口无名钟，通高、口径不详。乳廓的花边纹饰、撞座的太极纹及天人像等与大兴寺太极纹钟大略相同（图 4.19）。

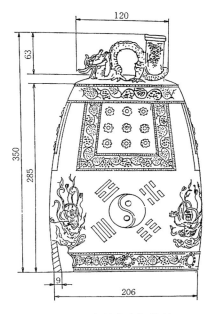

图 4.18 大兴寺太极纹钟

图 4.19 九州岛太极纹钟

以上 A 型钟四式，Ⅰ式属统一新罗时代，Ⅱ式属高丽前期，Ⅲ式属高丽后期，Ⅳ式属朝鲜朝时期。

综合以上四式，它们的变化规律是：

1. 直筒型钟体早期瘦长，后来虽然延续了瘦长风格，但也有部分逐渐变宽变矮几近方形。

2. 早期的钟钮个体较小，一般龙嘴紧贴钟顶，后来钟钮逐渐变高变粗，龙头也高高抬起与钟顶分离。

3. 音筒由较细较矮向渐高渐粗发展。

4. 钟的顶部开始时有些莲瓣纹装饰，其形状几乎完全同于中国北方梵钟的钟肩部莲瓣纹饰。后来此型钟出现了立式莲瓣，演变成钟肩部的立沿，再后来立沿的数量和种类越来越多，形式也越来越丰富。然而从Ⅳ式起，此风格开始退化，立沿越来越矮且样式越来越单一。

5. 钟体图案早期多为伎乐飞天，后来逐渐出现了跪式、坐式和立式佛像，造型更加多姿多彩。

6. 撞座的变化也很明显，早期一般只有两个，且个体不大，后来变为四个且个体逐渐增大。其位置从一开始就比较偏低，大约在钟体的三分之二处，此后有的保持不变，有的下移至近钟口处。

B 型

此型钟在保留韩式风格的同时，又出现了浓郁的中式作风，最突出的例证就是钟钮一反 A 型钟的单龙体造型，恢复了中式的双龙体形状，而且其钟钮的整个龙体威武雄壮，加之背上有火珠，极像中国梵钟钟顶的"蒲牢"。尤为特殊的是，此型某些年代较早的钟（洛山寺钟、普信阁钟等）竟一反韩国钟皆有乳钉纹的常态，在钟肩以下和中国梵钟一样没有乳钉纹。由于这些特点，韩国学者称其为"韩中混合型"钟①。

此型钟的钟顶呈圆弧状凸起；钟肩不明显，大部分为溜肩，仅晚期出现了个别折肩器；钟顶与钟身浑然一体，两者的过渡圆润自然。反观前述 A 型钟，一般钟顶较平，钟肩折角明显，与 B 型钟的区别一目了然。

该型钟的纹饰亦十分丰富多彩，主体花纹为立式菩萨像，纹饰几乎占到了钟体的一半位置；乳廓为四边花纹，大部分钟在钟腰处饰有数周凸弦纹，有的将钟口的花纹带上移，这样与凸弦纹一起将整个钟体划分为几层，每层由不同的纹饰装点。该型钟的纹饰除佛像外，还出现了大量梵文，几乎每口钟上或多或少都能看到梵文的影迹，有个别钟上还出现了八卦符号或龙纹这一典型中国钟才有的纹饰。

根据造型的不同，B 型钟大致可分前后两式。

Ⅰ式：个体高矮不一，但以高于 100 厘米的为多，最高者可达 364.7 厘米（普信阁钟），亦有高 200 多厘米和 150 厘米左右者，而最矮的则只有 50 厘米上下。此式钟无论钟体造型还是钟钮形状以及花纹装饰等，都与中国钟十分接近。

例 1：奉先寺钟

通高 236 厘米，口径 154 厘米；双龙体钟钮，龙头与钟顶紧密相接，龙背有火珠；钟顶有一周覆莲及数周凸弦纹，钟身中部由三周凸弦纹将钟体划分为上下

---

① 廉永夏著：《韩国의鐘》，第 277 页。

两层，上层有四个四边乳廓，廓边饰满缠枝花纹，乳廓的外侧装饰有梵文字符，乳廓之间有立式菩萨像，头部有项光；下层基本空白，只是下带上移，尤似一条花纹带，纹饰为海水图案。该钟铸有铭文，内容为"奉先寺钟铭并序……成化五年七月日 监役 定略将军 金德生 铸成匠 郑吉山 李波回……炉冶匠金蒙龙……注匠李乙夫……雕刻匠 张今同……木手 咸毛里……水铁匠……姜元奇……（略）"。成化五年为明宪宗年号，即1469年，相当于朝鲜朝睿宗元年（图4.20）。

例2：洛山寺钟

通高154厘米，口径98.3厘米；此钟无乳钉纹饰，钟体被三周凸弦纹自腰部划分为上下两部，上部有立式菩萨像和梵文，下部有铭文，近钟口处是一周海水纹装饰。钟上铭文内容为："洛山寺钟 新铸钟铭并序 成化五年乙丑四月日监役 定略将军 金德生 铸成匠 郑吉山……炉冶匠 金蒙龙。"此钟年代亦为明宪宗成化五年，即1469年（图4.21）。

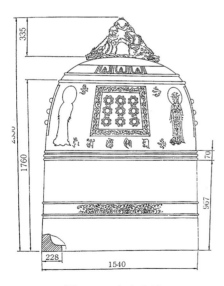

图4.20 奉先寺钟

图4.21 洛山寺钟

例3：海印寺弘治四年铭钟

通高84.8厘米，口径57厘米；钟顶部有一周覆莲，钟身由数组凸弦纹划分为五层，第一层由四个乳廓及四尊菩萨立像相间组成，其下即第二层是一周团花图案，第三层是两两相对的二龙戏珠图，周围祥云笼罩，恰如二龙腾云驾雾，其下又是一周花草图案，最下一层是八卦符号环绕一周。整个钟体为各种花纹图案缠绕，极为精致奢华。该钟刻有铭文，内容为"弘治四年辛亥春城 海印寺大寂光殿钟"。弘治四年为明孝宗年号，为1491年，属朝鲜朝成宗二十二年（图4.22）。

Ⅱ式：此式钟依然保持着 B 型钟所特有的双龙体钟钮及圆弧顶特征，但一部分钟体的造型开始出现复古趋势，主要是钟的肩部又有了明显的折角，而且个别钟还恢复了立式莲瓣图案，由此突出了韩式梵钟的特点。除此之外，该式钟的钟钮出现了简化的桥形钮，这倒是韩式钟所罕见的。

例1：宁国寺钟

通高89.4厘米，口径62.7厘米；顶部微弧，钟肩折角明显；钟体由两条凸弦纹划分为三层，第一层为图案区，该

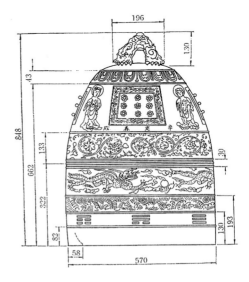

图 4.22　海印寺钟

图案是由四个四边乳廓以及四尊立式菩萨像相间组成，菩萨像都带有项光，项光上方还有四个圆圈，每个圈内饰梵文一个。该钟有铭文，内容为："乾隆二十六年辛 巳四月日沃川郡 地南岭智勒山 宁国寺大钟改 铸重三百斤……良工 李万丂"。乾隆二十六年为中国清朝年号，即1761年（图4.23）。

例2：甲寺乾隆铭钟

通高65.4厘米，口径50.8厘米；顶部微弧，肩部折角明显。钟体由两组凸弦纹划分为三层：第一层由一周圆圈纹组成，圆圈外部是一圈短短的放射线，圈内各有一梵文字符；第二层是主体花纹区，该区图案仍由四个四边乳廓及四尊立式菩萨像相间组成，菩萨像都带有项光；主体图案的下方为铭文区，铭文内容为："乾隆二十九年甲午 三月初日 钟成二百三五斤 龙华 珠耳山常岩寺 ……片手李四囗"。乾隆三十九年即1774年，相当于朝鲜朝英祖五十年（图4.24）。

225

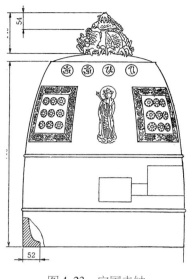

图 4.23　宁国寺钟　　　　　　图 4.24　甲寺乾隆铭钟

例 3：龙珠寺崇祯铭钟

通高 88 厘米，口径 58.8 厘米；钟钮的腰部高高隆起，龙头高抬与钟顶分离，钟顶有一周立沿；立沿下面是两周花纹带，其一是一周缠枝纹，另一是一周覆莲，覆莲之下又是一周圆圈纹，其内有梵文字符；钟体大部区域是主体图案区，仍以菩萨像和四边乳廓相间排列为主要内容。和其他钟不同的是，在乳廓和菩萨像之间还有一个牌位图，应是铭文区，铭文内容为："花山龙珠寺中钟三百二十斤 崇祯一百六十三年庚戌秋造……全罗道 长兴片手 尹德称 尹德兴 尹启元。"

此铭之"崇祯一百六十三年"，自然是明思宗朱由检的年号，但崇祯十七年（1644 年）明朝便已灭亡，之后中国改朝换代为清顺治元年，何以凭空出来个"崇祯一百六十三年"呢？其故盖因明朝灭亡以后，朝鲜李氏王国虽然出于清廷的胁迫而被迫向清朝俯首称臣，但对明朝旧主深怀感念，以致除了对清廷的公文贺表使用清朝皇帝年号外，其他一切内部公文，包括王陵、宗庙、文庙祭享祝文等仍然沿用崇祯年号，地方官吏使用的疏章、笺文更是如此，这样便有了"崇祯一百六十三年"之说。其实，此时已是清乾隆五十五年，即 1790 年，明朝已经灭亡 146 年了（图 4.25）。

例4：仙严寺说禅堂钟

通高54厘米，口径46.4厘米；钟钮更趋简化，为圆条状弓形，钟顶微弧，钟肩折角明显；整个钟体没有格式划分，因此主体图案几乎占据了钟身的全部；图案仍以四边乳廓和立式菩萨像为主，钟体上部的圆圈及圈内的梵文也较其他钟明显增大；画面整体纹样颇具简约之风（图4.26）。

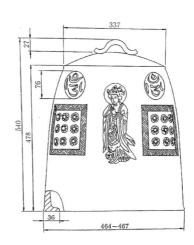

图4.25　龙珠寺崇祯铭钟　　　　图4.26　仙严寺说禅堂钟

以上B型两式，Ⅰ式属朝鲜朝前期，大致相当于中国的明朝时期，Ⅱ式属朝鲜朝后期，大致与中国的清朝相当。

这两式的区别是比较大的，其基本演变过程是：

1. 从钟形看，前期钟顶浑圆，肩部无折角，钟体自肩部以下逐渐外扩，钟壁较直，最大径接近钟口；到了后期，钟体造型恢复了韩式钟的风格，即钟顶微弧，肩部折角突出，最大直径在腹中部。

2. 从钟钮看，前期的钟钮为双龙形圆雕，龙头相背呈桥形，背上有火珠，整个造型既浑然一气又壮硕有力；到了后期，一部分钟钮仍保留了前期的造型，但已趋向于简单，龙体显得单薄纤细。

3. 从钟体格式的划分及图案装饰看，早期的钟体划分及图案装饰显然更具中国化特征，具体表现在钟体被数组横弦纹分为数层，每层大多有花纹图案，内

227

容有龙纹、海水以及莲花瓣等中国传统图案，当然还有佛像，很多钟上还把梵文当作纹饰点缀其间。后期的纹饰与韩国同时代 A 型钟相同，基本内容是立式佛像与乳廓相间排列。

4. 从钟肩部的装饰看，也是由中国北方梵钟的一周莲瓣纹特点，向韩式的立沿装饰过渡，但没有 A 型钟表现得那样普遍而规则。

总之，B 型钟的前期（Ⅰ式）以中国钟的元素为主，后期（Ⅱ式）则出现了韩国文化因素的回潮。结合前面所说的"崇祯一百六十三年"的来历，不难理解朝鲜朝前期因受中国明代文化影响较大，所以其梵钟文化就有了明显的中式风格。而到了朝鲜王朝后期，李朝对清廷表面遵从但实际上渐行渐远，于是在梵钟文化上也就表现为本土风格的回归了。

C 型

韩国钟中另有数量不多的一类，它们一反绝大多数韩国钟的平口风格，而将钟口做成了波浪形，有点类似中国北方的波形口钟。此型钟数量虽少，但却多见于铸造精良的大钟，突出之例有圣德大王神钟和开城演福寺钟等。

根据形制的变化，此型钟可划分为早晚不同的两式。

Ⅰ式：单龙形钟钮，有音筒。

例：圣德大王神钟

通高 366.3 厘米，口径 222.7 厘米，这是韩国梵钟中体量最大的一个，重达 23 吨。该钟体形颀长，钟顶微凸，钟体的最大直径接近口部；在硕大的钟体中，钟顶的单龙形钟钮显得相对较小，龙嘴微张紧贴钟顶，音筒也较细较短；钟口有八耳，两个撞座位于口沿处，与钟钮呈十字形排列。钟肩部有细小的莲瓣纹一周，上带较宽为花草纹，下带的上、下边为连珠纹，中部间隔以团花图案；乳廓为三条边框，仅四角处饰有图案，每廓内有乳钉九枚，分三行排列；钟体上有飞天图像，呈跪姿，衣带上扬。此钟铸成于惠恭王七年，即 771 年，因安放在奉德寺故又称奉德寺钟（见图 4.1）。

Ⅱ式：双龙形钟钮，无音筒。

例 1：开城演福寺钟

通高 324 厘米，口径 188 厘米；钟钮为双龙头，龙头相背；钟顶部有一周典型中国式的莲瓣纹；钟体腰部被数周凸弦纹划分为上下两部分，每部分皆有四个方格，上周的方格内有菩萨坐像，每格三尊，佛像的下面似有一周铭文带，格与格之间共有四个牌位，每个牌位里都有铭文，分别为："佛日增辉""皇帝万岁""法轮常转""国王千秋"；下半部方格内无任何装饰，仅在方格之下有一周海水纹带；钟的口沿处是一周海水纹，每个钟耳的上方有一个八卦符号。据钟体铭文可知，这口钟是高丽忠穆王二年（元至正六年）铸造的，时在 1346 年（图4.27）。

例2：圆通寺钟

通高 110 厘米，口径 70 厘米；双龙形钟钮龙口含珠，龙背亦有火珠；钟底部的波浪口较缓，钟耳间距较大；钟的肩部有一周莲瓣纹；四条凸弦纹在钟体中部将整个钟划分为上下两部分，上部为四个乳廓，乳廓之间是呈坐姿且有项光和背光的菩萨像，共四尊；下部亦有四尊立式菩萨像，菩萨像之间为撞座，亦为四个。每个钟耳上都有一个八卦符号，符号的上方又有一周海水样的纹饰（图4.28）。

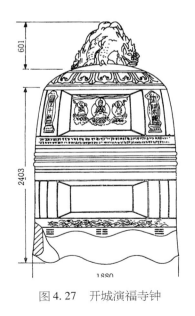

图 4.27　开城演福寺钟

图 4.28　圆通寺钟

以上二式，Ⅰ式属新罗时期，Ⅱ式两例分属高丽后期（开城演福寺钟）和

朝鲜朝前期（圆通寺钟）。

通过以上两式的对比，我们大体可知此型钟的发展脉络是：

1. 从钟钮看，新罗时期的钟钮是单龙体带音筒的典型韩式风格，到了高丽后期则出现了双龙造型，更趋近于典型中国钟的作风。

2. 从钟体造型看，新罗时期除了钟口略带波状外，其余都和韩式钟一模一样，突出表现一是其钟顶微弧，钟肩折角明显；二是其钟体上半部较窄，自肩部逐渐外敞，最大径在中间腹部并自此垂直向下至口沿处。而自高丽时期开始，钟顶变为圆弧状，钟肩与钟身浑然一体，过渡圆滑；钟口的波浪形曲线也变得弧度更大而且起伏更加自然。

3. 从装饰图案看，新罗时期的钟体没有格式的划分，即钟体没有被横凸弦纹分割为上下两部分，也没有占据整个钟体的方格纹，遍布钟身的除了四个乳廓外便是伎乐飞天像；而Ⅱ式钟体都被横凸弦纹划分为上下两部分，上下各有四个回形方格纹，上部的方格纹之间设有四个牌位，牌位上书吉祥祈语。再有就是钟顶的莲花瓣纹，Ⅰ式钟的莲瓣纹很小，几乎看不出花瓣的形状，而Ⅱ式钟顶上的莲花瓣雕刻精细，凹凸有致。

第三节　结论

通过对韩国古代梵钟的类型分析，我们取得了如下收获。

其一，从现有资料出发，较完整复原了自统一新罗时代以来韩国古代梵钟的发展谱系，条理出了韩国古代梵钟的基本发展状况、发展脉络，揭示了它们的内在逻辑关系及变化规律。有了这个历史谱系和发展脉络，今后每口韩国古钟都可以根据自己的造型特点找到它们的相对位置，从而锁定自己的时空坐标、区域属性、时代属性乃至等级属性。而如同中国古代梵钟、日本古代梵钟一样，这个谱系的建立都是梵钟文化研究的首要前提。

其二，仅就目前留存下来的资料看，从最早的8世纪初起，直到1910年李氏朝鲜灭亡止，韩国古代梵钟上下绵延了近1200年。而类型学的分析告诉我们，在这漫漫历史长河中，韩国古代梵钟同样存在一定的演变规律。

一如钟体。

新罗时代韩国梵钟的一大特点是，绝大多数钟体的最大腹径在器身的中部，由此显现出腹部微鼓、口部微敛的特征。于此之外，再加上钟肩的相对窄小和向器身过渡的圆滑，就构成了新罗梵钟整体造型的鼓腹风格，或可称为腰鼓状梵钟。

到了高丽时期，钟肩略宽，最大腹径下移至口沿处，形成了钟体较直或微敞的特点。同时整个钟体还由新罗时期的普遍瘦高而有所缩减，一部分梵钟甚至矮胖到近似方形，以致高丽时期的梵钟是各阶段中最矮的，通高一般在 20～70 厘米之间。以上钟肩渐宽、腹径下移、身高缩减三大演变趋势，汇总起来的效果就是使整个钟体看上去更加壮硕、敦厚。

到李朝时期，钟体恢复了瘦高风格，矮胖形钟几乎不见，但总体上仍比新罗时代略矮，通高多在 60～120 厘米。然而与高丽时期梵钟一脉相承的是，其最大腹径依然保持在钟的口沿处。

二如乳钉和乳廓。

从新罗时代开始，韩国钟的乳钉纹就始终分为四组，每组三行，每行三枚，直到李朝时期鲜有变化。至于乳廓，新罗时期主要流行的是方形三边廓。到高丽时期除沿袭方形三边廓外，还出现了少量环形乳廓，即边廓为一个正圆，此外高丽时期还出现了部分四边形乳廓。到了李朝时期，梵钟的乳廓基本为四边方形，乳钉的排列方式依然如故，但乳钉的整体位置略有下降。

三如纹饰。

韩国梵钟的一大特色即钟体不做格式划分，从而使主题纹饰得以大展风采。韩国梵钟的这种风格既见于最具主流地位的 A 型钟，也见于较为特异的 C 型钟，甚至见于"中韩混淆型"的 B 型钟，可以说十分普遍。而随着此风的长盛不衰，其主题纹饰的内容随风流转，表现出了一定的变化规律。

从统一新罗时代开始，韩国钟的主题花纹就相当普及，内容多为伎乐飞天。这些飞天既有单体的，也有两两相对的，从形象到描绘手法皆与中国北方唐钟的飞天别无二致。

高丽前期梵钟的主题纹饰一方面承续了新罗时期的伎乐飞天像，另一方面则

新出现了佛像，既有坐姿佛像，也有站姿佛像。从总体上看，佛像所占比例较大，略多于飞天像，占到了二分之一以上。

必须强调的是，自高丽早期起，韩国钟的肩部新出现了立沿装饰，且立沿的形式多姿多彩，造型各异。这立沿虽有别于雕铸的花纹，但也是一种颇为新颖的装饰，而且极具考古学的断代意义。

高丽后期的梵钟绝大多数都有主题花纹，只是个别钟的撞座明显增大，占据了主题花纹的位置。飞天像依然在此阶段有少量传承，但广为流行的则是佛像，这些佛像形象生动、仪态万方，既有坐姿和站姿的，也有跪姿的。

朝鲜朝时期的梵钟基本都有主题花纹，而且以立式观音菩萨像最为流行。这种观音像不仅在此阶段十分普遍，而且唯恐不显著，往往一口钟上多至四个。

朝鲜朝时期还在 A 型 Ⅳb 式钟上新出现了一种太极纹图，其基本构图是在圆形太极纹的四角分设四个八卦符号，图案的两侧还常常配以相向的两个飞天像。众所周知，韩国国旗就是一面太极旗，是在中央太极图的四角分设四卦，而且这四卦和梵钟太极图的四卦一样，都是乾、坤、坎、离，分别代表天、地、水、火。两相比照，韩国国旗与梵钟上的太极图何其相似乃尔，区别仅在于梵钟的太极图配有飞天，以此标示了它的佛教性质，而韩国国旗则无此陪衬。

长期以来，韩国朝野都说韩国国旗是晚至 1883 年才被朝鲜高宗选定的，而且是因外交的需要临时起意、临时设定的。然而仅就韩国梵钟上的太极图看，更就此类钟的类型学特征看，可证明有太极图案的韩国梵钟再晚也晚不到 1883 年，而必在高宗以前。由此说明，韩国国旗早就熔铸在韩国梵钟上，并非随性而起的信手拈来之物。尤有甚者，据我们的类型分析，韩国太极纹钟的年代甚至有可能早到李朝以前，但兹事体大，涉及的问题也多，需要认真查考韩国的太极纹钟实物后再做定评。

"中韩混淆型"的 B 型钟是在李朝前期出现的，风行于整个李朝时期。此型钟虽然不乏中国元素，以致被称为"中韩混淆型"，但在装饰图案上却遵循了典型的韩式作风。综合以观，整个李朝时期的 B 型钟都有主题花纹，且同样以立式观音菩萨像为主，而且也往往一口钟多至四个立式观音，此即地道的韩式作风。

总之，由伎乐飞天发展到佛像，再由一般佛像发展到立式观音和太极纹图，

其主题图案越来越鲜明，也越来越具有个性，这便是韩国梵钟主题花纹的演变规律。

其三，在韩国古代梵钟的区域分布上，我们也做了一些归纳和整理，从中也发现了一些值得注意的现象。但需要说明的是，一则今韩国国土只有约十万平方公里，在亚洲 52 个国家中面积大小仅排第 31，其南北长度也只有四百多公里，故而很难在文化上做一个严格的区域划分，二是如同中、日梵钟一样，韩国梵钟也极具移动性，它们既有可能像普信阁钟那样从寺钟转到别处做更钟，又能像《韓国의鐘》一书归纳的那样，竟有 61 口韩国梵钟因各种原因运到了日本，当然它们在国内的移动就更是易如反掌。所以，如果按它们现在的所在地来归纳其分布，无异于刻舟求剑，毫无意义。唯一能采用的方法，无非是将钟体铭文中标注了寺名的资料，以及可以甄别其原始出处（而非今所在地）的资料综合起来，管中窥豹地看一看它们的分布状况。

新罗时代的韩钟能保存下来的本来就不多，有原始出处或寺院名称的更是寥若晨星。总体上看，它们分布得较为均匀，遍及今韩国南北。当然，像圣德大王神钟这样王室级别的钟，是一定出于国都附近的。新罗自建国以来一直以今韩国东南部的庆尚北道的庆州为都城，并且在庆州附近建造了四天王寺、奉德寺和佛国寺等名刹重寺。而圣德大王神钟铸成后，就曾奉置在奉德寺内，现收藏于庆州国立博物馆。

高丽前期流行的只有 A 型钟，为 A 型Ⅱ式。可以甄别出有原始出处或寺院名称的计十余口，其中北部京畿道有 1 口，中部忠清道有 2 口，南部庆尚南道有 6 口，南部全罗南北道有 2 口。由以上统计不难看出，高丽前期有确切地点可甄别的梵钟，大多集中在韩国中部以南。高丽后期流行的主要为 A 型Ⅲ式钟，有出土地或寺院名称的较前期更多，大约有近三十口，其中北部京畿有 6 口，北部江原道有 2 口，中部忠清南北道有 9 口，西南部全罗南北道有 8 口，东南部庆尚北道有 2 口，总体上也以中部以南为多，但位在北部的较前期有明显增加。

高丽的都城在今开城，是如今朝鲜的南部城市，而朝鲜的梵钟出土情况因资料阙如不甚明了。然而可以确知的是，高丽是个极为崇佛的国家，建国后曾在国都开城一带广建庙宇，仅香火鼎盛的王室重寺就有法王寺、慈云寺、大兴寺、开

泰寺等十余座，再加上其他规格的寺庙，"开城府有寺七十余区①"，可谓洋洋大观。以此推之，当时这些寺庙里的梵钟一定十分了得，甚至高丽梵钟文化的中心地带理所当然就在开城。但在统计中我们遗憾地看到，高丽前期的今韩国北部资料十分缺乏，有确切出土地的仅1口。好在高丽后期的北部资料增加到了8口，其中仅京畿道就占了6口，一定程度地弥补了这个缺憾。

韩国的京畿道最早设置于高丽朝显宗九年（1018年），是以开城为中心的行政建制，最大时包括了52个县，方圆阔达150公里。现韩国京畿道是从李朝时期延续下来的，而李朝的京畿道是以都城汉城（今首尔）为中心设置的，与高丽朝京畿道的范围不尽相同。但这二者有很大的重叠部分，包括高丽都城开城也在李朝京畿道的范围中。所以，能确切定位在今韩国京畿道的6口高丽后期钟，也一定程度上反映了高丽时期开城一带梵钟文化的繁荣。

至于为何高丽中部以南的梵钟也这么兴旺呢？这一则说明高丽时期佛教的繁荣并不限于都城附近，而是遍及全岛，甚至远及半岛最南端的庆尚南道和全罗南道；二则这种现象也与高丽王朝和中国的交往有关。

高丽朝始建于918年，结束于1392年，前后经历了近五百年。其始建之年相当于中国五代十国的后梁贞明四年，结束之年相当于中国明朝初叶的洪武二十五年，中间跨越的基本上是中国的辽金元时期（907～1368年）和北宋、南宋时期（960～1279年）。这是中国历史上一段南北分治的时期，而在此期间，尤其是在中国两宋王朝的三百余年中，宋朝与高丽的陆路交通被阻断，山东半岛的海路在北宋期间因为邻近辽朝而危机四伏，在南宋期间则更纳入了金朝的领地，所以宋丽（按指宋朝与高丽，以下各章凡此皆简称宋丽）间唯一的通衢就是从明州（今浙江宁波）到朝鲜半岛西南部的海洋航线了②。也就是说，从古明州出发，高丽西南是宋朝商人首先抵达的地方，也是宋朝僧侣首先登陆的地方。于是便知何以朝鲜半岛中部以南的高丽梵钟为多了，因为这是宋朝与高丽佛教文化交

---

① ［南宋］杨仲良撰：《皇宋通鉴长编纪事本末》卷八十九《通使高丽》，上海古籍出版社，1995年。
② 详见第六章第三节。

234

流的第一站，是中国梵钟文化首先传播的地方。

如前所述，高丽前期有出土地或寺院名的梵钟中，百分之七八十集中在高丽南部的庆尚南道和全罗南道，这不是偶然的。更能说明问题的是高丽后期，此阶段的 A 型Ⅲ式梵钟能够甄别原生地的共有 27 口，其中位于中部以南的就有 19 口，占了百分之七十。尤有甚者，这当中的相当部分又集中在半岛最西南部的全罗南北道，并且有几口钟的出土地还濒临西南大海，实例如下：

大兴寺钟：出于全罗南道海南郡，此郡是全罗南道最西南端的一个郡，濒临大海。

光州博物馆藏乙酉铭钟：出于全罗南道康津郡，康津郡也是全罗南道最南端的濒临大海的郡。

全罗南道高兴戊戌铭文钟：出于全罗南道高兴郡，此郡是全罗南道最南端的一个半岛，周边几乎全是大海。

光州博物馆藏 No. 739 钟：出于全罗南道光州。

庆州博物馆藏五圣寺梵钟：出于全罗南道顺天市，高丽时代此地称昇平。

以上出于朝鲜半岛最西南端全罗南道，此外出于半岛西南部全罗北道的有：

来苏寺钟：出于全罗北道扶安郡，这是全罗北道一个紧傍西部大海的郡。

高丽（美）观音寺钟：此钟现在日本京都，但据考证，其原始出土地也在全罗北道①。

另外还有两口 A 型Ⅲ式钟，同样出于朝鲜半岛南端，无非偏在东南部。一个是釜山市立博物馆所藏安水寺钟，出于庆尚北道尚州，另一个是天恩寺钟，出于庆尚北道庆州，都在朝鲜半岛的东南部。

在全罗南道最西南端的黑山岛上，很早以来就流传着一句话，说这里是能够听到中国鸡鸣的地方。此话当然不乏夸张之处，但其寓意无非是说这里离中国最近。众所周知，朝鲜半岛离中国最近的地方，当然是与中国大陆接壤的朝鲜北部，而绝非隔着茫茫黄海的朝鲜半岛西南端。而黑山岛的高丽人之所以这么说，无非是因为这里是宋人来高丽的第一个登陆地点，是宋丽两国相距最近的地方。

---

①　廉永夏著：《韩国의鐘》，第 353 页。

而所谓"近水楼台先得月",宋朝的商人、僧人来到高丽南部后,除了贩运高档商品的商人或负有皇命的官员、高僧需要风尘仆仆地继续前行到高丽都城外,其他人自然会在朝鲜南部就近贩卖物品或传播佛教。于是,高丽南部的梵钟文化就相对发达了,以致成了仅次于都城开城的佛教文化发达区和梵钟文化发达区。

中国元朝的一百多年也在高丽国的时代范围内,而大一统元王朝的中韩交通虽然已具有陆路和海路的多种渠道,但今中国南方的宁波仍是中韩交通的重要枢纽,同样是中国佛教文化对外传播的重要枢纽。而由这条航线对接的,仍是以全罗南北道为重心的朝鲜半岛西南部。

朝鲜半岛南部的梵钟文化相对发达的传统,直到李朝时期依然保持下来。

李氏朝鲜的起讫年代是 1392~1910 年,相当于中国明太祖朱元璋洪武二十五年至清朝末帝宣统二年,正好跨越了中国的明清两朝。下面将要展开讨论的是,李朝建国伊始便确定了崇儒排佛的政策,而这确实也被李朝前期梵钟数量的断崖式锐减所证实。然而奇怪的是,前面列举了五口大型王室级别的韩国梵钟,竟有三口属于李朝前期,分别是普信阁钟、兴天寺钟和奉先寺钟,这又是何故?其实原因也很简单,盖因明太祖朱元璋偏爱铸大钟[1],而李朝自称是"中国孝子[2]",尊明朝为永世的父国和天朝,于是影响所及,李朝前期也就要下大力气铸造几口大钟了。

由于崇儒排佛政策的执行,李朝前期保留至今的梵钟本来就少,而除了上面讲的几口大钟,其他大多出于朝鲜半岛的南部,其中属于 A 型 Ⅳ 式的有:

龙珠寺崇祯铭钟:出于全罗南道最南部的长兴半岛,濒临大海。

长兴神兴寺钟:出土地同上。

多宝寺钟:出土地同上。

珍岛双溪寺钟:出于全罗南道最西南端的珍岛郡,濒临大海。

松广寺钟:出于全罗南道光州。

内藏寺乾隆铭钟:出于全罗北道井邑市。

---

① 详见第二章第三节。

② [朝]春秋馆史官:《朝鲜王朝实录·宣祖本纪》卷三十七,林昌出版公社,1984 年。

安静寺所藏龙泉寺钟：只标明了出于全罗道，全罗道是全罗南道、全罗北道的总称，后拆分为南北两道。

李朝前期保存下来的还有几件属于 B 型 I 式的梵钟，其中有两件可证出土地点，一是海印寺弘治四年铭钟，出于庆尚南道陕川郡；二是妙观音寺钟，也出于庆尚南道。

总而言之，以上可证原始出处的李朝前期梵钟，全部出于朝鲜半岛的南部，而且绝大多数出于最南端的全罗南道，其他的也集中在半岛西南部的全罗北道或庆尚南道。

在《韩国의鐘》一书中，辑录的朝鲜朝前期青铜梵钟只有区区 18 口，本来数量就不多，而上面可证原始出处的 11 件都集中在朝鲜半岛的最西南一隅，足见这就不是偶然的了。索诸史实，其原因应该是多方面的。

一是李朝崇儒排佛，所以反倒是在"天高皇帝远"的西南沿海一带，佛教较易取得自己的生存和发展。

二是自明州至大黑山的中韩海运航线开通后，就一直没有中断过，李朝前期仍然是中韩交往特别是佛教交往的航线之一，而它首先抵达的就是朝鲜西南部。

三是明朝在明穆宗隆庆元年（1567 年）以前的 200 年中，实行了闭关锁国的海禁政策，关闭了正常的海上贸易和民间交往大门。可走私商贩和僧侣间的交往是无法阻隔的，而为了避开官府，东南沿海各岛屿就成了他们最佳的偷渡地。正如史籍所言："缘（沿）海之人，往往私下诸番贸易香货，因诱蛮夷为盗[①]"，"东南诸岛夷多我逃人佐寇[②]"，走私商贩和海盗都聚集在中国东南沿海一带。当然这里也是僧侣们往来中朝的重要港口，而从此处前往朝鲜，首先抵达的便是朝鲜半岛的西南部。

于是，除了王室铸造的几口大钟外，李朝前期的梵钟文化就以半岛的西南部最为发达了。

李朝后期大致相当于中国的清朝，当时李朝政府仍然实行的是崇儒排佛政

---

① ［明］姚广孝等监修，胡广等总裁：《明太祖实录》卷二百三十一。
② ［明］谈迁：《国榷》卷十二，北京：中华书局，1958 年。

策，清朝也仍然闭关自锁，严禁民间出海贸易。也就是说，导致李朝前期梵钟文化以西南部较为发达的各前提条件皆无根本改观，于是李朝后期的梵钟文化也就仍然以半岛南部最为发达了。

自918年高丽王朝创建起，在长达一千多年的时光中，朝鲜半岛的政治中心、文化中心始终位在半岛的中部，一在今朝鲜南端的开城，二在今韩国北端的首尔。可以想见，如果不是中朝海路交通的南移，濒临大海的朝鲜半岛南部是不可能出现如此兴盛的梵钟文化和佛教文化的。而正是由于种种原因造成的中朝海路交通的南移，促成了朝鲜半岛南部古代梵钟文化和佛教文化的全面发展，而众所周知，朝鲜半岛南部即今韩国的所在。

其四，按规格的高下说，韩国梵钟中等级最高的无疑是王室监铸的钟，而其中堪称代表的，当然首推新罗时期的圣德大王神钟。如前所述，此钟不仅是为君王铸造的，而且是由两代君主接替完成的，显然最能代表王室。此钟通高366.3厘米，口径222.7厘米，是韩国大型梵钟的魁首。除此之外，据《韓国의鐘》一书所录，通高在200厘米以上的大型梵钟还有开城演福寺钟、普信阁钟、兴天寺钟和奉先寺钟。

开城演福寺钟通高324厘米，口径188厘米，厚23厘米，重约14吨，时代属高丽朝后期。高丽（918～1392年）是朝鲜半岛上第一个统一国家，开城即高丽国的首都。演福寺又称广通普济寺，据宋人徐兢所撰《宣和奉使高丽图经》的记载，这是一座王室重寺，位于开城高丽王府之南泰安门内。此寺的正殿富丽堂皇，气派远胜王宫，其罗汉宝殿内供奉着金仙、文殊、普贤三像，旁列罗汉五百尊，规模甚为宏大。演福寺钟原在演福寺内，1563年演福寺被火灾烧毁后，大钟移到开城南大门，但这无法遮掩它原本是一口王室级别的大钟。

普信阁钟同样是韩国的国宝级大钟之一，铸造于朝鲜世祖十三年，即明成化四年（1468年）。此钟通高364.7厘米，口径222.8厘米，重19.66吨，原为圆觉寺的寺钟，后被移到李朝首都汉城的南大门（崇礼门）作报时之用，再后移到汉城中心专司报时的普信阁上，成为整个汉城地标式的文物。当时汉城四大城门的开启与关闭，以及百姓的起居生活等，全凭此钟号令。直到现在，虽然老钟已被新钟替换，但传统的仪式照旧，只要是韩国举行辞旧迎新的庆典或新任总统

就职等，都要以连击普信阁钟 33 次为标志。由此可知，老普信阁钟显然也是李朝时代的王室重器，足以成为国家政权的象征。

兴天寺钟通高 282 厘米，口径 171.2 厘米，铸成于 1462 年，时代属李朝前期。据《朝鲜世宗实录》卷四十三《世宗十一年正月癸丑》记载，李朝世宗十一年（1429 年），在朝堂上商议如何改造接待明朝使臣的太平馆时，有人提议把宽敞的兴天寺改建为太平馆，世宗说："兴天寺，太祖原刹也，太祖谓太宗曰：'毋毁佛殿'，是不可毁也。"这里明确说兴天寺是李朝太祖的寺庙，是王室的重寺。王室重寺的兴天寺钟自然是王室专用的钟，此后该钟又被移至汉城李朝五大宫殿之一的德寿宫，同样是王室级别的寺钟。

奉先寺钟通高 236 厘米，口径 154 厘米，时代为朝鲜朝睿宗元年，即明成化五年（1469 年）。察奉先寺的由来，和李朝第七任君主世祖有关。世祖是李朝史上一位崇佛的君主，他在位十三年，卒于明成化四年（1468 年）。这之后，他的继位者睿宗于 1469 年修建了一座世祖陵园，称光陵，在陵园旁还新建了一座寺院，这就是奉先寺。作为朝鲜王室的重寺，悬挂在其中的梵钟当然也是王室级别的钟了。这口钟的铭文载明，它铸成于"成化五年七月□日"，即奉先寺落成之年。于是，这口钟理应是奉先寺开光大典上敲响的那口主座钟。因为奉先寺是王室家庙，它在李朝崇儒抑佛时仍然佛香鼎盛，到朝鲜中期成为监督全国寺院的五所纠正所之一，朝鲜末期又成为十六个中法山之一。而高悬于其中的奉先寺钟，由此得以梵音不断。

由此可证，以上五口大型梵钟无不与王室有关。其中圣德大王神钟属新罗时代，演福寺钟属高丽时期，普信阁钟、兴天寺钟和奉先寺钟则统属李朝前期。从最早的圣德大王神钟（771 年）起，到最晚的奉先寺钟（1469 年）止，相距近700 年，但它们始终如一的是，这些钟的通高都在 230 厘米以上，并未因时代的演变而增高或衰减。由此可见，古代朝鲜凡是王室级别的梵钟都在通高 230 厘米以上，尤以 300 厘米上下的为多。

至于通高在 200 厘米以下但又不低于 100 厘米的韩国梵钟，则无论时代早晚，大多出自权贵、将军、通政大夫、州牧或名刹重寺的寺主。

一如禅林院钟，通高 122 厘米，年代为 804 年，钟铭称此钟来自"赐主寅夫

人君"。夫人君即君夫人，《论语·季氏篇》载："邦君之妻，君称之曰夫人，夫人自称曰小童；邦人称之曰君夫人，称诸异邦曰寡小君；异邦人称之亦曰君夫人。"即在中国的春秋战国时代，君夫人是对诸侯王正妻的特有称谓。朝鲜向有"小中华"之称，典章制度乃至文化传统无不出自中国，是故此钟标明的"寅夫人君"显然也不是等闲之辈，而非大贵族夫人莫属。

二如洛山寺钟，通高 154 厘米，年代为 1469 年，钟铭称此钟"监役定略将军金德生"，即由定略将军金德生监制。考诸李朝官制，定略将军的品级并不高，只有从四品。但无论如何，由他监制的梵钟显然不是出自贵族便是出自官府。饶有趣味的是，前举王室级别的奉先寺钟，也有铭文称其"成化五年七月□日「监役」定略将军金德生"，即也是由定略将军金德生监制的。奉先寺钟铸成于 1469 年，洛山寺钟也铸成于 1469 年，同一年监制两口钟，真够这个定略将军忙乎的。照此看来，这位从四品的定略将军很可能就是专门从事梵钟监造的官员。

同上之例尚多，如龙兴寺钟，通高 100.5 厘米，年代为 1644 年，钟铭载有"铸钟通政大夫"；青严寺钟，通高 177 厘米，年代为 1687 年，钟铭载有"朝鲜国庆尚道州牧"；楞伽寺钟，通高 153.4 厘米，年代为 1698 年，钟铭载有"折冲将军□□□"和"通政□□□"。以上通政大夫为文官正三品，属堂上官，是李朝的高级官吏；折冲将军为武将正三品，也是可以跻身朝堂的高级官吏。至于州牧，是地方官吏，属于李朝道、州、府、郡、县五级地方行政制的第二级，也在高级官员之列①。

至于通高在 100 厘米以下的韩国梵钟，捐铸人则大多是下等官吏、一般僧众或平民百姓。例如高丽博物馆藏头正寺己亥铭钟，通高 39 厘米，年代为 1239 年，其铭曰："山村□卯僧 两亲父母愿 以夫妻木发心 为扣钟成大匠斧道梁州头正寺②。"以上铭文不仅表明捐铸人是山村寺僧，而且内容也是一般百姓的祈福之语。

前文已述，韩国梵钟的质地基本都是青铜材质，而且铸造工艺都比较精良，

---

① 以上梵钟资料皆取自廉永夏：《韩国의鐘》，捐铸人身份为笔者考证。

② 廉永夏著：《韩国의鐘》，第 265 页。

同一时代梵钟纹饰的风格也相当接近。要说它们之间有什么区别，主要就集中在体量的大小上。而根据上面的归纳，可知和日本古梵钟一样，韩国梵钟的体量大小也直接对应着梵钟等级的高低。在前面第一章和第二章剖析中国古代梵钟时，曾论及它们的质量之差或等级之差不仅是由捐铸者的不同身份造成的，而且是由不同区域的不同型式造成的，即它们既存在个体间的差异，也存在群体间的差异。要言之，中国古代梵钟的差异不仅对应着捐铸人的不同身份、寺院的地位高低，不同地区的优劣，还对应着不同朝代的实力。但恰恰是在梵钟个体的大小上，中国古代梵钟表现出的等级性并不十分严格。两相比照，可知单从梵钟的等级上看，中国古代梵钟和日韩古代梵钟走了两条较为不同的路。也就是说，中国古代梵钟的级差是由多种因素造成的，而日本、韩国古代梵钟的差异则主要是由钟体的大小决定的。由此折射出的历史背景，显然是中国古代社会较为复杂，日、韩的古代社会则较为单一。

还有特别值得关注的一点是，韩国梵钟中体量最大、铸造最精者多集中在B、C两型，而B型是所谓"中韩混淆型"，C型也具有浓郁的中国元素。这说明，韩国佛教界的上层都很重视自身的汉文化传统，重视自身的汉传佛教色彩。甚至这些大型梵钟有可能直接代表了中国特色的佛教——禅宗的流派，以致要打上鲜明的中国烙印。

其五，对应朝鲜半岛佛教发展的起伏跌宕，韩国梵钟文化明显表现出了几大阶段。

就现有资料看，韩国古代梵钟最早出于统一新罗时代，此即韩国梵钟发展的第一阶段。虽然是第一阶段，但如前所述，此阶段韩国梵钟的质地已足够精良，制作足够高超，造型足够成熟，单龙体钟钮和甬状音筒的特点足够明显，甚至其纹饰也足够丰富，处处表明它已发展成熟。

韩国梵钟之所以在统一新罗时代就达到了如此高超的水平，除了此前应有一个基础性的源起阶段外，还应当和新罗时代佛教的兴盛以及中国唐朝佛教文化的影响有关①。当然，统一新罗的梵钟文化也还带有一定的初始性，主要表现在这

---

① 详见第六章第二节。

时钟的形态、纹饰的图案还比较单一。尤其令人遗憾的是，统一新罗时代留下的梵钟寥寥无几，这一方面是历尽劫难的结果，但也从一定程度上反映了那时的梵钟尚未大面积普及。

在《韓国의鐘》辑录的331口钟中，属于新罗时代的青铜梵钟只有区区12口，是各个时代古代梵钟中数量最少的。虽然谁都知道这是有幸保存下来的，不包括历史上已经毁坏、回炉或流失的，而后者的数量显然不在少数。可无论如何，保留下来的古梵钟总应该占到一定比例，因为这是佛教文化的重要法器，尽管劫难频仍，只要佛门不灭，就总会有人千方百计把它们保护和传承下来。

事实上，在紧承统一新罗时代之后的高丽前期，《韓国의鐘》一书收录的梵钟就达到了44口，比新罗时期翻了数倍之多。而到了高丽后期，此书收录的青铜梵钟一下子增至117口，比高丽前期又翻了一番多。这当然也都是劫后余生的历史遗物，并非高丽梵钟文化的原貌，但这些遗物已足以印证梵钟在高丽的大幅度增长。这种增长到底说明了什么？毫无疑问地，这说明了佛教在高丽时期的兴盛。

918年，后高句丽的王建（877～943年）被部将拥立为王，改国号为高丽，定都于自己的家乡松岳（今开城）。此后高丽于935年灭新罗，于936年灭后百济，统一了朝鲜半岛。王建生来崇佛，登基之后独尊佛教，在国都广建庙宇，先是建造了法王、慈云等十寺，之后又建造了大兴寺、开泰寺等。在开泰寺落成典礼上他亲制疏文，说自己之所以能用武力统一全国，是"上凭佛力，次仗玄威"之故，并祈愿今后"佛威庇护，天力扶持"。他还经常开设八关斋会、百座讲经会，在新兴寺置功臣堂，画三韩功臣于东西壁。临终前他亲授"训要"，其一就是"我国家大业，必资诸佛护卫之力，是故创立禅教寺院，差遣住持焚修，使之各治其业①"。

王建之后，历代高丽国王皆崇佛礼佛。945年定宗（945～949年）即位，在开国寺安置佛舍利，向各大寺院施谷7万石。显宗（1009～1031年）时雕印《大藏经》，经16年雕刻而成，成为享誉世界的佛教文化瑰宝之一。显宗还重修

---

① ［朝］郑麟趾撰：《高丽史》卷二，西南师范大学出版社，2004年。

开国寺塔置佛舍利，设戒坛度僧 3200 人。靖宗（1034～1046 年）时下令有四子之家者可许一子出家为僧，又在四寺设戒坛，试僧以经律，每年还举办众僧列队沿街读大乘佛教《般若经》的游行法会，称之为"经行"。文宗时（1046～1082 年）佛教达到极盛，不仅建兴王寺选一千僧人入住修法，下令凡有三子之家即可着十五岁以上的一子出家，还命自己的第四子王煦在兴王寺出家为僧。王煦即朝鲜佛教史上著名的义天和尚（1055～1101 年），十一岁出家，于宋朝元丰末、元祐初（1085～1086 年）两度入华求法，在中韩两国文化交流史上做出了卓越贡献，后被高丽国封为大觉国师。

高丽崇佛如此，几乎到了无以复加的程度，于是无怪乎作为佛教文化重要载体之一的梵钟，在该时期大大增多了。更重要的是，通过对比不难发现，在千余年的韩国梵钟文化长河中，高丽时期的梵钟不仅数量多，而且质量优，突出反映在它们的制作最为精良、花纹最为繁复、图案最为丰富、铭文最为普及。凡此种种无不显示，韩国的梵钟文化在高丽时期进入了它的黄金时代。

凡事物极必反，由于高丽王室对佛门的优渥已无底线，使得佛寺的私产急遽扩张，大量侵占了普通百姓的土地。例如高丽显宗十一年（1020 年），施给玄化寺土地 1240 结（结指约生产谷子 2 石的土地），此后又赐给云岩寺土地 2240 结，文宗更是加赐大云寺良田一百顷。寺院不仅占据了大量土地作私田，还享有免税等特权，这就既与民争利，也与国争利，导致了国库的空虚。不但如此，高丽的寺院还经营商业和高利贷，以慈善之名向民众放高利贷，造成大量平民破产。寺院经济的急遽扩张，使僧侣人数激增，佛教集团在政治上的影响也与日俱增，进而加速了高丽王朝的衰败。

1392 年，明朝朱元璋洪武二十五年，高丽将领李成桂发动兵变，几度废立后自己称王，推翻了高丽王朝。即位后李成桂多次以"权知高丽国事"的头衔向明朝上表，称高丽国王昏乱，自己受拥戴不得不即位，表示愿做明之藩属，尊明为永世的天朝。朱元璋接纳了李成桂的呈请，并准以"朝鲜"作为李氏政权的国号，这便是"朝鲜"国号的由来。李成桂朝鲜称李氏朝鲜，简称李朝，最初定都高丽故都开京（今开城），后迁都汉阳（后改称汉城）。高丽末年时朱元璋曾批评高丽因为尊释轻儒而导致亡国，于是李朝创建伊始便汲取高丽王室佞佛

的教训，实行了崇儒排佛的政策，致使佛教在朝鲜的地位一落千丈。

李朝太祖李成桂即位后，很快便放逐了宫中的僧侣，不准僧人进城活动，大大限制了僧人的自由。太宗六年（1407年），将曹溪、天台、慈南三宗合为禅宗，将华严、慈恩、中神（中道宗及神印宗）、始兴南山四宗合为教宗。合并后的禅、教二宗各保留一定数量的寺院，佛教的发展从此受到了严格控制。太宗还令寺院沙门还俗，土地归国有，并严格出家为僧的度牒制度。成宗时（在位于1469～1494年）下令撤毁汉城内外的尼寺23所，更禁止供养僧侣，并毁佛像造兵器，出家为僧被视为违犯国禁。燕山君（在位于1494～1506年）更是大力推行排斥佛教的政策，废除京城内的一切寺社，甚至把世祖时兴建的圆觉寺改为"妓坊"。经过以上几代帝王的斥佛排佛，到了中宗时期（在位于1506～1544年），寺院变成了游民与盗贼的栖息之所①，已全无佛堂宝刹的香烟缭绕。

然而李朝时期也不是完全没有崇佛的君主，例如世祖李琔（在位于1455～1468年），在位时设立了刊经都监，集中编纂佛教典籍并将其译为韩国文字，到晚年还亲至韩国五台山月精寺修行数月。明宗（在位于1545～1566年）时由于文定皇后的庇护与普雨禅师的努力，佛教禅宗亦一度稍有复苏。另外，1592年"壬辰倭乱"，日本丰臣秀吉率大军侵入朝鲜，宣祖（在位于1567～1608年）出奔义州，时有禅僧清虚休静率门徒并募僧兵5000余人配合明军一起作战，克复京城，赶走日军。宣祖还都后，赐号清虚休静为国一都大禅师，后其得弟子千余人，至此佛教禅宗又稍见起色。到了李朝后期，英宗（在位于1724～1776年）和正祖（在位于1776～1800年）对佛教也比较宽容。

但总体上说，在李朝统治的五百年间，基本上贯彻的是尊儒排佛政策，就连高丽时期僧院的饮茶传统也在被禁之列，茶道从此在朝鲜失传。然而关键的是，无论李朝怎样"排佛"或"废佛"，与中国历史上被称为"三武一宗"法难的灭佛运动仍有一定区别。中国式的灭佛运动都给佛教带来了致命打击，第一章第三节已述，可李朝的"排佛"只是限制佛教的发展，控制佛门的膨胀，并未将其斩尽杀绝。例如排佛立场很明确的太宗，就仍保留了一定数量的寺院。于此之外

---

① 任继愈总主编，杜继文主编《佛教史》，第536～537页。

再加上民间的传承，由新罗、高丽时代长期传承下来的佛教仍存在于李朝之中。特别是到了李朝后期，由于某些君主的默许和扶持，"排佛"的国策虽然还在，但佛教却获得了更多的自由生长空间。

在《韓国의鐘》一书中，辑录的朝鲜朝前期的青铜梵钟只有 18 口，不仅远不及此前高丽朝后期的 117 口，甚至也不及高丽朝前期的 44 口，形象而准确地诠释了李朝创建后的"排佛"。但也如同前面所述，佛教的发展在整个李朝时期并未中止，特别是到了后期，仍在社会各阶层中悄无声息地传承着，所以如《韓国의鐘》一书所辑，朝鲜朝后期的青铜梵钟又增至 127 口。

笔者对李朝后期的 127 口钟做了认真统计，发现连钟钮在内，整个钟体通高在 70 厘米以下的有 32 口，70～100 厘米的有 45 口，仅此两者便合计达 77 口，占了朝鲜朝后期青铜梵钟总数的 60%。此外的绝大多数钟也在 130 厘米以下，超过 150 厘米的仅有区区 4 口，但也没有达到 200 厘米。这就是说，朝鲜朝后期的青铜梵钟虽然增至 127 口，但三分之二都是不足一米的小型种，此外也有部分中型钟，但绝不见高级别的大型钟。这一现象足以说明，朝鲜朝后期的佛教仍然和王室及上层贵族保持着一定距离。

总之，自 8 世纪初叶起，韩国古代梵钟文化的发展大致经历了三个阶段。

一是统一新罗时代，这是现存韩国古梵钟最早出现的阶段，也是韩国古代梵钟文化已臻成熟的阶段。正如统一新罗时代的佛教是从唐朝嫁接过来的一样，统一新罗时代的梵钟文化也应该是从中国唐朝移植嫁接过来的，所以甫一问世便惊艳天下。但此阶段保留下来的梵钟屈指可数，也说明那时梵钟尚未在新罗全面普及开来。

梵钟数量在韩国的成倍增长，出现在佛教文化全面兴盛的高丽时期。这是韩国梵钟文化的第二发展阶段，也是它的鼎盛阶段。与第一阶段相比，此阶段的梵钟不仅数量倍增，而且制作工艺和花色品种又有进一步提高，处处显现出韩国梵钟文化的登峰造极。受中韩海路交通路径整体南移的影响，除了北部京畿一带梵钟文化的繁荣，高丽南部的梵钟文化更取得了明显发展。

李朝时期是韩国梵钟文化发展的第三阶段，而因为李朝"崇儒排佛"政策的推行，不仅李朝前期的梵钟数量锐减，整个李朝时期的梵钟等级也更加趋近平

民化，尤以后期为甚。但此阶段的梵钟文化也不乏亮点，一是李朝前期受中国朱明王朝的影响，铸造了几口闻名遐迩的大钟；二是由于李朝的"崇儒排佛"，反倒促成了"天高皇帝远"的南部沿海地区梵钟文化的发达，当然这也和中韩海路交通的南移不无关系；三则此阶段的韩国梵钟种类最为丰富，不仅 A 型钟作为主流形态一以贯之地延续下来，而且新出现了 B 型钟，C 型钟也偶有所见，以致李朝成了三型梵钟唯一并存的阶段。

第五章　东亚梵钟文化因素分析

在分别条理了中国、日本、韩国三大系统梵钟的文化谱系后，在对它们各自的发展演变和历史特性做了综合分析后，随之而来的话题，就该是这三者的相互关系了，而这需要从具体的文化因素谈起。

最显而易见的一点是，这三国梵钟都是"佛教寺院专用的、钟钮向上悬挂在钟楼或禅堂之上的、以锤外击发声的、口部为圆形且钟壁相对较直的、镌有铭文和纹饰的铜质或铁质钟"。这句话是在前面绪论部分用来概括中国古代梵钟的，其实也可以一字不差地用到日本、韩国梵钟身上。而正是这个简单的归纳，条理出了东亚梵钟文化最大的共同性，把它们和钟内悬舌、内击式发声的西方古钟区分开来。此外在绪论部分已经谈到，西方钟的特点不仅在于它的钟内悬舌和内击式发声，还在于它的外形作口沿外撇的大喇叭状。而比较之下，东方古钟一般钟壁较直，大多近似直筒型。当然也有一些东亚梵钟的钟壁略显外敞，但它与西方古钟的整体造型仍有一望可即的区别。若再做仔细划分，尚可知东方系统中属于东南亚地区的古钟或属于内击式发声，或口部外侈明显，或钟钮大到了几乎占钟体通高的二分之一到三分之一，同样和中日韩梵钟泾渭分明①。以上都是中日韩三国梵钟最本质也最一目了然的共同性，而除此之外，这三国的梵钟文化还有什么更具体而微的共同属性呢？这就是本章要讨论的。

一看钟钮。

---

① 详见本书绪论。

中日韩三国梵钟一个相当显著的特点是，其钟钮都是龙头形，都形似传说中的"蒲牢"。关于"蒲牢"的传说，已见绪论部分所述。而见于东亚三国梵钟的钟钮，确实是既有清晰可辨的龙头，也有龙身和龙爪，犹如龙王之子"蒲牢"。这种"蒲牢"式钟钮，可谓中日韩梵钟文化一个极其重要的特征，因为仅凭钟钮的造型，就可以轻而易举地把这三国的梵钟和西方古钟乃至东南亚古钟区分开来。那么，这种风格到底是怎样形成的呢？

据绪论部分的引证，古人有"凡钟欲令声大者，故作蒲牢于上"的说法，而此说出自东汉班固和三国薛综，时代并不算早。可是见诸考古出土物，古代钟钮以龙为形的做法由来已久，最早可一直追溯到中国先秦时代的铸钟。例如著名的龢（ling）镈，据传 1870 年出土于山西荣河后土祠，通高 66 厘米，口长 44 厘米，时代属春秋中期，器主名龢。此镈的钟钮呈镂空扁平状，雕铸成两龙首相对，两尾外卷（图 5.1）。这两条龙看上去十分神勇，实在不像那个见了鲸鱼就吓得大叫不止的蒲牢，然而它却是不折不扣的龙形，也许是龙王爷本人，也许是龙王之子，总归是蒲牢的同类。再如曾侯乙墓楚王酓章镈钟，1978 年出土于湖北随州擂鼓墩一号墓，通高 92.5 厘米，钮高 26 厘米，时代属战国早期。其钮饰为两对蟠龙对峙，其下一对回首卷尾，其上一对引颈对衔（图 5.2），也是确凿无疑的龙形钟钮。

图 5.1　龢镈　　　　　　　　　　　图 5.2　楚王酓章镈

从以上所举之例看，一则龙形钟钮渊源久远，可一直上溯到先秦时代的铸钟，二则恐怕不能说它们的原型一定就是胆小如鼠的龙四子蒲牢，因为这些"龙"各个神武冲天。但实际上，它们的原型究竟是不是蒲牢并不重要，或者它们到后来才被附会为蒲牢也无足轻重，重要的是它们都是清一色的龙形，而且大多是双龙形，这就足够了。

中国古代梵钟的钟钮上承先秦铸钟的传统，也采用了龙的造型，而且同样是双龙形。从最早的陈太建七年钟起，中国古代梵钟的钟钮就是双龙形了。陈太建钟的钟钮为实心圆柱体，模制，呈双龙状，背有火珠，整个龙身浑然一体，龙头、龙身和龙爪历历在目（图5.3）。比较起后世的梵钟钟钮，陈太建钟的钟钮显然不是雕铸得最为精致的，而且由于它时代早，甚至还带有一定的原始性，然而其双龙造型却毋庸置疑。这之后，在一千三百余年的梵钟文化长河中，除了极个别梵钟的钟钮是简陋至极的桥形钮外，百分之九十以上的梵钟钟钮皆为双龙形，这就构成了中国古代梵钟文化的一大特征。

在上承先秦铸钟龙形钮的基础上，中国古代梵钟的钟钮也发生了一些变化，关键之处是先秦铸钟的钟钮以片状为多，有的还是内部镂空的片状体，而从陈太建七年钟起，中国古代梵钟的钟钮一概改为实心，并且皆由片状改为圆柱体。这种改变的缘故十分清楚，盖因梵钟的钟体较先秦铸钟为大，重量也较先秦铸钟增加，故而作为悬挂结构的钟钮也就要增大增粗了。

图5.3　陈太建七年钟钟钮

从乍一面世起，日本、韩国梵钟就流行起龙形钟钮来，而且一直相沿不改。例如日本年代最早的妙心寺钟，钟钮为圆雕实心，呈双龙形，与陈太建钟的钟钮同属一种模式。妙心寺钟的年代属698年，比575年的陈太建钟晚了一个多世纪，故而其龙形钮的形态更趋成熟，突出表现在龙头的雕铸更为精致，眼、鼻、口等细部一目了然，龙背还有火珠及卷曲的鬃毛。韩

国留存至今的最早梵钟为上院寺钟，年代为 725 年，比日本的妙心寺钟还晚。因此，其钟钮不仅是实心圆雕的龙形，而且颇为精致，龙体的头、身、爪、鬃毛以及龙鳞皆历历在目。唯其有别的是，上院寺钟钮的龙形是单龙头，比中国、日本的钟钮少了一条龙。

综观世界范围的古钟文化，钟钮是一个极其重要的部分，也是一个极具个性的部分。总体上看，西方体系的古钟因为通常悬挂在高达几十米的哥特式建筑的顶部，而且是靠钟体的摇摆用钟舌在腔内撞击发声，所以其钟钮一是要确保承重，保证无论多大的钟体悬挂在上面都万无一失，二是同时还承担着钟体摇摆的轴心作用，故而极具特殊的实用功能。加之西方古钟的钟钮基本不在人们的视线以内，所以其除了实用功能外，几乎没有任何装饰。东方古钟则不然，因其是垂直悬挂外击发声的，钟钮只起固定的悬挂作用，且是人们一望可即的，所以东方古钟的钟钮除了实用性外，还有了做装饰部件的必要性和可能性。

为了突出装饰效果，中国匠人殚思竭虑，在梵钟钟钮的制作工艺上不断下功夫。前面讲到，以陈太建钟为代表的早期梵钟钟钮是用模制工艺做成的，特点在于其龙形的头、身、爪混为一体呈浮雕状。而自唐代开始，钟钮的制作采用了圆雕工艺，即龙首、龙身和龙爪都清楚地雕刻出来，于是展现在人们眼前的，便是形象更为生动的龙。尤其是到了明清时期，一部分质量高超的梵钟钟钮雕铸得惟妙惟肖，达到了雕铸工艺的最高水平，其龙形也更加丰富多彩。

日本、韩国的梵钟钟钮除了都是龙形外，也还有一些自己的特征。

日本梵钟的钟钮都是双龙形，且制作工艺从最早的梵钟开始就采用了圆雕。想必钟钮的圆雕工艺刚刚在唐代出现的时候，日本梵钟就把这个工艺嫁接过去了，以致从最早的妙心寺钟起，其钟钮就是圆雕制作的。自此而始，钟钮的圆雕工艺在日本得到极大普及，除了品级较低的 B 型钟外，此工艺普遍流行于其他各型古钟，而且世代相传，从无变换。除了圆雕工艺的流行，日本梵钟钟钮的又一特点是，其特别注重龙头的制作，往往雕琢得无处不精，以致龙头的眼、口、鼻、耳等部位细致入微，栩栩如生。而与之形成鲜明对照的是，于龙头之外，日本钟钮往往只是象征性地以龙身弯成一个环形悬挂结构，甚至无腿无爪，造型相对简单得多。

至于韩国钟，其钟钮虽然也制成龙形，却一反中日梵钟的钟钮自始至终是双龙形的传统，改成了单龙形。直到李朝时期，韩国梵钟才出现了部分双龙形钟钮，但单龙形钟钮的作风仍并行不悖。另外，其钟钮旁还附加了一个音筒，使韩国梵钟的顶部结构与中日梵钟形成了极大区别。可非同一般的是，韩国梵钟钟钮的龙形却雕铸得十分完整，尤其是那些单龙头的，头、身、腿、爪、尾无不清晰可辨，而且刻画得相当精细，口、眼、鼻、须乃至龙鳞一清二楚（图5.4），使它们几乎成了完美的艺术品。

东南亚古钟钟钮除了前述几乎占钟体通高的三分之一到二分之一这一突出特点外，其造型也与中日韩三国迥然有别。例如缅甸的钟钮多雕铸为狮子形，基本是由一桥形悬梁连接两个狮子的背部，由此形成一个悬挂结构；泰国的钟钮则流行菩萨、金刚造像，以其相叠组成环形，也有简单到用一个四爪连环与钟体相连的；越南梵钟是东南亚诸国中受汉文化影响较深的，其钟钮也是双龙形，而且同样表现为两龙相背、龙首朝外，由拱起的龙身形成一个悬挂的钮，但不同的是，一来其钟钮的风格与其他东南亚国家一样，

图5.4　韩国钟钟钮

高度几占整个钟体的三分之一，二来其龙的造型与中国钟相比更为夸张，也更为瘦高（图5.5）。总而言之，相比之下，中日韩梵钟钟钮的共性彰明较著，突出体现了东亚梵钟文化的一致性。

二看乳钉。

通过前面各章对日韩梵钟的论述不难看出，它们有一个相当统一的特点，即在绝大多数钟体的上部都铸有组合规整的乳钉纹装饰。这些乳钉全部排列在钟肩以下，往往划分为四个区，每个区有由凸弦纹或花纹带组成的边廓，称为乳廓，一区之内的乳钉通常从上到下分为三行或四行。以上布局在日韩梵钟中都是基本一致的，区别唯在于乳钉的数量多寡。一般日本梵钟每区每列的乳钉数量为三至九个，而韩国梵钟每区每列的乳钉基本都是三个，极少例外。

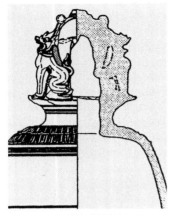

（a）缅甸古钟钟钮

（b）泰国古钟钟钮

（c）越南古钟钟钮

图5.5　东南亚古钟钟钮

可是见诸中国古代梵钟，却与此大相径庭。一则中国古代梵钟少有这种乳钉纹装饰，二则即或有之，也绝没有如此大面积而且排列规整的乳钉纹组合。笔者就手头资料做了些查找和归纳，发现有零星乳钉装饰的中国古代梵钟可谓寥若晨星，大致有唐代的宝室寺钟、宋代的熙宁铜钟、宋代的湖北浠水龙钮圆钟、明代的北京门头沟妙峰山铁钟，以及明代的清凉寺铁钟等。它们虽然地不分南北，形制不分波口或平口，时代不分唐宋或明清，都带有乳钉装饰，但一来数量少之又少，几乎要被没有乳钉装饰的中国古代梵钟所淹没，二来这些乳钉纹的排列方式也截然不同，与日韩梵钟的乳钉纹迥然有别。

如此看来，日韩梵钟的乳钉装饰和中国古代梵钟没有什么亲缘关系或承续关系。然而，这关系却明白无误地深植在中国先秦两汉时期的青铜文化中。

乳钉是中国古代青铜器最早出现的装饰题材之一，又称乳突纹，主要指器物表面由圆锥形凸起或钝圆形凸起形成的一些乳突状纹饰。每个单独的乳状凸起通常称乳钉，而由一系列乳钉有规则组合在一起的则为乳钉纹。其组合的方式多种多样，或纵横排列成行，或呈不规则排列，或将乳突装饰放在其他纹样形成的空格中，也有和其他纹饰组合成复合式纹饰的，例如以方折回旋形线条构成的雷纹衬底的"乳钉雷纹""百乳雷纹"等，此外也有将乳钉置于斜方格中组成"斜方格乳钉纹"的。

早在中国最早的夏代青铜器上，乳钉纹已有迹可寻，突出之例即河南偃师二里头出土的夏代晚期铜爵。爵是中国古代饮酒的容器，夏代晚期的二里头铜爵则是我国目前发现的最早最精美的青铜酒具之一。它于 1975 年出土，通高 22.5 厘米，长流尖尾，三锥足细长。其腹部的一侧有两道凸线，中间发现有五枚横排乳钉，这就是最早的青铜乳钉装饰①（图 5.6）。

　　到了商代，乳钉纹更成了青铜礼器的常见纹饰，典型之例见于商代饕餮乳钉纹铜方鼎。此鼎 1982 年出土于郑州向阳回族食品厂青铜器窖藏坑，高 81 厘米，口长 55 厘米，口宽 53 厘米，近似正方形，平折沿方唇，平底，下附四个圆柱形空足。鼎的腹部饰有带状饕餮纹和乳钉纹，饕餮纹用宽线条构成，乳钉纹则呈带状饰于鼎腹四隅和下腹部②（图 5.7）。

　　　图 5.6　河南偃师二里头夏代铜爵

　　图 5.7　郑州商代乳钉纹铜方鼎

　　将此类凸起的纹饰最早冠以"乳"名的，是中国北宋时期的金石学著作《宣和博古图》。此书由宋徽宗敕撰、宰相王黼编纂，著录了宋代皇室在宣和殿收藏的自商代至唐代的青铜器 839 件。书中将带有乳钉纹饰的青铜器称为"百乳方鼎""百乳彝""乳彝""百乳钟"或"七乳鉴"，并在对"周百乳彝"器名的

---

①　中国科学院考古研究所：《偃师二里头遗址新发现的铜器和玉器》，《考古》1976 年第 4 期。
②　河南郑州博物馆藏。

说明中说："乳所以养人者也，犹瓜之保子，著之于器，以示其永葆之意①。"按照这种解释，青铜器上呈点状凸起的纹饰就像母亲的乳房或乳头，用它做纹饰则有感怀生命起源的含义，也有祈求子孙满堂、人丁兴旺的寓意。

殷商以后，乳钉纹以其简洁利落的装饰风格，灵活多变的几何图案，流畅空灵的美学效果，以及赋予青铜器的生命气息，成为西周、春秋战国青铜器的常见纹饰，经常出现在鼎、簋两大礼制重器及爵、角、瓶、尊、壶、盒、罍上。更值得关注的是，它很早就出现在中国的古钟文化中，通常被称为"枚"，是先秦时期钟镈上最具代表性的纹饰之一。

例证之一见于梁其钟，此钟1940年出土于陕西扶风县法门寺任村，高53.5厘米，器主名梁其，时代属西周晚期。这是一件甬钟，舞平，钟体呈长方形。钟上乳钉高耸，乳钉形状下粗上细，乳钉中部有一级台阶，共分四组，每组九枚，为三行三列式排列②（图5.8）。

例证之二见于龙纹镈，上海博物馆收藏，时代属春秋中期。其钟钮为双龙形，龙头相对，舞平，鼓腹平口。钟体上半部布满乳钉，呈圆饼状凸起，上有涡纹，共分四组，每组九枚，为三行三列式排列③（图5.9）。

图5.8　西周梁其钟　　　图5.9　上海博物馆藏龙纹镈

---

① ［宋］王黼撰，江俊伟译注：《宣和博古图》，重庆出版社，2010年。
② 陈佩芬：《繁卣、□鼎及梁其钟铭文诠释》，《上海博物馆集刊》1982年。
③ 陈佩芬：《上海博物馆藏中国古代青铜器》，上海博物馆自印，1995年。

例证之三见于者减钟，1761年出土于江西临江，时代属春秋晚期。此为甬钟，舞平，钟体略呈方形。乳钉高耸呈柱状，分布于钟体上半部，共有四组，每组九枚，为三行三列式排列①（图5.10）。

同上之例不胜枚举，正如清代阮元所说："余所见古钟甚多，大小不一，而皆有乳，……或长而锐，或短而钝，或且甚平漫，钟不一形②。"即先秦古钟基本上都有乳钉，而且正如前面各个例证所示，这些乳钉有"或长而锐，或短而钝"的两种。乳钉的形状虽然高矮不一，但较为普遍的是，先秦古钟乳钉的排列大多是在钟身划分为四个区，每区九枚乳钉，成三行三列式排列，全钟共计三十六个。此外的一个特点是，它们除了有专门用来镌写铭文的"徵"将四组乳钉分开外，还有边廓将四组乳钉组合在一起。

图5.10 江西临江者减钟

流风所及，汉代的编钟同样盛行此类乳钉纹饰。汉代编钟随着先秦礼制的衰败逐渐没落，成编列的实用器存世不多，较有代表性的有广州南越王墓编钟③、山东洛庄汉墓编钟④等。广州南越王墓是南越国第二世国王赵眜（在位于公元前137～前122年）的陵墓，时代属西汉中期。此墓于1984年发掘出土，共发现19件编钟，包括编甬钟5件、编钮钟14件。14件钮钟的形制相同，大小不一，长方形扁钮，平舞，合瓦形腔体，腔体浑圆。其最突出的特征是，钟肩以下皆有排列规整的"枚"，即乳钉，排列的模式也和先秦编钟一模一样，依旧是在钟身划分为四个区，每区九枚乳钉，成三行三列式排列，全钟共计三十六枚（图5.11）。再如山

---

① 马承源：《关于𪓿生𥂛和者减钟的几点意见》，《考古》1979年第1期。
② 《周礼·考工记·凫氏》孙诒让《正义》引，〔清〕阮元校刻《十三经注疏》。
③ 西汉南越王博物馆编《南越王墓发现30年》，广州：广东人民出版社，2013年。
④ 王子初：《山东章丘洛庄汉墓的出土乐器》，《人民音乐》2001年第4期。

东章丘洛庄汉墓，位于山东省济南东部章丘市枣园镇洛庄村西一千米，在其周边发现了9座大型陪葬坑，其中有一座专门的乐器陪葬坑，出土各类乐器达149件之多，包括了5件甬钟和14件钮钟。在这些甬钟和钮钟上，同样饰有四区、三行、三列共三十六枚乳钉（图5.12）。在汉代编钟中，南越王墓和山东洛庄汉墓编钟的乳钉纹饰是极具代表性和普遍性的，几乎见于其他各类同期编钟。

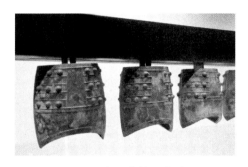

图5.11　广州南越王墓编钟

图5.12　山东章丘洛庄汉墓编钟

　　汉代以后，乳钉纹一方面仍在铜镜和玉器等器物上"大行其道"，一方面却在古钟上日渐式微，不仅基本不见于后起的梵钟，也基本不见于其他类型的古钟。究其原因，恐怕最主要的是自秦汉王朝创建大一统帝国后，先秦体制"礼崩乐坏"，足以代表先秦礼乐制度的青铜礼器首当其冲，导致各种青铜文化因素皆如昨日黄花，急遽凋敝。众所周知，古编钟是先秦礼乐制度的核心载体，虽然这种古乐器早已融入社会生活的方方面面，以致不像先秦礼乐制度的又一核心载体——青铜鼎一样黯然退出历史舞台，但总归免不了一番脱胎换骨的改造。于是，汉以后的古钟不仅由合瓦形改为圆形，由乐钟改为其他种类的钟，而且最能代表先秦古钟风韵的乳钉纹也就随之凋零了。

　　汉以后各类古钟乳钉纹饰的急遽衰退，似乎还和古人赋予钟体乳钉纹的又一含义有关。《太平御览·乐部》云："乐什图徵曰君子铄金为钟四时九乳，是以撞钟以知君，钟调则君道得。宋均注曰九乳法九州①。"此文提到的宋均是东汉末年的经学家，他说钟上的乳钉之所以各有九枚，是出于"九乳法九州"之故。

---

① ［宋］李昉等撰：《太平御览·乐部》。

按此解释，编钟、镈钟上乳钉的四大部分象征四季，每部分的九乳则象征中国的九州。该说还特别强调，在钟上之所以要做如此设计，就是要让人们通过撞钟来增强知国知君的意识，确立重国重君的观念。

"九州"之说最早起于战国后期编修的《尚书·禹贡》，相传古代大禹治水时把天下分为九州，于是这便成了中国的代名词。其实先秦时期并无州的建制，此"九州"实为虚指，无非是因为古人认为"天圆地方"，于是便以"九州方圆"特指中国。可是到了汉武帝时期（在位于公元前140～前87年），真的有了州的建制。汉武帝元封五年（公元前106年），将全国除京畿之外的地方划分为十三个部，每部设刺史一名，巡视部内吏治，称为刺史部，每部以州命名，这便是"州"的肇始。到了西汉末年王莽时期，负责监管的州刺史改为州牧，正式成为各州的行政主官。这样一来，秦以来的郡、县两级地方制，遂为州、郡、县三级地方制所取代。

如果宋均之说成立，那么便知钟上乳钉排列为四组各九枚并非古人随意为之，而是很有蕴意的。而正因为有此蕴意，再加上日韩两国特别尊崇中国上古时期的"先王之制"，更加上朝鲜半岛在汉到西晋时还曾是汉四郡的所在，汉文化和汉代编钟的影响根深蒂固，所以当他们创设梵钟时，就郑重其事地把这个传统拿过去了，以此作为自己梵钟文化的特有风格。

首先看韩国梵钟，其乳钉装饰的特点一是都位于钟体的上部，二是一般都划分为四个区，三是每区的乳钉数量都是九枚，呈三行三列式排列，而所有这些无不与中国先秦两汉古钟的乳钉装饰相同。要说有什么区别，无非是韩国梵钟在中国先秦两汉古钟乳钉纹皆有凸弦纹边廓的基础上，在每个区的外围又加上了由缠枝莲花组成的廓带，使之显得更加规整和华美罢了。

再看日本梵钟，日本虽然发现了不少早期铜铎或其他响器，但此类器物上并无乳钉装饰，亦可见日本梵钟的乳钉纹也是受外界影响而来。而从它的乳钉一则全部排列在钟的上部，二则一般划分为四个区，三则每个区皆有凸弦纹边廓等特征看，其影响也无疑来自中国先秦两汉古钟。当然还有一种可能，即日本梵钟的乳钉纹风格直接来自韩国，是韩国梵钟文化传播的结果。但毋庸赘言，即便如此，其根蒂仍在中国先秦两汉古钟。

日本梵钟中有这样一种类型，其乳钉纹从布局到数量皆与中国先秦两汉古钟

一脉相承，此即日本 B 型钟。此型钟虽然是地道的日本钟，但它们的乳钉纹都是划分为四组的，每组各九枚，呈三行三列式排列，与中国先秦两汉古钟的乳钉纹完全一致，这当然更能说明日本梵钟乳钉纹与中国先秦两汉文化的直接联系。但日本的其他类型梵钟也还有些风格不尽相同的，即其乳钉纹在每区之内除了从上到下分为三行外，还有分为四行的，每行乳钉的数量虽然也有三个的，但也还有四个到九个的。总之日本梵钟乳钉纹的布局与中国先秦两汉古钟别无二致，唯其个体数量有所增加。

把中国先秦两汉编钟上的乳钉纹移植到自己身上，在继承东方古老文明传统的同时又加以光大，借此创建出一种属于自己的梵钟文化，无疑是日本和韩国梵钟文化的智慧之处。可奇怪的是，在日韩两国把中国先秦两汉古钟文化的元素承续下来的同时，中国梵钟文化却摒弃了这个元素，这颇耐人寻味。其中一种可能是，"九州"无非是个古老的传说，而从汉武帝开始设州起，其数量就不是九个而是十三个，南北朝时期天下分治，州郡级行政单位的设立泛滥成灾，全国州级行政单位的数量到隋以前竟然超过了 300 个。于是乎，所谓的"九乳法九州"之说，也就失去其象征意义了。

三看铭文。

日本、韩国梵钟和中国一样，都流行在钟体上镌刻铭文，而且其铭文钟所占比例都不在少数。例如前面绪论和第三章已述，中国和日本"凡寺糜不有钟，钟糜不有铭"，有铭文的梵钟几乎占 90%。又如第四章所述，韩国古梵钟有铭文的占到了 60%，比例虽小于中国和日本，却也超过了半数。然而比这更重要的是，日韩古梵钟上镌刻的都是中国汉字。

日本原来没有自己的文字，是在汉字传入后才有文字的。关于中国汉字传入日本的时间，有人认为是在日本的古坟时代，即 3 世纪中期到 6 世纪，当时"大陆的先进文化源源不断地输入日本列岛。……在精神文化方面，通过所谓'归化人'（按即移居日本的汉人和韩人）开始使用汉字作各种记事，中国的阴阳、天文等知识陆续传入日本①"。古坟时代的范围较宽泛，台湾历史学家朱云影先生

---

① 魏常海：《日本文化概论》，第 11 页。

在此范围内做了进一步框定，认为"日本自 4 世纪末传入汉字①"，把汉字传入日本的时间界定在了中国的东晋时期。其实，揆诸历史，汉字进入日本的时间显然比这更早。

据《后汉书·东夷列传·倭国》记载，光武帝刘秀曾接见倭奴国奉贡朝贺的使节，并且"赐以印绶"。刘秀所赐的这枚金印，于 1784 年在日本福冈县志贺岛被一位农民挖水沟时发现，上刻"汉倭奴国王"五字，这就是进入日本列岛的最早汉字，时在东汉初年。此外据日本《古事记》和《日本书纪》的记载，在日本应神天皇时（在位于 270～310 年），朝鲜半岛的百济汉学家阿直歧来到日本教授汉文经典，他通晓汉字，被聘为皇太子菟道稚郎子之师。随后经阿直歧推荐，应神天皇又邀请百济博士王仁于 285 年来到日本，带来了《论语》十卷、《千字文》一卷，成为朝廷重用的汉学教师，开始正式用汉字传授汉学。根据这些事实，可知汉字传入日本的时间至少不迟于 3 世纪，而所谓的"日本自 4 世纪末传入汉字"，似乎可以理解为汉字已经开始在日本社会广为流传了。

汉字的东传，结束了日本无文字的历史，日本人终于可以借汉字来表述自己的语言，甚至可以用汉字来记录自己的历史。712 年问世的《古事记》是日本第一部文学作品，720 年撰成的《日本书纪》是日本最早的正史，它们都是用汉字撰写的。直到 9 世纪，日本在汉字的基础上创造了取自草书汉字的"平假名"，和取自楷书汉字偏旁部首的"片假名"，把这些表音的"假名"和既表音又表意的汉字融合起来，才组成了独具特色的日本文字。再往后，日本人仿照汉字的结构造出了不少日本汉字，以会意字为多，于是便有了现在的日本文字。

日本流传至今的最早梵钟即 698 年的京都妙心寺钟，其铸成之日恰是汉字在日本全面流行之时，也恰是汉字在日本独步天下之时，故而其钟体内侧不仅有铭文，而且刻的全是规规整整的汉字。此铭刻的年代早于《古事记》和《日本书纪》的撰成年代，应该是流传至今的日本最古老汉字版本和汉字原件。然而，梵钟在日本文字史上的意义还不仅限于此，更重要的是，当 9 世纪日本创造了"平假名"和"片假名"后，日本梵钟依然一如既往地使用着汉字，既以此来传承

---

① 朱云影：《中国文化对日韩越的影响》，第 2 页。

汉传佛教，也以此来传承汉文明。在日本古梵钟上偶尔也可见日本字，但若加甄别便不难看出，那往往是后期添加上去的，不仅时代晚，而且不是原始铭文。倘如单说原始铭文，日本古梵钟上则几乎全是汉字。当然这种现象不是孤立的，因为直到明治初年，汉字还是日本官方用来记事的正式文字，而日本佛教界就更不会轻易放弃这种代表自身历史渊源的文字了。

和日本梵钟文字有异曲同工之妙的，是韩国梵钟的铭文文字。朝鲜半岛自古以来只有自己的语言，没有自己的文字。而自从"殷道衰，箕子去之朝鲜，教其民以礼义，田蚕织作①"，汉字便传入朝鲜。这是公元前 11 世纪中叶的事，当时商朝被西周灭亡，商朝贵族箕子率领五千中原人远赴朝鲜，既给朝鲜半岛带去了第一个国家文明，也给他们带去了早已发展成熟的中国汉字。这之后，秦朝末年天下大乱，燕人卫满跑到朝鲜自立为王，进一步传播了汉文化和汉文字。西汉初期元封三年（公元前 108 年），汉武帝灭卫氏朝鲜，朝鲜半岛成为汉四郡的所在，汉字更成了唯一的官方文字。再之后，历经高句丽、新罗和百济的"三国时期"，以及统一新罗、后三国、高丽王朝时期，一直到朝鲜王朝早期，朝鲜半岛始终以汉字为书写文字。

1446 年，李氏朝鲜第四代君主世宗大王（在位于 1418～1450 年）有感于普通庶民无法读写复杂的中国文字，推动发明了实用型的表音文字"训民正音"。这是最早的朝鲜（韩）民族文字，是一种采用方块字字形的拼音文字，能够准确记录朝鲜语的全部发音，而且易读易学。然而，汉文化和汉文字在朝鲜半岛的影响实在是太深了，以致"训民正音"刚一出世就遭到了朝野上下的激烈反对，甚至从小饱读汉文经典的士大夫将其斥为"彦文"，意即低等文字。于是在"训民正音"颁布后，所有官家文案和多数文学及学术著作依然用汉字书写。事实上，直到甲午战争前，汉字一直是朝鲜半岛的通用文字，汉语也一直是其官方语言。甲午战争后，日本占领了朝鲜半岛，开始在朝鲜大力废除汉语和汉文字，可即便如此，一直到第二次世界大战结束后，"彦文"才真正成为半岛的正式文字。

朝鲜半岛的文字使用状况如此，则可知韩国梵钟上的铭文文字同样非汉字而

---

① ［汉］班固撰：《汉书·地理志》，北京：中华书局，1962 年。

莫属。在个别韩国梵钟的身上也出现过韩文，但无须赘言的是，那也是后补的，大多补缀于二战以后，而且再早也早不到世宗大王以前。

众所周知，文字是记录、交流思想和承载语言的符号，而比这些符号更重要的，无疑是它的内容。而证诸中日韩梵钟铭文，其记录的内容更是如出一辙，特别是在几大主题上，几乎毫无二致。

中日韩梵钟铭文的一大共同主题是记事，即著录此钟的铸造年代、使用寺庙及地点，以及功德主的人名等，有的还兼及钟体的重量和铸钟工匠人名。典型之例如第二章第三节所述，中国的陈太建七年钟铭文镌刻了年款、铸钟人姓名及钟体自重。这是早期南方梵钟铭文的特点之一，主要是记事，后来这一做法成为常例，不仅成了后期梵钟铭文的一大主题，也成了日韩梵钟铭文的共同主题。

例如日本安国寺钟的钟铭为："正德第三载舍癸巳仲秋时正日，现住悦堂□宗看志焉，本愿化主岑□……①。"其铭文内容一有年月日，二有地点，三有施造人姓名。另如日本成田出土钟的铭文为："宝龟五年二月十二日，肥前国佑嘉郡柯寺□②。"铭文上除了年代外尚有寺名。韩国梵钟尤其如此，其铭文往往只记载佛寺名称、铸钟人姓名、铸钟日期以及钟的重量等，别的只留给人们去想象。例如天伦寺钟，其铭为："高丽国东京内回真寺佛弟子释□□奉为圣寿天长国泰人安春劝有缘者三千余人入香徒布粮添敦造金钟一躯辛亥四月八日记③。"这长长的一串文字只包括了佛寺名称、捐铸人姓名和铸造日期，连钟的重量也没有。再如园城寺钟，该钟属韩国庆州道的青凫寺，现收藏在日本滋贺县，其铭曰："太平十二年壬申十二月青凫大寺钟百七十斤大匠位金庆门栋梁元善十四人户长坑贤等④。"这段铭文也只记载了寺院的名称、捐铸人姓名、铸造日期和钟的重量等。看来中国早期梵钟铭文简明扼要的记事风格，在韩国梵钟中得到了最大程度的继承与发扬。

---

① 奈良国立文化财研究所编《梵钟实测图集成》，第 1100 页。

② 奈良国立文化财研究所编《梵钟实测图集成》，第 8 页。

③ 廉永夏著：《韩国의鐘》，第 187 页。

④ 廉永夏著：《韩国의鐘》，第 195 页。

纵观整个中国古代梵钟铭文，从唐代开始发生了一大变化，即新出现了铸钟人祈祷和祝愿的铭句。这就是说，无论哪个阶层的功德主，从此都可以堂而皇之地把自己的心愿镌刻在梵钟这个特殊的法器上了。这不仅是铭文内容的一大革新，也是梵钟法器的一大革新，使其成了一个极为特殊的文化载体。目前所知这方面的一个较早实例见于广西浦北唐乾宁五年（898年）钟，其铭曰："敬铸铜钟壹口，重卅斤，右弟子陈宽为自身乞保康泰，乾宁五年十二月十四日设斋庆度，永充供养。"这段铭文便增添了祈祷祝愿的内容。但此铭还仅仅是为一己的健康安泰祈求佛祖保佑，内容较为单一，而在这之后，各种祈愿之辞日渐丰富，善男信女的各种心愿都跃然于梵钟之上（详见第一章第四节）。

不难想象，无论南北东西，各地的信众无不期盼把自己的心愿上达天听，以求佛祖庇佑。所以，从日韩梵钟乍一问世起，其铭文上也就同样出现了祈祷和祝愿的内容。

例如见于日本圆通寺钟，其用汉字镌刻的铭文有："愿诸圣贤，同入道场，愿诸惠趣，俱时离苦①。"这段话言简意赅，全是祈愿之语，祷祝世间贤人脱离苦海，通过"道场"走向幸福的彼岸。再如日本安居院大宫悲田院钟铭曰："愿闻钟声，获大利益，亡者离苦，存者得乐，众病除愈，忧恼止息，远近群萌，解脱缠缚。"此铭上下对仗，合辙押韵，和中国古梵钟的铭文相当契合，最能反映中日两国佛教在理想信仰及文化素养上的一致。日本还有一口灵应寺钟，现收藏于琉球县立博物馆②，其铭文上祝皇帝万岁、宝位不变，下祝君臣道合、不辱使命，再祝众生平安、外夷不侵，更祝家德彰显、凫氏永兴，所有美好心愿尽出笔端。又如日本常福寺钟，铭文表达的也是解脱百姓苦难等内容，其曰："洪钟震响觉群生，声遍十方无量土。含识群生普闻知，拔除众生长夜苦。……昼夜闻钟闻觉悟，括神净刹得圆通③。"这段偈言在格律、音韵等方面完全仿照了中国古

① 奈良国立文化财研究所编《梵钟实测图集成》，第 1082 页。
② 奈良国立文化财研究所编《梵钟实测图集成》，第 1158 页。
③ 高桥久敬：《梅田仙吉佐野大川铸物制造所》，日本古钟研究会《梵钟》第 19 号，平成十八年（2006 年）。

诗的韵律，甚至连词句都一样，其含义更是如出一辙。

至于韩国梵钟铭文，虽然以记事为主，但也不乏追福祈祝的内容。最典型之例如圣德大王神钟，其上刻有六百三十字铭文，内容除了称颂先王的功绩，也有为圣德大王祈祷冥福的①。又如古见寺钟，其牌位上的铭文是："尧时舜岁，永息干戈；国王千秋，万民安乐；佛日增辉，法轮常转，闻此法音，兴成佛道②。"此文表达的也是祝愿之词，且载明了中国三皇五帝的尧和舜，与中国古代梵钟的祝语琴瑟和谐。韩国钟还有为悼念先王和歌颂自己的功绩、纪念某皇帝登基和使自己登基合法化而制造的③，都与中国赋予古钟的吉祥蕴义桴鼓相应。

谁都知道，镌刻在梵钟上的铭文不仅是给千千万万人看的，而且是要世世代代流传的，于是中日韩梵钟上的铭文除了都采用中国方块字且内容一致外，还要尽可能使它们文句清丽、书法精到、笔画流畅，有的因此而成了不可多得的书法精品。

当然，除了种种一致外，东亚三国的梵钟铭文也有一些不同之处。中国古代梵钟铭文的特点是，内容十分宽泛，既有弘扬佛法、警戒世人的，也有祷祝国家昌盛、国泰民安的，还有祈愿皇图永固、官宦升迁的，当然更有普通百姓希望家庭和睦、子孙绵延、事事如意的，总之信徒的所有心愿都可以铭刻在钟上。日本古代梵钟铭文的特点是，内容相对较为集中，以宣扬佛法和普度众生为主，只有少数是为国家、君臣、百姓祈福的。而韩国古代梵钟铭文重点往往在于记事，其他方面相对较为淡薄，但涉及的方面却十分广泛，既有弘扬佛法的，也有为民祈福及歌颂先祖的。

四看纹饰。

就总而论，中日韩三国的梵钟装饰可划分为两大类型。一类以中国和日本为代表，其特点在于钟体都被凸弦纹划分为不同格式，如同一个个方格。众所周知，和尚身上穿的袈裟衣也有类似方格，又名福田衣，故而日本学者习惯称梵钟

---

① ［韩］周炅美：《对于由朝鲜前期王室许愿制造的钟的研究》，大钟寺古钟博物馆编《首届北京国际古钟文化交流研讨会资料汇编》，2005 年，第 86 页。

② 廉永夏著：《韩国의鐘》，第 446 页。

③ ［韩］周炅美：《对于由朝鲜前期王室许愿制造的钟的研究》，大钟寺古钟博物馆编《首届北京国际古钟文化交流研讨会资料汇编》，第 90 页。

的这种格式为"袈裟襻"。另一种类型见韩国梵钟，其最大特点是在乳钉区以下没有格式划分，只留下大片空白来填充各种装饰图案。故此韩国钟的主题纹饰普遍精细而繁缛，是东亚梵钟文化圈中图案纹样最丰富多彩的一个。总之，由于格式的有无，中日梵钟的纹饰显得朴质而简洁，韩国梵钟的纹饰则显得精细而华丽，反映了两种不同的民族情怀和审美情趣。

第二章第三节已述，中国古代梵钟钟体的格式划分可以区分为两种不同情况：一种是长江以南的梵钟，格式划分较规整，一般分为上下两层，每层四格，共计八格；另一种是长江以北的梵钟，格式划分的形式多种多样，不仅从上到下的层级不同，每层的分格也不同。两相比照，日本梵钟的格式划分相当接近中国南方梵钟，即其基本规律都是分为上下两层，每层四格，共八格。需要说明的是，一则日本梵钟在钟肩以下都有乳钉区，它们的八个"袈裟襻"位于乳钉区以下，而中国古代梵钟没有乳钉区，其格式划分是就整个钟体而言；二则日本梵钟的格式划分只见于占主流地位的 A、B 两大型钟，至于其居附属地位的 C、D 两型，因为是第三章第二节所述的"和鲜（日韩）混淆型钟"，其装饰风格和韩国梵钟一样，钟体上都不见格式划分。

与日本梵钟的格式划分源自中国南方梵钟大相径庭的是，韩国梵钟的装饰风格却是受中国北方唐钟的影响而来。

同样在第二章第三节已经谈到，以唐代而言，中国古代南北两大类型梵钟在主题花纹的有无上表现出了明显的区别。其主要区别是：长江以南梵钟从南北朝的陈太建钟起就确立了素面作风，到唐代相沿不改，依然以素面示人。而长江以北的唐钟却反其道行之，各种图像皆登上了 B 型、C 型梵钟的大雅之堂，主题花纹既有飞天、天王、力士等神话人物，又有朱雀、玄武、青龙、白虎等四神，还有龙、凤、狮、牛、鹤等动物形象，更有诸多配饰和边饰。两相比照，韩国梵钟的装饰风格显然受到了中国北方 B 型、C 型唐钟的影响，因为它们也在钟体上布满了花纹。尤为显著的是，正如第四章第三节所述，统一新罗时期梵钟的主题花纹以飞天像为主，而这飞天像从形象到描绘手法皆与中国北方唐钟的飞天别无二致，更说明了它们之间的渊源关系（图 5.13）。

（a）中国北方唐钟飞天图 1　　　　　　　（b）中国北方唐钟飞天图 2

（c）新罗梵钟飞天图

图 5.13　中国北方唐钟飞天图与新罗梵钟飞天图

还有一个值得注意的现象，即第二章第三节已述，北方类型梵钟从最早的唐代初年宝室寺钟起，各型钟的肩部都出现了一周莲瓣纹装饰，此后一直保持下来，而长江以南各类型梵钟则一概无此装饰。无独有偶，恰如第四章第二节所言，在相当于中国唐代的统一新罗时期，韩国钟的肩部就出现了莲瓣纹装饰，形状与中国北方唐钟的钟肩部莲瓣纹别无二致。下至高丽朝前期，韩国钟除了钟肩部的覆式莲瓣纹继续沿袭下来外，还有部分莲瓣挺起了身板，成了钟肩部的立式莲瓣装饰。此后到了高丽朝后期，这种钟肩部的莲瓣立沿越来越多，形式也越来越丰富，直到李朝时期才开始衰退。这一事实也说明，虽然韩国钟的莲瓣纹后来

别开生面地发展成了立沿，但这种装饰风格显然也来源于中国北方唐钟。

回过头来看日本梵钟，可知其与中国南方梵钟一样，自始至终皆无钟肩部的莲瓣装饰，再清楚不过地揭示了它们和中国南方梵钟的亲缘关系。此外如上所述，日本钟在格式划分上也和中国南方梵钟一脉相承，这也说明了同样的道理。

不仅如此，日本钟在以素面为主、缺少主题花纹的整体风格上，也和中国南方的陈太建钟及唐钟如出一辙。正如第三章第二节所述，在代表日本梵钟主流的A、B两大型钟中，A型钟除了上下两层共八格的格式划分外，其Ⅰ式钟多为素面，仅个别钟的肩部及钟口有一周忍冬纹，Ⅱ式则无非是除了肩部仍延续Ⅰ式的忍冬纹外，还出现了部分锯齿纹，但同样缺少主题纹饰。至于日本B型钟，从早到晚的各式钟体皆一概划分为四个方格，此外再无任何装饰。凡此种种无不说明，日本梵钟和中国南方梵钟有着与生俱来的联系，特别是和中国南方较早的陈太建钟及唐钟有着天然联系。

纵观中日韩梵钟的装饰风格，除了说明日本梵钟源自中国南方梵钟，韩国梵钟与中国北方梵钟有种种不解之缘外，还可以看出它们各有不同的发展趋势。

就中国古代梵钟而言，其南方平口钟始终以素面无纹为主，基本没有变化，而中国北方波形口梵钟的纹饰则经历了唐和明两大高潮。唐代梵钟纹饰的繁盛已见北方波形口B、C两型钟，另一个高潮则出自明朝。以北方波形口B型钟为例，尽管明朝的铁质梵钟数量增加，但美化钟体的图案与花纹争奇斗艳，美轮美奂。这时的花纹主题多为花草、如意纹以及动物图案和连珠纹等，它们上下点缀在整个钟体上，有如一幅写意的画卷。

至于韩国梵钟，其装饰艺术在唐以后则走了一条平稳发展的路。正如第四章第三节所述，从统一新罗时代起，直到李氏朝鲜灭亡止，在近一千二百年的历史长河中，无论朝鲜半岛的佛教如何跌宕起伏，韩国梵钟的主题纹饰却始终长盛不衰，而且主题越来越鲜明，个性越来越突出。正是上述事实，充分反映了韩国梵钟的装饰艺术始终处在稳定发展中。

见诸日本梵钟，其装饰艺术在唐以后却走了一条逐步上升的路。最有说服力的是在日本梵钟中最具主导地位的A型钟，如第三章第三节所述，它们虽然也被划分为若干格式，却循着从无纹到有纹、从少纹到多纹的路走下来，直观再现了日本梵钟装饰艺术的逐步提升。到了江户时代，有主题花纹的日本 A 型钟不仅占到了总数的一半，而且出现了各种各样的图案，包括佛像、飞天像、四大天王像和金刚杵、凤鸟、麒麟等，纹饰的丰富多彩可与韩国梵钟相媲美。

总括起来看，日本梵钟的纹饰是承袭中国南方系统梵钟而来的，韩国梵钟的纹饰则是承袭中国北方唐钟而来。但在唐以后，包括中国在内，中日韩三国的梵钟纹饰却走上了各自不同的路，一个起伏跌宕，一个平稳发展，一个不断上升。当然，这是仅就纹饰而言，如果综观其他方面，中日韩梵钟在功能性质、使用方法、整体造型、龙形钟钮、铭文内容、纹饰图案等方面都是浑然一体的，而且始终不变。正是这浑然一体和始终不变，确定了它们不仅同出一个源头，而且同属一个系统，从头到尾都没有分道扬镳。可是，也正由于钟体纹饰具有其他元素所不及的敏感性，更具有其他部位所没有的细微性，才从一个特定的角度反映出，这三国的梵钟文化在同源之后也还有所歧变，而这歧变恰恰反映出它们各自的地域特征。这虽然只是事物发展的一个侧面，但也是不可忽略的，是在观察东亚梵钟文化时必须加以注意的。

在东亚梵钟的主题花纹中，"飞天"是较常见的一种，重点剖析一下这个图案的来龙去脉，是个很有趣味的话题。

所谓"飞天"，是佛教文化中一个美丽的神话，也是佛教艺术中的重要题材。唐藏《金光明经疏》云："外国呼神亦为天。"此"飞天"即指天上飞翔的神。这里的飞天不是一位神，而是乾闼婆与紧那罗的复合体。乾闼婆和紧那罗原来是印度古神话和婆罗门教中的娱乐神和歌舞神，一个善歌，一个善舞，他们形影不离，融洽和谐，成为恩爱的夫妻，后来被佛教吸收，化为天龙八部众神中的两位天神。在佛陀的净土世界里，乐神乾闼婆的任务是散香气，为佛献花、供宝、作礼赞，歌神紧那罗的任务是为佛陀、菩萨、众神、天人奏乐歌舞。后来乾闼婆和紧那罗的职能混为一体，皆手持乐器，载歌载舞，栖身花丛，翔于天际。再后来，乾闼婆和紧那罗甚至不分男女，合为一体，由此化为后世的飞天，也称"伎乐飞天"。

飞天最早传入中国是在十六国到北魏时期，此时的"飞天"形象尚带有浓郁的西域风格。敦煌莫高窟北凉时代石窟中的"飞天"头有圆光，脸型椭圆，直鼻大眼，大嘴大耳，有的还佩戴印度五珠宝冠，完全是西域式的飞天。北魏风

格的飞天见于莫高窟第 254 窟北壁和第 260 窟北壁的两身飞天，这些飞天的突出特点是头有圆光，戴印度式五珠宝冠，脸型修长，也依然属西域飞天。可是到了唐代，经过北凉（397～439 年）以来近两百年的中外交流与融合，以敦煌莫高窟为代表，飞天完成了自身的中国化历程，成为中国式的飞天，其艺术形象也达到了尽善尽美的程度。

唐代的中国式飞天已少有印度、西域飞天的风貌，而是印度佛教天人、中国道教羽人、西域飞天及中原文化长期交流、融合的具有中国特色的飞天。它不长翅膀，不生羽毛，没有圆光，借助云而不依靠云，主要凭借飘逸的衣裙、飞舞的彩带而凌空翱翔。它或环绕在佛陀的顶部，或飞翔在极乐世界的上空，有的脚踏彩云徐徐降落，有的昂首振臂腾空而上，有的手捧鲜花直冲云霄，有的手托花盘横空飘游。飘曳的衣裙，飞卷的舞带，把人们带到极乐极仙的梦幻世界。

从最早的唐代梵钟起，就出现了飞天形象。这当然不会出现在以素面特征为主的南方唐钟上，而只能出现在有主题纹饰的北方唐钟上。迄今所知最早的一口北方唐钟是陕西富县宝室寺钟，年代为唐初贞观三年（629 年），其钟体上便有飞天图案。此飞天不长翅膀，不生羽毛，没有圆光，凭借飘逸的衣裙凌空翱翔，堪称不折不扣的中国式飞天。又如甘肃武威大云寺唐钟，其钟体最上层饰有飞天，头戴花冠，耳饰明月，上身袒露，下着长裙，彩带缠身，手托果盘，作翩翩飞翔状，从身姿到形态都是中国式飞天。另如甘肃张掖唐钟，图案上层有三个飞天，一概呈站姿，双腿并拢后屈，上身袒露，下着长裙，头戴花冠，手执花束，飞舞翱翔，轻盈飘逸，从头到脚呈现了中国式飞天的神采。

朝鲜半岛虽然远离敦煌，但韩国梵钟上的飞天图像却相当多见，而且从最早的上院寺钟起就已崭露风采。此钟在两个撞座之间饰有两个飞天像，右侧飞天正面向前，两腿向右弯曲，头戴花冠，上身袒露，下着长裤，赤足，手臂和手腕皆有环佩，手执吹奏乐器，身上长带飘飘，腿下祥云缭绕。左侧飞天与右侧飞天着装一致，姿态相同，所不同的是两腿向左弯曲，手执竖琴做弹拨状，身上亦有长带缠绕并向上飞舞，脚下祥云一片，整个造型飘飘欲仙。从整体上看，韩国梵钟的飞天与中国式飞天如出一辙，不仅形似，而且神似。

日本梵钟也有飞天，但所见不多，据笔者逐个统计，在奈良国立文化财研究所编著的《梵钟实测图集成》一书中，著录的 579 口日本古钟里有飞天图像的仅有 11 口①。其中年代最早的一口是平安时代的平等院钟，钟体上有两个单体飞天，皆向右方侧身，呈跪姿，头戴花冠，上着衣，下着裤。其中一飞天双手合十，另一飞天双手捧一物。两个飞天的左右及下方皆有祥云环绕，长带飘飘从其臂间绕过几周后向上飘去，凌空飞翔的感觉十分逼真。

总之，整个东亚梵钟文化圈的"飞天"，都是变化了的中国式飞天，迥然有别于古印度佛教的飞人和西域的飞天。一般而言，无论中国还是日韩，其飞天形象都是头戴花冠，上身袒露，双脚赤裸，周身彩带飘飘，下踏祥云，翩翩起舞于佛教的极乐世界中。然而在佛教世界里，飞天是一个极其灵动和鲜活的形象，充满了普通信众对天国的幻想，故而每个民族都会塑造出自己心中不同的"飞天"。大体上说，中国梵钟的飞天多为单体，即每口钟上的飞天可以多至数个，但都是单独存在，寓意乾闼婆和紧那罗已合为一体。韩国的梵钟则不然，其飞天多是成双成对的，寓意歌神和舞神仍是一对恩爱夫妻。日本梵钟的飞天则介于中韩之间，单体、双体兼而有之。此外的区别是，中国的飞天下身多着裙，而日韩飞天多着裤；中国的飞天多呈站姿，而日韩的飞天则以屈膝为主，有的甚至呈跪姿。总之，从整体形象看，中国飞天更显大气和飘逸，日韩飞天则更为窈窕和灵动。

遗憾的是，飞天翱翔在中国梵钟上的时间并不长，就现有资料看，其在中国梵钟上的流行时段仅仅集中在唐代，而且仅仅集中在途经敦煌的古丝绸之路一带的唐钟上，重点分布在甘肃、陕西等地。在东亚三国中，把这种中国式飞天继承过去并加以光大的无疑是朝鲜半岛。仅就韩国梵钟而言，从最早的统一新罗初期的上院寺钟开始，一直到高丽朝后期②，在前后近五百年的时间里，飞天形象一直绵延不断，而且逐步更新，常在常新。日本梵钟的飞天形象不仅所见不多，而且所出甚晚，始见于平安时代（794～1192 年），即在中国的唐代晚期以后，可是它绵延的时间也很长，从平安时代一直延续到了明治维新以前，只不过每个时

---

① 　奈良国立文化财研究所编《梵钟实测图集成》。

② 　按照以前韩国学者的资料整理，某些没有绝对纪年而被认定为朝鲜朝后期的梵钟上也有飞天形象，但根据本人的类型排比，这些钟没有那么晚，最晚晚不过高丽后期。

代飞天的数量都不多，匆匆掠过间犹如惊鸿一瞥。

总之，综观东亚梵钟文化圈的飞天图像，可知其源头虽然在古印度，但通过西域来到中国后，很快便融入了东方文化，演变为中国式的飞天。这个中国式飞天在唐代就远渡重洋，先后飞渡韩国和日本，飞到韩国的时间不迟于唐代初期，飞到日本的时间不晚于唐代后期。随着中国佛教本土化进程的强势崛起，也随着印度佛教的日渐没落，这个来自古印度的飞天形象在中国好景不长，唐以后便很快退出了历史舞台。但韩国却将其大大发扬，使之成为长达数百年的梵钟主题纹饰。日本梵钟文化续韩国之余韵，也在很长时间里承继了飞天形象，只不过没有韩国梵钟那样发达罢了。

综上所述，东亚梵钟飞天形象的来龙去脉告诉我们，很多东亚梵钟文化的元素都是在中国唐代形成的，也是在唐代融入韩国和日本。这之后，由于中国佛教文化始终处在不断更新的动态发展中，中国梵钟文化受其影响，因此不少唐代形成的梵钟文化元素未能在中国延续下去。而与此大相径庭的是，唐代风韵在日本、韩国那里却始终奉为圭臬，不仅持之以恒地保留下来，而且在经年累月的承续中形成了传统——不仅是东亚梵钟文化的传统，也是东方文化的传统。

一言蔽之，无论在功能、用法、造型等大的方面，抑或在钟钮、乳钉、铭文、纹饰等小的方面，都说明在东亚梵钟文化形成与发展的过程中，中国传统文化和梵钟文化起了极大的主导作用。实际上，这种主导作用在日韩两国梵钟文化的源头阶段就表现出来了，只不过有的十分明显，有的较为隐晦。

日本梵钟文化从源头上表现出的中国烙印，是极为明显而且直接的。日本最早的梵钟是妙心寺钟，属698年，其特征是钟顶微突，钟钮为双龙形；钟体上半部内收，下半部壁直；钟口平，口沿处有一圈小凸棱；钟上有两个撞座，位于钟体中部略偏下的中带部位。经过仔细比对不难发现，以上对妙心寺钟的种种描述，几乎可以一字不差地照搬到中国最早梵钟——陈太建七年钟上。也就是说，日本妙心寺钟和中国陈太建钟的相同，几乎达到了如出一辙的程度。更有甚者，妙心寺钟以中部的带状凸弦纹为界，划分为上下两层，下层有四个方格，上层每个格一分为二成八个方格，这也和陈太建钟浑然一致。唯一的区别是，妙心寺钟肩部以下的第一层方格内有乳钉，而陈太建钟只有方格没有乳钉，此外陈太建钟钟体的划分是单线条，而妙心寺钟则为多线条。

中国陈太建钟与日本妙心寺钟的相同是如此确凿又惟妙惟肖，以致日本古钟学家坪井良平先生在其所著《历史考古学の研究》一书中十分肯定地说："陈太建七年钟为日本梵钟的祖型①。"此论一出，应者云集，日本学者皆从此说，无复它论。陈太建七年钟的年代是 575 年，比妙心寺钟早了 120 多年，说陈太建七年钟是日本梵钟的祖型，从年代上也是完全可以成立的。

然而奇怪的是，这两者终归间隔了 120 多年，要说日本最早的梵钟是直接参照陈太建钟制成的，未免有点牵强。陈太建钟现存日本，不知是哪个朝代过去的，当然不能排除这口肩负特殊使命的梵钟刚铸成不久就远渡重洋，在唐代初年以前就到了日本，于是成了日本早期梵钟的直接"祖型"。可这种可能性究竟有多大呢？似乎不太大。首先一点是，当陈太建钟问世时，日本不仅没有梵钟，甚至连像样的佛堂也没有，事如第三章第一节所述，日本真正有寺有庙不仅要晚到圣德太子推古十二年（604 年）颁布《宪法十七条》以后，甚至要晚到推古天皇二十九年（621 年）以后。所以，陈太建钟几乎没有可能在刚刚问世时便流入日本，于是它也就很难成为日本梵钟的直接祖型。其次，陈太建钟只是一口普普通通的民间梵钟，出自不见经传的"弟子沈文殊"，而且不知是为哪家寺庙铸造的，怎么就会成为日本梵钟千里挑一的制作摹本呢？要知道那时的日本早已和隋唐王朝有了密切交往，接踵而来的日本学僧早已访遍了中国的名刹重寺，也早已看遍了其中的名贵梵钟。

那么，为何日本早期梵钟和陈太建钟有如此之大的相似度呢？一个最合理的解释是，陈太建钟是迄今所知最早的梵钟，也是中国梵钟的"祖型"，因此在后继的中国唐钟身上留下了种种印记，而日本飞鸟时代的最早梵钟是仿照时代接近的唐钟而来的，因此在它身上也就无可避免地留下陈太建钟的鲜明烙印了。

前面第二章第二节曾述，陈太建钟属于中国南方平口钟的 A 型，此型钟集中分布在江南的浙江、江西、广东、广西、四川等地。其中平口 A 型 Ⅱ 式的年代属于唐代，此式钟中有一些分布在浙江、江西一带，是直接承续陈太建七年钟而来。下面第六章我们还将谈到，日本很早就开通了横渡东中国海直抵浙江宁波、

---

① 坪井良平：《历史考古学の研究》，第 257 页。

绍兴的航道，而且从唐高宗之年起，由于新罗的阻隔，这条航线几乎成了中日间的唯一通道。这就是说，当时访华的日本学僧登岸后首先映入眼帘的，恰恰就是浙江或江西一带的 A 型 Ⅱ 式平口钟。之所以如同本章前面所讲，日本梵钟有诸多文化因素都同于中国南方系统唐钟，其故盖缘于此。而综合这些历史线索可知，日本早期梵钟的直接祖型应该是流行在中国江浙一带的唐代平口 A 型钟，无非是这些唐钟上承南朝的梵钟而来，在它们身上都带有陈太建钟的烙印罢了。

相比之下，韩国梵钟从源头上表现出的中国烙印，就不如日本那样明显而直接了。作为东亚梵钟文化圈中重要的一支，韩国梵钟与中日梵钟的共性特征是毋庸置疑的，其在纹饰上与中国北方梵钟的密切关系也是彰明较著的，这已见前面所述。但不容否认的是，它也是这个梵钟文化圈中极具个性特征的一支。在第四章第二节中，曾列举了韩国梵钟的十大特性，就是对韩国梵钟特异性的一个较全面概括。尤其是其中的"音筒"设置，完全不见于中国梵钟和日本梵钟，一向被认为是韩国梵钟标新立异的一大发明。

正如第四章第二节谈到的，韩国钟的顶部一般都立有一个圆筒形的甬状物，人们通常称它为"音筒"。可是，这究竟是干什么的呢？日本梵钟学家坪井良平曾对此做过认真考察，他说："（韩国圣德大王神钟）我曾经见过一次，但是不明白筒是做什么用的，以及为什么立在钟盖上。关于其下部没有贯通笠形①，至今还没有清楚的解释，也许这就是为了钟的音律调整方便而有的叫作'音管'的东西吧。但是，此筒不是与下端笠形互相贯通的，若从盲管这一点考虑，应该认为这是不具有'音管'的功能的，可能说来说去还只是一种装饰吧②。"既然没有实际功能，只在起装饰作用，那么这样一个制作起来并不简单的"音管"，究竟在起什么装饰作用呢？其象征意义到底何在呢？我们说过，这种设置绝不见于中国梵钟和日本梵钟，也绝不见于韩国更古老的铜铃、铜铎等响器，似乎毫无踪迹可寻。事既如此，那就真不知道此物何来了，更不知道它到底象征着什么。

但如果把眼光放长远，向着更远古的时代追溯，便不难发现，在中国先秦两

---

① 日本学者称梵钟钟顶为"笠形"。

② 坪井良平：《梵钟》。

汉时期的合瓦形乐钟上，恰恰不乏带有这种甬状直筒的古钟，这就是"甬钟"。在中国各地出土的先秦两汉甬钟上，顶部都立有一个筒状的"甬"。它们由持钟的把手演变而来，始见于商代的铜铙，详见第一章第二节。到了甬钟的时代，因改为钟口向下悬挂使用，于是这顶部的"甬"便成了悬挂的柄。而见诸韩国梵钟，虽然是钟口向下悬挂使用的，且在钟顶加装了耳环以便悬吊，但在顶部仍然保留着酷似"甬"的筒状物，以此显示与中国先秦两汉甬钟的一脉相传。有鉴于此，坪井先生给出的答案是："'筒'和'乳'作为朝鲜钟的两个要素是从何而来呢？我想它们都可以从刚才所述的中国周代的甬钟上找到起源①。"中国考古学家孙机先生也作如是观，他说："朝鲜梵钟顶部有的还立有一枚圆筒，被称为'甬'，更使人不能不想到它是从乐钟中的甬钟那里摹拟而来的②。"

当明确了韩国梵钟最具个性特征的音筒的来历，再证之以前面所论的乳钉纹的来历，便很容易看出，韩国梵钟虽然在唐以来的东亚梵钟文化圈中个性鲜明，但其渊源却可上溯至远古的中国先秦两汉文化，尤其和先秦两汉的甬钟有明显的亲缘关系。对比中国西周甬钟、汉代编钟与韩国早期梵钟，它们从上到下都有甬筒、乳钉、撞座，其之脉络可谓一目了然（图5.14）。

叙论至此，可知确实从源头开始，日本和韩国梵钟就打上了深深的中华文化烙印。其区别无非是韩国的中华文化底蕴更加深远、更加古老，许多地方都带有先秦两汉文化的孑遗，以致其祖源有了从远到近的两个：一个是古老的中国先秦两汉编钟，突出反映在韩钟乳钉纹和音筒的起源上；还有一个是与早期韩国钟时代相近的中国唐代梵钟，它们不仅在整体用法、造型和功能上完全一致，韩国钟的装饰风格也与中国北方唐钟有异曲同工之妙。相比之下，日本梵钟的情况就简单多了，正如日本的飞鸟文化和佛教文化基本是从隋唐王朝以及前不久的南朝吸收过来的一样，日本梵钟也和这个阶段的中国梵钟如出一辙。

中日韩的历史关系虽然经历了风风雨雨，但相互间的友好往来终归占了时代长河的绝大多数段落，是事情的主流方面。而证之以梵钟文化，中华文化的主导

---

① 坪井良平：《梵钟》。
② 孙机：《中国梵钟》，《考古与文物》1998年第5期。

（a）西周梁其钟

（b）春秋龙纹镈

（c）南越王墓西汉编钟

（d）新罗上院寺钟

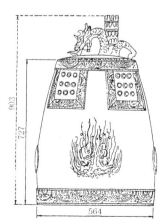

（e）新罗无尽寺钟

图5.14　中国西周甬钟、汉代编钟与新罗时代梵钟

作用不仅见于日韩梵钟的源起阶段，更见于它们随后的全部发展历程。前面各章的文化因素分析已对此多有涉及，此外的更明显例证，则存在于日韩梵钟的各大类型中。

如同第三章所论，日本梵钟共分四大型，而其中最具主导地位的 A、B 两型就是中式风格的。这两型梵钟不仅从脱胎之日起就带有明显的中国梵钟文化胎记，以致被认定中国梵钟就是它们的祖型，而且在后来的全部发展过程中，从早到晚都可见中国梵钟文化的影响及烙印，说明它们之间的互动关系从未因任何原因阻断过。

韩国梵钟共分 A、B、C 三型，而其中 B 型钟几乎是模仿中国梵钟而来，因此被韩国学者称为"中韩混淆型"。从时代上看，韩国 B 型钟皆属中国明清时期，从分布上看，它们都集中在朝鲜半岛南部的滨海地区，也就是集中在和中国交往的交通枢纽或来往频繁地区，由此更加印证出此型钟与中国梵钟文化的关联。韩国 C 型钟也可归为"中韩混淆型"，因为它们的特点就在于一反绝大多数韩国钟的平口风格，而将钟口做成了波浪形，显然是模仿中国北方的波形口钟。至于其 A 型钟，是韩国梵钟中最具主导地位的一型，也是最具鲜明个性的一型，其音筒的设置、乳钉纹的存在等无不说明了它的夐夐独造。然而恰恰通过上面的分析，可知这其中也不乏中国先秦两汉文化的孑遗，是一种更深层次的中华文化烙印。总之，韩国梵钟虽然个性鲜明，但在中国古钟文化的主导作用下，它始终和中日梵钟走在同一条大道上，没有超出东亚梵钟文化的范畴。

下一章将要展开讨论的是，中日韩的交流路径经历了两大发展阶段，前期是以陆路为主，即取道中国的辽东进入朝鲜半岛，再由朝鲜半岛的南端渡海到日本。因此在这个阶段，中华文化都是由朝鲜半岛输入日本的，中国的佛教文化也是由朝鲜半岛传入日本的。典型事例即如第三章第一节所述，552 年百济国圣明王遣使臣将佛像和汉译经典传给日本，很多学者便以此为佛教传入日本之始。再一个典型事例即本章所论的中国汉字传入日本，韩国学者也充当了不可忽略的桥梁作用。于是，在梵钟文化的传播上，韩国梵钟也对日本梵钟产生过不可忽略的影响。

韩国梵钟对日本梵钟的影响，突出体现在日本梵钟的 C、D 两型上。这两型

钟被日本学者称为"和鲜混淆型",也就是日韩混淆型,其故就在于它们同时包含了日、韩两种文化因素。例如这两型钟的一部分如同其他日本梵钟一样,在钟体上有格式划分,但也有一部分如韩国钟一样,没有格式划分,这就体现了韩国梵钟的影响。再如钟顶结构,日本C、D两型钟的钟钮都和其他日本梵钟一样,雕铸为双龙形,不像韩国梵钟的钟钮是单龙形,但其中有的却在双龙形钟钮一旁树起了韩式音筒,这又把日韩的风格结合在了一起。另如日本C、D两型钟有的在钟肩处饰有一周立式莲花瓣纹,而这是韩国高丽时期及其以后才有的标志性装饰,颇具"韩流"之风。更如日本C、D两型钟,其中除了装有音筒的几件没有主题花纹外,其他都和韩钟一样,分别饰有飞天、四天王及海水飞龙图案,有一件上面的六个伎乐飞天居然还身着韩式服装,成了地地道道的韩国人(见图3.23)。总之,在日本C、D两型梵钟上,皆不乏韩国梵钟文化的烙印,只不过它们每口钟上既有鲜明的韩式风格,也有一望可即的日式作风,是两种风格的有机融合。这种融合看似体现了韩国梵钟文化对日本梵钟文化的影响,其实也折射出了韩国佛教对日本佛教的影响。

彼此间的水乳交融,使中日韩的梵钟文化交织成了一个不可分割的整体。但它们终归分属三个不同的民族,其之个性特征也是不可忽略的。对此我们在前面有关各章已经有所论列,归纳起来看,这些不同主要是:

1. 三国梵钟的质地皆以青铜为主,另有少量铁钟,而以铁质梵钟的数量论,三国之间多寡悬殊。数量最多的首推中国,据不完全统计,中国的铁质梵钟几乎可占现存全部梵钟的五分之一以上,总数估计不下三四百口;铁质梵钟数量最少的是日本,在《梵钟实测图集成》一书辑录的579口古钟中仅有4口,所占比例不到百分之一;韩国的铁质梵钟也屈指可数,在廉永夏《韩国의鐘》一书辑录的331口钟中仅有5口,只占全部韩国古钟的1.5%。

古云梵钟质地"上者为铜,下者为铁①",以此论之,在东亚梵钟文化圈中,质量差距最大的当属中国,日本、韩国梵钟的质量差距则相对较小。当然,这质量之差也就是等级之差,上述数据从某一个侧面说明,中日韩三国的梵钟文化虽

① [明]宋应星:《天工开物》,北京:人民出版社,2015年。

然都有等级之差，但差别最大的还是中国。

2. 中国古代梵钟以长江为界划分为平口、波口两大型，而日本、韩国梵钟除了极个别异型钟外，一概为平口。即从总体上看，虽然三国梵钟的分布都有各自的区域性，但区域差别最大的也还是中国。

3. 三国的钟钮虽皆为龙形，但中日流行双龙形，韩国流行单龙形。

4. 韩国古钟大多有音筒，而中国梵钟绝无音筒，日本梵钟则除了极个别"和鲜混淆型钟"和异型钟外，也基本不见音筒。

5. 中日梵钟的钟体虽然都有格式划分，但却不尽相同，而韩国梵钟没有格式划分。

6. 韩国梵钟的纹饰极为发达，中日梵钟的纹饰稍逊一筹。

7. 中日梵钟中有铭文的钟占比较高，可达 90%，相比之下韩国梵钟有铭文的较少，仅占 60%。

8. 三国梵钟的铭文内容在大同之中有小异，即各自的侧重面略有不同。

9. 从梵钟形态的前后变化看，东亚三国中以中国的变化最大，日本的变化最小，韩国梵钟则居于两者之间。换句话说，日本梵钟的形态较为稳定，中国梵钟的形态则变动较大。从一定意义上说，这所对应的应该是三国佛教的稳定与否，例如日本的佛教在明治维新以前的近十三个世纪中一直发展得比较顺畅，未出现剧烈的大起大落，就连教派也以禅宗为主，于是梵钟文化也就在平静的环境中静静地延续了。

以上是中日韩三国梵钟文化的差别。正是这些差别的存在，表明了它们各自所属的民族性，表明了它们是同一个系统内的不同个体。至于其共同性，其实东亚梵钟文化最大的共性特征不在形状，不在用法，不在钟钮，不在乳钉，不在纹饰，甚至不在铭文文字，而在其内在的历史属性。例如中日韩三国的梵钟都存在较细密的等级之分，这不仅说明三国的梵钟文化都具有较强的社会属性，是和不同社会集团相依存的，也足以说明这三国梵钟文化的覆盖面很广，已普及到社会的不同层面。再有就是，三国的梵钟文化都程度不同地具有一定的地域性，这又说明东亚三国的佛教文化很注重融入本地文化，一直着力于和本土文化的结合。此外三国的梵钟文化都表现出了较清晰的时代脉络，说明它

们也在竭力融入时代，竭力随着时代的节拍来求取自身的发展。当然这都是由梵钟文化反映出来的，可是谁也不会否认，这体现的却是中日韩三国的佛教文化属性。恐怕正是由于依附社会、扎根本土、顺应时代这三大属性，才赋予了东亚佛教文化与众不同的生命力，才使佛教在古印度日暮途穷乃至销声匿迹后，得以重新崛起于东方。

第六章　东亚梵钟文化的交流与途径

前面的论述已经揭示，中、日、韩梵钟文化极具共同性，相互的影响几乎在在皆是，而且尤为显著的是，中国古钟文化和梵钟文化在其中起着无可置疑的主导作用。那么，这种影响是怎样在历史的基础上一步步形成的呢？这就是本章要讨论的。

第一节　中国与日本

日本古称倭国，在文献中最早见载于《汉书·地理志下》："乐浪海中有倭人，分为百余国，以岁时来献见云。"到了唐代，倭国于唐高宗咸亨元年（670年）改称日本。《新唐书·东夷列传》云："（倭国）遣使贺平高丽。后稍习夏音，恶倭名，更号日本。使者自言，国近日所出，以为名。"这便是倭国改称日本之始①。

日本位于中国东部，与中国的距离略远于朝鲜，而且没有陆路直接相通，但两国的友好交往却从来没有停止过。

中日之间的历史往来至少可以远溯到两千多年前的周秦时期。关于这一点，东汉大学问家王充在《论衡·儒僧》中说："周时天下太平，越裳献白雉，倭人贡鬯草。"这是有史以来中日交往的最早记载，时间约在两周之际。此后，《史

---

① 为了照顾读者的阅读习惯，以下多以"日本"称之。

记·秦始皇本纪》记载秦始皇为求长生不老之药，派徐福率领数千童男童女渡海求仙，而徐福抵达日本后滞留不归，成为最早移居日本的华夏族裔。此事以《后汉书·东夷列传》所述最详，其云："会稽海外有东鳀人，分为二十余国。又有夷州和澶州。传言秦始皇遣方士徐福将童男女数千人入海，求蓬莱神仙不得，徐福畏诛不敢还，遂止此洲，世世相承，有数万家。"日本历代文献对此事也不乏记载，特别是今之日本已发现了多处徐福东渡的历史遗迹，甚至存有不止一处徐福墓。1980 年 4 月 29 日，九州岛佐贺县在日本的"天皇诞生日"还举行了隆重的"徐福大祭"，祭歌中这样唱道："两千年悠久的历史啊！欢欣庆祝神社的祭典，奉到秦皇的命令，率领童男童女，徐福一行在明海的寺井湾登陆，辟开茂密的芦苇向前迈进。"凡此都见证了中日间这段特殊的交往史。

西汉初年，汉武帝（在位于公元前 140～前 87 年）"遂定朝鲜，为四郡[①]"，周边三十余国前来通好，倭国也在其中。上引《汉书·地理志》称"乐浪海中有倭人，分为百余国，以岁时来献见云"，就是倭人每岁来贡的记载。《后汉书·东夷列传》云："倭在韩东南大海中，依山岛而居，凡百余国。自武帝灭朝鲜，使驿通于汉者三十许国，国皆称王，世世传统。其大倭王居邪马台国。乐浪郡徼，去其国万二千里。"《三国志·魏书·东夷传》云："倭人在带方东南大海之中，依山岛为国邑。旧百余国，汉时有朝见者，今使译所通三十国。"这里说的也是汉武帝以后倭国前来通好的史实。

东汉时倭国仍不时派使臣来华朝贡，如《后汉书·东夷列传》所云："建武中元二年，倭奴国奉贡朝贺，使人自称大夫，倭国之极南界也。光武赐以印绶。安帝永初元年，倭国王帅升等献生口百六十人，愿请见。"建武中元二年为东汉光武帝年号，事在公元 57 年，当时倭奴国派使节带着供品到洛阳朝贺，奉献了生口（奴隶）160 人，光武帝特赐以印绶。此后东汉安帝永初元年（107 年），倭奴国王再献生口 160 人，并上表朝觐。东汉时不仅有倭国王奉献生口的记录，还有大陆人强行到倭国掳掠奴隶的记录。如《后汉书·乌桓鲜卑列传》载："光和元年冬，（鲜卑）又寇酒泉，缘边莫不被毒。种众日多，田畜射猎不足给食，

---

① ［汉］司马迁撰：《史记·朝鲜列传》，北京：中华书局，1959 年。

檀石槐乃自徇行，见乌集秦水广从数百里，水停不流，其中有鱼，不能得之。闻倭人善网捕，于是东击倭人国，得千余家，徙置秦水上。令捕鱼以助粮食。"这是东汉灵帝光和元年（178 年）的事，鲜卑首领檀石槐"闻倭人善网捕"，于是东击倭人国，将其千余家掳掠到乌侯秦水（今内蒙古辽河上游南支流老哈河）专事捕鱼。

汉以后，中日两国的交流仍不绝于史。《三国志·魏书·乌丸鲜卑东夷列传》云："（魏明帝）景初二年（238 年）六月，倭女王遣大夫难升米等诣郡，求诣天子朝献，太守刘夏遣吏将送诣京都。其年十二月，诏书报倭女王曰：'制诏亲魏倭王卑弥呼：带方太守刘夏遣使送汝大夫难升米、次使都市牛利奉汝所献男生口四人、女生口六人、班布二匹二丈，以到。汝所在逾远，乃遣使贡献，是汝之忠孝，我甚哀汝。今以汝为亲魏倭王，假金印紫绶。'"据此可知，倭女王曾向魏明帝奉献男生口四人、女生口六人、班布二匹二丈，魏明帝回馈甚丰，还授予了倭女王金印紫绶。同书还记载："（魏齐王）正始元年（240 年），太守弓遵遣建中校尉梯俊等奉诏书印绶诣倭国，拜假倭王，并赍诏赐金、帛、锦罽、刀、镜、采物，倭王因使上表答谢恩诏。"这是魏国遣使臣到倭国的记载，也是历史上中国政府首次遣使赴日的记载。这之后，魏齐王正始四年（243 年），"倭王复遣使大夫伊声耆、掖邪狗等八人"，向魏国献上了生口、倭锦、绛青缣、绵衣、帛布等诸多贡品。

南北朝分治时期，日本仍和中国保持了频繁往来，但主要是跟南朝交往。《宋书·蛮夷传》载："倭国，在高骊东南大海中，世修贡职。高祖永初二年，诏曰：'倭赞万里修贡，远诚宜甄，可赐除授。'"这里说南朝刘宋永初二年（421 年），倭国君主赞遣使至宋并进贡，受到了宋武帝的褒奖。关于倭国君主"赞"，日本"多数学者认为是仁德天皇①"，即日本的第十六代天皇。他在位期间颇有建树，并力主和东晋及南朝修好。元嘉二年（425 年），倭王赞又派司马曹达封表贡献方物。赞死后，其弟珍即位为倭王，又于宋文帝元嘉十五年（438 年）遣使贡献方物。纵览《宋书·蛮夷传》的记载，仅在短短的南朝刘宋时期，

① ［日］木宫泰彦著，胡锡年译：《日中文化交流史》，第 23 页。

从 421 年到 478 年，就有五个倭王持续不断向刘宋遣使朝贡。这五个王的称谓分别是赞、珍、济、兴、武，合称"倭五王"。他们竭力与中国修好的目的，是希望得到中国皇帝的册封，以便在由中国主导的亚洲秩序中提升自己的地位。

总之，正如赵宋史书《宋史·外国列传七·日本》所概括的："日本国者，本倭奴国也。……自后汉始朝贡，历魏、晋、宋、隋皆来贡，唐永徽、显庆、长安、开元、天宝、上元、贞元、元和、开成中，并遣使入朝。"日本从称倭奴国起就与中国世代通好。正是在这样的背景下，中国在南北朝时期兴盛起来的佛教，自然而然随着东渡的西域僧人及中国匠人传入了日本。

虽然佛教在日本的出现可以追溯到中国的南北朝时期，但那时只在一个极小的范围内传播，还远远谈不上什么社会影响。而如第三章第一节所述，佛教在日本真正站住脚跟，是在圣德太子年间才有的事情，标志性事件即推古十二年（604 年）《宪法十七条》的颁布。相比之下，高句丽早在小兽林王二年（372 年）便立佛教为国教，日本佛教的兴起比朝鲜半岛晚了二百多年。

起步虽晚，日本佛教的发展却快，刹那间就兴起了建造佛寺、翻译经书、塑造佛像的热潮。据考证，《宪法十七条》颁布后仅仅过了十九年，到推古天皇二十九年（621 年）时，"日本共有佛教寺院和神庙四十六所，和尚八百一十六人，尼姑五百六十九人"。这之后，"685 年，天皇颁布的诏令实际上把佛教提到国教的地位，根据这个诏令，所有国家机关都要设立佛龛。741 年，圣武天皇下令要各藩建造佛教寺庙[①]"，日本的佛教迅速发展起来。

日本佛教之所以能一飞冲天，甚至连带日本跨入了有史以来的第一个文化繁荣期，基于两个条件：一是内部得益于圣德太子的大力推广，二是外部得益于中国佛教文化的影响与带动。

从圣德太子于推古天皇元年（593 年）开始摄政起，到推古天皇三十年（622 年）病逝于斑鸠宫，圣德太子在推古王朝共执政三十年。期间他始终不移地推广佛教，使佛教在短短几十年中就在日本迅速传播开来。究其缘由，一是当时推古王朝为了巩固皇权急需靠佛教凝聚人心，二是圣德太子本人对汉学和汉文

---

① ［俄］约·阿·克雷维列夫著，乐峰等译：《宗教史》，第 347 页。

化十分了解，愿意借重、引进汉文化及汉传佛教。史载圣德太子自幼便师从百济博士学习儒学①，儒学造诣深厚。摄政后他广设国家学堂"学问所"，挂孔子画像于正堂，尊孔子为"先圣"，要求学生必修《论语》及《周易》《尚书》《左传》等汉学经典。他颁布的《宪法十七条》其实并不是真正的法律条文，而更像一个公民道德纲要，通篇宣扬的都是封建大一统思想，劝诫人们要有理想，有道德，尊敬师长，虔信佛教。《宪法十七条》第一条便是"以和为贵，无忤为宗"，这显然出自《论语》中的"礼之用，和为贵"。正因为有此背景，才如第三章所述，圣德太子抛弃了以往的强硬外交政策，主动打开了对华友好的大门，并多次派遣政府使团赴隋学习。

及至唐朝，中国国力蒸蒸日上，和当时的阿拉伯帝国并列为世界两大霸主。当此之时，天下邦国八方来朝，纷纷向唐帝国称臣纳贡，共尊唐天子为天可汗。唐朝不仅经济繁荣，文化也十分昌盛，诗、书、画及音乐舞蹈成就空前绝后，涌现出大批名垂千古的名士，更使四周邻邦高山仰止。唐朝还是一个开放的国家，不但自身的各个民族兼容并蓄，还向世界敞开了怀抱，来华求学的各国学人及使臣、商人、僧侣终日络绎不绝，在各大都市汇成了一道道色彩缤纷的异域风景。综观当时的世界东方，与唐为邻的有日本、朝鲜、突厥、回纥、云南南诏、满洲渤海等，他们都因唐朝的影响和带动出现了空前的繁荣。

圣德太子卒于唐王朝初期，目睹了隋王朝的崛起和唐王朝的兴盛。他对此感慨万千，"经常赞扬大唐为可钦羡之国，并阅读汉文精湛典籍，……万事悉欲仿效之心，与日俱增②"。圣德太子卒后，尝到了学习汉文化甜头的日本统治集团不甘落后，开始事事以大唐为楷模，恨不得把大唐的成果一天之内全部搬来。而为了深入借鉴大唐的政治体制、文化成就、佛教经义、经济技术，在圣德太子派遣赴隋使团的基础上，日本又接连不断派出了遣唐使团。

顾名思义，"遣唐使团"就是派往唐朝的友好使团，由大使、副使、官员、留学生、留学僧及工作人员组成。他们的使命虽然是在促进睦邻友好，但更重要

---

① 舍人亲王等撰：《日本书纪》卷二十二。

② ［日］木宫泰彦著，胡锡年译：《日中文化交流史》，第53页。

的任务就是来切身感受和学习中华文化。而为了学习大唐的各个方面，"遣唐使一行中，除大使、留学生（僧）外，还有医师、阴阳师、乐师、画师、玉生、锻生、细工生等工匠、艺人随行①"，以致团员人数甚众，"第一期约二百四五十人，第三期以后人员倍增，一般是五百人左右。最多的是元正朝的五百五十七人和圣武朝的五百九十四人。而仁明朝的一次，竟达六百五十一人之多②"。为了取得学习实效，他们在华逗留的时间一般较长，最少也要一两年，多则十几年。据史书记载和精确考证，大唐时期日本共派出了遣唐使团十九批次，但"确实以遣唐使名义出使唐土的，应该说前后共十三次③"。

自从圣德太子首开先例，使团中专门来中国研习佛法的学问僧便成了不可或缺的重要组成部分，其人数也往往是遣唐使团中最多的。为了研习佛学，这些留学僧在华逗留的时间更长，有的甚至长达数十年。无论来华时日长短，他们回国时都带去了大量的佛经、佛具、文物、字画，也带回了唐朝先进的文化和制度，对日本的改革与发展起到了至关重要的作用。除了政府派来的学问僧，当然还有不少日本僧侣私自来华请益求法，由此汇成了日本向大唐学习佛法的滔滔洪流。据考证，仅史书所见唐朝从日本来华的知名僧人就有 112 人④，其中有不少是成就显著的高僧，如最澄、圆仁、粟田真人等。

高僧最澄（767～822 年），日本近江国滋贺郡人氏，是日本天台宗的开山之祖。他 7 岁受学，聪明绝伦，先在鉴真生前弘法的东大寺受具足戒，学习鉴真和思托带来的天台宗经籍，后于唐贞元二十年（804 年）经日本天皇批准，率弟子义真等随日本第十二次遣唐使入唐求法。在大唐期间，他深入"佛宗道源、山水神秀"的天台山，先后师从禅林寺僧修然、国清寺僧惟象、佛陇寺座主行满，既得真传又得经书、法器等，一年后回国，奉敕开创天台宗并赐号传教大师。

圆仁和尚（793～864 年），9 岁出家，15 岁登比睿山师事最澄，学天台教

① 芡岚：《7～14 世纪中日文化交流的考古学研究》，北京：中国社会科学出版社，2001 年，第 188 页。

② ［日］木宫泰彦著，胡锡年译：《日中文化交流史》，第 76 页。

③ ［日］木宫泰彦著，胡锡年译：《日中文化交流史》，第 73 页。

④ 魏承思：《中国佛教文化论稿》，上海人民出版社，1991 年，第 384 页。

义。838 年他以请益僧身份随遣唐使到中国求法，于扬州开元寺就宗睿学梵语，从全雅受金刚界诸尊仪轨等大法。此后他得以巡礼五台山，于大华严寺、竹林寺从名僧志远等研习天台教义，旋入长安，住资圣寺，结识名僧知玄等。847 年（一说 845 年）圆仁携带佛教经疏、仪轨、法器等回国，深得天皇信任。此后圆仁于比睿山设灌顶台，建立总寺院，弘传密教和天台教义，使日本天台宗获得很大发展。他归国后写下了《入唐求法巡礼行记》一书，记载了中国佛教寺院、风土人情等方面的情况，为传播中国文化起到了很大作用。圆仁圆寂后，日本清和天皇赐其慈觉大师的谥号。

唐朝时中日贸易发达，往来中日间的商船络绎不绝，当年许多日僧就是乘这些商船西行赴唐的。例如圆仁《入唐求法巡礼行记》载：唐武宗会昌元年（841年）"惠萼和尚附船到楚州"；同年冬，惠萼"拟乘李隣德四郎船，取明州归国"；会昌六年（846 年）"李隣德船回⋯⋯日本国来人僧一人，俗四人，见到扬州，对本国书信物等专来访觅请益师①"。又据《智证大师传》记载：文德天皇仁寿三年（853 年），圆真自肥前国值嘉岛乘钦良晖商船赴唐；天安二年（858年）六月八日，圆真自明州乘李延孝之商舶回日。史载往来中日的商船不光搭载僧人，还帮助输送很多佛经佛具，如唐商李英觉、陈太信曾替入唐僧圆真携带天竺贝多树杖、广州班藤拄杖赴日；唐商张蒙曾将圆真在唐收集之经网本 120 卷带至日本；甚至唐商还有带去佛教乐器的②。

当然，除了日本僧人西行求法，中国高僧东渡弘法也是一大潮流，而其中最具历史影响的，莫过于唐高僧鉴真和尚的东渡。

鉴真俗姓淳于，生于唐武则天垂拱四年（688 年），广陵江阳（今江苏扬州）人氏。他 14 岁出家，成为律宗南山宗的传人，也是著名医学家，后出任扬州大明寺住持。由于他的渊博学识和在佛教界的名望，日本多次盛邀他赴日传教，他因此而六次渡海，但前五次均告失败，最后终于在天宝十二年（753年）与弟子法载、法进、思诧等人一起到达日本。第二年鉴真被迎进奈良，于

---

① ［日］圆仁：《入唐求法巡礼行记》，桂林：广西师范大学出版社，2007 年。
② 朱云影：《中国文化对日韩越的影响》，第 352～353 页。

755 年在奈良修建了一座新寺院，天皇御笔亲书"唐招提寺"作为寺名。鉴真一行带去了诸多佛像、佛经、佛具、医书、书画真迹等，传播了博大精深的中国文化，在促进日本佛学发展的同时，也促进了日本医学、建筑、雕塑和绘画艺术的发展。

鉴真大师对日本佛学的最大贡献，是为其建立了严格的受戒制度，使其走上了有序发展的道路。他还传授了律宗南山宗，成为日本佛教南山律宗的开山祖师，并创建了日本律宗的祖庭招提寺。唐代宗广德元年（763 年）6 月，鉴真在日本唐招提寺圆寂，终年 76 岁，被日本人民尊为"天平之甍"。这里的"天平"泛指日本奈良时代（710～794 年），相当于中国的盛唐时期，甍在中文里指死，但在日文里却是屋顶瓦的意思。联系起来说，所谓"天平之甍"，就是日本人民认为鉴真的贡献足以代表天平时代文化的屋脊，是天平时代文化的顶峰。时至今日，日本奈良的招提寺里还供奉着鉴真的塑像。

从鉴真东渡的前前后后，已足见当时日本佛教的兴盛程度，足见中国佛教对日本佛教产生的巨大影响。而发展到这个程度，梵钟在日本的问世也就水到渠成了。正如第三章第二节所述，迄今所知日本最早的梵钟见于飞鸟时代，恰当鉴真和尚东渡日本前不久，典型之例即 698 年的妙心寺钟。

日本飞鸟时代上承古坟时代，下启奈良时代，因其政治中心在奈良县的飞鸟地方（当时的藤原京）而得名。其年代始于 593 年圣德太子摄政，止于 710 年元明天皇从藤原京迁都平城京，前后凡 116 年。这相当于中国的隋文帝开皇十三年到唐睿宗景云元年，正值中国历史的鼎盛时期，也正值日本举国上下"热狂地试图汲取、模仿"中国文化的时期①。在隋唐两朝的影响下，日本此阶段发生了许多鼎新革故的重大事件，包括圣德太子改革以及大化改新等，此外的一大变化便是其国号从倭国变为了日本。飞鸟时代同时也是日本历史上重要的文化起飞时代，特别是在中国佛教文化的带动下，社会文化有如神鸟起飞，迅速造就了日本历史上的第一个文化繁荣期。而梵钟在日本的出现，不仅体现了佛教文化在日本的繁荣，也是飞鸟文化的一大亮点。

---

① ［日］木宫泰彦著，胡锡年译：《日中文化交流史》，第 62 页。

唐以后，中日两国的友好往来不绝如缕，两国僧人更是不断穿行在烟波浩渺的东海海面上。据统计，唐代以降直至明朝，有史可稽的日本来华知名僧人的人数是：五代 7 人、北宋 20 人、南宋 109 人、元代 222 人、明代 110 余人①。当然，这些有幸被记录下来的僧人只是冰山一角，此外由于史书的阙载而寂寂无闻者不知凡几。这些僧人不畏艰难险阻，执着于请益求法、巡礼参佛，为促进中日两国的友好往来和佛教文化的传播做出了巨大贡献。

宋代以来入华请益求法的日本著名高僧众多。《宋史·日本国传》载："雍熙元年（984 年），日本国僧奝然与其徒五六人浮海而至。"奝然是日本著名僧人，他访华时还专门带来了本国的书籍、铜器等，受到了宋太宗的召见。从太宗与他的谈话可知，当时日本国收藏有五经书及佛经等，而这些书籍皆得自中国。太宗又赠其大藏经、孝经、越王孝经新义等书，最后又诏许奝然等人赴五台山朝拜，并令沿途悉心安排照料。直到第二年奝然才启程回国，并在行前上表宋太宗致谢曰："伏惟陛下惠溢四溟，恩高五岳，世超黄、轩之古"，"仰皇德之盛，越山越海，敢忘帝念之深"，"纵粉百年之身，何报一日之惠"。仅凭上面的寥寥数语，已足见奝然的崇敬之心和感激之情。同时，他对"拜圣灯于五台之上，就三藏而禀学"的愉悦心情也溢于言表，表示一定要将"佛诏传于东海之东"，完成他巡礼请益、传播佛学的意愿。

奝然之后，史书记载的较重要的日僧访宋还有三次，分别是：景德元年（1004 年）僧寂照等八人来朝，熙宁五年（1072 年）、元丰元年（1078 年）通事僧仲回等人来华。这些来华的僧人一般皆通中文，对汉文化有很高的造诣。他们来华一是代表朝廷贡献方物，如香炉、水精、紫檀、念珠等；二是学习佛教经义；三是游览名胜古迹、僧居寺院，请赐佛教经典、佛具等物。如熙宁五年仲回的来华，史书记载"有僧诚寻至台州，止天台国清寺，愿留"，并"诚寻献银香炉、木□子、白琉璃、五香、水精、紫檀、琥珀所饰念珠，及青色织物绫"，而神宗"以其远人而有戒业，处之开宝寺，尽赐同来僧紫方袍②"。在这种巡游和

---

① 魏承思：《中国佛教文化论稿》，第 384 页。

② ［元］脱脱等撰：《宋史·外国七·日本国》，北京：中华书局，1977 年。

互赠之间，中日两国僧人既增进了友谊，也加深了对彼此文化的了解，还促进了佛教文化的交流。总之，一直到宋代，日本僧人访华之事屡见不鲜，乃至有时日本政府的使臣也由僧人充任。事如《元史·外夷列传·日本》所云："至（宋神宗）熙宁以后，（日本）连贡方物，其来者皆僧也。"

在宋以来的中日佛教文化交流中，当然少不了宋朝高僧东渡东瀛传道布教的贡献，而其中较为著名的是宋朝禅师兰溪道隆。道隆于南宋嘉定六年（1213年）生于四川涪江郡兰溪邑，俗姓冉，十三岁时前往成都大慈寺出家，师从住持良范潼关禅师。1246年他应日本入宋僧人明观智镜等的劝请，携弟子乘日本商船赴日，是最早赴日的宋僧。来到日本后，道隆先到京都，后到镰仓，宣扬宋地禅风，并传播中国文化科技。在日期间他接受了执政北条时赖的皈依，修建了日本第一个纯正的禅寺建长寺。兰溪道隆在日本名望极高，皈依者甚众，甚至不乏镰仓武士。他于1278年圆寂于日本，宇多天皇赐他"大觉禅师"的谥号，这是日本有"禅师"谥号之始。

日本僧人和辽金的交往相对较少，但也并非两相阻隔。《辽史·道宗本纪》载：大安七年（1091年）九月"日本国遣郑元、郑心及僧应范等二十八人来贡。"只此寥寥一笔，便知仍有日僧来往于辽金，而且是以官方代表的身份来的。当然，比起和北宋南宋的交往，日僧与辽金的交往显然要冷淡得多。

降至元朝，先是元朝皇帝忽必烈于至元五年（1268年）命高丽使者携国书赴日，要求日本效法高丽来朝"通好"，否则将至"用兵"，但遭日本朝廷拒绝。此后忽必烈与属国高丽在1274年和1281年两次发起了攻日战争，导致元朝和日本的关系急转直下。在此情况下，日僧来华的记录明显减少，但为了协调中日关系，史书中汉僧赴日的记载反倒多了起来，并且都是朝廷委派的。

《元史·外夷列传·日本》载：元世祖至元二十一年（1284年），"又以其俗尚佛，遣王积翁与补陀僧如智往使"。这是元朝高僧奉朝廷之命出使日本的较早记录，说的是元世祖忽必烈考虑到日本人崇佛，特意派高僧加入政府使团访问日本。此后，《元史·成宗本纪》载："（成宗）命妙慈弘济大师、江浙释教总统补陀僧一山赍诏使日本。"又元成宗大德三年（1299年）载："遣僧宁一山者，加妙慈弘济大师，附商舶往使日本①。"凡此都是元朝委派僧人为使臣赴日的记载。可在日本方面，正如《明史·外国三·日本》所载：日本"宋以前皆通中国，朝贡不绝，事具前史。惟元世祖数遣使赵良弼招之不至，乃命忻都、范文虎等帅舟师十万征之，至五龙山遭暴风，军尽没。后屡招不至，终元世未相通也。"即日本一直拒绝通好于元廷，于是也不见日本官方派僧人出使元廷。官方的交往虽然中断了，但隔不住的仍是中日两国僧人的交往，即便两次元日战争也未能阻挡住日僧赴华求法的脚步。前引之文谈到日本于元朝来华的僧人前后不下二百余人，史书记载元廷还曾一度"遣日本僧瑞兴等四十人还国②"，便是历史的明证。

自元代以来，倭寇为患已屡见记载，如明谢肇淛《五杂俎》卷四云："元之盛时，外夷外贡者，至千余国，可谓穷极天地，罔不宾服，惟有日本，倔强不臣。阿拉罕以师十万从征，得还者仅三人。"至明朝初年，"倭寇出没海岛中，乘间辄傅岸剽掠，沿海居民患苦之。帝（按即明太祖朱元璋）数遣使赍诏书谕日本国王，又数绝日本贡使，然竟不得倭人要领③"。为此明太祖朱元璋下令海禁，"片板不得下海"，以防沿海奸民与倭寇勾结滋扰。早期海禁的主要对象是商业，禁止中国商贩赴海外经商，也限制外国商人到中国贸易。而后随着倭寇滋扰日甚，海禁政策愈加严格，佛教界的交往也被大大阻隔。但如往昔一样，海禁即便再严，也挡不住日本僧人来华钻研禅学及体验中国丛林的脚步。于是便如前面所述，可以统计到的日本入明僧人仍不下百余名。日本学者木宫泰彦也说："在明朝约三百年间，入明的日本禅僧很多，单就我曾寓目的就有一百一十余人④。"

清廷沿袭明朝的政策，依旧实行严厉的海禁制度，敕令"片帆不得出海，违者罪至死⑤"。康熙年间曾一度开放闽、粤、江、浙四海关，以往被严禁的赴日贸易也得以松弛。但好景不长，仅仅过了三十余年，清政府便重新关上了对外贸

---

①　[明] 宋濂等撰：《元史·日本列传》，北京：中华书局，1976 年。

②　[明] 宋濂等撰：《元史·泰定帝本纪二》。

③　[清] 张廷玉等撰：《明史·列传第十八·张赫》。

④　[日] 木宫泰彦著，胡锡年译：《日中文化交流史》，第 587 页。

⑤　赵尔巽等撰：《清史稿·列传第二十七》，北京：中华书局，1976 年。

易的大门。此后，清朝二百多年基本实行的是闭关锁国政策，既抑制了中国的海洋贸易，也阻碍了中外文化的交流。但僧人间的交流仍不绝如缕，据日本学者统计，清朝东渡日本的有名有姓中国僧人就有将近六十个，"这个数目，比起镰仓、足利时代来到日本的中国僧人来多得多①"。在朝廷不准片帆入海，违者便获死罪的年代，这些中国僧人是如何东渡的，其情其状如今已无法察知。但不难想象的是，为了佛教文化的交流，当初这些僧人是如何冒死一搏的，甚至不知有多少人为此付出了生命的代价。

正是由于这种终古不息、持之以恒、坚韧不拔的交流，才有了中日佛教文化的融会贯通，才有了中日梵钟无处不在的共性特征。

无论如何，文化间的相互认同和相互借鉴，是各不同文化形成共性的最关键因素。虽然这种影响是无形的，似乎看不见也摸不着，但它们才是最无处不在的，也是最不可或缺的。然而除了文化的耳濡目染外，中日梵钟文化共性的造成，也还凭借了其他一些更为直接的渠道。而其中最重要也最直接的渠道，便是通过各种不同方式，有很多中国梵钟流入了日本，成为日本梵钟的直接范本。据日本石田肇先生所著《日本现存中国钟将来の经纬——日中近代交涉史の一面》一书的统计，流落到日本并至今仍可查实的中国梵钟不下四十余口②。

这些流入日本的中国梵钟，基本上是由来华的日本人带回的，甚至有相当部分是由来华游学的日本僧人带回的。撰诸历史，每次来中国游学的日本僧人归国时，不仅会收获很多佛教经籍，还会收获满满的中国宝物和佛教用品。据日本考古发掘所得，很多寺院遗址都出土了不少唐三彩和唐镜，仅大安寺一地出土的唐三彩绞胎陶枕就有三十多件，这就是去中国游学的日本僧侣带回的③。综合以观，这还不过是凤毛麟角，因为如果细加清点，就会发现日本"僧侣携带的物品之多有时是我们现在人无法想象的④"。当然这当中最少不了的便是佛教用品，

① ［日］木宫泰彦著，胡锡年译：《日中文化交流史》，第 683～692 页。

② 石田肇：《日本现存中国钟将来の经纬——日中近代交涉史の一面》，社会文化史学，第三十七号别刷，平城九年八月（1997 年）。

③ 苅岚：《7～14 世纪中日文化交流的考古学研究》，第 303 页。

④ 苅岚：《7～14 世纪中日文化交流的考古学研究》，第 305 页。

据日本《安祥寺资财账》的记载，日本惠运和尚（800~871年）于唐大中二年（848年）乘唐人张友信、元静船归国，带回的佛教用品除了大量经书之外还有："金铜小佛像漆躯 大唐"；"法界虚空藏佛像一躯，金刚虚空藏佛像一躯，摩尼虚空藏佛像一躯，莲花虚空藏佛像一躯，业用虚空藏脱落与，可见正耳。右五佛像彩色各骑鸟兽，并大唐"；"八大明王像一卷 唐"；"文殊菩萨像一躯 唐"；"僧伽和尚像一躯 唐"；"三股金刚杵四口 唐"；"独杵金刚杵二口 唐"；"三股金刚铃三口 唐，五股金刚铃二口 唐①"。

在日本《安祥寺资财账》中，还记载着日本皇室奉献给该寺的物品，其中绝大多数也都来自大唐。而其中有一件物品颇引人注目，这就是"白铜钟一口高一尺三寸五分，径七寸二分，厚五分，悬龙王台。唐②"。此文已载明该铜钟出自大唐，虽然无法判明它是不是由游学中国的日本僧人带回，但起码是由来过大唐的日本人带回的，大约带回去后先奉献给了日本皇室，之后又由皇室转赠给了寺院。而无论它是由什么人带回的，都揭示了中国梵钟的流入日本。

至于这些带回日本的中国梵钟的来历，很可能是日本人在中国购买或定制的。突出之例见于现存富山县射水郡小杉町净土寺的日本禅照寺钟，其铭曰："越中国 射水郡 净土寺村 禅照寺 先祖代代菩提灵 父三回忌母 三十三回忌 施主射水郡小杉町 森永家九代目 四郎三郎长男 森永圆吉 五十年 北海道小樽区支店 清国安东县支店 明治四十四年（1911年）六月于安东县制 制造者清国人 同顺成③。"铭文注明此钟是由日本富山县"射水郡小杉町"的几位施主定制的，制作者为"清国人"，即大清朝人，"同顺成"即梵钟制作者的作坊名号。铭文告诉我们，"清国人"开办的"同顺成"有两家分店，分别在日本北海道小樽区和大清国安东县，而这口钟是在安东县制作的。此安东即今之丹东，地濒鸭绿江，去日本的交通十分便利。这一事例说明，当时中国的梵钟制造业十分发达，已经

---

① 苪岚：《7~14世纪中日文化交流的考古学研究》，第304~305页。
② 苪岚：《7~14世纪中日文化交流的考古学研究》，第305页。
③ 石田肇：《日本现存中国钟钟铭集成稿》（下），群马大学教育部纪要人文·社会科学编第46卷，1997年。

到了可以由私人作坊承接的地步，并且还跨出国门，在国外开设了分店。

除了在中国定制购买，带回日本的中国梵钟的另一个来源，还极有可能是中国僧团的赠送，甚至是中国官方的馈赠。特别是后一种可能不能排除，因为见诸史实，中国官方向周边邻邦馈赠包括精美的梵钟在内的宝物，是历朝历代的通常做法。

绵延近三百年的唐王朝时期，周边诸国与大唐修好，派遣使团朝贡之事屡见不鲜。而作为回报，唐廷少不了要向来使馈赠宝物，其中就往往包括梵钟。《旧唐史·南蛮西南蛮·陀洹国》载："陀洹国，在林邑西南大海中，东南与堕和罗接，去交趾三月余日行。……贞观十八年，遣使来朝。二十一年，又遣使献白鹦鹉及婆律膏，仍请马及铜钟，诏并给之。"此文的古陀洹国，有学者认为在今马来半岛北部①，这里记载的便是他们向唐太宗请求赐给马匹和铜钟并获恩准之事。马匹固然是大洋岛国的稀罕之物，而他们请赐铜钟，也说明了大唐铸钟技艺之高已四海驰名，故而常被外邦请求赐给。

不独唐代如此，就是到了宋代，向友邦赠钟之事仍时有发生。《宋史·三佛齐国传》记载了这样一件事："三佛齐国，盖南蛮之别种，与占城为邻，居真腊、阇婆之间。……咸平六年，其王思离咪啰无尼佛麻调华遣使李加排、副使无徒鹠悲来贡，且言本国建佛寺以祝圣寿，愿赐名及钟。上嘉其意，诏以'承天万寿'为寺额，并铸钟以赐。"以上说的真腊即今之柬埔寨，阇婆即印度尼西亚，位于二者之间的三佛齐国显然是个东南亚国家。顾名思义，三佛齐国应是个崇佛的国家，而为了庆祝大宋皇帝圣寿，他们竟然建寺以祷祝，果然博得宋真宗龙颜大悦，特颁赐寺额并"铸钟以赐"。

以上都是唐宋皇庭向周边国家赠钟之事，日本方面虽然没有此类事件的直接载述，却也不乏相关史迹。史称宋真宗时"日本使者到宋，称国东有祥光出现，据旧时传说，中原如有圣明天子，便有此祥。真宗听了大喜，敕建一寺，赐额云祥光②。"日本使者以"国东有祥光"来附会"中原有圣明天子"之说，无非是

① 周伟洲：《唐朝与南海诸国通贡关系研究》，《中国史研究》2002 年第 3 期。

② ［日］木宫泰彦著，胡锡年译：《日中文化交流史》，第 240 页。

想趁机讨好宋天子，借以得到更多赏赐。这一招果然灵验，宋真宗闻之心花怒放，不由得降旨"敕建一寺"。所谓"敕建一寺"，当然不是去日本随便盖几间房子就可以了事的，除了盖庙宇外，佛像是必须要塑的，梵钟也是必须要铸的，否则就不成其为"寺"。于是，仅就此例即可见，中国梵钟流向日本的又一渠道便是官方的馈赠。

其实揆诸历史，一国政府向另一国赠寺的记载虽然不多，但国家间相互赠钟的事情却不少，因为这本来就是国与国之间通好的传统方式。时至今日，各国之间的友好往来仍然以此为纽带，例如在大钟寺古钟博物馆里，就珍藏着近十口被命名为友谊钟的现代钟，分别来自法国、日本、墨西哥、意大利、挪威、新西兰、韩国等国家。作为全世界公认的祥瑞之物，这些钟满载着各国人民对中国人民的情谊，也肩负着文化交流的神圣使命。

除官方赠钟外，中国民间向日本赠钟的应该更不在少数。例证之一如 1923 年佛教普济日灾会特意铸造了一口梵钟送给日本寺院。钟上铭文除了刻有十四尊佛名和偈语以及捐铸者的姓名、铸钟人的姓名和年款外，还有赠语曰："铜铎一座敬赠大日本帝国大寺院，普闻钟声，冥阳两利，佛教普济日灾会①。"这口钟足以说明，中日两国民间互赠梵钟的做法是很普遍的，甚至是两国僧团间友好往来的寻常方式。

在中国向日本赠钟的同时，日本向中国赠钟也时而有之。日本平安时代前期文人都良香（834～879 年）在其所撰《都氏文集》中有一段话，记述了日本僧人与明州开元寺的一段友谊："乙酉岁（按即唐顺宗永贞元年，805 年）二月癸丑朔十五日丁卯，日本国沙门贤真敬造铜钟一口。初贤真泛海入唐，经过胜地，明州治南得开元寺。可以系意马，可以降心猿。自就一游，留连数月。有云树，有烟花，有楼台，有幡盖，禅器之类亦多备焉，但独阙者犍椎而已，举寺僧徒相共恨之。其中长老语贤真云：尝闻，本国好修功德，若究众冶之工，以合双栾之制，从彼扶桑之域入我伽蓝之门，遍满国土不得不随喜，第二天众不得不惊听。

---

① 石田肇：《日本现存中国钟钟铭集成稿》（下），第 92 页。

尔时贤真唯然许之，归乡之后，便铸此钟，送达彼寺。遂本意也①。"细审此文，可知明州（今浙江宁波）开元寺的这口钟不仅是日本僧人赠送的，而且是日本僧人"归乡之后"在日本铸造的，再由日本"送达彼寺"。

另外，在姑苏城外寒山寺大雄宝殿的右侧，挂着一口日本友好人士于清末为寒山寺铸造的"友谊钟"，钟面上刻有记述此钟来历的铭文，其曰："姑苏寒山寺历劫年久唐时钟声空于张继诗中传耳当闻寺钟转入我邦今失所在山田寒山搜索甚力而遂不能得焉乃将新铸一钟 往悬之来请余铭寒山有诗次韵以代铭姑苏非域有路传钟声勿说盛衰迹法灯灭文明。"钟上镌刻的时间是"明治三十八年（1905年）四月"，铭文由"大日本侯爵伊藤博文撰、子爵杉重华书"。此钟一共铸造了样式相同的两口，一口悬挂在日本馆山寺，一口送到了寒山寺。

除寒山寺外，苏州另一著名寺院西园寺也保存着一口日本铜钟。钟上有两段不同年代的铭文，初铭记载该钟铸成于"（日本）宝历四年甲戌夏四月十五日"，即清乾隆十年（1745年），捐铸人和铸钟匠人是"山城国爱宕郡三条绳手 西愿寺九世 增莲社长誉 冶工 洛阳三条住 国松庄兵卫养重久"。但此铭后面又加了另一段铭文，标记年代是"大清光绪岁次甲申闰五月谷旦（1884年）"，铭文内容为"南海普陀山紫竹林分院住持比丘广慧领募"，同时钟上还镌有中国僧人和信士的名字。通观该钟铭文，可以肯定此钟出自日本友人之手，很可能是日本僧人赠送给中国的，不知流落到了哪座寺庙，在事隔130年后重新被中国僧人"募"得，之后完好无损地保存在了西园寺。

日本向中国赠钟的实例虽不难查找，但数量其实并不多。经调查统计，中国现存的日本梵钟总数超不过十口。但与此相反，中国向日本赠钟的例证虽不多，实物却不少，仅据前引日本石田肇先生的统计，在日本的中国梵钟就达四十余口之多，两者的数量高下悬殊。

石田氏所指这四十余口中国钟，都是有确切铭文或文献资料证明其铸造于中国、使用于中国，后来因各种原因流向日本的。而除此之外，中日梵钟文化还有一种更直接的交流方式，便是中国匠人带着自己的技术前往日本铸钟。

---

① 都良香：《都氏文集》卷三《大唐明州开元寺钟铭一首并序》。

　　例证之一见于日本镰仓建长寺大钟，铭文标注此钟为"建长禅寺主持宋沙门道隆①"所铸。这位"宋沙门道隆"即前述南宋高僧兰溪道隆，由该钟铭文可知，兰溪道隆在日期间不仅传道布教，而且建造了建长寺，并铸造了寺钟。当然，所谓铸钟，身为寺庙主持的兰溪道隆无非是监制而已，真正亲力亲为的当是他招募的中国工匠。

　　中国匠人赴日铸钟的例证之二见于扬州博物馆收藏的一口日本钟。其铭曰："铸物师宁波邑，家□□又□门宣邻，云□能仪郡□□邑海岩山圆光寺末山，同町松荣山神宫寺什宝，千时庆应弟三丁卯，黄钟吉旦铸□"。从上述铭文可知，该钟的捐铸人是日本圆光寺的末山和神宫寺的什宝，铸造师则是祖籍宁波而远渡日本的中国人。

　　中国匠人在日铸钟的最佳例证，莫过于前述日本禅照寺钟，其铭文称"清国人"开办的"同顺成"在日本北海道小樽区有一家分号，那就是专门为日本铸造梵钟的。"同顺成"的另一家分号在大清国安东县，地近朝鲜，与日本的交通也很便利，显然也是为承接朝鲜、日本梵钟生意开设的，因为一个最现成的例证就是，日本禅照寺钟便是由这家安东分店铸造的。

　　其实不单有很多中国匠人赴日铸钟，甚至有很多中国匠人赴日建寺。突出之例如日本僧人重源（1121～1206 年）发愿重修被毁的奈良东大寺，不仅三次入宋考察寺院建筑，而且"招请宋工匠陈和卿等人，重铸东大寺大佛及重修各堂等。东大寺中门石狮子、堂内石胁士及四天王佛作品都发现雕刻有'宋人字六郎'等四人工匠名字②"。这一实例充分说明，日本有很多古寺庙不但仿照了中国寺庙的样式，还由中国工匠一手打造，当然其中少不了一口作为镇寺之宝的梵钟。同此之例尚多，例如唐鉴真和尚东渡日本后建造的寺庙就是他亲自按大唐寺庙的样式设计的，日本平城京的"大安寺"是按唐长安城"西明寺"的模式建造的，奈良时期的国分寺也是仿照唐朝的龙兴寺修建的③，而为了模仿这些中国

---

①　茇岚：《7～14 世纪中日文化交流的考古学研究》，第 315 页。
②　茇岚：《7～14 世纪中日文化交流的考古学研究》，第 313 页
③　王维坤：《中日文化交流的考古学研究》，西安：陕西人民出版社，2002 年，第 220 页。

式寺庙，都募用了不少中国匠人。

虽然有不少中国工匠赴日铸钟，但仍然不能阻止中国梵钟远渡重洋前往日本的潮流，而其中包括大名鼎鼎的陈太建七年钟在内，都是不可多得的精品。据石田肇《日本现存中国钟钟铭集成稿》一书的逐一考证，中国梵钟流入日本的原因多种多样，除正当渠道外，也不乏趁中国世道混乱、海关松弛时自行运回的，甚至还有在二战期间作为战利品掠回日本的，具体实例如下。

一是现收藏于日本岐阜县关市日吉町的宗休寺钟。这是该书辑录的年代最早的中国梵钟，通高 187 厘米，口径 127.2 厘米，重 2625 公斤，年代为大明嘉靖庚子年（1540 年）。这口钟铸造精致，钟体满布花纹图案，有凤凰、仙鹤、龙和云纹等。据石田肇《日本现存中国钟钟铭集成稿》一书记载，此钟是义和团事变（1900 年）后，神户港的埠头野晒以及名古屋某氏将大日如来佛和钟一起运回日本的①。

二是现收藏在京都市左京区一乘寺药师堂町北山别院的一口梵钟。此钟是京师顺天府宛平县北坊广德寺众僧于明嘉靖二十三年（1544 年）募化所铸，通高172 厘米，口径 108.8 厘米。其钟满布文字，均系捐铸人的官职、姓名以及佛号尊者的名称。钟内壁有一段后刻的文字，记述了该钟进入北山别院的经过，铭曰："北山别院大阪御花讲中欲新铸梵钟架之同院请铭于予铭成会大阪市□。有客岁北清役所获洪钟一口形□其古音调清亮乃购以代新铸……明治三十四年十又一月，本愿寺门迹光尊。明治三十三年十月四日当别院报恩讲之际企之，发起者，监督坚，田广吼，轮番三谷教应……"从铭文内容我们了解到，当北山别院正欲铸造新钟时，偶尔得知北清役所有洪钟一口，且造型奇特、声音洪亮，于是购入。至于此钟是如何从中国宛平县的广德寺流入日本北清役所的，作者没有详谈，只是说它同样是在义和团事变后运到日本的②。

三是现收藏在岐阜县揖斐郡池田町宫地熊野神社的铜钟。这是由明代掌印太

---

① 石田肇：《日本现存中国钟钟铭集成稿》（中），群马大学教育学部纪要人文·社会科学编第 45 卷，1996 年，第 50 页注 6。

② 石田肇：《日本现存中国钟钟铭集成稿》（中），第 57 页注 6。

监率众多善男信女所铸，时间为明万历十四年（1586 年）。钟体通高 107 厘米，口径 67 厘米，划分的八区内写满文字，皆为捐铸者姓名及年款。此钟流传日本后又刻有追铭，铭文标记了"贩卖人今村久兵卫"和"大阪市高津住铸物师"等。据石田肇考证，此钟在《大日本金石史》中有记载，注明其为明治二十七八年（1894～1895 年）中日甲午战争的战利品①。从钟铭上追加的铭文看，可以认定该钟的持有者为今村久兵卫，通过铸物师高津住将此段文字追刻在钟体上，然后又转卖给他人。

四是现存滋贺县爱知郡湖东町大字长金寿堂的铜钟。此钟铸造于清康熙三十九年（1700 年），钟体通高 59 厘米，口径 39 厘米。钟体铸有铭文，铭文内容为："大清康熙岁次庚辰年蕤宾月吉日处造，山海关西罗城地藏寺住持僧海元。"据铭文可知，该钟属山海关罗城地藏寺所有，石田肇考证说，此钟是在日本侵华战争中由船舶运回日本的，后由金寿堂从京都购入②。

五是现存鸟取县仓吉市□□町长谷寺内的梵钟。此钟铸成于清康熙四十七年（1708 年），通高 116 厘米，口径 77 厘米。其钟体除铭文外还饰有龙纹图案，铭文内容为："顺德阖邑弟子处造铁钟壹口重陆佰余觔在于凌水会馆天后娘娘案前永远供奉□康熙四拾柒年岁次戊子冬月吉旦立佛山汾水万名炉造。"此外钟铭中还有常见的祈福吉语，如"国泰民安，风调雨顺"等。从铭文内容可知，该钟原属广东省佛山市顺德区，其造型也确属南方特征。据石田肇先生查证，这口钟是一个叫前田近义的大尉带回日本的，为"皇军武运长久祈愿と战没将士"而供养在长谷寺③。

以上都是非正常交流的产物，有的还是赤裸裸的战争掠夺品。但在见证战争罪恶的同时，这些梵钟的自身价值却无法抹去，依旧在历史的时空中熠熠生辉。

---

① 石田肇：《日本现存中国钟钟铭集成稿》（下），第 65 页。
② 石田肇：《日本现存中国钟钟铭集成稿》（下），第 79 页。
③ 石田肇：《日本现存中国钟钟铭集成稿》（下），第 80 页。

第二节　中国与朝鲜半岛

众所周知，由于在地理位置上相互接壤，中国和朝鲜的交往由来已久。《史记·宋微子世家》载："于是武王乃封箕子于朝鲜。"这里说的是周武王，乃周王朝的开国君主。箕子是殷商末代君主殷纣王的叔父，因不满纣王的骄奢淫逸而屡屡犯颜直谏，但纣王屡谏不听，箕子不得已"乃详狂为奴"，但"纣又囚之①"。武王灭商后，"问箕子殷所以亡②"，箕子告以治国之道，于是武王委以重任，封他在朝鲜为诸侯，此即"箕子朝鲜"。这是公元前11世纪中叶的事，是朝鲜首次见于史册记载，也是中国和朝鲜首次建立官方联系。奉朝鲜王朝成宗（在位于1469～1494年）之命，朝鲜学者编撰了官修史书《东国通鉴》，其中对此事亦有详细记载："箕子率中国五千人入朝鲜，其诗书礼乐医巫阴阳卜筮之流百工技艺，皆从而往焉。既至朝鲜，言语不通，译而知之，教以诗书。使其知中国礼乐之制，父子君臣之道，五常之礼，教以八条。崇信义，笃儒术，酿成中国之风教，以勿尚兵斗，以德服强暴。邻国皆慕其义而相亲之，衣冠制度悉同乎中国。故曰：诗书礼乐之邦，仁义之国也，而箕子始之，岂不信哉③！"由上述记载可知，箕子在朝鲜立国之说也为朝鲜官方及史家所共奉。

这之后，先是秦朝末年天下大乱，有燕人卫满跑到朝鲜自立为王。事如《史记·朝鲜列传》所云："朝鲜王满者，故燕人也。"又如《后汉书·东夷列传》所云："（秦末）陈涉起兵，天下崩溃，燕人卫满避地朝鲜，因王其国。"之后经过整整百年，汉武帝于元封三年（公元前108年）灭卫氏朝鲜，"以故遂定朝鲜，为四郡④"，朝鲜半岛的北部和中部成为汉王朝的领地，分置乐浪郡、玄菟郡、真番郡及临屯郡，史称汉四郡。自此而后，朝鲜为中国郡县达四百余年

---

① ［汉］司马迁撰：《史记·殷本纪》。
② ［汉］司马迁撰：《史记·周本纪》。
③ ［朝］徐居正、郑孝恒等撰：《东国通鉴·外纪·箕子朝鲜》引涵虚子，景仁文化社，1987年。
④ ［汉］司马迁撰：《史记·朝鲜列传》。

之久。

　　卫满朝鲜主要在今朝鲜半岛的北部，当时朝鲜半岛南部分布着马韩、辰韩、弁韩三个部落，合称三韩，后来演变为百济和新罗。见于典籍的记载，三韩与中国亦不乏联系，其中的辰韩甚至很可能是秦人的后裔。《后汉书·东夷列传》云："辰韩，者老自言秦之亡人，避苦役，适韩国，马韩割东界地与之。其名国为邦，弓为弧，贼为寇，行酒为行觞，相呼为徒，有似秦语，故或名之为秦韩。"这里便说辰韩是秦的亡人，为避苦役而移居韩国，故又称秦韩。在统一新罗时代几乎统一了整个朝鲜半岛的新罗，就是由辰韩创建的，这在《北史·列传第八十二》有很清楚的记载："新罗者，其先本辰韩种也。地在高丽东南，居汉时乐浪地。"此文也强调了辰韩是秦朝时逃亡过来的中国人，其云："辰韩亦曰秦韩。相传言秦世亡人避役来适，马韩割其东界居之，以秦人，故名之曰秦韩。"辰韩源自中国之说在历代文献中几乎众口一词，因此也得到了韩国学者的认同。

　　正因为有如此根深蒂固、血脉相连的关系，所以很早以来，朝鲜半岛就和汉文化结下了不解之缘。《北史·百济列传》载："其人杂有新罗、高丽、倭等，亦有中国人。其饮食衣服，与高丽略同。……俗重骑射，兼爱文史，而秀异者颇解属文，能吏事。又知医药、蓍龟与相术、阴阳五行法。有僧尼，多寺塔，而无道士"，"行宋《元嘉历》，以建寅月为岁首。……婚娶之礼，略同华俗。……五谷杂果菜蔬及酒礼肴馔药品之属，多同于内地。"这里说朝鲜的风俗民情"多同于内地"，而这内地就指中华本土。又《梁书·朝鲜传》载："东夷之国，朝鲜为大，得箕子之化，其器物犹有礼乐云。魏时，朝鲜以东马韩、辰韩之属，世通中国。自晋过江，泛海东使，有高句丽、百济，而宋、齐间常通职贡。梁兴，又有加焉。"这段话对中国与朝鲜半岛自汉代至南北朝之间的关系做了全面概括，一言蔽之以朝鲜"世通中国"。

　　正是在这样的背景下，当佛教在中国流行起来后，很快便传入了朝鲜半岛。前面第四章已述，佛教是在朝鲜半岛的三国中后期由中国传入的，始于4世纪后半叶。当时朝鲜半岛并峙着高句丽、百济和新罗三个国家，而最先接受佛教的是与中国毗邻的高句丽，接着是百济，继而是新罗。

佛教传入新罗的时间虽然最晚，但在朝鲜半岛三国中崛起的速度却最快，大有后来居上之势。从法兴王开始，前后六任新罗国王都取佛名并立自己为佛王，佛教真正成了新罗的国教。而如第四章第一节所述，到了真兴王（在位于540～575年）时，佛教在新罗已如日中天，新罗王不仅广建佛寺，迎请佛舍利、经书，时常举行法会和讲经会，国王本人还剃发着僧衣，甚至令王妃出家为尼，新罗王室几成佛堂。

正是佛教的传入和兴起，使朝鲜半岛的文化面貌发生了翻天覆地的变化，方方面面都焕然一新。事如韩国学者所说："佛教的传入使民族文化的各个方面有了很大发展。佛教传入前，朝鲜社会尚未确立可以自豪的文化。而佛教的传入，不用说在精神文化方面，就是在建筑、造塔、铸钟、塑像、雕刻、其他工艺和绘画方面，都有了辉煌的发展。所以，佛教为民族文化的发展做出了很多贡献①。"而梵钟文化的兴起，便是佛教传入朝鲜半岛的一个直接成果。

第四章第一节已述，韩国留存至今的最古老梵钟是上院寺钟，时代为统一新罗初期的圣德王二十四年（725年），相当于中国的盛唐时期。通过第四章的讨论，可以确认上院寺钟不是韩国梵钟文化的源头，而是韩国梵钟文化成熟期的代表。但同时我们也看到，自上院寺钟开始，朝鲜半岛的铸钟业便蓬勃发展起来，不但历千年而不衰，而且流传下来的梵钟也比比皆是，未因后来的回炉销毁而遍寻无着。这也说明，韩国梵钟确实在中国盛唐时期进入了它的成熟期，以致数量倍增，表明其已全面普及开来。

在中国进入唐朝后，朝鲜半岛发生了一个巨大的变化，即新罗国先于660年联合唐朝灭百济，又于668年联合唐朝灭高句丽，之后经过670～676年的唐朝、新罗战争，新罗于文武王在位时（在位于661～681年）统一了朝鲜半岛大同江以南地区，定都于金城（今韩国庆州），史称统一新罗。适逢其时，唐朝迅速崛起，成为举世闻名的世界强国，新罗王室不仅对大唐帝国的强盛心仪神往，也对汉文明的璀璨推崇备至。新罗真德女王（在位于647～654年）于唐高宗永徽元年（650年）作五言《太平颂》以献高宗，其词曰："大唐开洪业，巍巍皇猷

---

① ［韩］金煐泰著，柳雪峰译：《韩国佛教史概况》，第34页。

昌。止戈戎衣定，修文继百王。统天崇雨施，理物体含章。深仁偕日月，抚运迈陶唐。幡旗既赫赫，钲鼓何椋外夷违命者，翦覆被天殃。淳风凝幽显，遐迩竞呈祥。四时和玉烛，七曜巡万方。维岳降宰辅，维帝任忠良。五三成一德，昭我唐家光①。"此文便由衷表达了新罗王室对大唐的仰慕。681 年，新罗神文王即位，唐高宗遣使册封，统一新罗由此正式成为唐王朝的藩属，唐和新罗的关系迈上了一个新的台阶。而在唐与新罗的关系史上，自唐代初年出现的新罗遣唐使团，便是两国友好交往的一个突出范例。

新罗遣唐使团的构成与日本并无不同，职能也别无二致，而最需要说明的是，过去每每言及遣唐使团，多以此首创于日本，认为最早的遣唐使团是由日本舒明天皇于唐贞观四年（630 年）派出的。但实际上，据《新唐书·东夷列传·新罗》记载，唐高祖武德四年，新罗王"真平遣使者入朝，高祖诏通直散骑侍郎庾文素持节答赍"，这才是史上最早的遣唐使，发生在 621 年，即唐朝建立的第四年，比日本派出的遣唐使早了近十年。不仅开始的时间早，新罗派出遣唐使团的次数也最多。唐王朝近三百年历史，于史可稽的日本遣唐使充其量不过十余次，而史载新罗的遣唐使"比岁遣使来朝，或一岁再至②"，几乎难以计数，至少有日本的十倍之多。尤有甚者，担任新罗遣唐使团大使、副使的，多为新罗的王室成员或高级权贵，其中不乏后来登上新罗王位者。

《旧唐书·东夷列传·新罗》载："（唐）开元十六年，（新罗）遣使来献方物，又上表请令人就中国学问经教，上许之。"这里一语道破新罗遣唐使团的一个重要使命，就是来学习"中国学问经教"的。《旧唐书·儒学》云："（唐太宗）贞观二年……是时四方儒士，多抱负典籍，云会京师。俄而高丽及百济、新罗、高昌、吐蕃等诸国酋长，亦遣子弟请入于国学之内。"这里说的是各国派到唐朝来的留学生，虽然列举的有高丽、百济、新罗、高昌、吐蕃诸国，但数量上占绝对优势的无疑是新罗。有的新罗留学生还参加了唐朝的进士科考试，而且从唐长庆元年（821 年）到唐代末年居然有五十八新罗学生中举，其中不少人就此

---

① ［后晋］沈昫等撰：《旧唐书·东夷列传·新罗》，北京：中华书局，1975 年。

② ［后晋］沈昫等撰：《旧唐书·东夷列传·新罗》。

留在长安做官。光是派人出使留学还不够，新罗王进而提出要求，请求全盘照搬唐朝的典章服饰和文化。此事见载于《新唐书·东夷列传·新罗》："（新罗王）因请改章服，从中国制，内出珍服赐之。又诣国学观释奠、讲论，帝赐所制《晋书》。" 649 年，新罗真德女王果然"下令让全国服唐朝衣冠，第二年奉唐正朔，用'永徽'年号①"，各方面皆套用了大唐制度。

正因为有如此密切的交往和联系，是故开元二十五年（737 年）唐廷派大员赴新罗册立新王时，唐玄宗对使臣说："新罗号为君子之国，颇知书纪，有类中华②。"大唐皇帝如此嘉许新罗的礼仪制度，就是对新罗与中华交融之深的最好诠释。朝鲜史家对此更是直言不讳，在史书中甚至以"小中华"自诩。朝鲜王朝《宣祖实录》称："我国自箕子受封之后，历代皆视为内服，汉时置四郡，唐增置扶余郡。至于大明，以八道郡县，皆隶于辽东，衣冠文物，一从华制，委国王御宝以治事。"朝鲜王朝徐居正作《东国通鉴》称："衣冠制度，悉同乎中国，故曰诗书礼乐之邦，仁义之国也，而箕子始之，岂不信哉。"朝鲜王朝《成宗实录》称："吾东方自箕子以来，教化大行，男有烈士之风，女有贞正之俗，史称小中华。"凡此都是朝鲜官修史书对自己是"小中华"的认定。

而在唐朝与新罗的文化交往中，最突出也最深入的一个方面，就是佛教文化。正是由于唐朝佛教文化的影响和带动，自唐朝初年起，新罗佛教一举进入了它的鼎盛期。这突出表现在三个方面：一是新罗统一后，历代国王都崇信佛教，其中著名的有真平王（在位于 579～631 年）、善德女王（在位于 632～646 年）、真德女王（在位于 647～653 年）等，他们对佛教无不扶持有加；二是在王室的支持下，新罗造寺度僧的数量不断增加，半岛各地寺院林立，韩国最精美的佛寺"佛国寺"就是在这时兴建的，随着僧侣人数的剧增，新罗还建立了相对独立的僧官制度，使佛门成为新罗王国的统治基石之一；三是当时不断有新罗学僧入唐求法，带回大量汉文佛经和法器，以致新罗禅林硕德辈出，不断涌现出极具影响的得道高僧，而他们无一不是入唐学佛后得道成名的。

---

① 任继愈总主编，杜继文主编《佛教史》，第 367 页。
② ［后晋］沈昫等撰：《旧唐书·东夷列传·新罗》。

一如高僧圆光（532～630年），25岁即到中国陈朝研习佛法，兼学儒术，学成后到吴地虎丘讲授《成实论》和《般若经》，名声渐行于世。新罗真平王敦请他回国，尊之为师，凡有军政大事必垂询之，还请他在皇龙寺设百座道场。

二如高僧慈藏（生卒年不详），出身新罗贵族，于善德王仁平三年（唐贞观八年，634年）奉敕率门人僧实等十余人入唐巡拜佛迹，学习佛法。他初登五台山礼拜文殊，后入京师，得唐太宗知遇，于贞观十七年（643年）带着唐朝所赐的藏经及佛像等物回国，受到新罗国王的欢迎，授任"大国统"，总理全国僧尼事务，并请入王宫讲授佛法。

三如新罗王子金乔觉（696～794年），法号释地藏，俗称金地藏，于719年渡海来唐，发下"众生度尽，方证菩提，地狱未空，誓不成佛"的宏愿，苦心修行75载，99岁圆寂于中国九华山，肉身不腐。他被佛教徒视为地藏菩萨的化身之一，在中朝两国均有极广泛的影响。1997年我国安徽省佛教协会还赠送给韩国佛国寺一尊金乔觉铜像，作为两国佛教交流和人民友谊的见证。

再如对朝鲜半岛华严宗的建立影响最大的义湘，以及圆测、道证、神昉、顺憬、法朗、神行、道义、洪陟、惠照、惠哲、玄昱、无染、梵日、行寂、道允、利严、顺之等新罗名僧，都曾先后入唐取经，而且其中有不少人就是随新罗的遣唐使团入唐的①。他们归国后不仅大大推动了新罗佛教的发展，而且大都受到了历朝新罗国王的礼遇，有的还被任命为国师。

第二章第三节已述，经过南北朝中后期的发展，中国的梵钟文化在唐朝进入了它的鼎盛期，形成了"有寺必有钟"的景观。而当时中韩两国的交往如此密切，唐朝发达的梵钟文化怎么会不影响到新罗呢？正是在这样的背景下，统一新罗时代的梵钟文化迅速走向成熟和繁荣，以致在上院寺钟之后，韩国历朝历代的梵钟连绵不绝且比比皆是，无论怎样的劫难都无法将其耀眼的光辉掩去。

虽然和唐朝的关系给新罗梵钟文化的兴起提供了一个重要的契机，但不容否

---

① 任继愈总主编，杜继文主编《佛教史》，第366～373页。

认的是，半岛与中国的交往要古远得多，以致从先秦时代起就成了"颇知书记"的"小中华"。所以正如第五章谈到的，在中国唐代兴起的新罗梵钟，却处处不乏中国先秦两汉文化的印记。但即便如此，也如第五章所言，唐以来的中国梵钟文化对韩国梵钟文化的影响仍然比比皆是。而这种影响的形成，除了彼此交流带来的相互借鉴和濡染外，还有一些更为直接的交流渠道。

一是赠予。目前我们还缺乏中国向韩国馈赠梵钟的直接史料，但种种迹象表明，这种馈赠在历史上是一定存在的。上一节已列举了几个中国向外邦赠钟的实例，虽然那不是赠送给新罗的，但鉴于新罗不仅是中国的近邻，还是大唐的藩属，赠钟之事更在情理之中，甚至因为被视为寻常之事以至不为史书所载。唐亡后，朝鲜半岛或者是辽金的藩属，或者是元朝的行省（征东行省），或者是明王朝和清王朝的附属国，唇齿相依关系从未间断，而像馈赠包括精美的梵钟在内的宝物，更是作为宗主国的中国朝廷的惯常做法。

二是模仿。韩国钟在不少方面都模仿了中国钟的风格，典型之例如韩国江原道襄阳郡五峰山洛山寺大铜钟，与中国梵钟的相似度很高，甚至在有无乳钉纹饰这一点上也和中国梵钟一致而与韩国钟迥然有别。如果不是洛山寺钟的立式观音菩萨像表现出了浓郁的韩式风格，几乎要说它是不折不扣的中国钟了（图6.1）。同此之例尚多，不胜枚举，凡此都说明了韩国梵钟对中国梵钟的模仿。

三是中国匠人直接到朝鲜铸钟。中国僧人在日本建寺铸钟的记载已见前述，同类事件在韩国虽然没有留下太多记载，但也有迹可循。一如元武宗至大二年（1309年），元廷曾督造船只运白头山木材在高丽建佛寺①。二如元顺帝妥欢帖睦尔为魏王时，曾被贬谪"于高丽，使居大青岛中，不与人接②"，一日闲游中走到海州北嵩山下，偶遇佛光放于草丛中，因而虔祷立誓：日后若得还宫登极，当于此地建寺报恩。后来妥欢帖睦尔果然继位为帝，遂于登基之年（1333年）"大顷中国之财力"以造神光寺，寺院建成后"壮丽甲于东方"，这就是朝鲜黄海道海州神光寺。建造此寺时，元顺帝专门派遣太监宋骨儿率工匠37人前往监督施

① 陈景富：《中韩佛教关系一千年》，北京：宗教文化出版社，1999年，第481页。
② ［明］宋濂等撰：《元史·顺帝本纪一》。

（a）韩国洛山寺钟　　　　　　　（b）重庆黔江唐铜钟

（c）沈阳故宫金朝铜钟　　　（d）北京碧云寺明铜钟　　　（e）韩国上院寺钟

图6.1　中国梵钟与典型韩国钟比较图

工，可以说它是由中国匠人一手打造的，其中当然少不了一口像样的寺钟。三如
金刚山长安寺，是元顺帝皇后奇氏为皇太子祈福而多次捐资重建的，《朝鲜佛教
通史》明言长安寺“堂殿及佛像皆中国工人所造”。据称这两座寺院的布局、风
格、特点皆与当时中国的寺院毫无二致①。

　　仅就以上元代几例，即可知中国为朝鲜建造佛寺几乎为常例，而建造一座寺

———————————

① 陈景富：《中韩佛教关系一千年》，第481页。

院的三件大事无非就是"增宇、设像、铸钟以严其山①",不难想象这些寺庙的梵钟也是由中国工匠一手铸造的。此外的一个佐证来自开城演福寺钟,此钟是韩国的三大名钟之一,也是韩国梵钟中少有的通高超过三米的大型钟②。而根据钟上的铭文可知,这口钟乃高丽忠穆王二年(元朝至正六年,1346年)所铸。此钟无论从钟体造型还是图案的内容以及钟体表面的格式划分来看,都是一口纯粹意义的中国式梵钟(见图4.27),很可能也是中国工匠专门铸造的。

与中国匠人到朝鲜铸钟有异曲同工之妙的,是当时朝鲜的工匠大多曾到中国学习铸造技术,因此个个深谙中国的梵钟制造工艺。事如韩国学者所说:"在朝鲜前期,匠人们都是直接到中国学来技术,也有的是中国使臣指导朝鲜的匠人进行器物制作,官方的匠人不断地直接或间接地接受中国的影响。其结果就是这些匠人制造的朝鲜前期的钟,形成了与韩国传统样式相结合的、独特的新样式③。"正是这种学习,把中国梵钟文化直接嫁接到韩国梵钟身上。

这里还有一个特殊现象不能不提,就是从很早的时候起,便有不少高丽人成群结队移居到中国,并在自己的聚居地建起了寺院,铸造了梵钟,这也是高丽人汲取中国梵钟文化的一个方面。

观诸历史,新罗人大量来华始于唐朝。《旧唐史·穆宗本纪》记载:"敕不得买新罗人为奴婢,已在中国者即放归其国。"此文说当时买卖新罗人为奴已成风气,以至唐廷不得不下令革除此弊端。其实,当时侨居中国的新罗人绝不仅限于奴婢,还有大批自由人。唐朝是个极开放的国家,规定各州府对入境的外国人都要无偿供给衣食,并且要将他们安置在空余土地上入籍,同时还准许这些外国人十年不交赋税。如此优惠的政策,当然招引异邦人如潮水般涌来,而其中数量最多的,无疑是地理位置最近的新罗人。何况唐廷还法外施恩,特许新罗人在聚居区内设立他们的自治机构,行使一定程度的自治,这更使他们乐不思归。据统

---

① 任继愈总主编,杜继文主编《佛教史》,第334页。

② 详见第四章。

③ [韩]周炅美:《对于由朝鲜前期王室许愿制造的钟的研究》,大钟寺古钟博物馆编《首届北京国际古钟文化交流研讨会资料汇编》,2005年。

计，"唐代新罗人在唐居住者众多，约分布在 7 个道 19 个州府。其中主要在京都长安、山东半岛和江淮地区的傍海地区，及运河两岸。在新罗人聚居的地区有新罗村、新罗院、新罗坊、勾当新罗押衙所等组织或机构①。"新罗人聚居的新罗村坊不仅满布上述地区，甚至早在唐代就深入到今北京一带。时至今日，北京还留下了一个叫"高丽营"的地方，铭记着高丽人侨居北京的历史。

宋代以降，高丽人来华的潮流仍接连不断，尤以各时期的商人为著。李朝史学家朴趾源在《热河日记》中说："高丽时，宋商舶频年来泊于礼成江，百货凑集，丽王待之以礼，故当时书籍大备，中国器物无不来者②。"此段记载充分说明，宋朝和高丽的贸易往来不但频繁，贸易的范围也相当广泛，几乎无所不包。这之后，如《辽史·圣宗本纪六》载："归州言其居民本新罗所迁，未习文字，请设学以教之，诏允所请。"又如《清史稿·朝鲜传》载："倧遣陪臣李浣等献新罗瑞金，奏言咸阳郡新溪书院，新罗古寺遗基也。"由辽金以迄清末，来华定居的高丽人始终络绎不绝。

虽然人在中国，但有高丽人群的地方大多建起了寺院。这首先多见于新罗人聚居的东部沿海地区，例如在与朝鲜半岛隔海相望的山东文登赤山村，就有一座由新罗清海镇大使张宝高（张保皋）建造于唐代的法华院（法花院）③。此外如学者所言："（普陀山）东望三韩外国诸山在杳冥间，海舶至此，必有所祷，寺有钟磬铜物，皆鸡林（指高丽）商贾所施者，多刻彼国之年号。由于普陀山位于宋丽交通要道上，随着宋丽交往的密切，使臣、商贾来此祈祷者大增，促进了当地佛寺的迅速发展，使普陀山成为闻名中外的观音道场。此外，在高丽沿海以及海船所经的岛屿上也建有一些观音寺，以供海客祭祀、朝拜④。"此文说明，高丽人在宋丽的交通要道及他们聚居的地方建了不少寺院，而寺里的梵钟当然是由他们自己铸造的。

---

①　汪高鑫、程仁桃著：《东亚三国古代关系史》，北京工业大学出版社，2006 年，第 79 页。

②　[朝] 朴趾源：《热河日记》卷二十六《铜兰涉笔》，上海书店出版社，1997 年。

③　[日] 圆仁：《入唐求法巡礼行记》。

④　顾宏义：《宋朝与高丽佛教文化交流》，《西藏民族学院学报》1996 年第 3 期。

不仅沿海地区如此，就是在偏远的西部地区，只要有新罗人的定居点，也都建起了寺庙，铸起了梵钟。清郑谦、王森文纂修的《安康县志》记载："新罗寺，在西渡北，有唐怀让禅师庵，有宋嘉定年钟。"据民国《重续兴安府志·金石志·新罗寺钟》所述，安康新罗寺的这口钟是个铁钟，铸成于南宋嘉定十七年（1224 年），现存放在安康城南香溪洞玉皇顶山梁上。该钟通高 240 厘米，口径 143 厘米，重约 3000 公斤；造型为龙头钮，八爪，肩饰覆莲纹，上有浮雕及阳文篆书。据近修的《安康志·金石志》著录，其铭文除列有诸位施主职官姓名外，还镌刻着"大宋金州江西新罗寺化募十方施主铸造洪钟一鼎，重计万斤，永光梵刹，上报四恩，下资三宥，普渡有情，同沾善果者"等文字，并有偈语谓："掩耳欲偷铃，难让他人听；声闻闻不闻，报答苦无定。我佛大医王，救汝聋聩病，返堕根尘中，方了生灭性。"从这口钟的形制及铭文内容看，它确乎已全盘汉化，可以说与汉地的梵钟无异。但从寺院的名称看，不仅此寺为新罗僧人所建，此钟亦当为新罗人所铸，而且据学者考证，其"新罗僧不止一个，而是一个群体[1]"。

另据报道，陕西户县县城东南 30 公里处的山顶上有一座佛寺，"寺内有'风月楼'，山势极为陡峻……山顶今悬一铁钟，……铁钟上阳文作'大明国陕西西安府户县终南山太平峪古有十八盘西五台……天启五年高谦一等集资修补石路''打铁桩四十枝，打铁索四十丈，铸大铁钟……'[2]"。户县西五台又称新罗王子台，显然也与新罗人有关。此处有寺有钟，自当说明那时新罗人的活动范围已深入到中国的边远小镇，其铸造的梵钟也进入到中国的边远小镇。

以上这些中韩梵钟文化的直接交流也是十分重要的，因为正是有了它们，才促进并增强了两国梵钟文化的相互影响和借鉴，由此形成了一个极具共性的东亚梵钟文化圈。

第三节　交流路线

中日韩梵钟文化的交流路线，是和三国政治交往、贸易往来、文化传播的路

---

[1]　陈景富：《中韩佛教关系一千年》，第 523 页。

[2]　金宪镛、李健超：《陕西新发现的高句丽人、新罗人遗迹》，《考古与文物》1999 年第 6 期。

线相互依托的，尤其和三国佛教文化的交流路线相辅而行，而这一切都取决于中日韩三国的古代交通状况。只有搞清楚中日韩三国自古以来的交通状况，特别是搞清楚这种交通状况因各种原因发生的变化，才能真正了解东亚梵钟文化交流的路径，了解朝鲜半岛的梵钟文化何以自高丽朝开始出现了南重北轻的现象，进而探明东亚梵钟文化的一些深层次问题。

关于中、日、韩三国的地理关系，很早就见载于《后汉书·东夷列传》："倭在韩东南大海中，依山岛为居，凡百余国，……国皆称王，世世传统。其大倭王居邪马台国。乐浪郡徼，去其国万二千里，去其西北界拘邪韩国七千余里。其地大较在会稽东冶之东，与朱崖、儋耳相近，故其法俗多同。"以上文字不但准确无误地道出了中日韩三国的所在，而且揭示了它们的相互位置，进而推测了彼此间的大致里程。这说明，中、日、韩三国早有频繁交往，并且不迟于汉代已经形成了较为完整的东亚地理概念。

中、朝两国山水相依，由中国赴朝鲜半岛可直接取道陆路。而中日之间的交通，在成书于西晋的《三国志》中有过很详细的记载，其云："从郡（按即辽东郡）至倭，循海岸水行，历韩国，乍南乍东，到其北岸狗邪韩国，七千余里，始度一海，千余里至对马国。其大官曰卑狗，副曰卑奴母离。所居绝岛，方可四百余里，土地山险，多深林，道路如禽鹿径。……又南渡一海千余里，名曰瀚海，至一大国，官亦曰卑狗，副曰卑奴母离。方可三百里，多竹木丛林，有三千许家，差有田地，耕田犹不足食，亦南北市籴。又渡一海，千余里至末卢国，有四千余户，滨山海居，草木茂盛，行不见前人。好捕鱼鳆，水无深浅，皆沈没取之。东南陆行五百里，到伊都国，官曰尔支，副曰泄谟觚、柄渠觚。有千余户，世有王，皆统属女王国，郡使往来常所驻。东南至奴国百里，……有两万余户。东行至不弥国百里，……有千余家。南至投马国，水行二十日，……可五万余户。南至邪马台国，女王之所都，水行十日，陆行一月。……自郡至女王国万二千余里[1]。"文中所述地名皆为古称，学者指明其中的邪马台就是筑后国的山门

---

① ［晋］陈寿撰：《三国志·魏书·东夷传》。

郡，在今日本九州岛西北部的福冈；狗邪韩国就是加罗，在朝鲜半岛的东南端①。以上两个地点，是日、韩最为对接的两大港口，它们之间还有两个岛屿可作跳板，一是"对马国"，即日韩间的对马岛，靠近朝鲜半岛；另一是"一大国"，即一岐岛，也在日韩间，但靠近日本。

由中赴韩的陆路正如上文所述，是从中国的辽东郡（郡治为今之辽宁辽阳）直接进入朝鲜半岛。而从中国进入日本，最早走的也是这条路，即从辽东郡先循陆路直抵朝鲜半岛最南端，然后从朝鲜半岛南端横渡朝鲜海峡，经过对马海峡的对马岛、一岐岛登陆日本的九州岛及本岛等地。至于倭人来华朝觐，无非是反向而行，先登陆朝鲜半岛，再由朝鲜半岛进入辽东郡，然后沿陆路到达东汉和魏国的都城洛阳。这是晋以前中韩、中日两国间最便捷也最安全的路线，事如《文献通考》卷三百二十四所言："倭人……初通中国也，实自辽东而来。"

公元 291～306 年的西晋八王之乱，导致了西晋王朝的灭亡，中国北方陷入五胡十六国的兵连祸结，经由辽东的交通被阻隔。是故《文献通考》卷三百二十四云："至六朝及宋，（入日本）则多从南道，浮海入贡及通互市之类，而不自北方，则以辽东非中国土地故也。"由于陆路交通的阻隔，不仅入日本要改走南道，就连朝鲜半岛与东晋和南朝宋齐梁陈的交往也只能改走南道了。而这条所谓"南道"，是指循海路从山东半岛的一角启航，沿辽东半岛东岸横渡渤海湾抵达朝鲜半岛，如果赴日则再从朝鲜半岛向东渡海到日本。因为这条路相对于由辽东入朝鲜和日本较为偏南，故称"南道"。而之所以赴日也要先到朝鲜，是因为当时舟楫比较单薄，要尽可能傍朝鲜半岛的海岸航行，以此来避开浩渺东海的滔天巨浪。这样一来，安全系数虽然较大，但途中却要颇费一番周折。事如日本学者所说："当时中日间的交通路线，大致是沿着大陆迂回前进，因而航行可能需要相当多的时日，但遭遇风浪的危险比较小②。"

《隋书·东夷传·倭国》载："上遣文林郎裴清使于倭国。度百济，行至竹岛，南望罗国，经都斯麻国，乃在大海中。又东至一支国，又至竹斯国，又东至

---

① ［日］木宫泰彦著，胡锡年译：《日中文化交流史》，第 16 页。

② ［日］木宫泰彦著，胡锡年译：《日中文化交流史》，第 35 页。

秦王国……又经十余国，达于海岸。自竹斯国以东，皆附庸于倭。"这里说的是隋朝的事，而隋是 581 年杨坚创建的大一统王朝，辽东郡已重归华夏，于是无论从西都长安还是东都洛阳出发，都可以经过陆路直抵朝鲜。但如上文所言，当隋炀帝大业四年（608 年）派文林郎裴清出使倭国时，仍然是先渡海到朝鲜半岛的百济，然后从朝鲜半岛的最南端东渡日本。由此可见，无论是出于运输便利的考虑，还是出于降低成本的需求，抑或为了时日的节省，这条海路都有取道辽东的陆路所没有的优势，于是隋使就选择这条海路出行了。

正因为这条海路具有的优势，唐代前期的中日韩交通仍然延续此路。唐代著名地理学家、宰相贾耽（730～805 年）在其所著《道里记》中对此有很详尽的记载，其云："登州东北海行，过大谢岛、龟歆岛、乌湖岛三百里，北渡乌湖海，至马石山东都里镇二百里，东傍海壖，过青泥浦、桃花浦、杏花浦、石人汪、橐驼湾、乌骨江八百里。乃南傍海壖过乌牧岛、贝江口、椒岛，得新罗西北之长口镇，又过秦王石桥麻田岛、古寺岛、得物岛千里，至鸭绿江唐恩溥口。"以上说的是从中国出发前往朝鲜或日本的路径，始发地是今山东半岛的登州，其州治先在山东东部临海的牟平，后于唐中宗神龙年间移至半岛东北端的黄海之滨蓬莱。此外文中所说的各地点：乌湖海即渤海湾入海口，都里镇即旅顺，青泥浦即大连的青泥洼，乌骨江即鸭绿江，贝江即大同江，长口镇即黄海道丰州，唐恩溥即仁川南的南阳。根据这些地点，日本学者归纳其路线是："从山东的登州解缆，向东北渡过乌湖海（渤海的入口），到达都里镇（旅顺），然后再经过青泥浦（大连），沿辽东半岛东行，到达乌骨江（鸭绿江）口，更南行经过长口镇（黄海道丰州），到达唐恩浦（仁川南的南阳）①。"概言之，这条航道就是从山东半岛的一角启航，沿大陆架浅海区向北取道大连渡过黄海，先到达今韩国仁川一带，然后再南下至朝鲜南端，经过对马岛、一歧岛，最后在日本的九州岛一带登陆。

要说从中原腹地到朝鲜半岛，上面的海路就算很便捷了，事实上早自晋代以来，这条海路就成了中韩交通的一个主干道。然而，如果沿此路从中国去日本，仍要取道朝鲜半岛，显然不是捷径。而随着舟船制作水平的提高，随着航海技术

---

① ［日］木宫泰彦著，胡锡年译：《日中文化交流史》，第 57 页。

的发达，到了唐代中期，从日本到中国内陆出现了一条更为便捷的路径，即从日本筑紫（日本九州岛的旧称）直接横渡东中国海前往中国。

除了航海技术的提高，这条海路的出现还有一个不得已的原因，即在新罗统一朝鲜半岛后，新罗和日本的关系一度十分紧张，新罗因此把通往日本的海路阻隔了，使日本无法再取道朝鲜去中国。事如《新唐书·东夷列传·日本》所载："天宝十二载，晁衡复入朝。上元中，擢左散骑常侍、安南都护。新罗梗海道，更繇明、越州朝贡。"以上所述天宝十二载即 753 年，上元是唐肃宗的年号，时为 760～761 年，大致相当于日本的孝谦天皇时期（在位于 749～758 年、764～770 年）。孝谦是一位女天皇，从小修习汉学，登基后一心向佛，不仅请唐朝的鉴真和尚为其受戒，而且为了专心吃斋念佛，曾一度让位于淳仁天皇，过了若干年后才又重登大宝。像这样执着于学习大唐文化的天皇、笃信佛教的君主，怎么可能因为"新罗梗海道"便放弃和大唐的交往呢？怎么可能就此断绝两国佛教界的往来呢？于是穷极生变，硬生生逼出一条无须经过朝鲜的中日海上之路来。

从日本出发，这条海路的最佳起点无疑是筑紫岛（今日本九州岛）或值嘉岛（今日本的长崎五岛）。在横渡了一望无际的东中国海后，"更繇明、越州朝贡"，即在中国的明州和越州登陆。"繇"在古代是多音多义字，这里应做"从"和"自"解，而明州和越州，即今之浙江宁波和绍兴。联系"新罗梗海道"的上下文来看，是说因为新罗梗阻海道，日本只好改为从九州岛或长崎一路向西，在中国的明州和越州登陆朝贡了。这是自古以来中日交通的一条最快捷之路，也是中日交通的最艰险之路。自打舟船从日本列岛解缆西行，一路上无遮无挡，巨浪滔天，被吞噬在这条海道上的船只和人员不知凡几，日本高僧道福、义向、圆载等人就先后在遣唐和归途中被风涛所吞没。著名的鉴真和尚东渡，也正好赶上了"新罗梗海道"，不得已只能冒死走这条路，但却前后五次渡海失败，第六次也是在茫茫大海上历经了诸多生死磨难后才成功到达日本的。

除了各种不得已的原因，中日海上交通的南移还有一个实际的利益驱动，即自东晋以来，特别是在隋朝开凿了京杭大运河后，江南的富庶如芝麻开花节节攀升，中国的几大贸易港口也集中到了江南，这就大大提高了日本开辟这条直通中国江南海路的主动性和积极性。

隋朝统一后，为了把南方的丰饶物产西运长安，发起了开凿南北大运河的浩大工程。先是隋文帝开皇四年（584 年）开凿了"自大兴城（即长安）东至潼关三百余里[1]"的广通渠，又于开皇七年（587 年）沿春秋时期的邗沟旧渎开凿了北起山阳（今江苏淮安）、南至江都（今江苏扬州）的山阳渎[2]。隋炀帝即位后，于大业元年（605 年）开凿了"自（洛阳）西苑引谷、洛水达于（黄）河，自板渚（今河南荥阳）引河通于淮"的通济渠[3]，最后又于大业六年（610 年）开凿了"自京口至余杭，八百余里，广十余丈，使可通龙舟"的江南河[4]。至此，一条由北向南联通了海河、黄河、淮河、长江、钱塘江五大水系，打通了自蓟城（今北京）直通内地及杭州的人工大运河横空出世，成了中国古代纵贯南北的经济大动脉。而大运河南端的杭州及周边港口城市从此"商贾并辏[5]"，商旅往来不息，大大促进了长江三角洲经济文化的繁荣。

由于运河的开凿，江南的富庶，长江三角洲不仅成为中国古代的第一大经济区，而且成为亚太地区最重要的国际商贸门户，杭州、扬州从此和广州一道成了中国最早的三大通商口岸。至于今宁波所在的明州（包括舟山），因为是一个天然深水良港，还是大运河的南端出海口，港口地理位置得天独厚，再加上有海流和季风的配合，形成了一条从朝鲜半岛南端至明州港，或经日本列岛到明州港的最佳航线，由此更成了中日、中韩交往的主要口岸。鉴于地位的重要，唐开元二十六年（738 年）将该地由县升级为州，称明州，州治鄞县（今宁波市鄞州区鄞江镇），下辖慈溪、翁山（今舟山定海）、奉化、鄮县四个县。

中国南方内河航运的畅通，使日、韩海船到达杭州、明州后，稍事补给便可由扬子江口溯流直上，前往苏州、扬州、楚州等地。例如隋唐的楚州，地在今江苏淮安，是苏北的内陆口岸，但唐代发达的运河经济使其成了连接明州和越州的重要港口，也成了唐代直通海外的重要商埠。日本学者曾评价"楚州是唐和新罗

---

① ［宋］司马光著：《资治通鉴·陈纪十》，北京：中华书局，2012 年。

② ［唐］魏徵等撰：《隋书·高祖纪上》，北京：中华书局，1973 年。

③ ［唐］魏徵等撰：《隋书·炀帝纪上》。

④ ［宋］司马光著：《资治通鉴·隋纪五》。

⑤ ［唐］魏徵等撰：《隋书·地理志下》。

交通的门户①"，此言并不为过。回望当日，这里来往日韩的船只四时不断，千帆相接，盛况空前，就连白居易都赞其为"淮水东南第一州②"。加上内陆交通的便捷，远航而来的人员和物资可以由明州直达中国京都，于是综合种种优势，明州成了日、韩商人登陆中国的首选。

这样一来，唐代的中日海上交通便有了两条路：一条是取道新罗渡过黄海直达山东半岛的路；一条是横渡东中国海，从筑紫岛或值嘉岛直抵宁波、绍兴的路。因为前者的方位偏北，故由原来的"南路"改称北路，后者则成为唐代中日交通的南路。

在日本学者木宫泰彦所著的《日中文化交流史》中，对日本遣唐使的海路做了仔细梳理，归总起来看，基本上在日本天智天皇八年（唐高宗总章二年，669 年）以前，遣唐使团多走的是北路，此后改为走南路，而且鲜有例外③。以上统计一则反映了唐朝近三百年里中日交通的变化；二则说明"新罗梗海道"的时间有可能比上文所说的"天宝十二载"（753 年）或"上元中"（760～761 年）早，甚至早到日本遣唐使改走南路的 669 年；三则说明当时为了保持和唐王朝的正常交往及贸易往来，日本官方和民间是怎样不畏艰险勇赴汪洋的。

当唐代的中日海上交通改走南路后，中韩的海上交通依然往来在风浪和风险都较小的北路上。但为了和中国富庶的南方开展贸易，新罗不甘人后，也频频登陆江南港口，于是长江三角洲的楚州成了"唐和新罗交通的门户"。如果说当时这是新罗人受利益驱使而采取的一种自觉行动的话，那么到了唐朝结束后，这又变成了一种不得已的选择。

唐朝结束于 907 年，恰好北方的契丹国也创建于 907 年。此后的中国，进入了南北分治的辽金（907～1234 年）和南北宋（960～1279 年）时期。那时的朝鲜半岛，于 918 年建立了高丽王朝，随后又于 935 年灭新罗、936 年灭后百济，重新统一了朝鲜半岛。高丽国创建后，长时间与中国北部的辽朝对峙，直到 11

---

① ［日］木宫泰彦著，胡锡年译：《日中文化交流史》，第 85～86 页。

② ［唐］白居易：《赠楚州郭使君》，《全唐诗》卷四四八，北京：中华书局，1999 年。

③ ［日］木宫泰彦著，胡锡年译：《日中文化交流史》，第 63～72 页。

世纪初叶双方才达成和解。而恰恰相反，960 年赵匡胤的宋朝刚刚创建，高丽便与其互通聘使，建立了友好关系。自北宋建隆三年（962 年）起，高丽国王几乎年年都派使团来华，宋太宗即位（976 年）后，也派使团出访高丽，高丽王还在国都开城设立了四个专门接待中国使团的国家级宾馆。随着这种交往，宋丽两国各方面的联系都得到了进一步加强，佛教文化的交流也愈加深入。

《宋史·高丽列传》云："往时高丽人往反皆自登州，七年，遣其臣金良鉴来言，欲远契丹，乞改涂由明州诣阙，从之。"这段记载说的是宋仁宗天圣七年（1029 年），高丽遣使中国，谓北方契丹作乱，从高丽进入山东登州的海上航道颇受辽人滋扰，故而请求改由明州登岸。

明州自唐开元二十六年始设州，到宋代已发展成重要的港口之一，宋真宗咸平二年（999 年）还在这里设立了专门负责海上对外贸易的市舶司。市舶司初叫市舶使，相当于现在的海关，其职能如《宋史·职官志·市舶司》所言："提举市舶司掌蕃货、海舶、征榷、贸易之事，以来远人，通远物。"即举凡商船出海，必须向市舶司申请、具保，经征收关税后才能起航，否则货物将被没收，人员将被惩处。自明州设立了市舶司，这里的对外贸易更是日渐兴隆。

高丽的请求得到了宋仁宗的准许，于是自此而始，不仅宋丽的官方与民间往来全部通过海路进行，其登陆口岸也由原来的山东登州南移到了明州。宋神宗元丰三年（1080 年），因从山东登州出海的舟船也多受毗邻的辽人劫掠，于是下令凡"非明州市舶司而发过日本、高丽者，以违制论①"，同样把去日本、高丽的港口改在了明州。基于宋丽双方的这两个官方规定，明州成了从北宋前往日本和高丽的唯一合法口岸。

北宋初年后，中韩的关系时有疏离，甚至几次断交，但明州作为中韩交往重要口岸的作用却丝毫不减。例如宋仁宗至和二年（1055 年），高丽在辽的重压下一度中断了与宋的政治联系，两国处于断交状态，但当年二月的"寒食日"，高丽政府一次就招待了 200 余名宋商②，而这些宋商的绝大部分都是从明州的海路

---

① ［明］罗浚等：《宝庆四明志》卷六《市舶》，上海古籍出版社，1995 年。

② ［朝］郑麟趾撰：《高丽史》卷七《文宗一》。

过去的。至于在正常情况下，宋丽两国的交流就更是川流不息了，明州港的繁荣与日俱增。宋神宗元丰元年（1078 年），宋廷在明州兴建了"航济亭"，俗称高丽宾馆，专门用来接待高丽使者和贸易团体。另据《宋史·高丽列传》记载，宋神宗"元丰元年，始遣安焘假左谏议大夫、陈睦假起居舍人往聘。造两舰于明州，一曰凌虚致远安济，次曰灵飞顺济，皆名为神舟。自定海绝洋而东，既至，国人欢呼出迎。徽具袍笏玉带拜受诏，与焘、睦尤礼，馆之别宫，标曰顺天馆，言尊顺中国如天云"。即北宋元丰元年（1078 年），宋神宗派谏议大夫安焘、起居舍人陈睦等出使高丽，为此在明州造船厂打造了两艘超大型"神舟"，一名"凌虚致远安济"，一名"灵飞顺济"。船造好后装满大量贵重物资绝洋东去，及至到达高丽，国人欢呼雀跃，倾城出迎，国王徽身着袍笏玉带迎诏拜受，亲自送安焘、陈睦下榻名为"顺天馆"的别宫，寓意尊顺中国如天。此情此景，把宋丽两国的友谊表现得淋漓尽致，也把由明州架设的中韩桥梁映衬得熠熠生辉。

1127 年，金兵攻破开封，北宋灭亡。南宋政府因惧怕与金接壤的高丽为金人所用，对高丽心存戒备，对宋丽间的各种交往也严加控制。宋孝宗初年，两国间官方交聘断绝，宋宁宗庆元间，"诏禁商人持铜钱入高丽，盖绝之也①"，对宋丽间的民间贸易也开始严加管束。虽然控制有加，但宋丽间的海上贸易早已如涛涛东海，难以阻隔。史载南宋景定元年（1260 年）十月，"宋商陈文广等不堪大府寺、内侍院侵夺，道诉金仁俊曰：'不豫直而取绫罗丝绢六千余匹，我等将垂橐而归。'仁俊等不能禁②"。金仁俊是高丽王朝武人政权的掌控者，从南宋商人向他状告韩国官府侵夺宋商货物的数量竟达"绫罗丝绢六千余匹"来看，足见南宋赴朝的商船是如何的往来不绝，装载的货物又是如何的可观。

既然无法断绝，再加赵宋王朝实在割舍不下这笔丰厚的关税收入，于是宋廷又改禁绝为疏导。当时山东半岛已全部纳入金的领土，南宋只有通过东南沿海的港口与高丽交往。宋宁宗（在位于 1195 ~ 1224 年）年间，宋廷一方面撤销了原先设在杭州、秀州（今浙江嘉兴）、江阴、温州的市舶司，不准商船前往这些口

① ［元］脱脱等撰：《宋史·高丽列传》。
② ［朝］郑麟趾撰：《高丽史》卷二五《元宗世家一》。

岸，另一方面却网开一面，特许明州一地保存市舶司，并明令"凡中国之贾高丽，与日本诸蕃之至中国者，惟庆元得受而遣焉①"。这里的庆元即明州，是南宋更改的名称。由于此规定的出台，明州作为通往韩、日唯一合法港口的地位进一步加强，甚至成了长江三角洲唯一一个"诸蕃之至中国"的对外贸易口岸。

《宋史·高丽列传》云："自明州定海遇便风，三日入洋，又五日抵墨山，入其境。自墨山过岛屿，诘曲礁石间，舟行甚驶，七日至礼成江。江居两山间，束以石峡，湍激而下，所谓急水门，最为险恶。又三日抵岸，有馆曰碧澜亭，使人由此登陆，崎岖山谷四十余里，乃其国都云。"综合此类记载可知，从明州港出发的中韩海路，是由明州（今浙江宁波）向东经昌国沈家门（今浙江普陀县）出海，然后经蓬莱（今浙江舟山大衢山岛）向北，与海岸线并行，到淮河入海口附近转而向东，进入黑水洋，也就是山东半岛以南、朝鲜半岛以西的黄海深水洋，先到朝鲜半岛西南的黑山岛（今名大黑山岛），然后沿半岛西海岸北上，到达开城西面的水路交通枢纽礼成港，再陆行至开京。正是这条连接中国南部和朝鲜半岛西南部海路的开通，不仅加强了朝鲜半岛与南中国的联系，还大大促进了朝鲜半岛南半部的发展，而朝鲜半岛的南半部即今韩国的所在。

元朝统一后，中韩交通的陆路和南北两条海路都畅通无阻，并且中国的中心北移到元大都（今北京），取道辽东的中韩陆路交通重新热闹起来。但这都不能取代中韩间南边的海路，特别是中国南方物产丰富，大量稻米和商品仍要经过明州港东运高丽。至元十四年（1277年），元廷在占领浙、闽等地后，立即在庆元（即明州）设立了市舶司，主管和日韩的贸易，就表明了明州港地位的不可取代。之后终元朝一世，庆元都是和泉州、广州并列的全国三大港口之一，码头上南来北往的船只络绎不绝。

明清两朝的海禁，未能阻隔住中、日、韩佛教文化的交流，其路径也大体承续了前人开辟的航线。《明史·食货志·市舶》载："因设市舶司，……洪武初，设于太仓黄渡，寻罢。复设于宁波、泉州、广州。宁波通日本，泉州通琉球，广州通占城、暹罗、西洋诸国。"由上可知，直到明朝，宁波仍是和泉州、广州并

---

① ［明］罗濬等：《宝庆四明志》卷六《市舶》。

列的全国三大口岸，而且是通往日本的重要港口，当然也是通往朝鲜半岛的重要港口。

清朝初年，"日本久通中国，明季以寇边禁互市，清兴始复故①"，一度开放了海禁，甚至开放了和日本的正常交往。当时清政府广开港口，几乎全部开放了从北到南的沿海口岸。《清史稿·地理志》云："交通则航路：自天津东南通之罘、上海，东北营口，东朝鲜仁川、日本长崎。"《清史稿·邦交·日本》云："康熙十二年，平南王尚可喜致书于长崎奉行，请通商舶。闽、粤商人往者益众，杂居长崎市。"综合以上两段文献，可知清的通商口岸曾经遍及大江南北。虽然通往中国内陆的港口越来越多，但终归倭寇为害甚烈，致使清政府很快重新关上了大门。此后，闭关锁国的清政府继续推行了严苛的海禁制度，在此情况下，往来于中国各港口的已经鲜少有商人、工匠或来华求学的日韩学子了。恐怕当时不畏生命危险悄悄潜入这些港口的，更多的反倒是那些为了传教布道而不惜捐躯的僧人。在波涛滚滚的东海上，始终起伏着他们前赴后继的身影。

第四节 结论

通过对中日、中韩源远流长历史关系的寻本溯源，对日、韩不断汲取、借鉴中国佛教文化的系统回顾，以及对三国梵钟流通与交融渠道的条分缕析，我们已较全面地解析了中、日、韩三国梵钟文化共性特征形成的历史渊源，以及中国梵钟文化何以在其中占据主导地位的背景原因。那么，上文所述中日韩的古代交通，又和东亚梵钟文化有什么直接关联呢？从表面上看，这似乎有点隔靴搔痒，甚至不着边际。其实大谬不然，因为只有明白了这些，我们才能真正搞清楚东亚梵钟文化的一些关键性问题。

例如日本梵钟为什么在平口的造型风格上，乃至在其他很多方面都和中国南方梵钟如出一炉？正是中日韩的古代交通状况告诉我们，自打梵钟在中国出现的南北朝中晚期起，日本只能靠海路和中国的南朝相联系。换言之，那时日本僧人

---

① 赵尔巽等撰：《清史稿·邦交·日本》。

能够大量接触到的，或者说中国梵钟文化能够通过各种不同途径传播到日本的，唯有中国南方系统的梵钟。

所以，一个事实就彰明较著地摆在了我们面前——日本古代梵钟就是模仿中国南方类型的平口钟而来的，而且是直接模仿南朝陈的太建七年钟而来的。具体的形态学分析已见上章所述，综合以观，可以说无论钟体的造型，还是钟钮的双龙头蒲牢，抑或撞座的莲花形状及所处位置，乃至钟体的格式划分及整体布局等，日本早期梵钟皆与陈太建七年钟别无二致，所以无怪乎日本梵钟文化研究学家说"陈太建七年钟为日本梵钟的祖型①"了。

南朝陈的版图与三国吴相当一致，包括了长江以南、荆州以东的大部分地区。由此可知，只要是在那个年头，日本和中国的交往基本上不出这一范围。日本梵钟文化学家神崎胜先生在《关于中国钟的分类》一文中指出："可以认为探索和钟（按即日本古钟）的源流从Ⅰ式钟当中袈裟襷纹不具有内廓的ⅠA式钟（按即陈太建七年钟）入手比较稳妥。"至于这种钟流入日本的地域，神崎胜先生认为"是从江苏省南部到浙江省北部即历史上吴国区域的观点需要加以注意"，因为"这里是遣隋使和遣唐使的登陆地点，无论在此之前还是在此之后，吴地都是联系中国王朝和日本以及半岛诸国的要冲。和钟是直接被从吴地带来的可能性很大②"。此文一则确认日本梵钟源起于陈太建七年钟，二则申明其缘故在于吴地是中日交往的要冲。这一论断，对日本梵钟的起源做了知其然又知其所以然的完整诠释，可谓一语中的。

至于日本早期梵钟是不是直接临摹陈太建七年钟而来的，上章已述，这种可能性不是太大。因为当日本最早出现梵钟的时候，陈太建钟未必已经来到了日本，日本人也未必已经看到了这口钟。那么，何以日本早期梵钟和陈太建钟如此相像呢？亦如上章所述，日本早期梵钟应该是模仿和借鉴唐代的某些南方类型梵钟而来，而这些唐代南方梵钟又是上承南北朝时期的南方类型梵钟而来，于是它们就都能在陈太建七年钟那里找到祖源关系了。

---

① 坪井良平：《历史考古学の研究》，第 257 页。

② ［日］神崎胜著，高凯军译：《关于中国钟的分类》，《北京文博》2001 年第 2 期。

日本迄今所知年代最早的妙心寺钟时处中国的盛唐时期，相当于武则天圣历元年。众所周知，唐朝的中、日关系非同一般，日本不仅处处以大唐为楷模，不仅通过"大化改新"通盘接受了唐的政治、经济制度，而且不折不扣地承袭了唐的佛教文化，甚至不折不扣地照搬了唐的寺庙制度。几乎可以说，唐有什么佛教教派，日本就有什么佛教教派；唐有什么样式的寺庙，日本就有什么样式的寺庙；唐有什么佛教法器，日本就有什么佛教法器。到了武则天时期，唐朝的国力如日中天，而作为中国历史上第一位正式登基的女皇，武则天在外交上还一改唐太宗、高宗时期的强硬，展现出女性刚中有柔的一面。特别是在对日关系上，武则天修补了此前唐军和倭军在韩国白江口激战带来的裂痕，使中日关系大为改善。仅武则天执政期间，日本就派出了四批遣唐使团，不断向大唐示好。而武则天方面，不仅"以其国在日边，故以日本为名①"，赐其新国名以代替原来不雅的"倭"称，而且对其恩赏有加。其赏赐的大量奇珍异宝姑且不表，最饶有兴味的是，武则天居然还首开纪录，向日本赠送了中国的国宝大熊猫。

据史书记载，武则天垂拱元年（685年）九月，长安宫廷卫队和两个驯兽师簇拥着两只宽敞高大、披红戴花的兽笼，乘着驿传快车，从长安出发向东疾驰。他们来到扬州后登上海船，随同日本遣唐使的船队漂洋过海前往日本。原来这次武则天要赠送给日本天武天皇的，是两只"白熊"和70张珍贵毛皮，而这"白熊"就是大熊猫②。这是大熊猫作为友好使者首次远航它邦，意义非同一般，日本皇家年鉴还专门对此作了记载。

既然武则天时的中日关系如此亲密，唐时期的日本佛教就是从唐朝嫁接过去的，日本早期寺庙的建筑模式也照搬自唐朝，那么日本早期梵钟除了充分借鉴南朝末期的梵钟因素外，也一定会充分汲取唐朝南方梵钟的因素。这个道理再简单不过，然而遗憾的是，至今我们尚未找到比陈太建钟更接近日本早期梵钟的南方唐钟。也就是说，迄今为止最能称得上是日本早期梵钟直接"祖型"的，仍然非陈太建七年钟而莫属。但毋庸赘言的是，这并不等于说历史上没有出现过与日

---

① ［后晋］沈昫等撰：《旧唐书·东夷·日本传》。

② 韩雪：《武则天最早把大熊猫赠送给日本》，日本新华侨报网 2008 年 12 月 28 日。

本早期梵钟更为接近的唐代梵钟。

　　以上论述的是日本梵钟，通过交通状况的沿革我们进一步认知了它们赖以生成的空间背景和历史渊源。有此基础，再看韩国梵钟，其之源起及流变的种种原因也就洞若观火了。

　　首先一点，韩国梵钟为何也以平口为特征？如前所述，最早从十六国时期开始，中韩的交通就主要靠海路了，其到达的都是中国山东半岛及其以南的港口。到了唐代，中国的对外贸易重镇南移到江浙一带，中韩的海上交通也随着这个大趋势再度南移，以致位于江苏的楚州成了"唐和新罗交通的门户"。至于唐亡以后，"凡中国之贾高丽，与日本诸蕃之至中国者，惟庆元（明州）得受而遣焉"，宁波更成了通往韩国的唯一口岸。由此可知，韩国梵钟之所以也具有中国南方梵钟的平口特征，是因为无论韩国梵钟的起源早到何时，哪怕它能够早到第四章第一节所述的中国南北朝晚期，中国江南也是它们最初的祖源地。

　　其次，叙论至此，再来看韩国梵钟的文化因素，便可得到较为完整的认识。一则如上章所述，韩国梵钟在年代上有从远到近的两个源头：一个是古老的中国先秦两汉编钟，突出反映在韩国钟的蒲牢式钟钮、乳钉纹装饰和甬状音筒与先秦两汉编钟的一脉相传上；还有一个是时代相近的中国唐代梵钟，反映在它们的整体造型、用法、功能、铭文文字及内容的相互一致上。二则韩国梵钟在地域上也有一南一北两个源头：一个是如上章所述，韩国梵钟在满布纹饰的装饰风格、飞天像等主题花纹的表现手法以及钟肩部莲瓣纹装饰的源出一脉上，都与中国北方唐钟有着与生俱来的天然联系。可现在我们知道，韩国梵钟还在钟体造型的平口作风等方面和中国南方梵钟有着极明显的渊源关系。

　　这种时代上兼及上古和中古，空间上融汇北方和南方的特征，似乎使韩国梵钟和中国梵钟文化的关系复杂起来。其实不然，因为与日本相比，朝鲜半岛与中国先秦两汉时期的联系显然更加紧密，而在地域上，朝鲜半岛也终归既可以通过陆路和中国北方相连，也可以经由海路和中国南方相通，而凡此都和日本迥然有别。所以，韩国梵钟源头的多元性，恰好契合了朝鲜半岛的中华文化底蕴更加深远、更加古老的事实，也恰好契合了朝鲜半岛既与中原王朝有着剪不断的渊源关系，又直接孕育在中国南方梵钟文化土壤上的事实。总而言之，韩国梵钟是一个

各种历史因素综合作用的结果，是把中国两大历史阶段、两大地域文化有机融合在一起的完美产物。

再次，当进入唐以后，无论是宋辽分治时期还是宋金分治时期，宋丽间唯一的交通通衢就是从浙江明州到朝鲜半岛西南部的海洋航线。这就是说，宋朝与高丽间佛教文化交流及梵钟文化交流的桥梁，是架设在中国南方长江三角洲和朝鲜半岛西南部之间的，于是便如第四章第三节所述，自高丽朝以来，朝鲜半岛的梵钟文化出现了"南重北轻"的现象，即朝鲜半岛的南部更为发达，特别是其西南部最为发达。随着中韩南部航线的长盛不衰，朝鲜半岛梵钟文化的"南重北轻"局面也就一直延续下来，直到韩国古代梵钟文化的结束。

当全面解读了韩国梵钟多元文化因素的复杂性后，还有一个现象颇耐人寻味。即位于中国长江以北的山东半岛一带，竟出现了地地道道的南方类型平口钟，突出之例见于第二章第二节平口梵钟 A 型 II 式例 5。这是山东博物馆收藏的一口唐钟（见图 2.65），此钟的铭文告诉我们，其铸造地点在山东半岛益都县，即今之山东省青州市，唐代属北海郡。按照我们对中国古代梵钟的分析，平口钟应该出于长江以南，可是如此纯正的唐平口钟竟然出自长江以北，不能不说是一件很蹊跷的事。

其实，叙论至此便不难想象，此类平口钟之所以出于山东半岛一带，很大程度上就和日本乃至韩国流行平口钟的现象有关了。因为如前所述，早自五胡十六国以来，由于陆路交通的阻隔，朝鲜半岛、日本与东晋和南朝宋齐梁陈的交往，都只能改走南道了。而这条所谓"南道"，就是循海路从山东半岛的一角启航，沿辽东半岛东岸横渡渤海湾口抵达朝鲜半岛，再从朝鲜半岛向东渡海到日本。明乎此，可知山东半岛的独特性在于，其与平口钟有着非同一般的关系——这是联结中国南方平口钟与日韩平口钟的一大枢纽。这种联系很可能有各种渠道，包括江浙的平口钟经由山东半岛运往日韩，日韩的有些平口钟就是在山东半岛铸造的，善筑平口钟的中国南方匠人在前往日韩途中滞留山东半岛，日韩的平口钟反过来影响了山东半岛，如此等等。总之在诸如此类的交流中，总会留下一些历史痕迹，于是便有了山东半岛此类与众不同的平口钟。

终归山东还在长江以北，因此除了个别平口钟，并且这些平口钟理应靠近山东半岛外，山东大部分地区的梵钟还应属于北方风格的波形口类型，而事实也果真如此。例如山东聊城莘县金代铁钟，铸造于金代承安四年（1299年），重达4吨，现存莘县古城镇，这就是一口如假包换的波形口钟（图6.2）。这些实例进一步说明，山东青州唐代平口梵钟的存在只是一些特例，它们是中国南方平口梵钟与日韩梵钟交流的产物，是中国梵钟和日韩梵钟唇齿相依关系的典型物证。

　　总之，种种迹象表明，随着中国佛教的东传，中国古代梵钟不迟于盛唐时期便在日、韩间流传开来。从问世的那天起，日韩梵钟就不可避免地打上了中国古代梵钟的烙印，由此形成了一个以中、日、韩为主体的东亚梵钟文化圈。这个梵钟文化圈的根基是源远流长的中国先秦两汉古钟文化，因此无论在中国梵钟身上，还是在日本、韩国梵钟身上，都不难找到中国先秦两汉古钟文化的影迹。然而相比之下，日本梵钟的祖型更接近中国南朝到隋唐时期的南方类型平口钟，而韩国梵钟则在打上了中国古代南方系统梵钟烙印的同时，更把中国古代多

图6.2　山东莘县金朝铁钟

地域、多时代的因素有机融合在一起，成为集中国和本地多元文化于一体的完美结晶。唐以后，中国古代梵钟应时而变，不断随朝代的更替和佛教流派的递嬗而演变，表现出了较明显的变化轨迹。而日韩的梵钟则不然，或许是因为中国先秦两汉文化和唐文化的影响实在是太大了，以致在中国唐代成型之后，虽然也随时代而嬗变，但变化并不是特别显著，真正显著的反倒是它们在形态、纹饰、铭文乃至质量上的相对稳定和一以贯之。而无论出现了怎样的不同，但贯穿整个东亚梵钟文化全过程的是，中日韩三国梵钟文化的交互影响始终不变，几乎无所不至地体现在它们每一个细微的造型、纹饰、文字和宗教内涵上。

　　同源同祖然而不尽同流，历尽变故后却总不离一个大的文化体系，这便是东亚梵钟文化带给我们的终极启示。

参考文献

一　古代典籍

［汉］班固撰：《汉书》，北京：中华书局，1962 年。

［清］毕沅：《关中金石记》，北京：商务出版社，1936 年。

［东汉］蔡邕：《独断》，《四库全书》影印本，上海古籍出版社，1990 年。

陈奇猷校释：《吕氏春秋·侈乐》，上海：学林出版社，1984 年。

［晋］陈寿撰：《三国志》，北京：中华书局，1959 年。

［朝］春秋馆史官：《朝鲜王朝实录》，林昌出版公社，1984 年。

［日］《大正藏》（影印本），上海佛学书局，1998 年。

都良香：《都氏文集》，东京汲古书院，1988 年。

［晋］法显著，郭鹏注译：《佛国记注译》，长春出版社，1995 年。

［宋］范晔撰：《后汉书》，北京：中华书局，1965 年。

［唐］房玄龄等撰：《晋书》，北京：中华书局，1974 年。

［明］蒋一葵：《长安客话》，北京古籍出版社，1980 年。

［朝］金富轼著，孙文范校勘：《三国史记》，长春：吉林文史出版社，2003 年。

《礼记》，［清］阮元校刻：《十三经注疏》，北京：中华书局影印本，1980 年。

［唐］李百药撰：《北齐书》，北京：中华书局，1972 年。

［宋］李昉等撰：《太平御览》，北京：中华书局，1960 年。

［唐］李延寿撰：《北史》，北京：中华书局，1974 年。

［唐］李延寿撰：《南史》，北京：中华书局，1975 年。

林德保、李俊等注：《详注全唐诗》，大连出版社，1997 年。

[唐] 令狐德棻等撰：《周书》，北京：中华书局，1971 年。

[明] 刘侗：《帝京景物略》，北京古籍出版社，1982 年。

[明] 罗浚等：《宝庆四明志》，上海古籍出版社，1995 年。

[宋] 欧阳修、宋祁撰：《新唐书》，北京：中华书局，1975 年。

[宋] 欧阳修撰：《新五代史》，北京：中华书局，1974 年。

[唐] 欧阳询：《艺文类聚》，上海古籍出版社，1965 年。

[朝] 朴趾源：《热河日记》，上海书店出版社，1997 年。

[东晋] 瞿昙僧伽提婆译，梁蹲继校注：《增一阿含经》，北京：线装书局，2012 年。

舍人亲王等撰：《日本书纪》卷二十二，讲谈社，1988 年。

[后晋] 沈昫等撰：《旧唐书》，北京：中华书局，1975 年。

[南朝梁] 沈约撰：《宋书》，北京：中华书局，1974 年。

[唐] 释道宣：《广弘明集》卷二十八上，上海古籍出版社，1991 年。

[元] 释德辉编《敕修百丈清规》，郑州：中州古籍出版社，2011 年。

[南朝梁] 释僧祐：《出三藏记集》，北京：中华书局，1995 年。

水户藩：《大日本史》，东京吉川弘文馆排印本，明治四十四年（1911 年）。

[宋] 司马光著：《资治通鉴》，北京：中华书局，2012 年。

[汉] 司马迁撰：《史记》，北京：中华书局，1959 年。

[明] 宋濂：《宋学士集》，北京：中华书局，1985 年。

[明] 宋濂等撰：《元史》，北京：中华书局，1976 年。

[明] 宋应星：《天工开物》，北京：人民出版社，2015 年。

[北齐] 魏收撰：《魏书》，北京：中华书局，1974 年。

[明] 谈迁：《国榷》，北京：中华书局，1958 年。

[元] 脱脱等撰：《宋史》，北京：中华书局，1977 年。

[元] 脱脱等撰：《辽史》，北京：中华书局，1974 年。

[元] 脱脱等撰：《金史》，北京：中华书局，1975 年。

[唐] 魏徵等撰：《隋书》，北京：中华书局，1973 年。

[南朝梁] 萧统编，李善注《文选》，上海古籍出版社，1986 年。

[南朝梁] 萧子显撰：《南齐书》，北京：中华书局，1972 年。

[朝] 徐居正、郑孝恒等撰：《东国通鉴》，景仁文化社，1987 年。

徐中舒校订：《说文解字段注》，成都古籍书店，1981 年。

〔宋〕薛居正等撰：《旧五代史》，北京：中华书局，1976 年。

〔北魏〕杨衒之著，周祖谟校释：《洛阳伽蓝记校释》，上海书店出版社，2000 年。

〔南宋〕杨仲良撰：《皇宋通鉴长编纪事本末》，上海古籍出版社，1995 年。

〔唐〕姚思廉撰：《陈书》，北京：中华书局，1972 年。

〔唐〕姚思廉撰：《梁书》，北京：中华书局，1973 年。

〔朝〕一然著，孙文范校勘：《三国遗事》，长春：吉林文史出版社，2003 年。

〔清〕于敏中：《日下旧闻考》，北京古籍出版社，1981 年。

〔清〕俞樾：《茶香室丛钞》，北京：中华书局，1995 年。

〔北周〕庾信著，〔清〕倪璠注：《庾子山集注》，北京：中华书局，1980 年。

袁珂校注：《山海经校注》，上海古籍出版社，1980 年。

〔日〕圆仁：《入唐求法巡礼行记》，桂林：广西师范大学出版社，2007 年。

〔宋〕赞宁：《大宋高僧传》，北京：中华书局，1987 年。

〔清〕张廷玉等撰：《明史》，北京：中华书局，1974 年。

赵尔巽等撰：《清史稿》，北京：中华书局，1976 年。

〔朝〕郑麟趾撰：《高丽史》，西南师范大学出版社，2004 年。

《周礼》，〔清〕阮元校刻：《十三经注疏》，北京：中华书局影印本，1980 年。

二　历史研究

不列颠百科全书编辑部编《不列颠百科全书》，北京：中国大百科全书出版社，1999 年。

陈景富：《中韩佛教关系一千年》，北京：宗教文化出版社，1999 年。

陈永华：《五山十刹制度与中日文化交流》，《浙江学刊》2003 年第 4 期。

冯君豪：《中外文明交流史话》，北京：中国华侨出版社，1994 年。

葛继勇、郑屹：《隋使遍光高与东亚佛教外交》，《海交史研究》2002 年第 2 期。

顾宏义：《宋朝与高丽佛教文化交流》，《西藏民族学院学报》1996 年第 3 期。

家永三郎：《日本文化史》，岩波书店，1992 年。

蒋维乔：《中国佛教史》，北京：商务印书馆，1931 年。

〔韩〕金煐泰著，柳雪峰译：《韩国佛教史概况》，北京：社会科学文献出版社，1993 年。

马书田：《中国道教诸神》，北京：团结出版社，1996 年。

〔日〕木宫泰彦著，胡锡年译：《日中文化交流史》，北京：商务印书馆，1980 年。

潘畅和、李海涛：《佛教在高句丽、百济和新罗的传播足迹考》，《延边大学学报》（社会科学版）2009 年第 1 期。

齐心主编《图说北京史》，北京燕山出版社，1999 年。

任继愈主编《中国佛教史》，北京：中国社会科学出版社，1981 年。

任继愈总主编，杜继文主编《佛教史》，北京：中国社会科学出版社，1991 年。

魏常海：《日本文化概论》，北京：世界知识出版社，1996 年。

魏承思：《中国佛教文化论稿》，上海人民出版社，1991 年。

汪高鑫、程仁桃著：《东亚三国古代关系史》，北京工业大学出版社，2006 年。

汪向荣、汪皓著：《中世纪的中日关系》，北京：中国青年出版社，2001 年。

杨曾文：《日本佛教史》，杭州：浙江人民出版社，1995 年。

〔俄〕约·阿·克雷维列夫著，乐峰等译：《宗教史》（上、下），北京：中国社会科学出版社，1984 年。

周谷城：《中国通史》，上海人民出版社，1958 年。

周伟洲：《唐朝与南海诸国通贡关系研究》，《中国史研究》2002 年 3 期。

朱云影：《中国文化对日韩越的影响》，桂林：广西师范大学出版社，2007 年。

三　考古资料与研究

安家瑶：《唐长安西明寺遗址的考古发现》，《唐研究》（第 6 卷），北京大学出版社，2000 年。

苌岚：《7～14 世纪中日文化交流的考古学研究》，北京：中国社会科学出版社，2001 年。

程欣人：《武昌东吴墓中出土的佛像散记》，《江汉考古》1989 年第 1 期。

《重庆丰都槽房沟发现有明确纪年的东汉墓》，《中国文物报》2002 年 7 月 5 日。

范培松：《中国寺院形制及布局特点》，《考古与文物》2000 年第 2 期。

高天麟、张岱海：《山西襄汾县陶寺遗址发掘简报》，《考古》1980 年第 1 期。

龚国强：《隋唐长安城佛寺研究》，北京：文物出版社，2006 年。

观民：《交河城调查记》，《考古》1959 年第 5 期。

河南省丹江库区文物发掘队：《河南省淅川县下寺春秋墓》，《文物》1980 年第 10 期。

贺中香、喻少英：《鄂城六朝文物的佛像装饰与南方佛教》，《文物》1998 年 第 6 期。

贺忠辉：《"大秦景教流行中国碑"的历史价值》，《文史杂志》1987 年第 6 期。

湖北省博物馆：《曾侯乙墓》，北京：文物出版社，1989 年。

《湖北省天门新石器时代遗址出土文物》，《文物参考资料》1955 年第 8 期。

吉林省考古研究室、吉林省文物工作队：《统一的多民族国家的历史见证——吉林省文物考古三十年的主要收获》，《文物考古工作三十年：1949～1979》，北京：文物出版社，1979 年。

金宪镛、李健超：《陕西新发现的高句丽人、新罗人遗迹》，《考古与文物》1999 年第 6 期。

李遇春：《尼雅遗址的重要发现》，新疆文物考古研究所编《新疆文物考古新收获：1979 ～ 1989》，乌鲁木齐：新疆人民出版社，1995 年。

卢连成、胡智生：《宝鸡茹家庄、竹园沟墓地有关问题的探讨》，《文物》1983 年第 2 期。

阮荣春：《早期佛教造像的南传系统》，《东南文化》1990 年第 Z1 期。

上海市文物管理委员会：《上海松江李塔明代地宫清理简报》，《文物》1999 年第 2 期。

宿白：《藏传佛教寺院考古》，北京：文物出版社，1996 年。

王世民：《春秋战国葬制中乐器和礼器的组合状况》，湖北省博物馆等编《曾侯乙编钟研究》，武汉：湖北人民出版社，1992 年。

王维坤：《中日文化交流的考古学研究》，西安：陕西人民出版社，2002 年。

阎文儒：《新疆天山以南的石窟》，新疆社会科学院考古研究所编《新疆考古三十年》，乌鲁木齐：新疆人民出版社，1983 年。

杨芊：《克孜尔千佛洞》，新疆社会科学院考古研究所编《新疆考古三十年》，乌鲁木齐：新疆人民出版社，1983 年。

曾秋潼：《潮州开元寺的社会功能》，《人海灯》，2008 年第 1 期。

张正明、院文清：《战国中期曾有佛教造像传入南楚》，《江汉论坛》2001 年第 8 期。

中国科学院考古研究所：《庙底沟与三里桥》，北京：科学出版社，1959 年。

中国社会科学院考古研究所二里头工作队：《1981 年河南偃师二里头墓葬发掘简报》，《考古》1984 年第 1 期。

中国社会科学院考古研究所安阳工作队：《安阳大司空村东南的一座殷墓》，《考古》1988 年第 10 期。

四　古钟资料与研究

［法］阿兰·科尔班著，王斌译：《大地的钟声》，桂林：广西师范大学出版社，2003 年。

陈佩芬：《繁卣、□鼎及梁其钟铭文诠释》，《上海博物馆集刊》1982 年。

陈佩芬：《上海博物馆藏中国古代青铜器》，上海博物馆自印，1995 年。

陈全昌：《萍乡大屏山发现唐天宝五年铜钟》，《江西历史文物》1980 年第 2 期。

陈通、郑大瑞：《永乐大钟的声学特性》，《声学学报》1987 年第 3 期。

大钟寺古钟博物馆藏永乐大钟铭文。

大钟寺古钟博物馆馆藏资料。

大钟寺古钟博物馆古钟普查资料。

大钟寺古钟博物馆编《大钟寺古钟博物馆建馆二十周年纪念文集》，北京：文津出版社，2001 年。

大钟寺古钟博物馆编《北京古钟》（上、下册），北京燕山出版社，2006 年。

方志良、张光助：《浙江诸暨发现唐代铭文铜钟》，《文物》1984 年第 12 期。

高桥久敬：《梅田仙吉佐野大川铸物制造所》，日本古钟研究会《梵钟》第 19 号，平成十八年（2006 年）。

华觉明、王玉柱：《曾侯乙编钟冶铸技术与声学特性研究》，湖北省博物馆等编《曾侯乙编钟研究》，武汉：湖北人民出版社，1992 年。

《江西发现的一口大钟》，《中国文物报》1993 年 6 月 6 日。

李纯一：《中国古代音乐史稿》，北京：音乐出版社，1958 年。

李元辉：《武威大云寺钟》，《甘肃广播电视报》2013 年 7 月 19 日。

立正大学学园编著：《考古资料图录》，2000 年。

廉永夏：《韩国의鐘》，서울大学校出版部，1991 年。

［日］林谦三著，钱稻孙译：《东亚乐器考》，上海书店出版社，2013 年。

［美］罗泰、托马斯·罗行：《青铜时代后的东亚铜钟比较与思考》，北京大学考古学系编《"迎接二十一世纪的中国考古学"国际学术研讨会论文集》，北京：科学出版社，1998 年。

马承源：《关于翏生盨和者减钟的几点意见》，《考古》1979 年第 1 期。

奈良国立文化财研究所编《梵钟实测图集成》，（株）ビジネス教育出版社，平成五年（1993 年）。

奈良国立文化财研究所飞鸟资料馆编《新罗钟、高丽钟拓本实测图集成》，（株）ビジネス教育出版社，平成十六年（2004 年）。

坪井良平：《梵钟》，《考古学讲座第二卷》，雄山阁，昭和三年（1928 年）。

坪井良平：《历史考古学の研究》，（株）ビジネス教育出版社，昭和五十九年（1984 年）。

坪井良平：《梵钟の研究》，（株）ジネス教育出版社，平成三年（1991 年）。

全锦云：《忏悔诅赖佛寺钟——永乐大钟成因考》，《北京文博》1996 年第 2 期。

全锦云：《中国古代佛钟的分区与探讨》，《北京文博》1998 年第 1 期。

全锦云主编《北京文物精粹大系·古钟卷》，北京出版社，2000 年。

全锦云著，［日］神崎胜译：《中国钟の变迁とその历史的背景》，日本古钟研究会机关誌

《梵钟》第 13 号，2001 年 11 月。

山衫洋：《梵钟》，至文堂出版，平成七年（1995 年）。

［日］神崎胜著，高凯军译：《关于中国钟的分类》，《北京文博》2001 年第 2 期。

石田肇：《日本现存中国钟钟铭集成稿》（上中下），群马大学教育学部纪要人文·社会科学编第 44～46 卷，1995～1997 年。

石田肇：《日本现存中国钟将来の经纬——日中近代交涉史の一面》，社会文化史学，第三十七号别刷，平城九年八月（1997 年）。

［法］苏尔梦著，郑力人译：《从梵钟铭文看中国与东南亚的贸易往来》，《海洋史研究》（第三辑），2012 年。

孙机：《中国梵钟》，《考古与文物》1998 年第 5 期。

［宋］王黼撰、江俊伟译注：《宣和博古图》，重庆出版社，2010 年。

王福谆：《古代大铜钟》，《锻造设备与工艺》2012 年第 3、4 期。

王积厚、张启明：《阆中铜钟》，《四川文物》1988 年第 3 期。

王永亮：《富县宝室寺铜钟》，《文博》1990 年第 3 期。

王子初：《山东章丘洛庄汉墓的出土乐器》，《人民音乐》2001 年第 4 期。

吴坤仪：《明清梵钟的技术分析》，《自然科学史研究》1988 年第 3 期。

吴庭美、夏玉润：《凤阳古今》，合肥：黄山书社，1986 年。

西汉南越王博物馆编《南越王墓发现 30 年》，广州：广东人民出版社，2013 年。

于弢：《中国古钟史话》，北京：中国旅游出版社，1999 年。

庾华：《钟铃象征文化论》，沈阳：辽宁民族出版社，2004 年。

庾华：《日本梵钟印象——赴日考察纪行》，《艺术市场》2009 年第 6 期。

庾华：《韩国古钟印象》，《中国文化遗产》2010 年第 2 期。

张保胜：《永乐大钟梵字铭文考》，北京大学出版社，2006 年。

真锅孝志：《梵钟遍历》，（株）ビジネス教育出版社，平成十四年（2002 年）。

郑敏华、蔡秀兰、陈通：《永乐大钟振动的有限元分析》，《声学学报》1988 年第 1 期。

中国科学院考古研究所：《偃师二里头遗址新发现的铜器和玉器》，《考古》1976 年第 4 期。

《中国音乐文物大系》总编辑部：《中国音乐文物大系》，郑州：大象出版社，1996 年。

［韩］周炅美：《对于由朝鲜前期王室许愿制造的钟的研究》，大钟寺古钟博物馆编《首届北京国际古钟文化交流研讨会资料汇编》，2005 年。

附录　东亚古代梵钟总表^①

中国古代梵钟

平口钟				
名称	型号	年代（公元）	收藏地点	备注
陈太建七年铜钟	A－Ⅰ	575 年	日本奈良国立博物馆	
庆林观唐钟	A－Ⅱ	705 年	重庆市合川县	
浙江省博物馆藏唐钟	A－Ⅱ	720 年	浙江省博物馆	
江西萍乡大屏山唐钟	A－Ⅱ	746 年	江西省萍乡市	
山东唐钟	A－Ⅱ	751 年	山东博物馆	
诸暨唐钟	A－Ⅱ	763 年	浙江省诸暨市博物馆	
重庆市黔江唐钟	A－Ⅱ	763～768 年	重庆市黔江区文管所	年代是笔者据铭文推断
广西信乐寺铜钟	A－Ⅱ	787 年	广西省融水县民族博物馆	
广西容县唐钟	A－Ⅱ	796 年	广西省容县博物馆	
浙江武义唐铜钟	A－Ⅱ	766～799 年	浙江省金华市	
肇庆府道观唐钟	A－Ⅱ	897 年	广东省肇庆市	
浦北唐乾宁五年铜钟	A－Ⅱ	898 年	广西省浦北县	
端州清泉禅院唐铜钟	A－Ⅱ	902 年	广东省端州市	

---

① 注：根据考古类型学"归并同类项"的原则，在数千口中日韩古代梵钟原始资料中，共甄选出了标本钟 397 件，其类型划分归为此表。

331

东亚梵钟文化研究

续表

名称	型号	年代（公元）	收藏地点	备注
梧州南汉乾和十六年钟	A－Ⅱ	958 年	广西梧州中山公园	
乾亨寺五代十国铜钟	A－Ⅱ	961 年	广西贺州留趣山公园	
南昌唐铜钟	A－Ⅱ	唐代	江西省南昌市	
广东开元寺宋钟	A－Ⅲ	1114 年	广东省	
海口卫府楼明代铜禁钟	B－Ⅰ	1436 年	海南省海口市博物馆	
贺县石围寨明代铁钟	B－Ⅰ	1589 年	广西省贺州留趣山公园	
云门寺明代铁钟	B－Ⅱ	1485 年	广东省韶关市	
封川白马宫清代铁钟	B－Ⅱ	1644 年	广东省封川镇	
九忿庙清代铁钟	B－Ⅱ	1644 年	广西省贺州市	
湖北安陆府清代铁钟	B－Ⅱ	1690 年	大钟寺古钟博物馆	
海南岛清代铁钟	B－Ⅱ	1708 年	日本鸟取县长谷寺	
浦北大朗书院明山寺清代铁钟	B－Ⅱ	1739 年	广西省浦北大朗书院	
封开玄帝宫铁钟	B－Ⅱ	1745 年	广东省封开县	
赖里合村清代铁钟	B－Ⅱ	1845 年	广西省柳州市	
文昌阁清代铁钟	B－Ⅱ	1878 年	广西省柳州市柳侯祠	
昆明金殿明代永乐铜钟	C－Ⅰ	1424 年	云南省昆明市	
昆明龙泉观明代铜钟	C－Ⅰ	1444 年	云南省昆明市	
成都武侯祠明代铁钟	C－Ⅰ	1368～1644 年	四川省成都市	
金殿清代铜钟	C－Ⅱ	1791 年	云南省昆明市	
成都杜甫草堂清代铜钟	C－Ⅱ	1736～1795 年	四川省成都市	
华亭寺清代铜钟	C－Ⅱ	1841 年	云南省昆明市	
昆明金殿铜钟	C－Ⅱ	1903 年	云南省昆明市	
泉州铜佛寺铜钟	C－Ⅱ	1644～1911 年	福建省泉州市	
黔江清代铁钟	C－Ⅱ	1644～1911 年	重庆市黔江区	
波形口钟				
名称	型号	年代（公元）	收藏地点	备注
丹阳唐代铜钟	A－Ⅰ	883 年	江苏省丹阳市人民公园	
正定开元寺唐代铜钟	A－Ⅰ	618～907 年	河北省正定县	

续表

名称	型号	年代（公元）	收藏地点	备注
宋熙宁十年铜钟	A－Ⅱ	1077 年	大钟寺古钟博物馆	
北京钟楼明代铜钟	A－Ⅲ	1403～1424 年	北京市钟楼	
明代永乐大钟	A－Ⅲ	1403～1424 年	大钟寺古钟博物馆	
宣德浮雕铜钟	A－Ⅲ	1426～1435 年	大钟寺古钟博物馆	
明宣德铜钟	A－Ⅲ	1426～1435 年	江西省吉安市博物馆	
明代铜钟	A－Ⅲ	1438 年	日本长崎发心寺	
法海寺明代铜钟	A－Ⅲ	1447 年	北京市石景山区	
潭柘寺明代鎏金铜钟	A－Ⅲ	1465～1487 年	大钟寺古钟博物馆	
明代鹤纹钟	A－Ⅲ	1506～1521 年	大钟寺古钟博物馆	
北京黄村寺明代铜钟	A－Ⅲ	1533 年	大钟寺古钟博物馆	
天津明代铜钟	A－Ⅲ	1549 年	天津市	
明嘉靖朝钟	A－Ⅲ	1522～1566 年	大钟寺古钟博物馆	
北京保明寺明铜钟	A－Ⅲ	1572 年	大钟寺古钟博物馆	
洛阳关林庙钟楼明铜钟	A－Ⅲ	1602 年	河南省洛阳市	
明代弥勒庵铜钟	A－Ⅲ	1618 年	大钟寺古钟博物馆	
五台山显通寺明代铜钟	A－Ⅲ	1573～1619 年	山西省五台山	
红螺寺明代铜钟	A－Ⅲ	1625 年	北京市怀柔区	
明代魏忠贤铜钟	A－Ⅲ	1627 年	大钟寺古钟博物馆	
钓鱼台养源斋清代铜钟	A－Ⅳ	1702 年	北京钓鱼台国宾馆	
万善寺清铜钟	A－Ⅳ	1702 年	大钟寺古钟博物馆	
天津清代铜钟	A－Ⅳ	1705 年	天津市	
永泰寺清代铜钟	A－Ⅳ	1713 年	大钟寺古钟博物馆	
白塔寺清代铜钟	A－Ⅳ	1718 年	甘肃省兰州市	
善缘庵清代铜钟	A－Ⅳ	1719 年	大钟寺古钟博物馆	
北京潭柘寺清代铜钟	A－Ⅳ	1793 年	北京市门头沟区潭柘寺	
清代乾隆朝钟	A－Ⅳ	1736～1795 年	大钟寺古钟博物馆	
须弥福寿庙清代铜钟	A－Ⅳ	1736～1795 年	河北省承德市	
富县宝室寺唐钟	B－Ⅰ	629 年	陕西省富县	
张掖唐钟	B－Ⅰ	唐代	甘肃省张掖市鼓楼	

名称	型号	年代（公元）	收藏地点	备注
蔚县阁院寺辽代铁钟	B－Ⅱ	1114 年	河北省蔚县	
晋祠金大定五年铁钟	B－Ⅱ	1165 年	山西省太原市	
嵩山少林寺金代铁钟	B－Ⅱ	1204 年	河南省登封市	
金代铁钟	B－Ⅱ	1115 ~ 1234 年	山西省太原市晋祠	
嵩山少林寺铁钟	B－Ⅱ	1336 年	河南省登封市	
蔚县元代铁钟	B－Ⅱ	1275 ~ 1368 年	大钟寺古钟博物馆	
圆照寺明代铁钟	B－Ⅲ	1434 年	山西省五台山	
天宁寺千佛阁明代铁钟	B－Ⅲ	1479 年	山西省交城县	
白马寺明代铜钟	B－Ⅲ	1555 年	河南省洛阳市	
洛阳关林庙明代铁钟	B－Ⅲ	1597 年	河南省洛阳市	
广宗寺明代铁钟	B－Ⅲ	1603 年	山西省五台山	
正定临济寺明代铁钟	B－Ⅲ	1368 ~ 1644 年	河北省正定县	
河南温县慈胜寺清铁钟	B－Ⅲ	1644 ~ 1911 年	河南省温县	
太原清代铜钟	B－Ⅳ	1668 年	大钟寺古钟博物馆	
敦煌市博物馆清代铁钟	B－Ⅳ	1730 年	甘肃省敦煌市	
巴里坤清代铁钟	B－Ⅳ	1793 年	新疆维吾尔自治区	
嘉庆铁钟	B－Ⅳ	1813 年	大钟寺古钟博物馆	
清代铜佛像钟	B－Ⅳ	1822 年	大钟寺古钟博物馆	
新疆清代铁钟	B－Ⅳ	1825 年	大钟寺古钟博物馆	
秦晋会馆清代铜钟	B－Ⅳ	1828 年	大钟寺古钟博物馆	
九华山上禅堂清代铜钟	B－Ⅳ	1890 年	安徽省青阳县九华山	
天台山清代铜钟	B－Ⅳ	1909 年	安徽省青阳县九华山	
山西文庙清代铁钟	B－Ⅳ	1644 ~ 1911 年	山西省	
九华山万年禅寺铜钟	B－Ⅳ	1920 年	安徽省青阳县九华山	
西安唐景云铜钟	C－Ⅰ	711 年	陕西省西安市碑林	
大云寺唐钟	C－Ⅰ	618 ~ 907 年	甘肃省武威市钟楼	
乃东昌珠寺唐铜钟	C－Ⅰ	618 ~ 907 年	西藏自治区乃东县	
桑耶寺唐铜钟	C－Ⅰ	618 ~ 907 年	西藏自治区雅砻县	
固原北宋铁钟	C－Ⅱ	1126 年	宁夏回族自治区固原市	

名称	型号	年代（公元）	收藏地点	备注
西安小雁塔金代铁钟	C－Ⅱ	1192 年	陕西省西安市	
达州太平兴国禅院铁钟	C－Ⅱ	1199 年	四川省达州博物馆	
睿源寺金代铁钟	C－Ⅱ	1202 年	甘肃省兰州市	
宁夏银川西夏八卦铜钟	C－Ⅲ	1032～1227 年	宁夏回族自治区银川市	
乐都瞿昙寺明代铜钟	C－Ⅲ	1426～1435 年	青海省乐都县	
宁夏银川明代樵橹禁钟	C－Ⅲ	1465 年	宁夏回族自治区银川市	
西安钟楼明代铁钟	C－Ⅲ	1465～1487 年	陕西省西安市	
香山碧云寺钟楼明铜钟	C－Ⅲ	1530 年	北京市香山公园	
云南大理明铜钟	C－Ⅲ	1597 年	云南省大理市博物馆	
沈阳故宫金代铜钟	D－Ⅰ	1151 年	辽宁省沈阳故宫	
镇巴金代铁钟	D－Ⅰ	1229 年	陕西省镇巴县蒿坪寺	
宋代铜钟	D－Ⅰ	960～1279 年	浙江省武义县	
元代铜钟	D－Ⅱ	1279～1368 年	大钟寺古钟博物馆	
龙纹铜钟	D－Ⅲ	1465～1487 年	大钟寺古钟博物馆	
香山碧云寺明铜钟	D－Ⅲ	1530 年	北京市香山公园罗汉堂	
南平闽园五代十国铜钟	E－Ⅰ	962 年	福建省南平市	
南安县宋代铁钟	E－Ⅱ	1051 年	福建省南安县	
泉州静慈禅院南宋铜钟	E－Ⅱ	1132 年	福建省泉州市	
南宋铜钟	E－Ⅱ	1127～1279 年	福建省泉州市文管会	
南山寺元代铜钟	E－Ⅱ	1319 年	福建省漳州市	
泉州小开元寺元代铜钟	E－Ⅱ	1325 年	福建省泉州市	
泉州文管会元代铜钟	E－Ⅱ	1364 年	福建省泉州市文管会	
泉州文管会明代铜钟	E－Ⅱ	1386 年	福建省泉州市	
泉州明代铜钟	E－Ⅱ	1443 年	福建省泉州市	
关帝庙明代铜钟	E－Ⅱ	1604 年	福建省泉州市	
福州鼓山明代铜钟	E－Ⅱ	1637 年	福建省福州市	
泉州小开元寺明代铜钟	E－Ⅲ	1641 年	福建省泉州市	
泉州清代铜钟	E－Ⅲ	1670 年	福建省泉州市	

续表

名称	型号	年代（公元）	收藏地点	备注
鼓山涌泉寺大雄宝殿铁钟	E-Ⅲ	1696 年	福建省福州市鼓山	
鼓山涌泉寺清代铜钟	E-Ⅲ	1701 年	福建省福州市鼓山	
南普陀寺清代铜钟	E-Ⅲ	1703 年	福建省厦门市	
晋江文庙清代铜钟	E-Ⅲ	1728 年	福建省泉州市开元寺	
泉州妈祖庙清代铜钟	E-Ⅲ	1837 年	福建省泉州市	
泉州小开元寺金鸡桥清代铁钟	E-Ⅲ	1859 年	福建省泉州市	
小开元寺清代铜钟	E-Ⅲ	1894 年	福建省泉州市	
泉州大开元寺民国铜钟	E-Ⅳ	1930 年	福建省泉州市	

异型钟

名称	型号	年代（公元）	收藏地点	备注
杭州中天竺法净寺辽代铜钟	异型	1023 年	浙江省杭州市中天竺法净寺	
吉木萨尔破城子铁钟	异型	10～13 世纪	新疆维吾尔自治区吉木萨尔文化馆	
河北蓟县铁钟	异型	10～13 世纪	河北省	
明教寺清代钟	异型	1888 年	安徽省合肥市	
邯郸涉县娲皇宫清铁钟	异型	清代	河北省邯郸市	

日本古代梵钟

名称	型号	年代（公元）	资料所注收藏地	所属府县
妙心寺钟	A-Ⅰ	698 年	山城 京都市	京都府
兴福寺钟	A-Ⅰ	727 年	大和 奈良市	奈良县
剑神社钟	A-Ⅰ	770 年	越前 职田町	福冈县
竜王寺钟	A-Ⅰ	奈良时代	近江 竜王町	滋贺县
西光寺钟	A-Ⅱ	839 年	筑前 福冈市	福冈县
大云寺钟	A-Ⅱ	858 年	山城 京都市	京都府
神护寺钟	A-Ⅱ	875 年	山城 京都市	京都府
栄山寺钟	A-Ⅱ	917 年	大和 五条市	奈良县

名称	型号	年代（公元）	资料所注收藏地	所属府县
大峯山寺钟	A－Ⅱ	944 年	大和 天川村	奈良县
金峰山寺＝废世尊寺钟	A－Ⅱ	1160 年	大和 吉野町	奈良县
德照寺钟	A－Ⅱ	1164 年	摄津 神户市	兵库县
西本愿寺钟	A－Ⅱ	1165 年	山城 京都市	京都府
泉福寺钟	A－Ⅱ	1176 年	纪伊 美里町	和歌山县
大圣院钟	A－Ⅱ	1177 年	安芸 宫岛町	广岛县
鳄渊寺钟	A－Ⅱ	1183 年	出云 平田市	岛根县
平等院钟	A－Ⅱ	平安时代	山城 宇治市	京都府
长宝寺钟	A－Ⅲ	1192 年	摄津 大阪市	大阪府
健福寺钟	A－Ⅲ	1196 年	肥前 大和町	佐贺县
等觉寺钟	A－Ⅲ	1206 年	常陆 土浦市	茨城县
称名寺钟	A－Ⅲ	1210 年	山城 宇治市	京都府
东禅寺钟	A－Ⅲ	1215 年	筑前 若宫町	福冈县
弘法寺钟	A－Ⅲ	1221 年	纪伊 高野口町	和歌山县
屋岛寺钟	A－Ⅲ	1223 年	讃岐 高松市	香川县
愿泉寺钟	A－Ⅲ	1224 年	和泉 贝冢市	大坂府
胜善寺钟	A－Ⅲ	1230 年	三河 蒲郡市	爱知县
慈光寺钟	A－Ⅲ	1245 年	武藏 都几川村	琦玉县
常乐寺钟	A－Ⅲ	1248 年	相模 镰仓市	神奈川县
建长寺钟	A－Ⅲ	1255 年	相模 镰仓市	神奈川县
眼藏寺钟	A－Ⅲ	1264 年	上稔 长柄町	千叶县
极乐寺钟	A－Ⅲ	1272 年	周访 周东町	山口县
出羽三山神钟	A－Ⅲ	1275 年	出羽 羽黑町	山形县
本土寺钟	A－Ⅲ	1278 年	下稔 松户市	千叶县
日抚神社钟	A－Ⅲ	1283 年	近江 近江町	滋贺县
小网寺钟	A－Ⅲ	1286 年	安房 馆山市	千叶县
大慈寺钟	A－Ⅲ	1287 年	肥后 熊本市	熊本县
戒长寺钟	A－Ⅲ	1291 年	大和 榛原町	奈良县

续表

名称	型号	年代（公元）	资料所注收藏地	所属府县
国分寺钟	A－Ⅲ	1292 年	相模 海老名市	神奈川县
称名寺钟	A－Ⅲ	1301 年	武藏 横浜市	神奈川县
长乐寺钟	A－Ⅲ	1305 年	远江 细江町	静冈县
大慈恩寺钟	A－Ⅲ	1310 年	下稔 大栄町	千叶县
药师寺钟	A－Ⅲ	1311 年	下稔 成田市	千叶县
妙光寺钟	A－Ⅲ	1325 年	武藏 横滨市	神奈川县
早云寺钟	A－Ⅲ	1330 年	相模 箱根町	神奈川县
本立寺钟	A－Ⅲ	1332 年	伊豆 韮山町	静冈县
真福寺钟	A－Ⅲ	1340 年	武藏 东京都板桥区	东京都
中尊寺钟	A－Ⅲ	1343 年	陆奥 平泉町	岩手县
本瑞寺钟	A－Ⅲ	1344 年	相模 三浦市	神奈川县
熊野神社钟	A－Ⅲ	1349 年	陆奥 喜多方市	福岛县
光明寺钟	A－Ⅲ	1352 年	相模 平冢市	神奈川县
安住寺钟	A－Ⅲ	1353 年	丰后 杵筑市	大分县
清净光寺钟	A－Ⅲ	1356 年	相模 藤沢市	神奈川县
药师寺钟	A－Ⅲ	1356 年	出羽 东根市	宫城县
栖云寺钟	A－Ⅲ	1359 年	甲斐 大和村	山梨县
正法寺钟	A－Ⅲ	1363 年	长门 山阳町	山口县
东京国立博物馆藏钟	A－Ⅲ	1378 年	武藏 东京都台东区	东京都
东京国立博物馆藏钟	A－Ⅲ	1392 年	武藏 东京都台东区	东京都
大宁寺钟	A－Ⅲ	1396 年	长门 长门市	山口县
円觉寺钟	A－Ⅲ	1397 年	相模 镰仓市	神奈川县
南淋寺钟	A－Ⅲ	1421 年	筑后 朝仓町	福冈县
妙音寺钟	A－Ⅲ	1455 年	越后 长冈市	新潟县
霊応寺钟	A－Ⅲ	1457 年	琉球县立博物馆	冲绳县
清水寺钟	A－Ⅲ	1478 年	山城京都市	京都府
玉祥寺钟	A－Ⅲ	1496 年	肥后 菊池市	熊本县
福智权现钟	A－Ⅲ	1554 年	筑前 直方市	福冈县
本念寺钟	A－Ⅲ	1566 年	能登 羽咋市	石川县

名称	型号	年代（公元）	资料所注收藏地	所属府县
元海寺钟	A－Ⅲ	1573 年	若狭 小浜市	福井县
鹿苑寺钟	A－Ⅲ	镰仓时代	山城 京都市	京都府
建仁寺钟	A－Ⅲ	镰仓时代	山城 京都市	京都府
高野寺钟	A－Ⅲ	镰仓时代	石见 温泉津町	岛根县
东寺大师堂钟	A－Ⅲ	南北朝时代	山城 京都市	京都府
宝藏寺钟	A－Ⅲ	南北朝时代	下野 宇都宫市	栃木县
东本愿寺钟	A－Ⅳ	1604 年	山城 京都市	京都府
善永寺钟	A－Ⅳ	1605 年	美浓 本巢町	岐阜县
专称寺钟	A－Ⅳ	1606 年	出羽 山形市	山形县
光遍寺钟	A－Ⅳ	1611 年	近江 多贺町	滋贺县
行者堂钟	A－Ⅳ	1612 年	大和 下北山村	奈良县
高崎町钟	A－Ⅳ	1615 年	日向 高崎町	宫崎县
円通寺钟	A－Ⅳ	1670 年	纪伊 高野町	和歌山县
小峯寺钟	A－Ⅳ	1678 年	纪伊 桥本市	和歌山县
大円院钟	A－Ⅳ	1688 年	纪伊 高野町	和歌山县
円觉寺钟楼钟	A－Ⅳ	1697 年	琉球 首里	冲绳县
相贺神社钟	A－Ⅳ	1700 年	纪伊 桥本市	和歌山县
光明院钟	A－Ⅳ	1701 年	纪伊 高野町	和歌山县
法明寺钟	A－Ⅳ	1732 年	武藏 东京都丰岛区	埼玉县
观福寺钟	A－Ⅳ	1738 年	和泉 和泉市	大阪府
长泉院钟	A－Ⅳ	1758 年	武藏 蕨市	埼玉县
昆阳寺钟	A－Ⅳ	1760 年	摄津 伊丹市	兵库县
真莲寺钟	A－Ⅳ	1763 年	河内 羽曳野市	大阪府
円通律寺钟	A－Ⅳ	1778 年	纪伊 高野町	和歌山县
金刚峰寺钟	A－Ⅳ	1784 年	纪伊 高野町	和歌山县
安养院钟	A－Ⅳ	1802 年	武藏 东京都板桥区	埼玉县
御社钟楼钟	A－Ⅳ	1846 年	纪伊 高野町	和歌山县
大宝院钟	A－Ⅳ	江户时代	讃岐 高松市	香川县
千手寺钟	A－Ⅳ	江户时代	筑前 嘉穗町	福冈县

名称	型号	年代（公元）	资料所注收藏地	所属府县
无量寿院钟	A－Ⅳ	江户时代	筑后 八女市	福冈县
劝学院钟	A－Ⅳ	江户时代	纪伊 高野町	和歌山县
福善寺钟	A－Ⅳ	江户时代	讃岐 高松市	香川县
成田出土钟钟	B－Ⅰ	774 年	国有	不明
延光寺钟	B－Ⅱ	911 年	土佐 宿毛市	高知县
井上ふみ钟	B－Ⅱ	977 年	武藏 东京都	埼玉县
広隆寺钟	B－Ⅱ	1217 年	山城 京都市	京都府
东大寺二月堂钟	B－Ⅱ	1308 年	大和 奈良市	奈良县
总见寺钟	B－Ⅱ	1311 年	尾张 名古屋	名古屋
讃岐坊钟	B－Ⅲ	1413 年	长门荻市	山口县
曾我部修三钟	B－Ⅲ	1453 年	伊子 砥部町	爱缓县
喜多义二钟	B－Ⅲ	1456 年	阿波 西祖谷山村	德岛县
福応寺钟	B－Ⅲ	1479 年	飞□ 小坂町	崎阜县
严原町钟	C－Ⅰ	1469 年	对马 严原町	长崎县
兴隆寺钟	C－Ⅰ	1532 年	周防 山口市	山口县
石井澄之助钟	C－Ⅱ	1501 年	筑前 福冈市	福冈县
妙正寺钟	D－Ⅰ	1580 年	安芸 三原市	广岛县
光照寺钟	D－Ⅱ	1613 年	備后 沼隈町	广岛县

异型钟

名称	型号	年代（公元）	资料所注收藏地	所属府县
笠置寺钟	异型	1196 年	山城 笠置町	京都府
观音寺钟	异型	1460 年	近江 草津市	滋贺县
安福寺钟	异型	1683 年	河内 柏原市	大阪府
安国寺钟	异型	1713 年	壱岐 芦辺町	长崎县
弘道馆钟	异型	1840 年	常陆 水户市	茨城县
实相寺钟	异型	南北朝时代	三河 西尾市	爱知县
立正大学博物馆藏太极纹钟	异型	江户时代	京都作坊	东京都

韩国古代梵钟

名称	型号	年代（公元）	收藏地点	备注
上院寺钟	A－Ⅰ	725 年	韩国江原道 五台山上院寺	
无尽寺钟	A－Ⅰ	745 年	日本对马下县严原 町国府八幡宫	现在日本
禅林院钟	A－Ⅰ	804 年	韩国	
莲池寺钟	A－Ⅰ	833 年	日本福井县	现在日本
松山村大寺钟	A－Ⅰ	904 年	日本大分县宇佐神宫	现在日本
清州博物馆新罗钟	A－Ⅰ	新罗	韩国清州博物馆	
立正大学博物馆藏钟	A－Ⅰ	新罗	日本立正大学博物馆	现在日本
云树寺钟	A－Ⅰ	新罗	日本岛根县安来市	现在日本
龙珠寺钟	A－Ⅱ	854 年	韩国京畿道华城郡	
波上宫钟	A－Ⅱ	956 年	日本冲绳县那霸市	现在日本
西大寺观音院钟	A－Ⅱ	956 年前后	日本冈山县西大寺	现在日本
照莲寺钟	A－Ⅱ	963 年	日本广岛县竹原市	现在日本
天兴寺钟	A－Ⅱ	1010 年	韩国中央博物馆	
天伦寺钟	A－Ⅱ	1011 年	日本岛根县 松江市	现在日本
正佑寺钟	A－Ⅱ	1019 年	日本大阪府大阪市	现在日本
圣福寺钟	A－Ⅱ	1009～1020 年	日本福冈博德区御供所町	现在日本
惠日寺钟	A－Ⅱ	1026 年	日本佐贺县唐津市	现在日本
鹤满寺钟	A－Ⅱ	1030 年	日本大阪府大阪市	现在日本
园城寺钟	A－Ⅱ	1032 年	日本滋贺县大津市	现在日本
清宁四年铭钟	A－Ⅱ	1058 年	韩国中央博物馆	
承天寺钟	A－Ⅱ	1065 年	日本福冈县福冈市	现在日本
长生寺钟	A－Ⅱ	1086 年	韩国国立光州博物馆	
专修寺钟	A－Ⅱ	高丽前期	日本三重县津市	现在日本
长安寺钟	A－Ⅱ	高丽前期	日本新潟县两津市	现在日本
釜山市立博物馆 金渭祥钟	A－Ⅱ	高丽前期	韩国釜山市立博物馆	

名称	型号	年代（公元）	收藏地点	备注
不动院钟	A－Ⅱ	高丽前期	日本广岛县广岛市	现在日本
安东新世洞出土钟	A－Ⅱ	高丽前期	韩国中央博物馆	
圆清寺钟	A－Ⅱ	高丽前期	日本福冈县朝仓郡	现在日本
住吉神社钟	A－Ⅱ	高丽前期	日本广岛山口县下关市	现在日本
尾上神社钟	A－Ⅱ	高丽前期	韩国如本安东新世洞	
湖严美术馆05－1钟	A－Ⅱ	高丽前期	韩国湖严美术馆	
庆州博物馆迎日出土钟	A－Ⅱ	高丽前期	韩国庆州博物馆	
贺茂神社钟	A－Ⅱ	高丽前期	日本山口县光市	现在日本
湖严美术馆藏钟	A－Ⅱ	10～11世纪	韩国湖严美术馆	
釜山市立博物馆丁巳铭安水寺钟	A－Ⅲ	1197年	韩国釜山市博物馆	
扶余博物馆乙巳铭钟	A－Ⅲ	1185年	韩国忠清南道扶余博物馆	
南部所藏 善庆院钟	A－Ⅲ	1206年	日本岩手县盛冈市	现在日本
今渊所藏天井寺钟	A－Ⅲ	1201年	日本神奈川县镰仓市	现在日本
来苏寺钟	A－Ⅲ	1222年	韩国全罗北道扶安郡	
高丽美术馆观音寺钟	A－Ⅲ	1225年	日本京都市	现在日本
塔山寺钟	A－Ⅲ	1233年	韩国全罗南道海南郡	
曼陀罗寺所藏日轮寺钟	A－Ⅲ	1234年	日本爱知县江南市	现在日本
中央博物馆戊戌铭钟	A－Ⅲ	1238年	韩国中央博物馆	
头正寺己亥铭钟	A－Ⅲ	1239年	韩国高丽大学校博物馆	
扶余博物馆高兴出土戊戌铭钟	A－Ⅲ	1238年	韩国扶余博物馆	
东京中央博物馆癸酉铭钟	A－Ⅲ	1273年（一说为1333年）	日本东京中央博物馆	现在日本
湖林美术馆戊寅铭钟	A－Ⅲ	1278年	韩国忠南公州湖林博物馆	
甲申铭善法院宋成文钟	A－Ⅲ	1284年		

名称	型号	年代（公元）	收藏地点	备注
庆州博物馆五圣寺址钟	A－Ⅲ	1309 年	韩国庆州博物馆	
正方寺辛亥铭钟	A－Ⅲ	1311 年	韩国	
在佛□□（博物馆）钟	A－Ⅲ	1311 年	韩国	
清州博物馆甲寅铭天生寺钟	A－Ⅲ	1314 年	韩国清州博物馆	
鹤冈八幡宫至治铭钟	A－Ⅲ	1324 年	日本神奈川县镰仓市	现在日本
中央博物馆宝岩寺乙丑铭钟	A－Ⅲ	1325 年	韩国中央博物馆	
光州博物馆康津出土乙酉铭钟	A－Ⅲ	1369 年	韩国光州博物馆	
中央博物馆涟川出土钟	A－Ⅲ	13 世纪	韩国中央博物馆	
洪氏所藏钟	A－Ⅲ	高丽后期	韩国	
湖严美术馆龙华寺钟	A－Ⅲ	高丽后期	韩国湖严美术馆	
清州博物馆清州出土钟	A－Ⅲ	高丽后期	韩国清州博物馆	
庆州博物馆天恩寺址出土钟	A－Ⅲ	高丽后期	韩国庆州博物馆	
扶余博物馆锦山马首里出土钟	A－Ⅲ	高丽后期	韩国扶余博物馆	
中央博物馆 No. 6182 钟	A－Ⅲ	高丽后期	韩国中央博物馆	
大愿寺所藏元晓庵钟	A－Ⅲ	高丽后期	日本广岛县佐伯郡宫岛町	现在日本
艺古堂忠北镇川出土钟	A－Ⅲ	高丽后期	韩国忠北镇川	
正传永源院钟	A－Ⅲ	高丽后期	日本京都府京都市	现在日本
辰马考古资料馆钟	A－Ⅲ	高丽后期	日本兵库县西宫市	现在日本
在日所在未详（c）钟	A－Ⅲ	高丽后期	日本	现在日本
中央博物馆横城出土钟（403）	A－Ⅲ	高丽后期	韩国中央博物馆	
中央博物馆孟山出土钟	A－Ⅲ	高丽后期	韩国中央博物馆	
中央博物馆 No. 2368 钟	A－Ⅲ	高丽后期	韩国中央博物馆	

续表

名称	型号	年代（公元）	收藏地点	备注
扶余博物馆□ No. 4340 钟	A－Ⅲ	高丽后期	韩国扶余博物馆	
梨花女大博物馆高丽钟	A－Ⅲ	高丽后期	韩国梨花女子大学	
中央博物馆横城 出土钟（414）	A－Ⅲ	高丽后期	韩国中央博物馆	
志贺海神社钟	A－Ⅲ	高丽后期	日本福冈县福冈市	现在日本
中央博物馆 No. 3060 开城出土钟	A－Ⅲ	高丽后期	韩国中央博物馆	
扶余博物馆锦山出土钟	A－Ⅲ	高丽后期	韩国扶余博物馆	
中央博物馆 No. 252 钟	A－Ⅲ	高丽后期	韩国中央博物馆	
金载崇所藏钟	A－Ⅲ	高丽后期	韩国	
庆北大博物馆 No. 1284 小钟	A－Ⅲ	高丽后期	韩国	
中央博物馆水原出土钟	A－Ⅲ	高丽后期	韩国中央博物馆	
长仙院钟	A－Ⅲ	高丽后期	日本京都府京都市	现在日本
公州博物馆原城出土钟	A－Ⅲ	高丽后期	韩国公州博物馆	
中央博物馆 No. 3378 钟	A－Ⅲ	高丽后期	韩国	
光州博物馆 No. 739 钟	A－Ⅲ	高丽后期	韩国	
奉恩寺弘治铭钟	A－Ⅳa	1392 年	韩国修道山奉恩寺	
中央博物馆水钟寺钟	A－Ⅳa	1469 年	韩国中央博物馆	
白莲寺隆庆三年铭钟	A－Ⅳa	1569 年	韩国高阳郡白莲寺	
广兴寺万历元年铭钟	A－Ⅳa	1573 年	韩国	
安静寺所藏龙泉寺钟	A－Ⅳa	1580 年	韩国全罗道潭阳府静安寺	
泰安寺钟	A－Ⅳa	1581 年	韩国全南谷城郡泰安寺	
大兴寺大雄宝殿钟	A－Ⅳa	1703 年	韩国全罗南道海南郡	
大兴寺清神庵钟	A－Ⅳa	1709 年	韩国大兴寺	
完州松广寺钟	A－Ⅳa	1716 年	韩国全罗北道完州	
珍岛双溪寺钟	A－Ⅳa	1720 年	韩国全罗南道双溪寺	
长兴神兴寺钟	A－Ⅳa	1751 年	韩国全罗南道	

名称	型号	年代（公元）	收藏地点	备注
泰安寺小钟	A－Ⅳa	1752 年	韩国	
多宝寺钟	A－Ⅳa	1767 年	韩国全罗南道多宝寺	
内藏寺乾隆铭钟	A－Ⅳa	1768 年	韩国全罗北道 井州市	
龙珠寺崇祯铭钟	A－Ⅳa	1790 年	韩国全罗南道 长兴半岛龙珠寺	
九州岛太极纹钟	A－Ⅳb	李朝早期	日本	现在日本
大兴寺太极纹钟	A－Ⅳb	李朝早期	韩国全南海南郡大兴寺	
香川太极梵钟	A－Ⅳb	李朝早期	日本香川县大川郡私人藏	现在日本
姬路太极纹钟	A－Ⅳb	李朝晚期	日本兵库县私人藏	现在日本
兴天寺钟	B－Ⅰ	1462 年	韩国中央博物馆	
普信阁钟	B－Ⅰ	1468 年	韩国	
洛山寺钟	B－Ⅰ	1469 年	韩国江原道襄阳郡	
奉先寺钟	B－Ⅰ	1469 年	韩国京畿道南 杨州郡奉先寺	
海印寺弘治四年铭钟	B－Ⅰ	1491 年	韩国庆尚南道 陕川郡海印寺	
甲寺万历铭钟	B－Ⅰ	1584 年	韩国忠清南道公州郡	
中央博物馆榆岾寺 出土钟	B－Ⅰ	朝鲜朝前期	韩国江原道高城郡	
妙观音寺钟	B－Ⅰ	朝鲜朝前期	韩国庆尚南道	
悬灯寺钟	B－Ⅱ	1619 年	韩国	
三幕寺钟	B－Ⅱ	1625 年	韩国京畿道（三） 灵山三幕寺	
古见寺钟	B－Ⅱ	1630 年	韩国	
普光寺钟	B－Ⅱ	1634 年	韩国杨州高岭山普光寺	
大福寺钟	B－Ⅱ	1635 年	韩国全北南原邑	
龙兴寺钟	B－Ⅱ	1644 年	韩国全罗南道	
雪岳山神兴寺钟	B－Ⅱ	1656 年	韩国江原道	
仙严寺大觉庵钟	B－Ⅱ	1657 年	韩国全南道宝城郡	

续表

名称	型号	年代（公元）	收藏地点	备注
兴国寺钟	B－Ⅱ	1665 年	韩国全罗道	
青严寺钟	B－Ⅱ	1687 年	韩国庆尚道	
楞伽寺钟	B－Ⅱ	1698 年	韩国全罗南道	
清溪寺钟	B－Ⅱ	1701 年	韩国广州青龙山清溪寺	
开运寺崇祯铭钟	B－Ⅰ	1712 年	韩国汉城城北区安岩洞	
中央博物馆雍正四年铭钟	B－Ⅱ	1726 年	韩国中央博物馆	
宁国寺钟	B－Ⅱ	1761 年	韩国沃川郡地南岭宁国寺	
甲寺乾隆铭钟	B－Ⅱ	1774 年	韩国	
玉泉寺钟楼钟	B－Ⅱ	1776 年	韩国庆尚右道晋州玉泉寺	
公林寺钟	B－Ⅱ	1776 年	韩国忠清左道	
松广寺乾隆铭钟	B－Ⅱ	1785 年	韩国全罗道完州	
祇林寺乾隆铭钟	B－Ⅱ	1793 年	韩国	
法住寺嘉庆铭文钟	B－Ⅱ	1804 年	韩国法住寺	
海印寺钟楼钟	B－Ⅱ	1864 年	韩国庆尚南道陕川郡	

异型钟

名称	型号	年代（公元）	收藏地点	备注
圣德大王神钟	异型波口	771 年	韩国庆州博物馆	
开城演福寺钟	异型波口	1346 年	韩国朝鲜开城	
在日圆通寺钟	异型波口	朝鲜朝前期	日本对马岛长崎县	现在日本
中央博物馆□18 钟	异型平口	1786 年	韩国京畿左道	
仙严寺说禅堂钟	异型平口	1803 年	韩国仙严寺	

后　记

2000 年的北京，秋高气爽的季节，两位韩国客人专程来到大钟寺古钟博物馆，其中一位是韩国圣钟研究所所长、著名画家崔仁韩，其中一位是热衷梵钟文化研究的实业家李亨雨。他们此行的目的不单是为参观考察而来，还是为寻求合作而来，希望就整个东亚梵钟文化的研究，和大钟寺古钟博物馆展开深层次合作。根据他们的提议，我被正式聘请为韩国圣钟研究所兼职研究员，并受领了对中日韩三国梵钟文化进行综合比较研究的课题。为此他们不仅邀请北京文物局组团前往韩国实地考察，表示将为东亚梵钟文化研究提供种种便利，还向大钟寺古钟博物馆提供了课题资助及出版经费。

正是由于这一契机，我走上了东亚梵钟文化的综合研究之路，从而有了此书的问世。

严格说，崔仁韩先生和李亨雨先生只是热衷梵钟文化，并非此方面的专家。然而正是这两个"外行人"，第一次明确提出了"东亚梵钟文化研究"的课题概念，并且第一次就此和中方开展了跨国度合作。要说崔、李二先生也是东亚梵钟文化研究领域的开拓者，似乎并不为过。

在《东亚梵钟文化研究》一书杀青的今日，我不仅内心充溢着对崔仁韩、李亨雨二先生的感激之情，而且对日本学者神崎胜先生充满感激，因为他也是我踏上东亚梵钟文化研究的引路人之一。神崎胜先生是日本的资深考古学家，主持过大型考古遗址的发掘，对日本古文化有很深入的研究。同时他还对日本的梵钟文化、梵钟铸造情有独钟，发表过不少卓有新意的见解。他是一个敦厚长者，行

347

事低调，我是在他作为普通游客来参观大钟寺古钟博物馆时偶然认识他的。当时他独自一人静悄悄地来，没有惊扰任何人。但他到底是个学者，忍不住有些专业问题要探讨，这样才请人找到我。记得当时我们边参观边讨论，谈得既深入又畅快，彼此都深感有很多共同关注的话题。回国后，神崎胜先生和我建立了密切联系，他先是主动请缨把我的梵钟研究论文翻译成日文，随后推荐在日本的刊物上发表，并且不断寄来日本的梵钟文化研究资料，还时时通报梵钟文化研究的新动态。

2005年秋，经过长时间筹备，大钟寺古钟博物馆承办的全球首届"国际古钟文化交流研讨会"在北京召开。日本神崎胜先生、韩国国立中央博物馆崔应天先生、欧洲钟铃艺术学会主任阿兰·茹弗莱先生积极参与了大会的筹备工作，介绍、联络了日本、韩国、法国、比利时、澳大利亚等国的学者莅临大会。在世界古钟文化研究史上，这是一次盛况空前的大会，是一次东西方古钟专家首次牵手的大会，更是一次中日韩三国梵钟文化研究队伍胜利集结的大会。自此而始，中日韩梵钟学者频繁往来，彼此的交流和联系再未中断过。特别是继北京国际会后，日本和韩国又陆续举办了"国际梵钟文化研讨会"，使这支研究队伍一次又一次相聚在梵钟文化的论坛上。通过这些活动，我还有幸结识了真锅孝志、坪井清足等梵钟文化研究大家，得到了这些前辈的指点和帮助，不断领悟了东亚梵钟文化的真谛。

国内方面，不能不提到的是国务院外国专家局和北京市政府外事办公室的有关领导和同仁。正是由于他们对古钟文化在促进国际交往中不可或缺作用的认知和对国际合作交流的倡导，以及他们提供的资金扶持，不仅使我们有条件邀请多国学者进行了单边交流，还有能力组织召开了首届"国际古钟文化交流研讨会"。当时我是这次大会的秘书长，负责会议的具体筹办和组织，对外国专家局和北京市外办领导的热情支持留下了深刻印象。要说古钟文化研究在进入新世纪后取得了一点喜人的成就，他们的支持功不可没。

国际会结束后我到龄退休，之后被大钟寺古钟博物馆返聘，直到2008年才正式脱离工作岗位。此期间我一直忙于全国的古钟普查及馆内的业务工作，东奔西跑间完全无法潜心东亚梵钟文化的研究，只能忙里偷闲地做些资料搜集和准备工作。2008 年以后，本该是我专心致志于崔仁韩所长和李亨雨先生早就赋予我的研究课题的时候了，但遗憾的是，我不仅是一个古钟文化研究者，还是一个母亲和姥姥，退休伊始便身不由己地"下岗再就业"，陷入到迎接两个初降人世的小宝宝的家务琐事中。可是，当初崔、李二位签署合作协议时寄予我的厚望，多年来日韩学者给我提供的无私帮助和支持，始终萦绕在心，未敢稍有忘怀。这么多年来，尽管一直找不到静下心来写作的时间，但哪怕稍有空闲，我也要尽量整理些资料，特别是抽空琢磨一下东亚梵钟的类型排比和分析。

最值得感谢的是文物出版社的编审张征雁女士。每逢我深感力不从心，打算打退堂鼓时，她都不断给我打气，让我不要气馁，不要放弃。她的鼓励与众不同，一方面她从为人母的角度对我的家务缠身表示理解，一方面又用女性的宽容和豁达劝慰我说："不着急，慢慢来，我们可以等。"谁成想，这一等竟是十数个寒暑，生生把张征雁编审等退了休！忽一日，猛听说张编审已经退休，但在退休之际仍把我的课题计划当个正事似的交接给了张玮主任，还安排了新的责任编辑，我一下子惊到了，震惊地无以言表。正是这件事情，促使我下决心远离了还在总角之年的两个小外孙女，咬紧牙关独处斗室，开始了此书的潜心创作。

平心而论，如果没有崔仁韩、李亨雨的真心嘱托，没有诸多日韩学者持之以恒的无私帮助，没有张征雁女士始终如一的宽容与等待，就不会有今天的《东亚梵钟文化研究》。催生了此书的不是我，是他们，成就了此书的也不是我，是他们！倘若说此书对东亚梵钟文化的研究还稍有裨益的话，真正应该感谢的是他们！

在绪论部分我曾谈到，用考古类型学方法来研究东亚梵钟文化，无论如何只是个初步的尝试，而借此来复原一个东亚地区古代梵钟文化的发展谱系，更是前所未有的大胆探索。我不敢奢望这部书有多么精到、多么完美，恰恰相反，作为初步尝试的拓荒之作，肯定有不少的疏失和错误。但我之所以甘心在采用新研究方法上做"第一个吃螃蟹的人"，甘心以自己的不完美为今后的有志者提供一个有益的借鉴，是因为，或许这正是崔仁韩、李亨雨、神崎胜、张征雁等人希望看到的！

最后应该感谢的是张玮主任和谷雨编辑。她们是为这本书"接生"的人，我的全部心血，以及相关人的全部期待，都是通过她们的精心疏导和呵护，才最后呱呱坠地的。

2018 年 3 月 2 日

邮箱：quanjinyun01@ sina. com

图版1　我与梵钟（1996年摄于大钟寺古钟博物馆）

图版2　全国古钟普查

图版3　与江苏泰州天宁寺主持签订梵钟设计协议

图版4　陪同牛津大学副校长杰西卡·罗森女士参观古钟博物馆

图版5　与韩国圣钟研究所所长崔仁韩及李亨雨先生签订合作协议

图版6　欧洲钟铃艺术协会主任阿兰·茹弗莱先生陪同参观法国教堂钟琴

图版7　和日本梵钟研究会专家在一起（左二为坪井清足先生，左四为真锅孝志先生）

图版8　在日本奈良博物馆库房亲身考察东亚梵钟之祖"陈太建七年钟"
（日本梵钟文化研究专家神崎胜先生陪同）

图版9　出席日本举行的东亚梵钟研讨会（2004年于日本奈良）

图版10　与韩国国立中央博物馆学者崔应天摄于在韩国召开的东亚梵钟文化研讨会